경제 내셔널리즘
: 경제 국인주의

조 영정
지음

2023

사회사상연구원

Economic Nationalism

By

Yungjung Joh

Social Idea Research Institute Press

Seoul, Republic of Korea

2023

머리말

2023년 8월, 모로코 해안에서 제트스키를 타고 물놀이를 즐기던 관광객 두 명이 참변을 당하였다. 생각없이 알제리 해상까지 달려버린 것이다. 해상국경을 넘은 이들은 알제리 해안경비대가 쏜 총에 맞아 즉사하였다. 이것이 국경의 존재를 의식하지 못했던 사람들의 최후이다. 사람에 있어서 국경은 이렇게 중요하다.

오늘날 우리는 외국상품을 사용하고 길거리에서 외국인들을 만나면서 국경의 존재를 가벼이 여겨도 되는 것으로 착각하기 쉬운 환경에서 살고 있다. 경제에서는 다른 어느 영역에서보다 국경장벽이 낮아져 국경의 존재를 거의 잊을 정도가 되었다. 여기에 세계화가 되면서 문화 사회적으로도 국경의 존재가 무의미한 것처럼 느껴져 가고 있다. 그래서 사람들은 현실을 혼동하여 잘못된 판단과 행동을 하기도 한다. 하지만 낯선 물 속을 헤엄치는 사람은 그 물 속에 무엇이 있는지 주의를 기울여야 하듯이 세계화의 물결 속에서도 그 물 속에 무엇이 있는지를 잘 살펴보아야 한다. 겉으로 보면 세계가 하나의 이웃인 것 같고 서로 우의가 넘치는 것 같지만 그 내면까지 그런 것은 아니다. 2023년 상반기에만 한국인이 외국에 나가 살해당한 사람이 19명이었고, 납치 및 감금을 당한 사람이 38명, 행방불명이 된 사람이 207명, 폭행 상해를 당한 사람이 277명이었다. 현대에 있어서도 국가의 경계는 너무도 뚜렷하며, 국가의 배타적인 힘은 강하게 작용하고 있다.

사람에 있어서 영역은 중요하다. 이 영역은 사람 이전에 동물이나 심지어 식물에 있어서도 목숨을 걸만큼 중요한 것이다. 그런데 사회적 동물인 사람에게 있어서 나의 영역뿐만 아니라 우리의 영역 또한 마찬가지이다. 오늘날 사람들에게 있어서 그 영역 중 가장 중요한 것은 국가 영역이다. 그리고 이 국가 영역의 바탕에는 내셔널리즘이 있다.

흔히들 오늘날의 국제경제상황을 총성없는 전쟁이라고 한다. 전쟁의 바탕에 내셔널리즘이 있다면 경제전쟁의 바탕에는 경제 내셔널리즘이 있다. 내셔널리즘이 전쟁의 승패를 좌우하듯이 경제 내셔널리즘은 경제전쟁의 승패를 가름하는 중요한 요인이 된다. 이렇게 중요한 내셔널리즘이지만 이를 분명히 그려내기는 쉽지 않다. 이는 내셔널리즘이 가진 고유의 성격 때문이다. 내셔널리즘은 사람의 마음속 깊숙한 곳에 자리잡아 드러나지 않는 채 감추어져 있다. 그리고 그동안의 국제주의 사조 속에서 내셔널리즘은 그 부정적인 측면이 부각되어 왔다. 사람의 감정들 중에는 드러나는 것을 좋아하는 성향의 것도 있고, 감추어지는 것을 좋아하는 성격의 것도 있다. 사랑이나 우정과 같은 것은 드러나는 것을 좋아하는 반면, 증오나 질시와 같은 것은 감추어지는 것을 좋아한다. 그래서 후자도 전자처럼 큰 영향력을 갖고 있음에도 불구하고 경시되는 경향이 있다. 마찬가지로 찬사를 받는 인류애나 박애정신과 같은 것은 실제 이상으로 부풀려지는 반면, 비난을 받는 내셔널리즘에 대해서는 감추려는 경향이 있다. 그래서 내셔널리즘은 그 영향력이나 중요성이 결코 작지 않음에도 불구하고 무시되는 가운데 잘 알려져 있지 않다.

연구에 있어서도 내셔널리즘에 대한 연구는 활발한 편이 아니다. 특히 한국의 경우는 더욱 그렇다. 여기에는 내셔널리즘에 부정적인 인식에 의한 영향도 작지 않은 것으로 보인다. 내셔널리즘을 옹호하거나 긍정적인 주장을 하는 것은 말할 것도 없고 논의조차 멀리하는 경향이 있다. 하지만 내셔널리즘도 세상의 다른 모든 것들과 마찬가지로 그 나름의 가치가 있고 부정적인 면과 함께 긍정적인 면도 있다. 또한 내셔널리즘에 부정적인 면이 있다고 하더라도 등한시하기보다 오히려 더 많이 연구해서 이를 더 잘 알아야만 한다.

이러한 이유로 내셔널리즘에 대하여 더 많이 알고, 이에 대한 생각을 정돈하기 위하여 본서를 내게 되었다. 경제 내셔널리즘에 대하여 기존연구가 많지 않고 자료도 구하기 힘들어 세상에 흩어져 있는 내셔널리즘의 조각들을 모아 나름대로 궁리하며 시간을 보낸 끝에 그 결과를 내게 되었다. 미흡하나마 이 분야 연구자나 관심있는 분들에게 도움이 되기를 바라면서 독자 여러분의 기탄없는 충고와 질정을 기대한다.

지식의 발전에 이바지하기 위해서는 문헌의 내용적인 부분은 말할 것도 없고 형식 또한 중요하다. 본서는 그 형식으로서 APA (American Psychological Association) 방식을 따랐다. APA 방식은 사회과학분야에서 가장 일반적으로 사용되는 방식이다. APA 방식은 본문에 인용되는 서지사항을 간략하게 표기하고 그 구체적 서지사항은 참고문헌에서 그대로 확인할 수 있도록 하고 있다. 그래서 이 방식은 간명하고 편리하다.

그런데 APA 방식은 본문 속에 인용정보를 괄호 속에 넣고 있어서 가독성이 떨어지는 단점이 있다. 논문의 경우는 쪽수가 많지 않기 때문에 문제가 되지 않을 수 있지만, 쪽수가 많은 책의 경우에는 읽는데 부담을 주게 된다. 그런데다 한국문헌에서 이 형식을 사용할 때는 문제가 더 커진다. 한글서적에는 외국 사람이나 지명이 나올 경우, 한글과 함께 괄호 속에 원어도 표기하기 때문에 너무 많은 괄호들로 인하여 가독성이 크게 떨어진다. 또 이 같은 괄호가 사용되는 경우 APA의 형식을 그대로 지키기도 어렵다. 이러한 문제를 해소하기 위하여 APA 방식을 약간 변형하여 본문 중 괄호 속 삽입 부분을 각주 형식으로 표기하였다. 간명한 APA의 장점을 살리면서도 가독성을 높일 수 있도록 한 것이다.

아무쪼록 본서가 이 분야에 학문적 발전과 함께 우리나라가 더 좋은 나라 강한 나라로 발전해 나가는데 작으나마 도움이 되었으면 하는 마음 간절하다.

2023년 9월 25일
한강가에서
조 영정 씀

목 차

제1장

경제 내셔널리즘의 개념

1. 내셔널리즘
2. 경제 내셔널리즘

1. 내셔널리즘

1) 내셔널리즘의 정의

(1) 네이션

내셔널리즘(nationalism)은 네이션(nation)에서 나온 말로서 네이션에 대한 이념이다. 그렇다면 네이션은 무엇인가? 네이션(nation)이란 "일정한 지역에서 공통의 관습과 문화를 형성하며 살아왔고, 자신들을 다른 집단과 구분되는 하나의 집단으로 의식하고 있으면서, 하나의 국가로 구성되거나 구성될 수도 있는 사람들의 집단"이라고 정의할 수 있다.

네이션의 개념에 대한 기본적인 이해를 돕기 위하여 스탈린(Joseph Stalin)의 정의를 보기로 하자. 스탈린은 그의 『맑시즘과 네이션 문제(Marxism and the National Question)』라는 책에서 네이션을 다음과 같이 기술하고 있다.

네이션(nation)이란 무엇인가? 네이션은 하나의 한정된 사람들의 공동체이다. 이 공동체는 인종적인 것도 아니고 민족적인 것도 아니다. 근대 이탈리아 네이션은 로마인(Romans), 튜톤인(Teutons), 에투르스칸인(Etruscans), 그리스인(Greeks), 아랍인(Arabs) 등으로 이루어져 있다. 프랑스 네이션은 골인(Gauls), 로마인(Romans), 브리톤인

(Britons), 튜톤인(Teutons) 등으로 이루어져 있다. 영국 네이션이나 독일 네이션을 비롯한 다른 많은 네이션에서도 다양한 인종과 민족으로 네이션을 이루고 있는 것은 마찬가지이다. 따라서 네이션은 인종도 아니고 민족도 아니며, 역사적으로 형성된 사람들의 공동체이다.

반면에 비록 여러 인종이나 민족들로 구성되고 역사적으로 형성되었다고 하더라도 알렉산더(Alexander) 제국이나 싸이러스(Cyrus) 제국을[1] 네이션이라고 하지 않는다. 그들은 네이션이 아니라 정복자의 승리와 패배에 따라 함께하기도 하고 나눠지기도 하는 우발적이고 느슨하게 연결된 사람 무리들의 집합체이다. 따라서 네이션은 우연이나 일시적으로 형성되는 사람들의 집합체가 아니라 사람들의 견고한 공동체이다.[2]

스탈린은 네이션을 사람들의 일시적인 운집이 아니라 세대에 세대를 이어 오랫동안 같이 살아오면서 역사적으로 형성된 견고한 집단이라고 하고 있다. 여기서 우리의 주의를 끄는 것은 네이션이 인종이나 민족을 의미하는 것이 아니라고 강조하고 있는 부분이다. 당시 유럽이나 러시아 사람들에게 있어서도 그렇게 생각될 소지가 있었기 때문에 이 부분을 제대로 이해시키고자 여러 나라의 예를 들어가면서 소상하게 설명했던 것이다.

네이션(nation)의 의미를 영어사전에 수록된 내용과 함께 더 자세히 점검해 보기로 하자. 사전을 보면 오늘날 네이션(nation)은 크게 세 가지 의미가 있다.[3]

첫째, "구성원들이 한 집단으로 의식하면서 그들 자체의 정부를

---

[1] 싸이러스 대제(Cyrus the Great)는 싸이러스 2세(Cyrus II)로도 불리며, 기원전 6세기 페르시아의 정복자이다.

[2] Stalin, 1913 / 2015, p.7

[3] Nation, n.d.1

갖고 있거나 갖기를 원하는 사람들의 집단"

둘째, "자체적인 정부를 가진 사람들이 살고 있는 영역"

셋째, "동일 종족 사람들의 집단"이다.

여기서 우리는 일반적으로 첫째를 국민, 둘째를 국가, 셋째를 민족이라고 표현한다. 네이션은 이 세 가지를 다 포괄하는 것이지만, 우리말에서는 이에 해당하는 단어는 없는 상태에서 이를 각각 나누어서 표현하고 있는 것이다.

첫째의 의미를 보면, 네이션은 자신이 전체 구성원 중의 일원임을 의식하고 있는 사람들의 집단이다. 그리고 이 사람들은 다른 집단의 일부로 속하게 되거나 다른 집단 사람들과 섞여서 살아가는 것을 원치 않기 때문에 자기 집단이 정치적으로 이미 독립되어 있거나 독립되기를 원한다는 것이다. 여기서 이미 독립되어 있다면 이를 국가라고 하고, 이를 구성하는 사람들의 집단을 국민으로 표현할 수 있을 것이다.[4] 만약 정치적으로 독립을 원하지만 독립을 하지 못하고 있는 상태라면 국민이라고 말할 수 없으므로 "갖기를 원하는 사람들의 집단"이라고 표현하고 있는 것이다. 따라서 국민뿐만 아니라 자기 나라의 국민이 되기를 원하는 사람까지 포함하는 것으로서 국민보다 더 넓고 상위에 있는 개념이다. 이 첫째가 네이션의 중심적인 의미라고 할 수 있다.

한국을 예로 들어보자. 한반도에는 사람들이 살고 있다. 여기 사람들은 자신이 한국사람이라는 것을 의식하고 있고, 대부분은 한국사람들에 의한 자치적이고도 독립된 나라로 살아야 한다고 생각한다. 이때 이 한국사람들 총체로서의 집단, 즉 한국인인 동시에 한

---

[4] 물론 국민과 완전히 같은 것은 아니다. 이는 뒤에서 다시 논의한다.

국, 이것이 곧 네이션인 것이다. 이와 같이 미국, 중국, 영국, 스코틀랜드 모두 마찬가지이다. 네이션은 우리의 관념으로 "~ 사람들" 또는 "~인"정도가 가장 근접하다. "한국사람들", "미국사람들", "스코틀랜드사람들" 또는 "한국인", "미국인", "스코틀랜드인"등과 같다.

여기서 중요한 것은 "국가단위의 사람집단이거나 국가가 될 수도 있는 집단"의 사람들이어야 한다는 점이다. 한국사람들은 네이션이지만 충청도사람들은 네이션이 될 수 없다. 왜냐하면, 충청도사람이나 경상도사람이나 전라도사람이나 혈통, 역사, 문화 등으로 볼때 별 차이가 없는 같은 사람들이므로 충청도만 별도의 네이션이 되기 어렵다. 또 구분되는 사람들이라 해서 반드시 네이션이 되는 것도 아니다. 미국 알래스카의 이누이트(Inuit)사람들은 민족, 언어, 풍속, 기질 등의 모든 면에서 미국의 백인들과 다르지만, 자신들만의 독립적인 정치체로 살고자 하는 의지가 없다. 독립적인 네이션의 의지 없이 미국사람의 일원으로 살아가겠다고 한다면 이누이트 네이션이 아니라 미국인으로서의 네이션이 되는 것이다.

지금 세계에 국가는 200여 국에 불과하지만, 민족(ethnic group)은 약 650여 개나 된다. 이 민족들이 모두 네이션(nation)이 될 수 있는가? 될 수 없다. 이들 민족 모두가 독립된 국가가 될 수 있는 여건을 갖기 어렵고, 또 모든 민족이 자기들만의 국가에 대한 열망과 의지를 갖는 것이 아니어서 모두가 독자적 정치 단위로 될 수 없기 때문이다. 이와 같이 네이션은 정치적인 측면이 고려된 사람들의 집단이다. 단순히 거주지, 혈연, 언어, 공동생활 등으로 하나의 집단으로 구분될 수 있는 집단이 있다면, 이는 앞의 이누이트 원주민과 마찬가지로 민족에 불과하다. 따라서 네이션의 범주에 들어가느냐 들어가지 않느냐는 그 사람들의 영토, 언어, 역사, 혈연, 생활양식 등에서의 독자성을 갖고 있느냐의 측면뿐만 아니라 자기 국가에 대한 열망과 의지가 있는가에 의해서 결정되는 것이다.

둘째의 의미를 보면, "자체적인 정부를 가진 사람들이 살고 있는 영역"이란 국가를 의미하며, 이 의미에서는 영어의 state와 가깝다. 영어에서 country, state, nation 모두 국가를 의미하지만, country는 물리적, 지리적 측면의 의미가 강하고, state는 법적, 정치적, 지리적인 측면에 강한 의미를 내포하고 있는 반면에, nation은 사람의 측면에 더 주된 의미를 두고 있다. 다시 말하면, 국가(state)는 그 국민에게 복종과 충성을 요구할 수 있는 힘을 가진 법적, 정치적인 기관인 반면에, 네이션(nation)은 이러한 국가(state)와 관련된 사람들, 즉, 공통의 환경과 연대의식에 의해서 형성된 사람들의 집단이다.[5]

미국 독립과 프랑스 혁명 이후 일반 사람들의 주권의식이 확립되면서 일반 사람 집단으로서의 사람들(people)과 국가(state)가 같은 것으로 등식화되는데, 자기 집단끼리 살겠다는 주체적, 정치적 의사를 가진 사람들의 집단으로서의 네이션이 중간에 가교 역할을 하게 된 것이다. 즉, 네이션(nation)의 개념으로, 사람들(people)=네이션(nation)=국가(state)라는 등식이 성립하게 되었다. 사람들이 정치적 힘의 원천으로 인식됨으로써 사람들이 곧 국가가 된 것이다.[6] 이러한 결과로 법적, 정치적 단위로서의 국가인 state만큼이나 사람들 단위로서의 국가인 nation이 국가라는 표현에 자주 등장하게 된 것이다. 그래서 국제연합은 "United Countries"가 아니라 "United Nations"로 되고, 아담 스미스(Adam Smith)가 국부론에서 "The Wealth of Nations"라고 한 것도 단순하게 국가의 부를 의미하는 것

---

[5] Seton-Watson, 1977, p.1

[6] Connor, 1994b, p. 38

이 아니라 국가 구성원 사람들의 부를 합한 총체로서의 부를 표현한 것으로 이해할 수 있다.

셋째의 의미를 보면, 동일 종족 사람들의 집단이다. 이는 주로 옛날에 사용되었고, 오늘날에 있어서는 이런 의미로 거의 사용되지 않는다.[7] 이 부분이 우리말의 민족과 거의 일치한다고 할 수 있다. 여기서 한국인이 곧 한국 민족이라고 해서 네이션을 민족이라고 생각해서는 안 된다. 한국은 단일 민족국가이어서 민족이 곧 네이션으로 되지만, 세계 대다수 국가는 다민족국가이어서 민족이 곧 네이션으로 되지 않기 때문이다.

(2) 내셔널리즘

내셔널리즘에 대하여 사전이나 관련 전문서적에서 정의하거나 그 의미로서 사용하고 있는 내용들을 종합해 보면 다음과 같이 정의할 수 있다. "내셔널리즘(nationalism)은 자국이 타국보다 더 중요하고 낫다는 믿음으로 자국의 이익을 우선시하고 자국을 자랑스러워하거나, 자신들의 독립적, 자주적 국가를 가지려는 사람들의 열망이다."[8]

내셔널리즘(nationalism)이라는 용어가 등장한 것은 18세기 말이다. 기록상 내셔널리즘이 사회 정치적인 의미의 용어로서 처음 등장한 것은 1798년 프랑스 성직자 바뤼엘(Abbe Augustin de Barrurel)[9]의 글에서의 "nationalisme"이었으며, 비슷한 시기에 독일의 철학자 헤르더

---

[7] 오늘날에 있어서의 이런 말은 1640년대부터 사용된 것으로 알려진 북미 원주민을 일컫는 Nation 정도이다.

[8] Nationalism, n.d.

[9] Giradet, 1965, p. 425

(Johann Gottfried Herder)도 같은 말을 사용한 것으로 전해진다.[10] 그리고 영어에서 nationalism이라는 용어가 처음으로 등장한 것은 1844년으로 알려져 있다.[11] Nation에서 파생되어 나온 것이다. 그 이전에는 "자국에 대한 헌신이나 열정"을 의미하는 말로 nationality 가 사용되었지만[12] nationalism이라는 말이 나오면서 더 명확하게 표현하게 된 것이다. 유럽에 민주주의가 확산되면서 왕조중심의 국가에서 네이션 중심의 국가로 재편되는데, 여기서 네이션에 대한 열정이 일어났고, 이를 내셔널리즘이라고 이름하게 된 것이다.

이런 역사적인 배경으로 볼 때 내셔널리즘의 본질적인 내용은 "자신과 같은 사람들을 하나의 집단으로 하여 운명공동체로서 국가를 이루어 그 공동체 안의 사람들 간에 형제애로써 서로를 감싸는 의식"이라고 할 수 있다. 공동체 안의 사람들 간에 형제애로써 감싸고돈다는 것은 여기에 속하지 않는 바깥의 사람들에 대해서는 차별하고 배타적일 수 있다는 것을 의미한다.

내셔널리즘은 다음과 같은 내용과 성격을 갖는다.

i)내셔널리즘은 사람들의 자기 집단을 위하거나 애착을 갖는 의식, 신조, 행동이다.

ii)여기에서의 집단은 일정한 영토에 함께 살아가며, 같은 문화 및 관습 그리고 역사를 공유하는 사람들의 집단이다.

iii)여기에서의 집단은 자신들의 집단은 다른 집단과 구분되고 자신들만의 국가가 있어야 한다고 생각한다.

---

[10] Smith, 2010, p. 5

[11] Nation, n.d.1

[12] Nationalism, n.d.2

iv)이러한 의식, 신조, 행동은 주로 다른 집단과의 관계에서 발생하며, 다른 집단보다 자기 집단을 우선시하거나 다른 집단을 배척하기도 한다.

v)이러한 의식, 신조, 행동은 지식인이나 상류층과 같은 일부의 사람들에 국한된 것이 아니라 집단 내 대다수의 사람이 함께 공유하는 것이어야 한다.

이 분야 주요 연구자들의 내셔널리즘에 대한 정의를 보면 한스 콘(Hans Kohn)은 내셔널리즘을 "개개인의 최고의 충성은 으레 네이션으로 이루어진 국가에 주어져야 한다고 느끼는 심리상태"라고 정의한다.[13] 또, 케두리(Elie Kedourie)는 "인류는 자연적으로 네이션들(nations)로 나누어져 있고, 이 네이션들은 확인되는 특성들로 구분되며, 정당화될 수 있는 유일한 정부 형태는 각 네이션에 의한 자치 정부라고 생각하는 신조"라고 정의한다.[14] 이 외에도 많은 연구자들이 다양한 내용으로 정의하고 있다. 우선 연구자에 따라 그 범위를 좁게 정의하기도 하고 넓게 정의하기도 한다. 좁게 정의하면 독립 내셔널리즘 또는 내셔널리즘 운동에 한정시키는 것이고, 넓게 정의하면 독립 내셔널리즘과 통합 내셔널리즘, 그리고 국가 단위의 일상적인 내셔널리즘까지도 포함하게 된다.

좁은 정의의 예로서 겔너(Ernest Gellner)의 정의를 들 수 있다. 겔너는 내셔널리즘을 "정치적 단위(political unit)와 네이션 단위(national unit)가 일치해야 한다는 정치적 원리"라고 정의하고 있다. 겔너의 이 정의는 독립 내셔널리즘을 말하고 있다. 그리고 그는 네

---

[13] Kohn, 1965, p.9

[14] Kedourie, 1961, p.9

이션(nation)을 다음과 같이 두 가지로 정의하고 있다.[15] 첫째, 만일 어느 두 사람이 같은 문화를 공유할 때 그들은 같은 네이션이다. 여기서 문화는 생각, 기호, 연상, 행위방식, 소통방식의 체계를 뜻한다. 둘째, 만일 어느 두 사람이 서로가 같은 네이션에 속한다고 인식한다면 그들은 같은 네이션이다. 즉, 공통된 소속원으로서의 상대방에 대한 쌍무적인 권리와 의무를 확고하게 인식하는 범주의 사람들은 같은 네이션이라는 것이다. 여기서도 나타나고 있는 것은 네이션의 범위는 우리말에서의 민족이 아니라는 점이다. 첫째의 경우는 민족에 가깝지만, 둘째의 경우는 같은 민족이 아니더라도 네이션이 될 수 있다는 것이고, 네이션이 민족보다 넓은 개념으로 정의되고 있는 것이다.

스미스(Anthony D. Smith)는 내셔널리즘(nationalism)을 "실재적 혹은 잠재적 네이션(nation)을 구성하는 일부 구성원들에 의해서 집단 전체를 위하여 행해지는 자치, 단결, 정체성을 확보하고 유지하기 위한 이념운동"으로 정의한다.[16] 스미스는 내셔널리즘의 목표를 자기 집단의 독립과 자치, 집단의 단결, 집단의 정체성 확립, 세 가지에 두고 있다. 여기서 자기 집단의 독립과 자치는 독립 내셔널리즘에 해당하고, 집단의 단결과 정체성 확립은 통합 내셔널리즘에 해당한다. 통합 내셔널리즘은 주로 기존 국가에서 국가를 중심으로 국민들을 응집시키기 위한 내셔널리즘이다. 이렇게 스미스의 정의에서는 독립 내셔널리즘뿐만 아니라 통합 내셔널리즘까지 포함하고 있다. 스미스는 겔너보다는 더 넓게 정의하고 있지만, 내셔널리즘을 이념운동으로 한정하고 있다는 점에서 여전히 범위가 좁다.

---

[15] Gellner, 2006, pp.6-7

[16] Smith, 1991, p.73

현재 네이션, 내셔널리즘의 개념에 대하여 학자마다 그 인식에서 차이가 많고, 그런 만큼 내셔널리즘에 대한 정의가 명확하지 못한 상태에 있다. 이 점이 내셔널리즘 연구를 더욱 어렵게 하는 요인 중의 하나가 되고 있다. 지금까지 내셔널리즘 연구는 주로 서구에서 이루어져 왔고, 주류는 근대주의 이론이다. 그래서 내셔널리즘 연구의 대부분은 근대화 이후의 유럽이나 유럽과 관련된 지역의 독립 및 통합 이념운동에 집중되어 있고, 이러한 가운데 내셔널리즘이 독립과 통합의 이념운동만을 의미하는 것처럼 보이기도 한다. 이는 내셔널리즘이 주로 역사학 분야에서 많이 연구되어 오고 있기 때문이다.

그런데 과거 역사에서의 내셔널리즘 이상으로 중요한 의미를 갖는 것이 오늘날 현실세계에서의 내셔널리즘이다. 국가들 간에 경쟁과 대립이 치열한 오늘날에 있어서 어느 국가할 것 없이 내셔널리즘이 있고, 이 내셔널리즘이 알게 모르게 큰 힘으로 작용하고 있다. 세계의 소수지역을 제외하고는 오늘날 독립할 만한 국가는 이미 독립을 한 상태에서 독립 내셔널리즘의 중요성은 크지 않고, 기존 국가를 중심으로 자국을 내세우고 자국의 이익을 추구하는 내셔널리즘이 가장 실질적이고 중요한 부분이 되고 있다. 그래서 내셔널리즘의 영역에 오늘의 일상적인 내셔널리즘이 포함되지 않는다면 내셔널리즘 연구는 그 영역이 대폭 줄어들 뿐만 아니라 그 유용성도 크게 줄게 된다. 특히 유럽 외의 사람들에게는 더욱 그렇다. 영국에 네이션 의식이 언제 생겼는가는 영국의 역사학자들에게는 중요할지 모르지만 세계 다른 지역의 사람들한테는 별 의미가 없다. 지금 한국의 입장에서는 200년 전 유럽 이야기보다는 오늘날의 내셔널리즘과 세계주의(cosmopolitanism)의 충돌이나 미국, 중국의 내셔널리즘 등과 같은 것이 더 중요한 문제인 것이다.

그래서 유럽 근대화기 이념운동으로서의 내셔널리즘을 중심으로 하는 지금까지 연구의 틀에서 탈피하려는 노력이 필요하다. 이를 위해서 앞으로의 내셔널리즘 연구 영역은, 첫째, 세계 모든 국가들을 대상 영역으로 하는 보편성을 갖는 것으로 되어야 하고, 둘째, 국가를 경계로 일어나는 경제, 문화, 스포츠 등의 다양한 영역에서의 내셔널리즘을 포괄할 수 있어야 하며, 셋째, 오늘날 세계적으로 일반화되어 있는 일상적인 삶에서의 내셔널리즘도 포함되어야 할 것이다.

2) 네이션, 내셔널리즘의 번역

(1) 번역 용어의 부적합성

한국에서 내셔널리즘을 논의하는 데 큰 걸림돌이 있는데, 그것은 네이션, 내셔널리즘에 대한 우리말 용어가 적절치 않다는 점이다. 원래 우리는 내셔널리즘을 민족주의라고 해왔다. 그런데 민족주의라는 말의 의미가 내셔널리즘과 일치하지 않는다. 그래서 민족주의가 적절하지 않다고 생각한 사람들은 국민주의라고 하기도 한다. 그 외에도 국가주의, 국수주의, 자국우선주의, 자국제일주의, 국가이기주의 등 다양한 말들이 내셔널리즘 대신에 사용되고 있다. 이러한 용어들은 대부분 깊은 사유나 통찰 없이 마구잡이로 끌어온 말들이어서 내셔널리즘의 번역어로 적당하지 않다.

민족, 민족주의라는 말은 19세기 말 일본이 서양문명을 받아들이면서 네이션, 내셔널리즘을 번역해서 만든 말이다. 이후 이 말들은 중국, 한국으로 전파되어 동아시아에서는 민족, 민족주의라는 말이 일상적인 용어로 자리잡게 되었다. 나중에 일본에서는 이 말들에 문제가 있음을 알고 사용하지 않게 되어[17] 오늘날에는 주로 한국과 중국에서 사용하고 있다.

내셔널리즘은 민족주의가 아니며, 민족주의라고 하자고 해도 될 수가 없다. 민족주의라고 해서는 말이 엉켜버리기 때문이다. 민족, 민족주의 용어로서는 네이션, 내셔널리즘의 의미가 제대로 전달되지 못할 뿐만 아니라 그 뜻이 다르게 전달되기도 하여 학문적인 논의를 하는 것 자체가 불가능하다. 예를 들어, "룩셈부르크 민족(Luxembourgers)은 네이션이 되었는데, 왜 버건디 민족(Burgundians)은 네이션이 되지 못했는가?"와 같은 것을 논의하는 것이 네이션, 내셔널리즘 연구이다. 그런데 여기서 네이션을 민족이라고 번역해서는, "룩셈부르크 민족(Luxembourgers)은 민족이 되었는데, 왜 버건디 민족(Burgundians)은 민족이 되지 못했는가?"와 같이 표현하게 되는데, 이렇게 해서야 어떻게 논의가 가능하겠는가? 또 다른 예로서, 유럽에서 19세기 내셔널리즘이 성행하던 시기를 내셔널리즘 시대(Age of Nationalism)라고 하는데, 우리는 이를 민족주의 시대라고 번역한다. 그런데 내셔널리즘 시대라고 말하는 이 시기는 국가중심으로 사회체제가 재편되면서 민족들이 융해되어 나라사람으로 헤쳐 모이게 되는 시기였다. 즉, 이 시대는 민족집단이 그 의미를 잃고 소멸되는 시기였는데, 이를 민족주의 시대라고 하니 혼란스럽게 될 수밖에 없는 것이다.

민족, 민족주의라는 용어가 네이션, 내셔널리즘에 대한 번역어로서 적절치 못함을 알고 일부 학계에서나 어떤 분야에서는 국민, 국민주의라는 용어를 사용하기도 한다. 하지만 이 또한 네이션, 내셔널리즘의 의미를 제대로 담지 못하는 것으로서 문제는 여전히 남는다.

---

[17] 일본은 내셔널리즘(ナショナリズム)이라는 말을 사용한다.

그래서 네이션, 내셔널리즘에 대한 논의를 위해서는 먼저 이 용어 문제부터 해결해야만 한다. 네이션과 내셔널리즘의 의미를 더 깊게 고찰해보면서, 이것이 민족, 민족주의, 혹은 국민, 국민주의와 어떻게 다르고, 이 말들을 사용했을 때 어떤 문제가 있는지 보다 깊게 검토해 보기로 하자.

(2) 네이션과 민족

민족이란 "일정한 지역에서 오랜 세월 동안 공동생활을 하면서 언어와 문화의 공통성에 기초하여 역사적으로 형성된 사회 집단"을 의미한다.[18]

우리말의 민족은 영어의 네이션(nation)보다는 "race", "ethnicity", "tribe"에 더 가깝다.[19] 영어에서는 원래 "race"라는 말이 많이 사용되었으나 20세기에 들어와 인종갈등과 유대인 대학살(Holocaust)과 같은 인종관련 사건들을 거치면서 이 말을 기피하게 되어, 최근에는 "ethnicity"라는 말을 많이 사용하게 되었다. "Ethnicity"라는 말은 "ethnic"의 파생어로서 그리스어 민족이라는 의미의 "ethnos"에서 유래되었다.[20]

월러스타인(Immanuel Wallerstein)은 race는 유전적 측면에서, nation은 사회 정치적 측면에서, ethnic group은 문화적 측면에서 집단의 범주를 말하는 용어라고 하고 있다.[21] 그는 북아프리카 모로코

---

[18] 민족, 미상

[19] Ethnicity라는 말은 비교적 최근에 만들어진 말로서 Oxford English Dictionary에서는 1953년에 등재되었다.

[20] Spencer & Wollman, 2002, p.65

[21] Wallerstein, 1987, p.380

에서 독립하려는 사라위(Sahrawi)사람들을 예로 하여 네이션과 민족
의 차이를 설명하고 있다. 사하라위 사람들은 자신들이 네이션이라
고 주장하지만 모로코정부는 민족일 뿐이라고 주장한다는 것이다.
그리고 이 사람들이 네이션이 되느냐 혹은 민족으로 남느냐는 사하
라위 사람들과 모로코 사람들 간의 대결에 의하여 결정되는 것이라
고 하고 있다.

표 1-1	민족과 네이션의 속성	
민족(Ethnic community)		네이션(Nation)
사람들 집단의 이름이 있다	①	사람들 집단의 이름이 있다
특정한 고향 땅과 연계되어 있다	②	고유의 역사적 영토나 고향 땅이 있다
공동 조상에 대한 신화가 있다	③	공통 조상에 대한 신화가 있다
역사적 기억을 공유한다	④	공통의 역사적 기억이 있다
다른 문화와 차별화되는 공통의 문화가 있다	⑤	공통의 집단 공공 문화를 형성하고 있다
집단 내 상당 비중의 사람들은 연대의식이 있다	⑥	구성원 모두가 공통의 법적 권리와 의무를 진다
	⑦	구성원의 지역적 이동이 가능한 공동 경제를 갖는다

출처: *National Identity*, by A. D. Smith, 1991, London: Penguin, p.14~21. 참고하여 작성.

그리고 스미스(Anthony D. Smith)는 네이션(nation)과 민족공동

체(ethnic community)의 속성을 다음과 같이 구분한다. 먼저, 민족공동체가 갖는 속성으로 ①집단 고유의 이름이 있고, ②특정한 고향 땅과 연계되어 있으며, ③공통 조상에 대한 신화를 갖고 있고, ④역사적 기억을 공유하며, ⑤공통의 문화를 갖고 있고, ⑥집단 내에 상당한 비중의 사람들이 연대의식을 갖고 있다는 점을 들고 있다.[22]

반면에 네이션(nation)이 갖는 속성으로 ①집단 고유의 이름이 있으며, ②역사적으로 내려오는 고유의 영토가 있고, ③공통 조상에 대한 신화를 갖고 있으며, ④공통의 역사적 기억이 있고, ⑤공통의 공공 문화를 갖고 있고, ⑥구성원이 공통의 법적 권리와 의무를 지며, ⑦공동의 경제단위를 갖는다는 점을 들고 있다.[23]

스미스의 민족과 네이션의 구분을 볼 때, 민족과 네이션의 큰 차이는 주로 ⑥, ⑦에 있음을 알 수 있는데, 이는 네이션이 민족과 달리 정치적인 성격 및 국가집단으로서의 성격을 갖기 때문이다. 이를 싱가포르를 예로 하여 생각해 보자. 싱가포르 안에서는 같은 통화를 사용하고 사람들은 어디든지 이동하면서 살아갈 수 있지만, 싱가포르 바깥에서는 그렇지 않다. 싱가포르 내의 사람들은 하나의 경제단위를 이루고 있는 것이다. 여기서 중국 내 한족과 싱가포르 내 한족은 민족적으로는 같은 한족이지만, 공통의 법적 권리와 의무를 지거나 같은 경제단위 내에 있는 것이 아니므로, 하나의 네이션이 아니다. 반면에 이 싱가포르 내에서 공통의 법적 권리와 의무를 지며, 같은 경제단위 구성원으로 살아가는 중국계 사람과 인도계 사람은 비록 같은 민족은 아닐지라도 같은 네이션인 것이다.

민족이라는 용어는 네이션과 맞지 않을 뿐만 아니라, 이와 별도

---

[22] Smith, 1991, p.21

[23] Smith, 1991, p.14

로 말 자체의 의미에서도 널리 사용하는 데 문제가 있다. 프롤레타리아(proletariat)라는 용어가 계급적인 용어이듯이 민(民)은 계급적인 의미를 담고 있다. 정약용의 목민심서는 다음과 같은 구절로 시작한다.

위를 섬기는 자를 민(民)이라 하고, 민을 다스리는 자를 사(士)라 한다.[24]

민(民)은 섬기는 사람이요, 다스림을 받는 사람이다. 원래 한자어의 인(人)과 민(民)은 대칭적인 의미를 갖고 있다. 인(人)은 사람을 형상화한 글자로 인격체로서의 사람을 뜻한다. 인은 사회의 주체자로서 지배계급을 의미한다. 반면에 민(民)은 맹인을 형상화한 글자로 노예를 의미한다. 전쟁에서 포로로 잡힌 사람을 그 눈을 찔러 장님으로 만들어 노예로 삼았던 옛 습속에서 이렇게 노예로서의 국가 구성원이 민이었다. 즉, 인과 민은 모두 백성이지만 인은 국가 사회의 주체자로서의 백성이고, 민은 다스림을 받는 피지배계급으로서의 백성인 것이다.

족(族) 또한 문제가 있는 의미를 담고 있다. 민족이라는 말이 있기 이전의 시기에는 족(族)은 어느 성씨의 집단이나 친족집단을 부르는 말로 사용되었고, 규모가 그리 크지 않은 이민족 집단을 지칭하는 말에서도 사용되었다. 떼거리로 거주하는 것을 족거라고 하고, 같은 종족에 속하는 사람들을 비하하여 족속이라고도 하는 것처럼 족은 얕보거나 비하하는 의미가 다분하다.

그래서 민족이라는 말은 높이거나 아름답게 하는 의미보다는 낮추고 비하하는 의미가 더 크다. 말하자면, 민(民)은 노예요, 족(族)

---

[24] 목민심서, 부임6조, 제1조 제배

은 족속인 것이다. 이렇게 볼 때, 민족이라는 말은 한마디로 말하자면 일제시대 일본 제국주의자들이 조선민족이라고 부를 때나 적절한 말인 것이다. 더욱 심각한 것은 민족이라는 말을 주로 우리 자신에게 사용한다는 점이다. 미국민족이라든가 영국민족이라든가 이렇게 사용하는 경우는 거의 없고, 우리 민족, 한민족, 국가와 민족을 위하여, 민족정기 등과 같이 우리 스스로에 사용하는 경우가 대부분이다.

민족은 네이션에 비해서 낮게 위치하는 말이다. 20세기 중반 서구국가들에서는 아프리카 국가들의 독립주장을 가리켜 tribalism(종족주의)이라고 하였다. Tribalism이라는 것은 종족(tribe)사회에서 추장 중심의 국가를 세우기 위해 독립을 요구하는 것과 같은 전근대적인 집단의식을 비하하는 말이었다. 또 로마시대에 로마인들은 프랑스 지역의 골족이나 독일 지역의 게르만족을 종족(tribe)이라고 불렀다.[25] 그들에 대하여 야만으로서의 의미를 부과해야 했기 때문이다.[26] 이렇게 사람집단을 비하하여 지칭하는 말들은 역사 이래 항상 있어 왔다. 이 같은 용어 사용의 민감성에 비추어 우리가 사용하는 민족, 민족주의라는 말은 어떤가? 과거 서구에서 우리는 nation, nationalism, 너희는 tribe, tribalism이라고 하는 것처럼, 민족, 민족주의 또한 비하되어 취급당할 수 있는 위험이 있는 말인 것이다.

최근 중국의 인터넷 백과사전 바이두나 위키피디아에서 세종대왕이나 김구와 같은 위인이나 김연아와 같은 한국의 세계적인 명사를 '조선족'으로 표기하고 있는 사실을 알고,[27] 한국인들이 분노하였

[25] Seton-Watson, 1977, pp.4-5
[26] 로마 시대에도 tribe는 문명적으로 뒤쳐져 있고 소규모의 집단을 지칭하는 말이었다.
[27] '조선족' 윤동주 · 김연아? … 김치 이어 역사왜곡 나선 中 바이두, 2021

다. 한국인들이 분노하는 이유는 이 조선족이라는 말로써 우리를 중국 내의 하나의 민족과 같이 취급하고 있다는 점일 것이다. 그렇다면 여기에 빌미를 제공한 우리의 잘못도 있다. 우리가 우리 스스로를 민족이라고 하고 있기 때문이다.

네이션은 나라의 주권을 가진 사람들의 집단이다. 독립되어 있는 국가의 사람들이라면 자국의 주권을 유지하기 위하여, 독립을 원하는 사람들이라면 주권을 갖기 위하여 목숨도 내놓을 만큼 강한 정치적인 의지를 가진 사람들이다. 네이션은 나라의 주인으로서 나라 내에서 최상의 위치에 있는 사람들인 것이다. 그런데 이러한 네이션에 비하여 민족이라는 용어는 어떤가? 네이션 의미에서 그 핵심이라고 할 수 있는 나라에 대한 주체자로서의 주권이나 주인의식 같은 것과는 전혀 무관한 사람들의 무리일 뿐이다. 이에 더 나아가 민족이라는 말에는 이러한 문제의 기초가 되는 국가라는 것에 대한 작은 느낌도 가질 수 없는 말이다. 설상가상으로 민족은 다스림을 받는 무리로서의 의미를 함축하고 있다. 네이션과 민족이라는 용어는 가까이 있기조차 못하고 서로 상극의 자리에 위치하고 있다.

이와 같이 민족은 네이션과 같은 말로 하기에는 너무도 거리가 먼 용어인 것이다.

(3) 내셔널리즘과 민족주의

한국어 사전에서는 민족주의를 "독립이나 통일을 위하여 민족의 독자성이나 우월성을 주장하는 사상"이라고 정의하고 있다.[28] 민족주의에 대한 한국어 사전에서의 이러한 정의는 민족주의를 민족이라는 말에다가 내셔널리즘의 의미를 가미한 것이다. 즉 주의는 이

---

[28] 민족주의, 미상

념이므로 민족주의는 민족에 대한 이념이라고 해야 할 것이고, 민족에 대한 이념이라면 독립이나 통일과 같은 말이 들어갈 여지가 없다. 그런데 독립과 통일을 위하여 라고 한 것은 내셔널리즘의 의미와 같은 것으로 하기 위해서이다. 민족주의는 민족에는 없던 정치적인 색채가 들어가서 민족의 이념이 아니라 독립이나 통일과 관련되는 이념이 된 것이다. 이렇게 하다 보니 민족과 민족주의 사이에 괴리가 생기게 된다. 그래서 흔히들 민족에서의 "민족"과 민족주의에서의 "민족"은 내용적으로 같은 민족이 아니라고 말을 한다.

하지만 "민족주의를 독립이나 통일을 위하여"라는 의미를 부가하여 정치적인 성격을 가미한다고 하더라도 민족주의가 내셔널리즘과 일치되는 것이 아니다. 민족주의는 그 말 자체에서 여전히 민족이라는 말을 기본으로 하고 있고 나라를 기본으로 하고 있지 않기 때문이다. 우선 민족주의라고 하면 일반적으로 민족에 대한 주의, 즉 민족에 대한 이념으로 생각한다. 민족에 대한 이념이라고 하면 민족을 위하는 것이므로 반드시 국가와 연관되는 것은 아니다. 그리고 사전에서 그 뜻을 찾아보고 민족주의를 독립이나 통일을 위하여 민족의 독자성이나 우월성을 주장하는 사상이라고 생각하게 되더라도 내셔널리즘과 일치하지 않는다. 왜냐하면 내셔널리즘은 독립이나 통일 외에도 더 일반적인 의미로서의 자국을 위하고 자국을 자랑스러워하는 것으로서의 넓은 의미를 포괄하고 있기 때문이다.

이는 근본적으로 내셔널리즘은 네이션에서 나온 용어인데, 앞에서 본 대로 그 바탕이 되는 네이션이 민족과 다르므로 내셔널리즘과 민족주의 또한 다를 수밖에 없기 때문이다. 그래서 한국어 사전에서 민족주의의 의미를 내셔널리즘에 가깝게 끌어 놓았음에도 불구하고 민족주의와 내셔널리즘은 같지 않다. 민족주의는 민족단위로 독립이나 통일을 하여 민족단위로 살자는 것이지만, 내셔널리즘은 민족단위로 살자는 것이 아니다. 예를 들면, 영국섬 내의 여러 민족이 합쳐져서 영국연합왕국(United Kingdom)을 만드는 것도 내셔널리즘이고, 수많은 민족으로 이루어진 미국도 가질 수 있는 것이 내셔널리즘이다. 또 독일의 내셔널리즘이라고 해서 게르만 민족이 모두 합쳐 하나의 국가로 만들자는 것도 아니다.

민족주의가 내셔널리즘과 같아지기 위해서는 민족의 의미가 빠지고 국가의 의미가 들어가야 하는데 민족주의라는 말로는 될 수가 없는 것이다.

(4) 네이션과 국민

네이션과 내셔널리즘의 번역어로서 민족, 민족주의라는 말이 적절하지 않음을 느끼고, 민족, 민족주의라는 말 대신에 국민, 국민주의라는 용어를 사용하기도 한다. 예를 들어, 음악에서는 19세기의 musical nationalism을 "국민주의 음악"이라고 한다. 그래서 네이션, 내셔널리즘을 대신할 말로서 국민, 국민주의를 검토해 보기로 하자.

한국어 사전에서는 국민을 "한 나라의 통치권 아래에 있는 사람"이라고 명시하고 있다.[29] 영어에서 국민에 해당되는 말은 citizen이다. 우리나라에서는 citizen을 시민으로 번역하는 경우가 많다. 그래서 미국 시민권, 미국 시민권자 등으로 말한다. 그런데 영어의 citizen은 "city"라는 "시(市)"의 단어가 들어 있어도 시(市)하고는 아무런 상관이 없다. 영어에서 국민을 citizen이라고 하는 이유는 도시국가에서 이 용어가 시작되었기 때문이다. 그 말에 city가 들어 있더라도 의미상으로 시와 관련이 없기 때문에 그 본질과 내용에 따라

---

[29] 국민, 미상

국민이라고 해야 옳다. 미국 시민권, 미국 시민권자가 아니라 미국 국적, 미국 국민인 것이다. 영어에서 citizen이란 다른 사람에게 통치받는 것을 허락한 사람을 의미한다. 통치할 수 있는 주체가 국가밖에 더 있는가? 그래서 당연히 국민인 것이다. 만약 시민이라고 한다면 시가 통치할 수 있는 주체가 되어야 하는데, 시에는 독자적으로 힘을 행사할 수 있는 군대가 없으므로 이는 가당치 않은 것이다.

또한 우리는 "민주 시민", "시민 사회", "서울 시민" 등과 같이 시민이라는 말을 다방면에서 사용한다. 그런데 시민은 시(市)를 구성하는 사람들이다. 시민은 서울 시내에 사는 사람들이나 진주 시내에 사는 사람들을 "서울 시민", "진주 시민"이라고 하면서 사용하는 말인 데, 이를 "민주 시민", "시민 사회"와 같이 이런 데다 시민이라는 용어를 사용하는 것은 잘못된 것이다.

Citizen(국민)의 개념을 알기 위해서는 people(사람들, 인민, 민중)과 함께 검토해 볼 필요가 있다. 링컨이 인용한 것으로 널리 알려진 "by the people, of the people, for the people"을 한국에서는 "국민의, 국민에 의한, 국민을 위한"이라고 알고 있음에서 보듯이 people을 국민으로 번역하고 있다. 그런데 원래 people은 "국민"이 아니며 "사람들"의 개념이다. [30] 그렇다면 people(사람들)과 citizen(국민)은 다른가? 다르다. 우선 사람들과 국민은 같은 위치에 있지 않다. 미국의 예를 들어 보자. 미합중국 헌법 서문에는 "미국의 사람들(people)

---

[30] "사람들"이라는 용어는 다소 학술용어 같지 않은 면이 있다. 앞에서 인(人)과 민(民)에 대하여 논의하였는데, people의 개념은 국민이나 민족같이 피지배계급 민(民)만 있는 용어가 아니라 지배계급, 피지배계급 모두를 포괄하는 말인 인민(人民)이라는 말이 적절하다. 하지만 안타깝게도 인민이라는 말이 북한 전유물의 말이 되어버린 현시점에서, 이 말을 사용하게 되면 행여나 북한의 정당성이나 우위로 해석하는 사람들이 있을지도 모른다는 우려에서 이 말의 사용을 자제하고 다소 낯설더라도 "사람들"이라는 용어를 사용하기로 한다.

은 … 헌법(constitution)을 제정한다"라고 명시되어 있다.[31] 그리고 미국 수정헌법 14조(Amendment XIV)는 미국 국민(citizen)에 대하여 규정하고 있는데, 여기서 누가 미국의 국민인가를 정의하고 있다.[32]

그림 1-1 　**사람들(People)과 국민(Citizen)의 관계**

여기서 알 수 있는 것은 미국 사람들(people)이 미국 헌법을 만들고, 미국 헌법에서 미국 국민(citizen)을 규정하고 있다는 점이다.

---

[31] The Preamble to the United States Constitution: We the people of the United States, in order to form a more perfect union, establish justice, insure domestic tranquility, provide for the common defense, promote the general welfare, and secure the blessings of liberty to ourselves and our posterity, do ordain and establish this Constitution for the United States of America.

[32] Amendment XIV to the United States Constitution, Section 1: All persons born or naturalized in the United States, and subject to the jurisdiction thereof, are citizens of the United States and of the State wherein they reside. No State shall make or enforce any law which shall abridge the privileges or immunities of citizens of the United States; nor shall any State deprive any person of life, liberty, or property, without due process of law; nor deny to any person within its jurisdiction the equal protection of the laws.

즉, 사람들은 헌법을 제정하는 주체로서 헌법 위에 있고, 국민은 헌법에 의하여 정해지는 존재로서 헌법 아래에 있는 것이다.

물론 결국 사람들이 국민으로 된다는 점에서 같다고 할 수 있다. 하지만 민주주의의 논리적인 체계를 따른다면 국민(citizen)은 사람들(people)이 아니다. 국가의 법으로부터 창설된 국가 아래에 있는 사람들이 어떻게 국가의 주인이 될 수 있는가? 국가 위에서 국가의 헌법을 바꿀 수 있는 사람들이 국가의 주인이고, 이것이 민주주의인 것이다. 결론적으로 국민주권이라는 말은 논리적으로 맞지 않고 국민이라는 표현은 잘못된 것이다. 한국에서처럼 people도 국민이고 citizen도 국민인 이런 용어 상태에서는 민주주의를 이해하기도 어려운 것이다.

앞에서 본 people과 citizen의 개념에 대한 이해를 바탕으로 하여 네이션과 국민을 대조해 보기로 하자. 네이션(nation)은 people과 동등한 위치에 있는 개념으로 어느 나라 안에 한정되어 있는 사람들을 의미한다. 그래서 네이션과 국민은 대개 다음과 같은 점에서 다르다.

첫째, 네이션(nation)은 국가 및 영토와 연관된 사람들(people)이다.[33] 사람들이 자신들만의 정치체를 위한 하나의 집단이 될 때 네이션이 된다. 영국의 앤서니 쿠퍼(Anthony A. Cooper)[34]는 사람들(people)에 대해서 정의하면서 네이션(nation)에 대해서도 언급하고 있다. 사람들(people)은 사회적 연대(league) 혹은 사회적 연합(confederacy)으로 공동체의 회원들을 결속시키는 상호동의, 그리고

---

[33] Greenfeld, 1992, p.160

[34] 앤서니 쿠퍼는(1671~1713)는 영국의 정치가이자 철학자로 Third Earl of Shaftesbury 라고도 불린다.

공동선이나 공동이해에 기초하여 형성된 집단이라고 하였다. 그는 사람의 집단이 강압에 의해 형성되었을 때 하나의 수장 하에 하나의 집단으로 있다고 하더라도 단합될 수 없으므로 그러한 집단은 사람들(people)이 될 수 없다고 하였다. 그래서 강압 아래서는 사람들(people)이 없고, 헌법(constitution)이 있을 수 없고, 모국(mother country)이 없으며, 네이션(nation)도 있을 수 없다고 하였다.[35] 네이션은 주권을 가진 구성원들의 공동체이다.[36] 네이션이란 존 로크(John Locke)가 『공민정부 2론(Two Treatises on Civil Government)』에서 말한 사회계약의 당사자들인 것이다.[37] 그렇다면 네이션과 국민 간의 차이는 명확하다. 네이션(nation)은 국가를 창설하는 존재인데 반해, 국민(citizen)은 국가가 있고 난 다음에 있는 사람들로서 국가에 의해서 그 존재와 권리를 부여받는 사람인 것이다.

둘째, 국민의 사전적인 뜻을 민족에서 이미 논하였듯이 민의 의미가 지배를 받는 사람을 의미하기 때문에, 국민(國民)은 국가(國)의 피치자 민(民)을 의미한다. 이 민(民)을 포함하는 용어들이 문제가 되는 것은 이 말들을 만든 당시의 일본인들의 사상을 담고 있기 때문이다. 당시 일본은 철저히 천황중심의 국가였다. 천황의 국가에서 천황을 받드는 신민이라는 의식에서의 민이라는 용어를 사용하였던 것이다. 제2차 세계대전 이후 국민이라는 용어에 대한 거부 의식이 생긴 것도 이러한 이유 때문이다. 사람들이 국민이라는 말 대신에 시민이라는 말을 많이 사용하게 된 것이나, 국민학교를 초등학교로 바꾼 것도 여기서 비롯된다. 국민 대부분이 국민학교를 거쳤고 그와

---

[35] Greenfeld, 1992, p.399

[36] Greenfeld, 1992, p.426

[37] Greenfeld, 1992, p.400

함께 어린시절의 향수를 간직하고 있을 이름인데, 그 말이 무슨 문제여서 다른 말로 하겠다는 것인가? 나라의 민을 만드는 교육기관, 즉 사람들로 하여금 나라에 복종하고 순치시키기 위하여 어린아이 때부터 길들이는 기관으로서의 인상을 주기 때문이다. 이렇게 볼 때 나라의 주인으로서 네이션이라는 말에 대하여 피치자로서의 국민이라는 말은 그 위치에서 서로 상응될 수가 없다.

셋째, 국민은 그 범위가 한정적이고 내용이 명확하다. 즉 누가 국민이고, 누가 국민이 아니며, 국민이 되면 무엇을 할 수 있으며 할 수 없는지가 명확하고 구체적이다. 반면에 네이션은 그 범위가 넓고 내용은 추상적이다.

넷째, nationality를 갖는다는 것은 그 나라사람이라는 것을 의미한다. 그 나라사람이 된다는 것은 이러한 권리 의무와 무관한 것은 아니지만 이것과 직접 연관되는 의미는 아니다. 예를 들면 한국 국적을 포기하고 미국 국적을 취득한 사람이 한국 국민은 아니지만 한국인이 될 수도 있는 것이다.

다섯째, national은 citizen보다 넓은 개념으로서, national(나라사람)은 citizen(국민)과 법적으로 구분된다. 즉 citizen은 national이지만, national이라고 해서 citizen인 것은 아니다. 예를 들면, 미국의 경우, 사모아인들은 미국의 national이지만 citizen이 아니다.[38] 사모아인들은 미국에서 사업도 하고 일자리를 가질 수 있지만, 선거권이나 피선거권이 없다. 그리고 nationality는 국적이라고 하여 사람뿐만 아니라 기업, 선박, 항공기와 같은 사물에 대해서도 적용된다.

여섯째, 네이션을 국민으로 번역하면 말이 되지 않는 경우가 많

---

[38] 8 U.S.C.§ 1408. Nationals but not citizens of the United States at birth

다. 예를 들면, 현재 네이션으로서의 스코틀랜드를 스코틀랜드 국민이라고 한다면 말이 안 된다. 스코틀랜드 사람들이라고 해야 자연스럽다. 네이션과 달리 국민은 국가가 성립된 이후에 존재하는 것으로서 그 개념에서 차이가 있기 때문에 당장 일상생활에서도 네이션을 국민이라고 부를 때 부자연스러움이 드러나게 되는 것이다.

이상의 모든 설명을 통틀어 네이션이 국민이 될 수 없는 분명하고 확고한 사실은 네이션이란 나라의 주인으로서 지배하는 사람인 반면에 국민은 지배를 받는 사람이라는 점이다. 이 점에서 둘은 하늘과 땅처럼 다른 것이어서, 그래도 네이션을 국민으로 하자는 것은 하늘을 땅이라고 하자는 것과 마찬가지인 것이다.

(5) 내셔널리즘과 국민주의

학자들 중에는 민족주의 대신에 국민주의라는 말을 사용하고 있다. 한국에서 네이션을 국민으로 번역하고 있으니 내셔널리즘을 국민주의라고 하는 것이 맞는 것 같기도 하고, 또 내셔널리즘의 정치적인 성격과 국가와 관련된 의미를 생각하게 되면 민족주의라고 하는 것보다는 나은 면이 있다. 하지만 국민주의 역시 내셔널리즘의 의미로 사용하는 데에 다음과 같은 문제가 있다.

첫째, 바탕이 되는 말로서 국민의 의미가 네이션의 의미와 다르다는 점이다. 앞에서 본 대로 네이션은 나라의 주인으로서 지배하는 사람인 반면에 국민은 지배를 받는 사람이다. 여기서 내셔널리즘은 나라의 주체자로서 자기나라에 대한 애착과 자부심인데, 피지배자 국민으로서의 국민주의라고 하면서 어떻게 그 애착과 자부심의 의식을 전달할 수 있겠는가?

둘째, 국민주의라고 하면 내셔널리즘의 기초가 되는 네이션의 역사적, 혈연적, 문화적인 측면을 전혀 담아내지 못하게 된다. 국민은 역사적, 혈연적, 문화적인 측면과 무관하다. 역사적, 혈연적, 문화적으로 전혀 다른 사람도 국가에서 부여한 법적지위만 받으면 국민이 될 수 있는 것이다.

셋째, 사람과 국가와의 관계 측면에서 내셔널리즘의 의미를 제대로 전달하지 못한다. 예를 들면 안창호는 미국에서 한국 독립운동을 하였다. 안창호는 당시 미국국적을 가진 미국국민이었다. 안창호의 내셔널리즘을 국민주의라고 하면 미국을 위한 마음이 된다. 당시의 안창호를 국민주의라고 해서는 그의 미국에 대한 마음을 말하는 것이지 한국에 대한 마음을 말하는 것이 아닌 것이다. 이렇듯 국민주의는 안창호라는 사람과 그 한국이라는 국가의 관계를 적절히 표현하지 못한다. 안창호뿐만 아니라 국내에서 독립운동을 한 사람들의 내셔널리즘도 마찬가지이다. 이들은 모두 한국인이었지만 당시 일본국민이었다. 만약에 당시 그 사람들의 의식을 국민주의라고 한다면 일본을 위한 친일파의 마음으로밖에 되지 않는다. 이것은 모든 나라에서 마찬가지이다. 인디아라면 간디가 독립운동을 하던 시기는 그가 영국국민으로 있던 시기였다. 내셔널리즘을 국민주의라고 하면 인도를 위한 마음이 아니라 영국을 위한 마음이 되고 마는 것이다. 또 영국국민인 스코틀랜드 사람들의 독립을 주장하는 내셔널리즘을 국민주의라고 한다면 영국 국민으로서 조용히 살자는 것과 같이 되어 반대의 의미로 이해될 수도 있다.

국가에 있어서 국가의 수립만큼 중요한 일도 없는데, 많은 경우 국가의 수립은 어느 다른 국민으로서 지위에 있는 사람들이 자신의 마음 속에 있는 국가를 세우고자 하는 의지에 의해서 이루어지게 된다. 이때의 국가수립을 위한 노력을 국민주의라고 해서는 그 사람들과 국가와의 관계를 제대로 표현하지 못하게 되는 것이다.

넷째, 우리가 "국민주의"라고 했을 때 국가 내에서 일어나는 국민의 권익이나 국민의 위상에 대한 개념으로 생각이 들게 되고, 국가와 관련하여 대외적으로 표출되는 정서로서의 내셔널리즘 개념과 같은 것으로 느껴지지 않는다. 국민주의라는 용어가 두드러지는 곳은 음악이다. 지금까지 우리는 음악에서 musical nationalism을 국민주의 음악이라 불러오고 있다. 처음에 민족주의 음악이라고 하려다가 민족과 그 개념에서 맞지 않으니 국민주의 음악으로 이름한 것이다. Musical nationalism은 각국 사람들이 자국 고유의 특성과 자신들의 정체성을 담은 음악을 말한다. 프랑스 혁명에 이어서 나폴레옹의 유럽 지배로 자극을 받게 된 유럽의 각국에서는 음악에서 자신들의 정체성을 표현하고자 하는 내셔널리즘이 일어나게 되었다. 이렇게 일어난 musical nationalism 사조는 러시아인 음악, 독일인 음악, 이탈리아인 음악, 핀란드인 음악 등과 같은 식이다. 즉 그 나라 사람들의 정서를 나타내는 그 나라 사람들의 음악인 것이다. 그런데 이를 국민주의 음악이라고 하면, 그 나라 사람으로서의 정서를 담은 음악이라기 보다는 마치 왕이나 귀족에 대항해서 일반 국민들의 권익을 옹호하려는 음악인 것처럼 의미전달에서의 혼돈이 발생한다. 그 나라 국민들의 음악이기보다는 그 나라 사람들의 음악이다. 이런 음악을 국민주의 음악이라고 하게 되면 의미전달이 제대로 안 되는 것이다.

(6) 기타 용어들

민족주의, 국민주의 외에도 내셔널리즘을 표현하는 말로서 국가주의, 국수주의, 자국우선주의, 국가이기주의 등 다양한 용어들이 사용되고 있다. 요즈음 흔히 보게 되는 이러한 용어에 대해서 내셔널리즘의 번역어로 사용될 수 있는지 간략하게 살펴보기로 하자.

■**국가주의:** 국가주의는 statism에 대한 번역어로서, 이 statism은 nationalism과 별도로 다른 의미로 이미 사용되고 있는 말이다.[39] 일반적인 의미에서 국가주의는 "국가에 최상의 조직체로서의 권능과 권한을 부여하고, 국가가 경제나 사회의 모든 면을 관리하고 조정하여야 한다는 사상"을 말한다. 국가주의는 국가의 행위에 대한 것인 반면, 내셔널리즘은 자기 국가집단과 다른 국가집단에 관련하여 사람들이 갖고 있는 의식에 대한 것이다. 이렇게 국가주의는 내셔널리즘과 다른 의미로 사용되는 상태에서 이미 확고한 위치에 있기 때문에 내셔널리즘에 대한 용어로서 사용될 수 있는 여지는 없으며, 논리상으로도 맞지 않다.

■**국수주의:** 국수주의(ultra-nationalism)는 그 수준이 통상의 정도를 넘어서 지나치게 과도한 내셔널리즘을 말한다. 보통의 nationalism이 아니라 ultra-nationalism을 일컫는 말로서 이미 사용되고 있는 용어다. 국수(國粹)란 나라의 정기, 나라의 우수성을 의미하며, 국수주의(國粹主義)는 1880년대 이후 일본인 시가 시게다카(志賀重昻), 미야케 세츠레이(三宅雪嶺), 쿠가 가츠난(陸羯南) 등이 주도한 일본의 국수를 발굴하고 보존하려는 운동에서 기원한다. 국수주의는 자국의 것은 무조건 좋고 우수하며, 타국 것은 자국 것보다 못하다고 여기거나 배척하는 사상으로서 군국주의적, 인종차별적, 폐쇄적인 성향과 연관되어 사용되는 경우가 많다.

■**자국우선주의:** 근래에 미국에서 트럼프 대통령이 "America First"를 내세우면서, 이 미국우선주의(America First)를 각국에 일반화하

---

[39] etatism과 statism은 같은 의미이다.

여 나온 말로서 자국우선주의라는 용어가 사용되기 시작하였다. 이는 일시적인 유행어에 불과하여 더 많은 의미를 가진 용어로서의 내셔널리즘을 대신하지 못한다. 내셔널리즘에는 자국우선만이 아니라 이보다 더 중요하고 여러 의미를 담고 있기 때문에 내셔널리즘의 번역어가 될 수 없는 것이다.

■**자국제일주의:** 자국제일주의 또한 위에서 설명한 자국우선주의와 동일하다.

■**국가이기주의:** 내셔널리즘의 주체가 국가가 아니며, 자국우선주의와 마찬가지로 내셔널리즘에는 국가의 이기성뿐만 아니라 이보다 더 중요하고 여러 의미를 담고 있기 때문에 내셔널리즘의 번역어로서 적절치 않다.

3) 합당한 용어

지금까지 네이션, 내셔널리즘에 대한 기존 번역어들에 대한 문제점들을 살펴보았다. 이제 이에 대한 해결 방안을 논의해 보기로 하자. 이 문제를 해결하는 유일한 방법은 네이션, 내셔널리즘에 맞는 말을 찾아 이를 사용하는 것이다. 그래서 우리말을 두루 검토해 본 결과, 네이션, 내셔널리즘에 가장 알맞은 말은 국인(國人), 국인주의(國人主義)였다. 순한글로는 나라사람, 나라사람주의이다.

(1) 국인

네이션(nation)에 대한 번역어로 국인(國人)이라는 말이 적합한 이유는 다음과 같다.

첫째, 네이션이 원래 그 나라사람을 의미하기 때문에 나라사람,

즉 국인이라는 말이 가장 적절하다. 우리는 이미 한국인, 미국인, 중국인, 영국인 혹은 한국사람, 미국사람, 중국사람, 영국사람 등으로 말하고 있다. 여기서 어느 나라 국인 혹은 어느 나라 사람이라고 하는 것이 바로 네이션(nation)이므로, 네이션을 국인이라고 하는 것은 타당하고도 자연스럽다.

둘째, 국인이라는 용어는 네이션의 개념에 근접하면서도 과거부터 우리가 사용해 오던 말이다. 과거에 국인이라는 표현이 사용된 예를 보자.

태조 이성계가 고려를 무너뜨리고 중국 황제의 눈치를 보던 시기에 중국황제에게 보낸 편지에 다음과 같은 글귀를 적고 있다.

요사이 황제께서 신에게 권지국사(權知國事)를 허가하시고 이내 국호(國號)를 묻게 되시니, 신은 국인과 함께 감격하여 기쁨이 더욱 간절합니다.[40]

여기서 조선이라는 나라가 있기 이전의 사람들이요, 나라를 만드는 사람들로서의 국인을 확인할 수 있다.

또 다른 예로서, 조선 성종 때 사헌부와 사간원 관리들이 임금에게 죄인을 죽일 것을 요청하면서 다음과 같이 말하고 있다.

국인이 모두 죽일 만하다고 하는 것이므로 전하께서 개인적인 인정을 베풀 수는 없는 것입니다.[41]

여기서 국인은 나라사람들이다. 임금도 나라사람들의 뜻을 거역해서는 안 된다고 말하고 있다. 국인의 권위와 존재감이 드러나고

---

[40] 『조선왕조실록』, 태조실록 2권, 태조 1년 11월 29일. (欽蒙聖慈許臣權知國事, 仍問國號, 臣與國人感喜尤切)

[41] 『조선왕조실록』, 성종실록 6권, 성종 1년 7월 8일. (所謂國人皆曰可殺, 非殿下所得而私也)

있다.

위 예들에서의 국인이라는 표현을 보면, 국인은 네이션과 마찬가지로 나라의 주체로서의 사람들임을 확인할 수 있고, 네이션의 개념과 매우 잘 들어 맞는다는 것을 알 수 있다.

그리고 안중근 의사는 자신을 "대한국인(大韓國人)"이라 하였고, 우리의 애국가 가사도 "대한사람 대한으로 길이 보전하세"이다. 대한민족도 아니고 대한국민도 아닌 대한국인, 대한사람이라고 하고 있는 것이다. 근대화기에도 우리의 선현들은 나라를 구성하는 사람들에 대한 개념으로서 그 용어가 어떠해야 하는가를 매우 분명하게 잘 알고 있었던 것이다.

셋째, 네이션(nation)은 정치적인 자치의식을 가진 사람들의 집단이므로 정치적으로 주체자로서의 성격을 갖는 국인이라는 말이 잘 부합된다. 그 나라사람으로서 또는 나라의 주인으로서 국인인 것이다. 앞에서 언급한 대로 원래 인(人)은 사회의 주체자로의 의미를 갖고 있고, 민(民)은 피지배계층으로서의 의미가 있다. 인과 민은 주인과 노예로서 대칭적인 의미를 갖고 있는 것이다. 네이션은 민주주의의 발전과 함께 형성된 나라의 주인으로서의 의식을 가진 집단이다. 이러한 네이션에 대하여 민족, 국민과 같이 민(民)의 말로서는 그 의미를 일치시킬 수 없다. 당연히 인(人)이 들어가는 말이 되어야 하고, 그래서 국인이라고 하는 것이 너무나도 당연하다. 국가에 복종하는 존재로서 국민과 달리 국인은 국가의 주체자이자 주인이다. 이 같은 제대로 된 말을 사용함으로써 우리 모두가 근대화된 민주주의 사회를 이끄는 주체자로서의 존재감을 갖게 되고, 이런 가운데 민주의식도 발전될 수 있는 것이다.

넷째, 네이션(nation)은 민족보다 혈통적인 개념이 옅지만 이것이 완전히 배제된 것은 아니다. 특히 비서구 사회에서는 네이션에 혈연적 성격이 강하다. 그런데 국인은 이런 혈통적인 개념까지 담고 있다. 국민에는 혈통적인 개념이 없지만 국인은 이런 개념도 갖고 있는 것이다. 예를 들어 한국국민과 한국인은 차이가 있다. 한국국민이라고 하면 한국에 소속된 사람의 법적 신분을 나타내는 반면에, 한국인이라고 하면 그 혈통이나 뿌리까지 나타내는 것이다. 현실적으로 북한과 남한을 아우르는 한민족과 동일한 뜻을 전달하는 용어로서 한국민이라고는 할 수 없지만 한국인은 가능하다. 국민(citizen)은 국가(state)가 있고 난 이후에나 있는 것이지만, 국인(nation)은 국가보다 먼저 있으면서 그 기초가 되는 사람들이기 때문이다.

다섯째, 국인은 우리 스스로를 존중받을 수 있는 용어이다. 네이션은 주권을 가진 집단으로서의 사람들(sovereign people)이다.[42] 주권은 사람에 대한 것뿐만 아니라 땅에 대한 것까지도 포함된다. 18세기 유럽에서 네이션이 주목받는 용어가 되고 내셔널리즘이라는 말이 생겨나게 된 것도 바로 이런 점 때문이었다. 네이션은 자기운명에 대한 자기결정권을 가진 사람들이다. 여기서 이 같은 요소가 들어 있지 않은 민족과는 엄청난 차이가 있다. 민족은 아무나 될 수 있지만 네이션은 아무나 될 수 없다. 민족은 가만히 있어도 그 이름이 주어지지만 네이션은 엄청난 노력과 피의 희생을 치러야만 가질 수 있는 고귀한 것이다. 그런데 국인은 이런 네이션의 위치에 상응하는 말이다. 민족이라고 했을 때와 달리 국인이라고 하면 이 말에서 이미 그의 나라있음이 확정되어 있다. 한민족, 조선민족, 조선족은 일본이나 중국 하에서의 사람일 수 있지만, 한국인은 어느 다른 나라의 사람일 수 없고 오로지 한국이라는 나라만에서의 사람이 될

---

[42] 여기에는 현재 주권을 가진 사람들뿐만 아니라 주장하는 사람들도 포함된다.

수 있을 뿐이다. 그래서 우리 스스로가 한민족 같은 말보다는 한국인과 같이 국인이라는 말을 사용하는 것이 옳고도 필요한 일이다.

(2) 국인주의

내셔널리즘(nationalism)은 네이션(nation)에 대한 이념(~ism)이다. 이 이념은 우리말로는 "주의(主義)"라고 하므로, 네이션을 국인으로 번역했을 때 내셔널리즘에 대한 한국어 표현은 국인주의(國人主義)가 된다. 이 용어가 내셔널리즘의 의미에 잘 부합하는지 검토해 보자.

내셔널리즘은 그 본질에서 "자신과 같은 사람들을 하나의 집단으로 하여 운명공동체로서 국가를 이루어 그 공동체 안의 사람들 간에 형제애로써 서로를 감싸는 의식"이라고 할 수 있는데, 국인주의는 이러한 의미를 그대로 잘 담고 있다.

그리고 국인에서의 인(人)의 개념은 사람을 포함하여 이와 관련된 사물까지도 포함한다. 개인뿐만 아니라 법인이 있듯이 사람을 의인화한 대상들도 모두 인의 개념에 포함될 수 있다. 그래서 자국 선박이나 비행기에도 국적을 부여하고 상품에도 국적을 부여하여 내국물품과 외국물품을 구분하는 것도 사물을 사람으로 의인화한 것으로 볼 수 있다. 따라서 국인주의는 단지 그 나라 사람에만 해당되는 것이 아니며, 그 나라 사람의 물품이나 권리 등에 대해서도 해당되는 것이다. 예를 들면 자국 물품을 사용하자거나 자국 선박 및 항공기를 이용토록 하는 자국선보호주의 등도 내셔널리즘의 한 형태인데, 국인주의라는 말은 이런데서도 적절하다. 이런 면에서 오늘날우리가 접하고 있는 다양한 내셔널리즘 모습을 국인주의라는 용어가 잘 담고 있다.

그리고 내셔널리즘의 정의와 대조해 보자. 앞에서 본 대로 내셔널리즘(nationalism)이 "자국이 타국보다 더 중요하고 낫다는 믿음으로 자국의 이익을 우선시하고 자국을 자랑스러워하거나, 자신들의 독립적, 자주적 국가를 형성하려는 열망"으로 정의된다고 했을 때,[43] 내셔널리즘은 크게 두 가지로 나누어진다. 하나는 자국의 이익을 우선시하고 자랑스러워하는 국가 내셔널리즘, 다른 하나는 독립적, 자주적 국가를 가지려는 독립 내셔널리즘이 될 것이다. 먼저, 국가 내셔널리즘에서 보면 국인(nation)이 사람의 집단으로 말한 국가이므로 자국을 위하고 자랑스러워하는 이념으로서 국인주의라 말할 수 있다. 다음으로, 독립 내셔널리즘에서 민족이 아니라 국인(國人), 즉, 자기 국가를 가진 사람이 되려는 이념이라는 측면에서 국인주의라는 용어가 그 의미에서 부합한다. 국가 내셔널리즘, 독립 내셔널리즘 모두에서 국인주의라는 말이 잘 맞는다는 것을 확인할 수 있다.

국인주의는 네이션 의미에 합당한 국인이라는 말에 기초한 것으로서 오늘날 내셔널리즘을 대신하여 쓰고 있는 잡다한 말들과 같이 생각도 지식도 없이 끌어온 그러한 부류의 용어가 아니다. 기분 좋은 가정이 아니기는 하지만 만약 다른 나라가 한국을 점령하여 지배하는 상황이 되었다고 가정하자. 이 상황에서 민족주의는 다른 나라를 구성하는 하나의 민족으로서의 민족을 생각하는 이념이 될 수도 있으며, 국민주의는 다른 나라 국민으로서의 국민을 앞세우는 이념으로 될 수도 있다. 하지만 국인주의는 국인인 사람들이 자신의 국인에 대하여 애착을 갖는 마음이다. 국인주의는 우리 사람들의 나라있음을 그 자체로 명시하고 있는 것이며, 이러한 사실 위에서 자신들의 원하는 바를 추구하는 것이다. 한국인으로서의 국인주의는

---

[43] Nationalism, n.d.

그 본질이 한국인이므로 이는 어느 나라든 빼앗아 갈 수도 없고, 힘이나 속임수로 자의적으로 변경시킬 수도 없다. 따라서 국인, 국인주의라는 용어는 어떠한 상황에서도 그 사람들을 위하는 것은 말할 것도 없고, 독립성과 주체성까지 온전히 보전할 수 있는 제대로 된 용어인 것이다.

4) 올바른 용어 사용의 필요성

우리나라는 오랫동안 네이션, 내셔널리즘(nationalism)을 민족, 민족주의로 불러왔기 때문에 지금까지 사용해오던 이 용어를 다른 용어로 바꾸기는 쉽지 않은 일이다. 그러나 언제까지나 이렇게 계속 가서는 안 된다고 본다. 그 사용기간이 지금까지 불과 백 년이었지만 앞으로는 무한대이다.

계속 논의하게 될 경제 내셔널리즘에 있어서도 내셔널리즘을 민족주의라고 해서는 말이 되지 않는다. 경제 내셔널리즘의 문제는 국가의 사람들 간의 문제이다. 중국 내 만주족이나 일본 내 오키나와 민족이 자기 민족의 경제이해를 중심으로 하는 경제 민족주의가 있을 수는 있다. 하지만 오늘날 이런 것이 세계의 모든 사람들의 관심 대상이 될 만큼 중요한 문제가 아니고, 또 우리가 논의하고자 하는 바도 아니다. 오늘날 중요한 문제가 되고 있는 것은 경제적 이해에 있어서의 한국의 내셔널리즘, 미국의 내셔널리즘과 같이 국가를 단위로 하는 경제 내셔널리즘이다. 이를 두고 미국의 경제 민족주의, 한국의 경제 민족주의라고 해서는 말이 되지 않는다. 이렇게 말하면서 어떻게 원활한 학문적 논의가 가능하겠는가? 이런 상태에서는 용어 때문에 논의를 하고 싶어도 제대로 하지 못하게 되고, 그 결과로 학문적 발전은 어려워질 수밖에 없게 되는 것이다. 그래서 하루속히 내셔널리즘의 의미를 바르게 전달할 수 있는 용어로 바꾸어야 한다.

그리고 이 일은 비단 학문적인 논의를 위해서만이 아니라 한국의 국가사회발전을 위해서 필요한 일이다. 한국이 선진국으로 되었다고들 하지만 내부적으로 보면 많은 부분에 있어서 근대화조차 제대로 되지 않았다. 사람들은 국가 공동체의 일원으로서 차별없이 평등하게 살아가는 것이 아니라 혈연, 지연, 학연 등의 자신과 닿는 연에 따라 살아가고 있다. 외국사람들이 한국에 살면서 흔히 하는 말이 있다. 한국에서는 아는 사람이면 안 되는 일이 없고, 모르는 사람이면 되는 일이 없다는 것이다. 한국에서는 연이 닿는 사람에게는 무엇이든 되고 연이 닿지 않는 사람에게는 무조건 안 되며, 연이 닿는 사람에게는 무조건 편들어주고 닿지 않는 사람에게는 냉대하고 적대시하며, 연이 닿는 사람은 무조건 옳다하고 연이 닿지 않은 사람은 무조건 그르다 함으로써, 심지어 참과 거짓마저도 그 연에 의해서 결정되는 경우도 많다. 한국의 불평등과 부정부패는 여기서부터 시작한다. 이런 사회에서는 같은 국가 내 사람이라는 것만으로 서로를 위하고 형제애를 가지며 평등하게 살아가려는 근대국가의 이념이 실현될 수 없다. 그리고 국가는 정의롭고 공정한 사회를 조성할 수 있어야 하는데, 이렇게 되어서야 국가로서의 존재이유마저 의심받게 되는 것이다.

네이션에는 사람들이 나라의 주체자가 되어 좋은 국가 좋은 사회를 만들어보자는 가치가 담겨 있다. 네이션에는 국가 내의 모든 사람들은 평등하고 공평하게 대우하면서 살아가는 이념이 있다. 이러한 의미에서 지금 우리에게 필요한 것이 네이션이다. 그런데 네이션을 가로막고 있는 존재가 있다. 그것은 민족이다. 우리는 네이션을 민족이라고 함으로써 네이션을 가려 놓고 있는 것이다. 민족도 그 나름대로 가치가 있다고 해도 지금 우리에게 필요한 것은 네이션이다. 그리고 민족도 필요한 것이라고 하더라도 국가사회 전체를 위한 이념도 있어야 하는데, 그 자리에 민족이 차지하고 있으니 민족으로만의 이념만 있고 국가로서의 이념은 실종된 것이다. 이렇게 네이션은 없고 민족만 있는 오늘의 우리 현실은 전근대적 의식에서 탈피하지 못한 모습을 보이고 있다.

민족은 가족, 친족에서 이어진다. 족벌사회 한국사람들의 가족, 친족의식은 어떤 것인가? 나라 내에서 모든 학생들은 공정한 입시를 통하여 대학에 들어가게 되어있지만, 내 딸 내 아들은 부정으로 들어가도 된다는 의식이다. 이로 인해서 다른 집 자식들은 피눈물을 흘려도 상관없고, 그래서 나라의 제도는 불공정해지고 신뢰를 잃어 나라는 망해버려도 좋다는 의식인 것이다. 가족, 친족 중심의 사회에서는 모든 판단이 개인적인 이해나 감정에 따름으로써 합리성이나 공공성에 대한 가치판단이 들어설 여지가 없다. 이런 가족, 친족이 확장되는 것이 민족이다. 민족이라는 이름 하에 수많은 비합리성과 부조리는 눈감고 넘어가게 된다. 민족의 이름으로 독재자가 인민을 착취해도 너그럽게 여겨질 수 있다면 이 민족이라는 이름이야 말로 해악이 아니고 무엇인가? 다른 것 아무 소용없고 민족끼리만 살면 된다는 것, 이것이야말로 내셔널리즘이 아니라 tribalism이 아니고 무엇인가? 그렇다고 해서 민족이라는 테두리 속에서 단합되는 것도 아니다. 오히려 족(族)에서 연유하는 자신의 연고성에 사로잡혀 시도 때도 없이 일어나는 파벌싸움으로 나라는 어느 한때 기력을 차려본 적이 없다. 민족의 껍질을 열고 들어가 보면, 그 안에는 가족, 친족과 같은 줄기를 따라 끊임없이 내 편과 네 편으로 나누어지는 파벌의 줄기세포가 있다. 지금 우리에게는 국가의 일원으로서 모두가 동등하고 같은 사람으로서 살아가는 평등하고 공평한 사회가 필요하다. 그러기 위해서는 우리 안에 존재하는 흉측한 모습의 줄기들은 녹아 없어져야 한다.

또한 국민, 국민주의라고 하는 것도 마찬가지이다. 한국인들은 왕조국가 전통과 관우위문화 속에서 백성들은 수천년 동안 노예와 같은 피지배민으로 살아왔다. 워낙 오래 이런 세월을 살아온 결과로 민주주의 국가인 오늘에 이르러서도 사람들의 의식 속에는 수직적인 문화 속에 윗사람에 추종하려는 습성이 있다. 오늘날에도 국가의 지도자나 공무원이 많은 권한을 가진 상태에서 일반 사람들은 이에 따르기만 하는 것이 왕조시대에 백성들이 관리들 아래에서 살아가던 모습이나 큰 차이가 없다. 북한에서 세계에서 보기 드물 정도로 세습통치가 되고 있는 것도 한국 사람들의 이러한 의식구조와 무관하지 않다.

이런 상황에서 나라의 주인 의미를 가진 네이션을 나라의 피지자의 의미를 가진 국민이라고 하는 것은 이렇게 잘못된 사회를 제대로 된 사회라고 미화시키는 것과 마찬가지다. 민족과 관련하여 언급했듯이 우리의 국가와 사회 발전을 위해서는 하루 빨리 이러한 근대적인 의식으로서 네이션을 가져야 한다. 그래서 이 소중한 네이션을 전근대적 의식인 국민이라고 함으로써 사람들이 근대적 의식으로서의 네이션 의식을 갖는 것을 더 이상 가로막게 해서는 안 된다.

5) 본서에서의 용어 사용

본서에서는 네이션에 대한 우리말로서 국인(國人)과 그 내셔널리즘에 대한 우리말로서 국인주의(國人主義)라는 용어를 사용하기로 한다. 이 시점에서 무엇보다 중요한 것은 네이션, 내셔널리즘에 맞는 용어를 찾아서 사용함으로써 지금까지의 잘못된 상황에서 하루빨리 벗어나는 일이다. 새로운 용어가 처음에는 어색하겠지만 사용하다 보면 곧 익숙해지게 될 것이고, 그렇게 되면 이 문제로부터 벗어나게 되는 것이다.[44] 의미상으로 민족에 해당하는 것은 민족, 민족주의라고 하고, 네이션에 해당하는 것은 국인, 국인주의라고 하는 것이다. 이렇게 용어를 때와 장소에 따라 그 의미에 맞게 사용함으로써 모든 내용이 가장 정확하고 적절하게 표현되게 하려 한다.

2. 경제 내셔널리즘

1) 경제 내셔널리즘의 모호성

경제 내셔널리즘(economic nationalism)은 경제활동과 관련하여 발생하는 내셔널리즘이다. 또 경제영역에서의 내셔널리즘이라고도 할 수 있다.

그렇다면 경제(economy)란 무엇인가? 경제란 사람이 삶을 영위하는 데 필요로 하는 재화 및 용역을 확보하기 위한 활동이나 이 활동에서 형성되는 관계를 말한다. 영어에서의 경제는 "economy"이다. Economy는 그리스어 "οἰκονόμος"에서 유래되었으며, 그 의미는 가정관리였다. 인간과 재화 및 서비스 관계에서 가장 기본적인 것이 먹고, 입고, 자는 것이고, 이것이 이루어지는 곳이 가정이므로 경제는 가정관리라는 말에서 시작된 것이다.

---

[44] 내셔널리즘에 대한 올바른 번역용어의 필요성에 대한 자세한 내용은 졸저 『민족주의와 내셔널리즘』 참조할 것.

이 economy를 한국을 포함한 동아시아에서는 經濟(경제)라고 하는데, 이는 經世濟民(경세제민)이라는 말에서 유래하였다. 경세제민은 세상을 다스려 백성을 구제한다는 의미이다. 옛날에는 일상적인 세상의 범위에 외국이 들어올 여지가 없었기 때문에 여기서 세상의 의미는 국가 내라고 할 수 있다. 그래서 경세제민은 국가를 다스려 국민을 편안하게 한다는 의미라고 할 것이다. 말의 어원을 보자면 서양의 economy가 개인적인 차원의 말인 반면에, 경제는 국가적인 차원의 말이다. 동아시아에서 경제라는 말과 함께하는 "경제 국인주의"는 국가적 차원의 용어인 경제와 국가에 대한 용어인 국인주의가 합쳐짐으로써 그 의미가 더욱 선명해지고 있다.

앞에서 내셔널리즘(nationalism)을 "자국이 타국보다 더 중요하고 낫다는 믿음으로 자국의 이익을 우선시하고 자국을 자랑스러워하거나, 자신들의 독립적, 자주적 국가를 가지려는 사람들의 열망"이라고 정의하였다. 그렇다면 경제 국인주의는 "경제에 있어서 자국이 타국보다 더 중요하다는 믿음으로 자국의 경제적 이익을 우선시하고, 경제적으로 독립적, 자주적 국가를 가지려는 사람들의 열망"이라고 정의할 수 있을 것이다.

이렇게 국인주의 정의를 기초로 하여 경제 국인주의를 정의할 수도 있다. 그런데 경제 국인주의는 경제영역에서 사용되는 전문적인 용어로서의 성격을 갖는다. 경제영역에서는 자국의 경제적 이익을 독선적으로 추구하는 것 외에도 자급자족경제(autarky), 보호무역주의(protectionism), 중상주의(mercantilism) 등과 같은 전문용어가 경제 국인주의와 거의 동일한 의미로 사용되어 오고 있다. 이렇게 경제 국인주의와 거의 같은 의미로 사용되는 이 전문적 용어들이 있고, 그것도 의미가 같지 않은 여러 용어들이어서 경제 국인주의의 의미가 상당히 불분명한 상태에 있다.

이런 상황이기 때문에 경제 국인주의(economic nationalism)를 보다 정확하게 정의하기 위해서는 이런 내용을 포괄하여 더 깊게 검토해 볼 필요가 있다. 그래서 학자들의 주장과 문헌들에서의 정의, 그리고 경제 국인주의의 내용과 특성들을 검토한 이후에, 이를 토대로 경제 국인주의를 정의하기로 한다.

2) 사전에서의 정의

영어사전에서 Economic nationalism을 찾아보면 이 말이 다소 전문적인 성격의 것이어서 단어 항목에서 나오지 않는 사전도 많다. 이를 항목으로 두고 있는 몇몇 주요 사전들을 중심으로 보면, 이들 사전에서는 다음과 같이 정의하고 있다.

◈케임브리지사전(Cambridge dictionary): 국가가 다른 국가로부터의 수입과 투자를 줄임으로써 자국의 경제를 보호하려는 것.

◈롱맨사전(Longman dictionary): 수입품에 대한 세금 부과 등으로 자국의 산업이 경쟁으로부터 보호된다면 국가의 경제가 잘될 수 있다는 생각.

◈너의사전(Yourdictionary): 다른 나라를 희생하여 자국을 유리하게 하는 경제정책.

◈캐나다백과사전(The Canadian encylopedia): 캐나다를 예를 들자면, 캐나다 사람들 자신의 경제를 보다 더 많이 캐나다 사람 통제 하에 두려는 운동.

◈위키피디아(Wikipedia): 필요할 경우에 상품, 자본, 노동의 이동에 관세 부과나 다른 제재를 하는 것과 같이 국내 경제통제, 노동, 자본형성 등에 대한 정책으로 국가가 시장에 개입하는 것을 선호하는 이념.

위에서 보는 바와 같이 국인주의를 정의하고 있는 내용이 사전에 따라 상당히 다양하다는 것을 알 수 있다. 케임브리지사전에서는 경제 국인주의를 자급자족경제 측면으로 설명하고 있고, 롱맨사전에서는 보호주의의 개념으로 접근하고 있으며, 그리고 너의사전에서는 다른 나라의 희생으로 자국을 유리하게 하는 정책이라 하여 중상주의에 근접하여 설명하고 있다. 그리고 캐나다백과사전은 경제에 대한 국가의 통제 측면으로 설명하고, 위키피디아에서는 국가의 시장개입 측면을 중심으로 설명하고 있음을 볼 수 있다.

위의 사전들은 일반에 널리 알려진 사전들이므로, 일단 이것으로써 보통 사람들이 생각하고 있는 economic nationalism의 의미가 어떤 것인가를 확인할 수 있다. 다음으로 보다 더 전문적인 차원으로 들어가서 경제 국인주의를 논하는 사람들은 이를 무엇이라고 하고 있는지, 혹은 무엇을 의미로 하여 논하고 있는지를 살펴보기로 하자.

3) 전문 문헌들에서의 정의

경제 국인주의를 논한 문헌들의 내용을 살펴보면 사람에 따라서 그 정의나 의미에서 상당히 차이가 난다.

1937년 래퍼드(W. E. Rappard)는 경제 국인주의를 국가로 하여금 물질적인 풍요를 증진시키기보다는 외국의 영향으로부터 독립적으로 되고, 부를 증가시키기보다는 더 자유롭게 함으로써 국인을 위하는 이념이라고 하고 있다. [45] 즉 경제 국인주의를 국인적 자급자족

---

[45] Mitrany, 1937, pp. 83-84. 헤일페린(Michael Heilperin). p. 18에서 재인용

의 정책으로 본 것이다. 그는 또, 경제 국인주의는 ①그 나라 땅, 그 나라 사람들의 노동으로 생산된 결실들을 소비하며, ②모든 상품에서 자국 내에서의 생산을 추구하며, ③더 넓은 영역을 갖기 위하여 이웃땅을 병합하거나 식민지를 가지려 한다고 하였다.[46]

1960년 헤일페린(Michael Heilperin)은 래퍼드의 생각을 이어받아 경제 국인주의를 국가 내에서 일어나는 경제활동과 국가 바깥에서 일어나는 경제활동의 유기적인 관계를 약화시키기 위한 경제정책들이라고 정의한다.[47] 래퍼드와 헤일페린의 이 같은 정의는 경제 국인주의를 국가경제에서의 독자성과 자급자족의 측면으로 본 것이다.

그리고 아담 스미스(Adam Smith)가 국부론에서 "중상주의 체제(mercantile system)"라고 하여 중상주의에 관한 용어가 사용되기 시작한 이래 중상주의는 경제 국인주의의 대용어로 사용되어 왔다. 중상주의 사상의 핵심이 바로 국인주의였기[48] 때문이다. 길핀(Robert Gilpin)은 경제 국인주의를 17~18세기 중상주의에 뿌리를 둔 국가주의의 맥락 위에 있는 것으로 설명한다.[49]

그런데 보다 일반적으로는 경제 국인주의를 보호무역주의와 같은 의미로 사용하고 있다. 오늘날 경제 국인주의 논의의 대다수는 보호무역주의에 대한 것이거나 이와 연관되어 있다. 레비파우르(Levi-Faur)는 경제 국인주의와 보호무역주의는 동의어로 사용된다고 하고 있다.[50]

---

[46] Mitrany, 1937, pp. 85-87, 헤일페린(Michael Heilperin). pp.18-19에서 재인용

[47] Heilperin, 1960, p. 27

[48] Warlow et al., 2007, p.70

[49] Helleiner, 2002, p.309

[50] Levi-Faur, 1995, p.4

길핀(Robert Gilpin)은 경제 국인주의를 중상주의, 국가주의, 보호무역주의, 독일역사학파, 신보호무역주의 등을 포괄하는 개념으로 보았다. 그는 중상주의, 국가주의, 보호무역주의, 독일역사학파, 신보호무역주의 등을 시대마다 다르게 나타난 경제 국인주의라고 하였다.[51] 그는 경제 국인주의는 경제적 부(富)만 목표로 하는 것이 아니라 부를 통한 국가의 안전과 독립성을 염두에 둔다고 설명한다. 자유주의가 부(wealth)와 힘(power)을 대체재로 보는 반면에, 국인주의는 부와 힘을 보완재로 보고[52] 이를 동시에 추구한다는 것이다.[53] 그는 경제 국인주의의 분석적 핵심은 국제문제에서의 무정부적인 성격과 국가와 국익 우선, 그리고 국가관계에서 힘의 중요성을 인정하는 점에 있기 때문에 국가중심의 현실주의(state-centric realism)로 국제정치경제에 접근한다.[54] 그리고 그는 경제 국인주의를 "모든 경제활동은 국가건설과 국가이익의 목표에 종속되어야 한다는 사상"이라고 정의한다.[55]

이 같은 길핀의 정의에 대하여 비판적인 견해를 가진 학자들이 많다. 압델랄(Abdelal)은 길핀의 정의는 국인주의에 대한 것이 아니라 국가주의에 대한 것이며, 현실주의(realism)와 경제 국인주의는 구분되어야 한다고 주장한다.[56] 현실주의는 국가 간 힘의 배분과 국

---

[51] Gilpin, 1987, p. 31

[52] 자유주의자들은 부와 힘을 추구하는 데 있어서 흔히들 총과 버터의 선택이라고 하여 서로가 상충관계(tradeoff)로 보지만, 국인주의자들은 이 둘의 관계를 보완관계(complement)로 본다.

[53] Gilpin, 1987, pp. 31-34

[54] Gilpin, 2001, pp. 14-15

[55] Gilpin, 1987, p. 31

[56] Abdelal, 2005, pp.21-22

익에 초점을 맞추고 있는 반면에, 경제 국인주의는 국인적 정체성의 경제적 영향과 경제정책에서의 국인주의와 관련된 관점을 말하는 것이라는 것이다. 슐만(Shulman) 또한 국가에 대한 이념인 중상주의와 19세기에 등장한 근대적인 국인주의 이념은 그 근본에서 다르기 때문에 길핀의 견해는 잘못된 것이라고 주장한다.[57]

그리고 최근에 일련의 학자들은 경제 국인주의는 보호무역주의에서만 있는 것이 아니라 자유무역주의에서도 함께 할 수 있다는 주장을 하고 있다. 20세기 말 보호무역주의가 크게 약화되고 신자유주의로 자유주의가 강하게 휩쓸던 시기에도 여전히 경제 국인주의는 건재하였다는 것이다. 그래서 헬라이너(Helleiner)는 자유무역에서도 경제 국인주의가 얼마든지 있을 수 있으며,[58] 많은 국인주의자들이 자유주의 경제정책을 취한다고[59] 주장한다. 또 피켈(Pickel)은 경제 국인주의와 신자유주의는 반드시 반대되는 것이 아니며 오히려 신자유주의는 경제 국인주의의 한 형태가 되었다고 하고 있다.[60] 슐만(Shulman)은 국인주의자들은 자유무역을 포함한 다양한 경제정책을 통하여 국인의 자주성, 정체성, 단결성을 증진시킨다고 하였다. 세계화시대에 보호무역정책, 산업정책, 국제자본의 유치, 다국적기업의 활동 등을 이용하여 경제 국인주의를 추구하는데, 이는 자국 국인을 위하여 동원되는 기술만 바뀌었을 뿐이라는 것이다.[61]

이렇게 경제 국인주의라는 용어를 사용하는 사람들 간에 그 의

---

[57] Helleiner, 2002, pp.309-310

[58] Helleiner, pp. 322-325

[59] Helleiner, p. 326

[60] Pickel, 2005, pp.1-2

[61] Helleiner, 2002, pp.309-310

미와 개념에서 차이가 크고, 이 분야 전문가들 간에도 그 의견이 분분하다.

4) 경제 국인주의와 동일시되는 이념들

사전이나 전문문헌을 통해서 알 수 있는 것은 경제 국인주의는 보통 자급자족주의, 보호무역주의, 중상주의 등의 의미로 사용되고 있다는 것이다. 달리 말하면 경제 국인주의가 오래 전부터 여러 경제용어로 표현되어 왔는데, 여기에 해당되는 주요한 것이 자급자족주의, 보호무역주의, 중상주의 등이다. 그래서 이들에 대한 내용을 보다 깊게 살펴보기로 하자.

(1) 자급자족주의

자급자족주의는 자급자족경제(autarky)를 추구하는 이념이다. 자급자족경제는 모든 재화 및 서비스를 자국 내에서 생산하고 소비하는 경제이다. 경제활동을 외국과 격리함으로써 국가 간에 일어날 수 있는 착취, 간섭, 의존을 막고 자국의 독립성을 유지토록 하는 것이다.

외국에서 생산된 물품을 사용할 수밖에 없다면 외국에 의존하지 않을 수 없게 되고, 외국에 의존하게 되면 그 외국이 자국에 권력을 행사할 수 있는 빌미를 주게 된다. 국가는 최고의 권력 주체이다. 국가에 있어서 다른 존재가 자신에게 권력을 행사하는 상황은 용납될 수 없다. 그래서 다른 국가가 자국에 권력을 행사할지도 모르는 상황으로의 경제적인 의존은 피하지 않으면 안 된다. 경제는 사람들의 생존과 직결되는 기본적인 문제이므로 어느 국가가 경제적으로 자립할 수 없을 때 국가로서의 주권을 유지하기 어렵다. 그래서 국가로서의 자주성을 바탕으로 하는 국인주의에서 자국의 경제적인 자립은 당연히 중요한 것이다. 경제 자주성의 문제는 국가존립에 대한 문제이다. 아리스토텔레스(Aristotle)도 국가의 최적규모는 자급자족 수준에 의해서 정해진다고[62] 하였다. 이는 태곳적에 국가가 시작할 때부터 자신들만의 집단으로 자급자족할 수 있을 때 국가가 될 수 있었다는 것을 말해주는 것이다.

설령 국가가 건립되었다고 해도 필요한 물자를 국가 내에서 스스로 확보하지 못하여 이웃국가에 물자를 간청해야 하는 상황에서는 정치적인 자립을 유지하기 어렵게 되고, 결국 독립국가로서 존속이 어려워지게 된다. 세상에 대가 없이 이웃국가에 물자를 제공하기만 하는 자비로운 국가는 없고, 그 대가는 대부분 정치적인 종속으로 이어지기 때문이다. 필요한 물자를 획득하는 것은 이를 소비해야하는 일반 사람들의 문제일 뿐만 아니라 통치자의 문제이기도 하다. 필요로 하는 물자를 구할 수 없다면 백성들은 이를 해결해줄 다른 통치자를 찾거나 이러한 물자가 있는 이웃국가 통치자의 백성이 되려고 할 것이기 때문이다.

자급자족경제는 자연히 폐쇄적인 경제체제의 형태를 취하게 된다. 국가가 폐쇄적 경제체제를 추구하는 데에는 또 다른 이유가 있다. 국가 내 경제적 이익을 외국으로부터 지키기 위해서이다. 힘이 약한 국가는 힘이 강한 국가로부터 경제적인 착취를 당할 수 있다. 힘센 집단이 약한 집단의 재물을 갈취하고 약탈하는 것은 태곳적부터 내려오던 사람들의 습성이다. 그래서 이러한 가능성을 막기 위하여 힘이 약하거나 투쟁을 싫어하는 국가가 취할 수 있는 최상의 방

---

[62] Aristotle, 1912

책은 아예 처음부터 국경을 봉쇄하는 것이다.

또한 국가가 경제적으로 개방하게 되면 중요한 물자가 외국에 유출됨으로써 자국에 물자가 부족해져 어려움을 겪을 수 있다. 이렇게 개방된 상태에서는 국가 간의 물자배분에 대한 문제가 빌미가 되어 외국과 마찰이 생기거나 외국으로부터 공격을 당할 수도 있다. 이런 문제는 이웃국가에 대해 약소국의 입장에 있다면 더 심각하고, 설령 자국이 대국이라 할지라도 이웃국가가 호전적이라면 심각하기는 마찬가지이다. 그래서 옛날에는 국가가 자국의 안녕을 위하여 아예 처음부터 국경을 넘는 물자이동은 금지되는 것이 일반적이었다.

18~19세기, 유럽에서 국인주의가 태동하면서 국가의 자급자족에 대한 의식도 다시금 일어났다. 이 시기 자급자족경제체제를 주장한 사람 중에서 피히테(Johann Fichte)가 있다. 국인주의자 피히테는 1800년 『폐쇄적 상업국가(The Closed Commercial State)』에서 자급자족경제를 주장하였다. 그는 경제가 국인 공동체 중심적으로 되어야 한다고 생각하였다. 국제무역은 국가의 계획적인 경제운영을 방해하기 때문에 금지되어야 한다고 하였다. 그는 국민이 국경을 넘어 경제거래를 하는 것뿐만 아니라 외국인과 접촉을 하는 것 자체를 국가가 통제해야 한다고 하였다.[63] 이 시기 국인주의자들이 자급자족경제를 역설한 것은 자급자족경제가 국가의 자주성을 강화시키고 국인들이 서로를 위하여 분업하여 협력하는 가운데 국가경제가 발전할 수 있다고 생각하였기 때문이었다.

(2) 중상주의

중상주의(mercantilism)는 국가가 적극 나서서 수출을 진작하고

---

[63] Fichte, 1800/2012, pp.155-160

수입을 억제하여 국부를 증대시켜야 한다는 사상이다. 국내산업을 발전시키고 무역수지가 흑자가 되도록 하여 국내에 금은을 축적하게 되면 이것이 국부라고 본 것이다. 그리고 이렇게 형성된 국부를 바탕으로 강병을 하여 강국이 될 수 있다는 것이다.

유럽은 15세기 근대 절대주의 국가 성립 때부터 18세기 중반까지 중상주의 하에 있었다. 중상주의에서는 국제무역을 영화게임(zero-sum game)으로 보았다. 즉, 자국의 흑자는 타국의 적자이고, 자국의 적자는 타국의 흑자이어서 어느 한 나라가 무역을 통하여 국부가 증가되면 다른 나라는 국부가 감소될 수밖에 없다는 것이다. 그래서 어차피 어느 한 나라는 손해를 보아야 하는 냉엄한 현실에서 상대국이야 손해를 보든 말든 자국의 이익만 챙기면 된다는 생각이었다. 중상주의는 무역에 적극 참여하여 부를 축적한다는 측면에서 폐쇄적 성격을 갖는 자급자족주의나 무역축소적인 방향을 갖는 보호무역주의와 반대의 입장에 있다. 하지만 자국의 이익만을 추구한다는 점에서 자급자족주의나 보호무역주의와 같은 방향에 있다.

중상주의가 자국의 이익을 추구하고 부국강병을 목표로 하는 점에서 국인주의와 같다. 바이너(Jacob Viner)는 중상주의는 다음과 같은 믿음을 갖는다고 하였다. 첫째, 부(wealth)는 힘(power)을 위하여 절대적으로 중요한 수단이다. 둘째, 힘은 부의 획득이나 유지를 위해서 절대적으로 중요한 수단이다. 셋째, 부와 힘은 국가정책의 궁극적인 목적이다. 넷째, 장기적으로 이러한 목적들 간에 조화를 이룬다. 특정한 상황에서 단기적으로 군사적인 안전을 위하여 경제적인 희생을 하기도 하지만 장기적으로는 두 목적 간에 조화를 이루게 된다는 것이다.[64]

---

[64] Viner, 1948, p.10

중상주의는 국가 간의 경쟁성과 냉엄한 국가관계를 가장 잘 반영하고 있다. 그래서 일반적으로 중상주의는 다음과 같은 특성을 갖는다.[65]

①국가 국민들 후생보다 국가의 무역수지를 더 중시한다.

②수입을 규제하고 수출을 진작하여 국내고용을 늘리고자 한다.

③국가가 수출 수입의 물량이나 구조를 통제하고 관리한다.

④수출을 늘리고 수입을 줄이기 위한 다양한 무역조치를 동원한다.

⑤상대국을 선별하여 쌍무주의 무역을 한다.

⑥국제거래에서 개인보다는 국가의 입장을 중시한다.

아담 스미스(Adam Smith)는 중상주의를 지(知)적으로는 잘못되고, 실제에 있어서는 해로운 것이라 하였다. 중상주의는 절대군주를 위한 사상에서 시작되었듯이 전체주의 국가나 독재국가에서 더 성행한다. 중상주의는 국가주의와 같은 기조에 있기 때문에, 중상주의를 추구하게 되면 국가는 부자가 되지만 국가 내의 사람들은 궁핍해지게 된다.

(3) 보호무역주의

보호무역주의는 국내 산업보호 등을 목적으로 국가가 무역에 적극 간여하는 가운데 무역을 행하는 것을 원칙으로 하는 이념이다. 자국의 산업을 보호한다고 보호무역주의라고 하지만 보호무역의 목적은 국내 산업보호 외에도 국내 고용증대, 국민소득증가, 경제의 성장과 발전 등 경제 전반에 걸쳐 다양하다.

보호무역주의는 국가의 간섭을 받지 않고 개개인이 자유롭게

---

[65] Heilperin, 1960, p.81

무역을 행하는 것을 원칙으로 하는 자유무역주의에 대응하는 말이다. 자유무역주의가 개인을 중심에 두고 개인의 자유로운 무역활동이 이익을 창출하며, 개인의 이익극대화가 국가적으로도 이익극대화가 될 수 있다는 사고를 바탕으로 하는 반면에, 보호무역주의는 국가를 중심에 두고 국가가 무역을 관리하고 통제하는 가운데 국가 전체적인 차원에서 무역의 이익을 극대화하여야 한다는 사고를 바탕으로 하고 있는 것이다.

그 내용을 엄밀하게 보면 보호무역주의가 경제 국인주의의 동의어가 되기에는 부족한 측면이 많다. 그럼에도 불구하고 많은 사람들이 보호무역주의를 경제 국인주의와 거의 같은 의미로 사용하는 이유는 오늘날 경제에서 가장 중요한 의미를 갖는 것이 보호무역주의이기 때문이다. 자급자족주의는 무역이 일반화된 오늘날의 세계에서 적용 가능성이 적고, 중상주의 또한 오래전 왕정시대의 용어이다. 또한 경제 국인주의와 보호무역주의는 같은 장소 같은 시기에 생겨났다. 널리 알려져 있듯이 보호무역주의를 주창한 대표적인 인물이 독일의 리스트(Friedrich List ; 1789~1846)인데, 이 리스트의 저술을 보면 경제 국인주의 사상이 매우 강하게 드러나고 있다. 리스트는 당시 영국에 비하여 산업발전에서 뒤쳐져 있던 독일 입장에서 영국과 같이 자유무역을 하게 되면 독일은 영국의 상품시장이 되어 산업이 발전하기 어렵다고 본 것이다. 그래서 낙후된 독일의 산업을 발전시키기 위해서는 유치산업을 육성해야 하며, 그 방법으로 정부에서 관세를 부과하여 수입을 어렵게 함으로써 국내에서 생산이 많이 이루어질 수 있도록 해야 한다고 주장하였다.

리스트가 살던 시대의 독일은 국인주의가 강하게 일어나던 시기였다. 리스트는 개인보다는 전체 집단으로서 국인을 중시하였다.

그는 국가가 전체 국인을 아우르는 관리를 하게 될 때 민중들의 경제는 국인경제가 되는 것이며, 여기서 국가의 경제관리가 의미를 갖게 되는 것이라고 하였다.[66] 자유주의자들이 개인과 인류 전체를 중심으로 생각하는 반면에, 리스트는 이 개인과 인류 사이에 존재하는 의미있는 집단으로서의 국인을 중심으로 생각한 것이다. 리스트는 국인(nation)은 법적인 국가(state) 속의 단순한 개인들의 집합이 아니라 국인의식 속에서 형성된 공동체라고 하고, 세대에서 세대로 이어지는 먼 지평 속에서 미래 세대의 번영과 발전을 위해서 오늘에 희생을 감수하는 것이 국인 공동체라고 하였다.[67] 리스트는 단순한 보호무역주의자라기보다 국인주의자라는 말이 더 적절할 정도로 열렬한 경제 국인주의 사상을 보여준 사람이었다.

5) 다른 이념과의 관계

자급자족주의, 보호무역주의, 중상주의 등을 두고 경제 국인주의라고도 한다. 자급자족주의, 보호무역주의, 중상주의 모두 경제 국인주의가 될 수 있다. 하지만 동일한 것은 아니다. 이들은 경제 국인주의를 실현하기 위한 정책이거나 경제 국인주의가 강한 상태에서 추구하는 정책이다. 엄밀하게 보면 이들과 경제 국인주의는 그 차원에서 다르다. 경제 국인주의의 넓은 영역에서 자급자족주의, 보호무역주의, 중상주의 각자는 경제 국인주의가 강한 영역에서 교차하고 있는 것이다.

개방경제나 자유무역주의에서도 경제 국인주의가 없는 것은 아

---

[66] List, 1841/1856, pp. 281-282

[67] List, 1841/1856, pp. 281-282

니다. 그렇다고 해서 개방경제나 자유무역주의를 두고 경제 국인주의라고 하지는 않는다. 개방경제나 자유무역주의에서도 여전히 경제 국인주의가 작동하고 있지만, 여기서는 국제주의나 국제협력의 기조가 더 강하게 작용하기 때문에 경제 국인주의라는 말이 나올 수 있는 여지가 없다. 개방경제나 자유무역주의 또한 경제 국인주의의 공간에서 교차하고 있지만 경제 국인주의가 약한 영역에서 교차하고 있는 것이다.

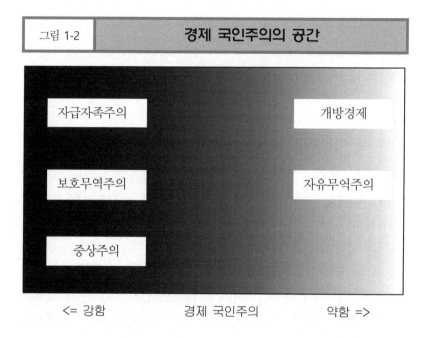

그림 1-2   경제 국인주의의 공간

<= 강함   경제 국인주의   약함 =>

6) 경제 국인주의의 특성

경제 국인주의를 이해하기 위해서는 그 성격을 파악해 볼 필요가 있다. 경제 국인주의는 대개 다음과 같은 특성을 갖고 있다.

(1) 국인집단을 앞세우는 사상

경제 국인주의는 기본적으로 국인주의로서의 성격을 갖는다. 국인주의는 집단주의의 일종으로 국가 구성원을 중심으로 하는 집단주의이다. 집단주의의 대척점에 개인주의가 있는 것을 생각하면 국인주의는 국가 내에 있어서 개인주의의 반대편에 있다. 개인주의는 개인에게 가치를 두고 개인의 자립성과 사적 영역을 존중하는 가운데 개인을 통제하는 것을 거부한다. 이에 반하여 국인주의는 국가를 구성하는 사람들 전체로서의 집단에 가치를 두고, 이 국인집단 공동의 이익을 위해서 필요한 경우에는 개인도 통제되지 않으면 안 된다고 생각하는 것이다.

(2) 국가의 개입주의

경제 국인주의는 경제활동에 있어서 국가가 개입하고 관리해야 한다고 생각한다. 이런 면에서 국인주의는 자유주의와 배치된다. 자유주의는 개인의 자유를 존중하는 이념이다. 자유주의는 개인을 가치의 중심에 두고 개인이 자유롭게 활동하도록 내버려두어야 한다고 생각하는 반면에 국인주의는 국인 공동체 전체를 위해서는 개인의 자유도 제한될 수 있다고 생각한다. 그래서 자유주의에서는 국가의 역할이 개인의 경제활동을 자유롭게 활발히 하는 환경을 만들어 주는 것에 그치지만, 국인주의에서는 국가가 경제활동에 개입하여 개개인의 경제활동을 조정하고 간섭하고 통제하게 되는 것이다.

(3) 국가를 범주로 하는 사고와 행동

국인주의에서는 사람들의 사고(思考)와 행동의 반경이 국가의 국경 내에 머물게 된다. 이는 우리가 세계화라고 할 때 사람들의 사고와 행동의 반경이 국가의 경계를 넘어 전 세계로 확대되어 가는 것을 말하고, 지방화라고 할 때 사람들의 사고와 행동의 반경이 지방을 범위로 되어 가는 것과 마찬가지이다.

지금으로부터 200여 년 전에 유럽은 사람들의 사고와 행동의 반경이 자신들이 사는 작은 지방에서 국가의 범위로 확대되었다. 경제적 영역에서 각 지방을 범위로 함께 협력하고 분업하던 사람들이 국가를 범위로 분업하고 협력하게 된 것이다. 이제는 물품생산이 자기 지방 사람들만을 위한 것이 아니라 국가 내 국민들을 대상으로 이루어지고, 상품의 소비도 자기 지방사람이 생산한 물품이 아니라 국가 내 어느 사람이 생산한 물품을 소비하게 된 것이다. 이러한 가운데 국가단위로 화폐가 통용되고 국가 내 전역으로 유통망이 형성되어 갔다. 즉 국가를 단위로 하여 국가 내의 사람들이 분업하는 형태로의 국인경제(national economy)가 형성되었고, 사람들의 삶의 영역이 지방에서 국가로 확대되면서 근대적 국인국가(nation state)가 형성된 것이다.

지금에 와서도 경제 국인주의는 국경을 경계로 하여 그 바깥은 모두 소용없고, 그 안에서 우리끼리 잘살 수 있고 잘살아야 한다는 생각을 기반으로 한다. 국제주의라면 자국과 타국이 함께 번영을 누리는 세계를 생각하고, 국가 간 협력속에 창출되는 공동의 이익을 생각하지만 국인주의는 자국의 이익만을 생각한다. 다른 국가에 대해서는 자국의 행위로 인하여 손해를 보든 말든 상관하지 않고 자국의 이익만을 우선하여 생각하는 것이다.

(4) 대중의 의식

국인주의는 대중적인 의식이다. 경제 국인주의는 경제적인 측면에서 사람은 어떻게 살아가야 하고, 국가와 사회는 어떻게 되어야 하는지에 대한 생각의 일환으로서 사람들이 갖는 하나의 자기 신념으로서의 의식이다. 이러한 의식은 일부 지배계층이나 엘리트집단에 의한 것만으로는 국인주의가 될 수 없다. 특정 계층이나 집단에 한정되지 아니하고 일반인의 많은 사람들이 공유하는 의식이 될 때 국인주의라고 할 수 있다. 이렇게 볼 때 국가정부가 시행하는 어떤 정책들을 두고, 이를 경제 국인주의라고 하기는 어렵다. 국가의 정책이라는 것이 국가 내 사람들의 생각을 반영하여 수립된다는 점에서 전혀 무관한 것은 아니지만, 국가의 통치자나 관료가 만들어내는 하나의 아이디어로서의 정책과 불특정 다수의 사람들이 갖는 의식은 다르기 때문이다.

(5) 폐쇄성

경제에서의 독자성과 자국 이익 추구는 폐쇄성과 연결된다. 경제관계에서 외국과의 개방적인 교역으로 국가 간에 분업이 일어나게 되면 국가 간에 상호의존관계가 형성된다. 서로가 의존하는 상호의존이라고 할지라도 의존하게 되면 독자성이 약화된다. 그래서 독자성을 추구하게 되면 개방적으로 되기가 어렵다. 또한 자국의 이익만을 추구하는 상태에서는 다른 국가와 협력관계를 이루기 어려워 폐쇄적으로 가기 쉽다. 자급자족경제는 말할 것도 없고 보호무역주의도 여기에 해당된다. 보호무역주의는 그 자체가 폐쇄적인 것은 아니지만 자유무역주의보다는 폐쇄적이고 무역축소적인 성격을 갖기 때문이다.[68] 이렇게 볼 때 경제 국인주의는 독자성을 추구하거나 자

---

[68] 여기서 보호무역주의에 포함될 수 있는 정책에는 수입제한정책뿐만 아니라 수출촉진정책도 포함될 수 있으므로 반론의 여지가 있다. 하지만 산업발전을 위한 국가의 수출 및 수입 통제와 관리에서 자국이 임의대로 정책적 제어를 할 수 있는 것은 수입에

국 경제만을 생각하는 가운데 이를 위해 국가가 관리하고 통제함으로써 자연히 폐쇄적인 성향을 갖게 되는 것이다.

(6) 부정적인 인식

흔히들 경제 국인주의라 하면 제1차 세계대전 이후의 국제경제 상황을 떠올린다. 국가들이 자국의 눈앞 이익만 쫓는 조치들을 취함으로써 무역은 축소되고 국제관계는 악화되어 결국 제2차 세계대전으로 이어지게 되었다. 사람들은 경제 국인주의를 자국 이익에 집착하는 가운데 협력과 화합을 거부하는 생각으로서 국가 간에 갈등과 마찰을 유발시키는 나쁜 이념으로 인식하고 있다. 그래서 국인주의라는 말을 자신에게는 사용하지 않고 주로 상대를 공격할 때 사용한다. 경제 국인주의라는 말도 경제관계에서 상대국의 행위로 인하여 자국이 손해를 입게 되었을 때나 잠재적인 이익을 상실하게 되었을 때 상대국을 비난할 때 주로 사용된다. 길핀은 경제 국인주의를 국제경제에 있어서 어느 한 나라의 이익은 다른 나라의 손해라는 영화게임(zero-sum game)으로 인식하는 성향이라고 하였고,[69] 바이너(Jacob Viner), 로빈스(Lionel Robbins), 래퍼드(William E. Rappard) 등은 국제분쟁으로 이끌게 되는 이념이라고 하였다.[70]

대한 것이다. 수입은 자국에서 수입제한으로 그 결과를 바로 이끌어낼 수 있지만, 수출의 경우에는 아무리 수출촉진을 하고자 해도 상대국에서 수입하지 않으면 수출할 수 없기 때문이다. 이런 면에서 보호무역주의가 폐쇄적이고 무역축소적이라고 해도 무리가 없다.

[69] Gilpin, 1987, p.47
[70] Levi-Faur, 1995, p.3

7) 경제 국인주의의 위치

어느 사회이념이 있을 때 이것이 자리하는 위치나 성향을 보고 이와 반대되는 위치나 성향을 함께 봄으로써 그 이념을 더 쉽고 정확하게 이해할 수 있다. 경제 국인주의가 자리하는 그 위치나 성향은 다음과 같다.

(1) 주체

경제 국인주의의 중심적인 주체는 그 나라 사람집단이다. 이는 개인이 중심 주체가 되는 개인주의나 전 세계 인류가 중심 주체가 되는 만인동포주의와 대비된다.

(2) 사고와 행동의 관점

경제 국인주의에서는 국가의 관점에서 사고하고 행동하게 된다. 이는 세계적인 관점에서 사고하고 행동하거나 지방의 관점에서 사고하고 행동하는 것에 대비된다.

(3) 우선적 고려 대상

경제 국인주의에서 우선적 고려대상은 국가와 국인이다. 이는 개인이나 세계전체보다 국인집단을 우선하는 것이다.

(4) 국가의 역할

경제활동을 개개인의 자유에 맡길 수도 있고, 국가가 적극적으로 개입할 수도 있다. 여기서 경제 국인주의가 강한 상황에서는 국가가 적극적으로 개입하게 된다.

표 1-2	경제 국인주의의 위치

	주체	
√ 국인집단	←——→	개인, 인류

	사고와 행동의 관점	
√ 국가	←——→	세계, 지방

	우선적 고려 대상	
√ 국인집단	←——→	개인, 세계

	국가의 역할	
√ 국가 개입주의	←——→	자유주의

	추구하는 경제정책	
√ 자급자족주의	←——→	개방경제정책

	무역기조	
√ 보호무역주의	←——→	자유무역주의

	무역전략	
√ 수입대체전략	←——→	수출촉진전략

√: 경제 국인주의와 함께하는 곳

(5) 추구하는 경제정책

자주성은 국인주의의 중요한 부분이다. 경제 국인주의가 강한 상황에서는 가급적 국가 외부로부터 영향을 받지 않으려 하기 때문에 개방경제보다는 자급자족의 방향으로 경제정책을 추구하게 된다.

(6) 무역기조

경제 국인주의가 강한 상태에서는 자국경제가 국가 외부로부터 영향을 받지 않으려 하고, 경제활동에 국가가 적극 개입하기 때문에 자연히 자유무역주의보다는 보호무역주의로 가게 된다.

(7) 무역전략

경제발전을 위해서 무역을 어떻게 해야 할 것인가와 관련하여 수입대체전략과 수출촉진전략은 중요한 두 전략인데, 경제 국인주의가 강한 상황에서는 수입대체전략에 더 역점을 두게 된다. 경제 국인주의는 국가의 자주성을 중요시하기 때문이다.

8) 경제 국인주의의 정의

앞에서 살펴본 경제 국인주의의 정의와 의미들을 토대로 경제 국인주의를 정의해 보기로 한다. 경제 국인주의를 정의하기란 쉽지 않다. 그 이유는 경제영역에서 경제 국인주의와 같은 것으로 사용되는 전문적인 용어들이 있는 데다가 이들의 의미가 일반적인 국인주의의 의미와 상당히 동떨어져 있기 때문이다. 게다가 이 전문적인 용어들이 자급자족주의, 중상주의, 보호무역주의 등과 같이 여러 가지이다. 경제 국인주의를 정의함에 있어서 이들 전문적인 용어를 일반적인 국인주의 개념과 융합하여 경제 국인주의를 정의하지 않으면 안된다. 그래서 이들 전문적인 용어의 의미를 경제 국인주의에 어떻게 수용할 수 있을지 검토해보자.

먼저, 자급자족경제이다. 자급자족경제를 경제 국인주의로 정의하기도 하지만,[71] 이 같은 정의는 경제 국인주의를 너무 극단적이고 좁은 의미로 한정시키는 것이 된다. 오늘날 자급자족으로 살아가는 나라는 없다. 자국에 재화가 없더라도 외부로부터 언제든지 자유롭게 구할 수 있다면 자급자족의 필요성은 없어진다. 그런데 오늘날의 국가는 수많은 다른 국가들과 교역망을 형성하고 있기 때문에 자급자족의 필요성이 크게 줄었다. 그럼에도 불구하고 국가들은 다른 나라로부터의 영향을 조금이라도 덜 받고 싶어 한다. 그래서 오늘날에도 자급자족의 가치는 완전히 사라지지 않았다. 국가에 따라 이런 가치를 더 높게 두는 국가도 있는데, 주로 외부로부터의 영향을 차단하고자 하는 국가들로서 사회주의 국가들이나 독재국가 등에서 찾을 수 있다. 하지만 이 같은 국가는 극히 일부분에 불과하기 때문에 자급자족은 일상적으로 일이니는 경제 국인주의의 문제라고 할 수 없다. 사실 현대에는 자국 내 자원의 많음과 적음에 상관없이 어느 국가든 자급자족한다는 것은 가능하지 않다. 대부분의 공산품이 과학과 기술이 투입되어 생산되는 상황에서 새로운 과학과 기술이 어느 한 국가 내에서만 산출될 수는 없기 때문에 자급자족을 한다는 것은 문명생활을 포기하는 것과 마찬가지기 때문이다.

다음으로, 경제 국인주의를 중상주의와 같은 것으로 생각하기도 한다. 경쟁하는 오늘날의 국제경제상황에서 경제 국인주의는 치열하게 자국의 이익을 추구하는 현실을 바탕으로 하고 있고, 이는 중상주의와도 성격을 같이 한다. 이런 면에서 보면 경제 국인주의는 중

---

[71] Heilperin, 1960, pp. 24-27

상주의와 같은 것이라고 해도 이상하지 않다. 하지만 현대 경제에서도 중상주의라는 용어를 사용하기는 하지만, 엄격하게 말하면 이는 정확한 표현이 아니다. 중상주의는 군주를 위한 사상이기 때문에 현대의 정치체제에서는 맞지 않는 표현이다. 중상주의는 군주의 권력과 부의 증진에 목적을 두고 있는 군주와 귀족들의 정책인 반면에, 국인주의는 국인의 경제 발전과 번영을 바라는 일반인들의 의식이라는 점에서 완전히 다르다.

다음으로, 보호무역주의라는 용어가 일상화된 현대에서 경제 국인주의라고 하면 가장 일반적으로 생각하는 것이 보호무역주의이고, 그래서 경제 국인주의를 보호무역주의와 같은 의미로 사용하기도 한다. 현시대에 자급자족과 중상주의는 사실상 존재하지 않고, 존재하는 것은 보호무역주의이기 때문이다. 그런데 경제 국인주의는 반드시 보호무역의 상황에서만 존재하는 것이 아니고 자유무역이라 해서 이것이 없는 것은 아니다.

자급자족주의, 중상주의, 보호무역주의 등은 그 주체가 국가인 반면에 경제 국인주의는 국가 속에 있는 국인이 주체이다. 또한 자급자족주의, 중상주의, 보호무역주의 등은 국가의 정책 또는 이념인 반면, 경제 국인주의는 일반 사람들이 갖고 있는 의식이다. 그리고 자급자족주의, 중상주의, 보호무역주의와 같은 것은 대외거래측면에 대한 것이지만 경제 국인주의는 대외거래측면을 포함한 국가 경제 전반에 걸쳐서 적용되는 이념이다. IMF외환위기 때 한국 국민들의 금모으기 운동은 경제 국인주의이지만, 자급자족주의, 중상주의, 보호무역주의 어느 말도 여기에 해당되지 않는다. 내외국인 고용차별, 반도체산업 육성, 방위산업 육성과 같은 것도 마찬가지다. 경제 국인주의는 자급자족주의, 중상주의, 보호무역주의 등에 비해서 훨씬 더 넓은 영역의 것이고 그 차원에서 이들과 다른 영역에 있는 것이다.

이런 면에서 최근에 경제 국인주의는 자유무역주의에 반대되는 것이 아니라 자유무역주의와도 같은 범주에 들어갈 수 있다거나 경제 국인주의의 한 형태가 될 수 있다는 헬라이너(Helleiner)나 피켈(Pickel)주장에 대해서도 검토하지 않을 수 없다. 제2차 세계대전 이후 지속적인 자유화의 추진으로 20세기 말에는 세계의 경제활동에서의 자유화는 크게 진전되어 각국은 개방경제체제 하에서 경제전쟁을 방불케 할 만큼 치열한 경쟁을 해왔다. 여기서 이러한 상황을 경제 국인주의라고 할 수 있을 것인지가 문제가 된다. 또한 경제 국인주의가 보호무역주의와 자유무역주의 어느 편에도 설 수 없는 그런 것인지에 대해서도 검토하지 않으면 안된다.

국가들이 서로 대치하여 경쟁하는 상황에서 국가나 국가 내 경제주체들이 자국의 경제적인 이익을 위해서 노력하는 가운데 경제 국인주의가 적잖이 작동되었음은 틀림없다. 하지만 이러한 상황을 경제 국인주의라고 부를 수 있을지에 대해서는 한 단계 더 깊은 검토를 필요로 한다. 개방경제 하의 이러한 상황을 우리는 국제주의(internationalism), 세계주의(globalism), 자유무역주의(free trade) 라고 불러왔다. 그런데 국제주의와 국인주의는 서로 대척점에 있다. 그리고 사람들은 보호무역주의를 경제 국인주의라고 생각하는데 자유무역주의는 보호무역주의와 서로 대척점에 있으므로 경제 국인주의와 자유무역주의는 반대의 위치에 있을 수밖에 없다. 그런데 여기서 경제 국인주의와 자유무역주의가 같은 것이라고 하면 논리적으로 모순이 된다.

앞에서 언급했듯이 자유무역에서도 당연히 경제 국인주의가 작동한다. 모든 존재가 다 그렇듯 국가도 기본적으로 자국의 이익을 추구하는 것이 당연한 것인데, 이것만으로 국인주의라고 할 수는 없다. 헬라이너(Helleiner)나 피켈(Pickel)은 경제 국인주의가 나타나는 상황에만 중점을 두고 그 본질에 대해서는 고려가 되지 않은 측면이 있다. 국인주의는 국인(nation)을 중심으로 하는 이념이다. 그래서 경제 국인주의가 세계를 중심으로 하는 자유무역주의, 세계주의가 될 수는 없다. 또 경제 국인주의는 국가의 통제와 관리를 받아들이는 사상이기 때문에 국가의 통제를 거부하는 자유무역주의, 국제주의와 같은 것으로 될 수는 없다.

국인주의와 국제주의 및 자유무역주의가 동일선상에 있지 않고 그 차원이 다르기 때문에 국제주의나 자유무역주의에서도 국인주의적인 요소가 있을 수 있다. 이런 경우 그 요소의 크기를 따져서 판단을 하지 않으면 안 된다. 우리가 색을 부를 때 붉은 색이라고 하더라도 그 안에는 모두 붉은 색의 요소만 있는 경우는 드물다. 푸른색 요소, 노랑색 요소도 있지만 붉은 색의 요소가 많을 때 붉은 색으로 판단하는 것이다. 마찬가지로 국제경제상황에서 국제주의, 자유무역주의, 보호무역주의, 경제 국인주의 등등 많은 요소들이 있을 수 있다. 여기서 국인주의 요소가 국제주의, 자유무역주의에 못지 않게 크다면 이를 국인주의라고 할 수 있지만, 자유무역주의 및 국제주의 요소에 비하여 무시할 만큼 작다면 이를 국인주의라고 부르기는 어려운 것이다. 헬라이너(Helleiner)는 많은 국인주의자들이 자유주의 경제정책을 취하고 있다고[72] 주장하지만 국인주의자들은 자유주의 정책이상으로 보호주의 정책을 더 많이 취한다. 그렇기 때문에 자유무역의 상황 속에서도 국인주의가 존재한다는 것은 가능하

---

[72] Helleiner, p. 326

다는 수준에 거쳐야지, 여기서 더 나아가 자유무역주의도 경제 국인주의의 한 부분이라든가, 신자유주의가 경제 국인주의의 한 형태라고 주장하는 것은 다소 무리가 있다. 자유무역주의와 경제 국인주의를 동일시할 수는 없는 것이다.

경제 국인주의는 국인주의가 경제활동에서 실행적 행동으로 나타난다. 자급자족주의, 중상주의, 보호무역주의와 같은 것은 그 자체로 국인주의는 아니지만, 이들은 국인주의가 강한 영역에 존재하여 국인주의의 부분적인 한 모습이라고 할 수 있다. 이런 자급자족주의, 중상주의, 보호무역주의 등에 대한 내용을 집약하면 자국내 협력, 자국이익, 자국중심 등의 개념이 되는데, 경제 국인주의 정의에서 이를 반영할 필요가 있다.

그리고 경제 국인주의에는 국인경제(national economy)가 기본이 되는 부분이다. 18세기 국인주의가 생겨날 때 국인경제의 개념도 생겨났다. 국인 경제는 국가를 단위로 하는 경제체제이다. 국인경제에서는 집단공동체로서의 자국사람들 간의 분업과 협력을 기초로 하여 국가 경제가 자주적으로 운영되는 가운데 자국이 경제적으로 발전하고 번영하여 강국이 되는 것을 이상으로 한다.

이상과 같이 살펴본 경제 국인주의의 내용과 특성 그리고 기존 정의들을 종합하여, 경제 국인주의는 "자국사람들 간의 분업과 협력으로 경제가 운용되는 가운데 자국이 경제적 이익을 확보하고 경제적으로 발전하고 풍요롭기를 바라면서 경제와 관련된 모든 것을 자국 중심으로 생각하는 이념이다."라고 정의할 수 있다.

제 2 장

경제 국인주의의 현실

1. 현대인의 삶과 경제 국인주의

　세계 스마트폰 시장은 삼성과 애플의 양강 구도로 되어 있다. 세계 스마트폰 시장 점유율을 보면 두 회사가 큰 몫을 점하고 있는 가운데 어느 때는 삼성이 앞서기도 하고 어느 때는 애플이 앞서기도 한다. 이렇게 세계시장에서의 점유율은 양사가 거의 비슷하지만 두 기업 본국에서의 상황은 완전히 다르다. 삼성의 본국인 한국에서는 삼성의 점유율이 애플 점유율에 비하여 두배가 넘고, 애플의 본국인 미국에서는 애플의 점유율이 삼성 점유율의 두 배가 넘는다.

| 표 2-1 | 스마트폰 시장 점유율 | | | |

기준: 2022년

기종	세계	한국	미국	비고
삼성	17.21	63.21	28.94	
애플	14.93	29.79	56.74	

자료: 1. Mobile vendor market share Republic of Korea, by Statcounter GlobalStats, n.d.
2. US Smartphone Market Share, by bankcell, n.d.
3. How many mobile phones are sold each year? by sell cell, n.d.

이렇게 한국사람과 미국사람 공통으로 자국기업의 상품을 구매하는 성향을 보이고 있는 것이다. 어떤 사람이 어떤 상품을 구매하는 데에는 수많은 요인이 작용한다. 상품의 품질이나 가격을 비롯하여 많은 요인들 중에 제조회사의 본국은 그중의 하나일 뿐이다. 한국사람들에게는 삼성제품이 좋고 미국사람들에게는 애플제품이 좋다고 할만한 이유가 없다. 사용에 있어서도 삼성 스마트폰이 한국인들에게 특별히 편리하게 되어 있거나 애플 스마트폰이 미국 사람들에게 특별히 편리하게 만들어져 있는 것이 아니다. 삼성 스마트폰도 운영체제는 미국회사 구글의 안드로이드인데서 알 수 있듯이 소프트웨어 측면에서 특별히 한국사람들에게 다루기 편리하다거나 좋다고 할 만한 그런 것이 없다. 가격면에서는 일반적으로 애플제품이 삼성제품보다 약간 더 비싸기 때문에 상대적으로 국민소득수준이 높은 미국에서는 애플을 더 많이 구매하고, 상대적으로 국민소득수준이 낮은 한국에서는 삼성제품을 더 많이 구매하는 요인으로 작용할 수 있다. 하지만 가격요인이 영향을 주었다고 해도 이렇게 큰 점유율 차이를 가격요인으로만 설명하기 어렵다. 가격 차이가 그렇게 크지는 않은 데다 미국과 한국 간에 실질 일인당 국민소득에서 차이가 그렇게 크지는 않고 국민소득 중위평균에서 있어서는 그 차이가 더욱 작기 때문이다. 그리고 한국에서는 삼성지점이나 서비스센터가 더 많고 미국에는 애플의 지점이나 서비스센터가 더 많은 것과 같은 접근성에서 약간의 차이는 있을 것이다. 하지만 이런 요인들만으로는 사람들이 자국의 상품을 압도적으로 더 선택하는 현상을 충분히 설명할 수 없다.

그렇다면 이 현상을 설명하기 위해서는 보다 큰 설명요인이 필요한데, 그것은 바로 사람들의 자국상품 사용성향이다. 이 같은 현상은 스마트폰뿐만 아니라 다른 모든 상품에서 동일하며, 한국과 미국뿐만 아니라 다른 모든 국가에서도 마찬가지이다.

오늘날 사람들의 소비생활에서 국인주의는 이렇게 작동하고 있다. 근대경제가 되면서 국가의 산업이 형성되고 발전하기 위해서는 국가 내에 지속적이고 많은 생산이 이루어지는 것이 중요하다는 것을 알게 되었고, 이에 따라 국가마다 자국의 상품을 사용해야 한다는 인식이 생기게 되었다. 그래서 근대화기 유럽국가의 국인주의자들이 무엇보다 중요하게 생각했던 것이 바로 자국사람들의 자국상품 사용이었다. 그리고 20세기 초 인도에서의 스와데시운동(Swadeshi movement)이나 1920년와 1930년대의 한국에서의 조선물산장려운동과 같이 독립을 원하는 국가들에서 일어난 자국상품사용운동들도 이러한 인식에 따른 것이었다.

자국상품의 사용은 오늘날에도 여전히 중요한 사회적 덕목 중의 하나이다. 국제무역발전으로 생산단계별 국가 간 분업이 늘어나면서 생산지가 다국적화되고, 국제주의가 진행되면서 자국상품을 사용해야 한다는 인식이 크게 완화되었다. 하지만 이러한 상황에서도 자국에서 생산이 더 많이 이루어져야 하고, 그래서 자국에서 고용이 늘어나고 자국 내에서 부의 창출이 많아지도록 하기 위해서 자국 상품을 사용하는 것이 좋다는 인식은 변함이 없는 것이다. 최근에 미국 트럼프 대통령이 내세운 Buy American 구호도 트럼프 개인의 생각이 아니라 대다수 미국인을 대신하는 것이며, 트럼프 대통령 시절 이전에도 Buy American 정책은 줄곧 시행되어 왔던 것이다. 그리고 이러한 생각, 이러한 정책은 미국에만 한정된 것이 아니고 전 세계 국가에 공통된 것이다.

모든 사람은 자국과 연결되어 있다. 사람들은 자국과 타국을 구분하며 자국에 대해서는 애착을 갖는다. 사람들은 자국이 잘되기를 바라며 자국을 자랑스러워한다. 이러한 것은 경제에도 마찬가지여서, 사람들은 자국의 경제가 잘되기를 바란다. 그러한 마음에서 같은 값, 같은 품질이면 자국의 상품을 구매하며, 때로는 가격과 품질에서 자국의 상품이 다소 부족하더라도 자국의 상품을 구매한다.

그런데 자국의 것만을 고집하고 자국과 외국의 것을 차별한다면 국제무역이 일어날 수가 없다. 국제무역을 통하여 얻는 이익이 매우 큰 데도 자국상품에만 집착하는 마음으로 이를 포기하는 것은 어리석은 일이다. 그래서 국제무역에서는 일찍이 내국인대우원칙(principle of national treatment)을 수립하여 자국과 외국을 차별하는 것을 금지하고, 외국인을 자국인처럼 대우하고, 외국물품을 자국물품처럼 대우하도록 해왔다. 오늘날에도 내국인대우원칙은 GATT 제2조에 명시되어 있고, 거의 모든 국제경제관계에서 기본원칙으로 자리매김하고 있다. 그럼에도 불구하고 사람들의 자국에 대한 애착은 매우 큰 것이어서 자국의 상품을 우선하고 자국의 경제를 우선하는 경제 국인주의는 오늘날에도 여전히 강하게 작동하고 있다.

위의 삼성스마트폰과 애플스마트폰의 사용 점유율에서 보는 바와 같이 얼핏보더라도 경제영역에서 국인주의가 존재하는 것은 틀림없는 사실로 확인할 수 있다. 국인주의는 스마트폰의 구매에서뿐만 아니라 모든 물품의 구매에 다 작용한다. 또한 물품의 구매에만 있는 것이 아니라, 고용에 있어서 외국인은 차별되며, 물품운송이나 판매활동에서 외국상품은 차별되기도 하는 등 열거할 수 없을 정도로 많다. 하지만 이런 것들도 눈에 띄는 일부이고, 눈에 띄지 않은 것이 대부분이다. 이렇게 경제 국인주의는 경제활동 모든 영역에서

다 작동되고 있다. 그리고 이 국인주의는 사람들의 마음속 깊은 곳에 잠재되어 있기 때문에 드러나지 않는 상태에서 그 영향력을 발휘한다. 또, 경제 국인주의의 강도는 사람마다 다르고 국가마다 다르다. 이렇게 경제 국인주의가 존재하는 것은 틀림없고 그 영향력이 큰 것도 틀림없지만, 그 크기와 강도가 얼마나 크며, 이에 의한 영향이 얼마나 되는지에 대한 계량적인 표시는 가능하지 않을 만큼 매우 불분명한 형태로 존재하는 것이다.

2. 국제경제활동에서의 정부 개입

1993년 9월, 프랑스 미테랑(François Mitterrand) 대통령은 아픈 몸을 이끌고 한국을 찾았다. 당시 한국은 경부 고속전철을 건설하기 위해서 일본의 슈퍼히카리, 독일의 ICE, 프랑스의 TGV를 놓고 어느 고속전철차량을 선정할지를 저울질하고 있었다. 이러한 상황을 알고 미테랑 대통령은 자국의 TGV를 팔기 위해 전립선암으로 건강이 매우 좋지 않은 상태임에도 불구하고 직접 한국에 온 것이다. 그는 한국에 와서 1866년 프랑스 군인들이 강화도에서 약탈해갔던 외규장각 도서를 영구임대방식으로 돌려주겠다는 약속까지[73] 하였다. 이러한 노력의 결과로 한국은 TGV를 선정하게 된다.

2022년 5월 20일, 미국의 바이든(Joe Biden) 대통령이 한국을 방문하였다. 윤석열 대통령이 취임한 지 열흘밖에 안 된 시점의 방

---

[73] 1866년 프랑스 군인들이 군함으로 강화도에 침입하여 많은 문화재를 약탈해 갔는데, 외규장각 도서는 이 중의 하나이다. 한국정부는 오래전부터 프랑스에 반환을 요청해왔지만 들은 척도 하지 않다가 이 대형 거래건을 두고 반환을 약속한 것이다. 한국은 프랑스의 TGV를 선정했지만 약속과 달리 프랑스는 아직도 이 도서를 돌려주지 않고 있다.

한인지라 정치 외교적인 측면에서 기대하는 바가 많았다. 특히 전임 문재인 대통령 시절에 한미관계가 좋지 않았기 때문에 더욱 그랬다. 하지만 바이든은 한국에 도착하자마자 경기도 평택에 있는 삼성전자 반도체공장으로 직행하여 이재용 회장을 만났다. 삼성을 찾은 바이든 대통령은 삼성전자의 미국 파운드리 반도체공장 투자에 고마움을 표시하고, 한미 양국은 최고의 최첨단 기술을 개발하기 위해 협력할 것이며, 이 공장은 한미 양국 간 긴밀한 유대와 혁신의 상징이라고 치켜세웠다. 이어서 SK그룹의 최태원 회장과 화상면담을 하면서 220억 달러(약 28조 8천억 원)의 대미투자를 약속받았다. 그리고 정의선 현대자동차 회장과 독대하는 것으로 방한의 마지막 일정을 소화하였다. 현대차그룹은 바이든 대통령 방한 기간에 조지아주 전기차공장, 로보틱스와 도심항공모빌리티(UAM), 자율주행소프트웨어, 인공지능(AI) 등 모두 105억 달러(13조 7천 600억 원)의 투자를 약속하였다. 이 외에도 LG, 롯데, 한화 등 한국 재벌들로부터 수백억 달러에 달하는 대미투자 약속을 받아내고 본국으로 돌아갔다.

2022년 6월, 대만의 세계 3위 반도체 업체 글로벌웨이퍼스(Global Wafers)는 50억 달러(한화 약 7조 원)를 들여 독일에 공장을 건설하려다 이를 포기하고 한국에 공장을 지을 생각을 하고 있었다. 선진국에 비하여 건설비가 1/3 수준으로 낮기 때문이었다. 이런 소식을 들은 미국 상무부 장관 레이몬도(Gina Raimondo)는 글로벌웨이퍼스에 연락하여 미국정부가 보조금을 지원하여 건설비용을 한국수준으로 맞추어 주겠다고 약속하며 미국에 투자할 것을 설득하였다. 그 결과 텍사스주 셔먼에 공장을 건설하게 되었고, 이에 맞추어 미국의 회는 2022년 7월, 반도체산업육성법을 통과시켰다.[74]

---

[74] 한국 中투자 으름장 놓고…美, 대만 7조 반도체 공장 가로챘다, 2022.09.07

오늘날 경제에서 국가정부의 개입은 그 어느 시대보다 더 적극적이다. 케인즈 이후로 어느 나라할 것 없이 정부가 적극적으로 나서서 경제를 이끌어 가게 되었고, 게다가 이제는 대부분의 국가들이 복지국가를 표방하면서 정부가 개개인의 경제영역까지 적극적으로 개입하고 있다.

이렇게 국가가 적극 나서는 것은 국제경제에서 국가이익을 확보하는데 있어서는 더더욱 말할 것도 없다. 자국이 수출을 하게 되면 그만큼 국내소득이 증가하고 고용량이 늘어나서 자국 경제가 더 좋아지는 반면에, 수입을 하게 되면 그만큼 국내소득이 감소하고 고용량이 줄어들어 자국 경제가 나빠지게 된다. 그리고 기술산업에서 수출로 산업가동을 늘리면 기술을 축적시켜 나갈 수 있지만, 수입으로 국내산업이 위축되기 시작하면 기술발전이 어려워지고, 이를 토대로 이루어지는 경제발전은 물론이고 국가 전반에서 발전이 어려워지게 된다. 이렇게 대외경제상황은 국가의 현재뿐만 아니라 미래까지도 좌우할 수 있는 중요한 문제이다.

그러다 보니 국제경제는 총성없는 전쟁이라고 할 만큼 치열한 경쟁에 휩싸여 있는 것이 오늘의 현실이다. 개방된 국제경제환경에서 모든 경제 주체들이 자신이 속한 국가를 의식하고 있고, 또 모든 국가들이 자국인의 이익을 위해 나서다 보니 자연히 국적을 달리하는 사람들 간에 벌어지는 경쟁은 치열할 수밖에 없는 것이다. 국가의 정치적인 단위와 국인의식은 그대로 있는 상태에서 경제에 있어서 국가 간의 경계가 허물어짐에 따라 이 영역이 국가 간 대결의 장이 된 것이다. 그렇기 때문에 상품을 팔거나 투자를 유치하기 위해 국가원수부터 직접 나서는 것은 위에서 본 프랑스나 미국뿐만 아니라 어느 나라에서나 마찬가지이다. 국가원수가 이렇게 나설 정도이니 국가조직 내의 다른 사람들도 이런 일에 매진하는 것은 너무나 당연하다. 국가마다 상무부, 재무부, 외교부, 대사관, 영사관과 같은 국가기관뿐만 아니라, 해외무역관련기관, 해외투자관련기관, 해외사업관련금융기관 등의 해외사업 지원을 위한 기관을 두고 있고, 그 외에도 금융기관, 보험기관, 사업자단체, 민간단체 등 다양한 기관과 단체에서 자국기업이나 자국인의 대외경제활동을 적극 지원한다. 외교 통상기관에서는 자국에 유리하게 무역이 이루어질 수 있도록 치열하게 외교를 하고, 통상협상의 장에서는 자국의 이익을 지키기 위해서 안간힘을 다쓴다. 오늘날 외국에 주재하는 외교관들의 주요 임무 중의 하나가 자국의 경제이익을 확보하는 것이다. 국가 정상이 외국을 순방하는 경우에는 많은 기업총수나 경영자가 따라나서서 사업의 기회를 만들어낸다. 상공회의소와 같은 민간기관들도 외국에 사무소를 두고 자국기업이 해외에서 차별이나 부당한 대우를 받거나 사업상의 애로가 있으면 이를 정부에 보고하여 국가차원에서 대응하고 지원을 받는다.

이러한 노력에 국가의 정보기관까지 함께 참여한다. 각국의 정보기관은 국제경제활동과 관련하여 많은 정보를 수집하여 필요한 곳에 제공한다. 1990년대 초 사회주의가 몰락한 이후 국가 정보기관의 활동은 정치적 목적의 정보수집활동에서 경제적 목적의 정보수집활동으로 대거 이동하였다. 각국 정보기관은 정보를 수집 분석할 뿐만 아니라 일반인이 접근하기 어려운 고급정보를 알아내는 임무를 수행한다. 위성으로부터 탐지하거나 통신을 감청하기도 하고, 특수 임무의 전담요원이나 고용요원들을 통해 정보를 빼내거나 훔치기도 한다.

이렇게 자국민과 함께 정부 또한 적극적으로 나서서 국제경제활동을 하는 것이 오늘날 국가의 일반적인 모습이다.

3. 자국산업에 대한 정부 지원

2021년 미국 연방정부는 미국 내 전기자동차와 배터리공장 건설을 지원하기 위하여 공적 보조금으로 약 20억 달러의 지원을 승인하였다. 미국 자동차산업의 중심지인 미시간주정부에서도 2021년 12월, 전기자동차 생산에 대해 15억 달러를 지원하는 법안을 통과시켰다. 그리고 2022년 2월, 바이든 행정부는 전기자동차를 생산하기 위한 자동차공장 설비개조 지원으로 35억 달러를 지출하는 법안을 제출하였다.

미국은 연방정부뿐만 아니라 각 주마다 서로 자동차공장을 유치하기 위하여 경쟁적으로 혜택을 부여해오고 있다. 워싱턴에 있는 연구기관 굿잡퍼스트(Good Job First)에 의하면, 1976년 이후 40년 동안 미국의 각 주들이 자동차공장 투자유치를 위하여 제공한 세제혜택, 직업훈련비 제공, 기간설비 구축 등과 같은 인센티브가 약 170억 달러에 달한다고 하였다.[75] 최근에도 전기자동차에서 선두주자인 테슬라(Tesla)는 2002년 이후 25억 달러의 지원을 받았고, 포드(Ford)는 15억 달러, 지엠(GM)은 11억 달러를 지원받았다고 한다.[76] 이렇게 자동차기업들은 특별하게 투자지출이 필요하거나 어려움이 있을 때마다 연방정부 혹은 주정부로부터 자금지원을 받고 있다.

캐나다정부에서는 2022년 3월, 스텔란티스자동차회사(Stellantis

---

[75] Reuters Staff, 2017, August 5

[76] Bushey, 2022, February 4

Canada)와 LG가 윈저에 전기자동차 배터리공장을 설립하는 데에 50억 캐나다달러를 지원하였다. 그리고 동년 4월에는 지엠(GM)에 5억 1,800만 달러를 지원하였고, 혼다(Honda)에도 2억 6,300만 캐나다달러를 지원하였다. 그리고 동년 5월, 중앙정부와 지방정부 차원에서 캐나다 내 스텔란티스자동차회사에 10억 캐나다달러의 지원을 한다고 밝혔다. 전기자동차 시대가 되자 자동차 생산의 기존장비를 교체하여 전기자동차를 만들 수 있도록 정부가 자금지원에 나선 것이다. 이와 같이 캐나다정부는 자국에서 가동 중인 자동차기업들에 수시로 자금을 지원해오고 있다.

2020년 5월, 프랑스정부는 자국의 자동차산업의 지원을 위해서 80억 유로의 자금을 투입하기로 하였다. 마크롱 프랑스 대통령은 자동차산업이 유례없는 위기를 맞고 있다면서, "르노, 푸조, 씨트롱 같은 훌륭한 회사가 없다면 프랑스가 그대로 유지될 수 있겠는가?"라고 하면서 프랑스 자동차기업에 대한 적극적인 지원의사를 밝혔다.[77] 이렇게 자금지원을 하는 목적은 코비드-19(COVID-19)로 타격을 입은 자동차기업들에 손실을 경감해줌으로써 경쟁력을 향상시켜 장차 유럽 제1의 전기자동차 생산국으로 거듭나려는 야심 때문이다. 같은 해 11월, 독일에서도 메르켈 총리가 독일의 자동차산업을 위하여 50억 유로를 지원하겠다고 발표하였다.[78] 독일정부는 이전에도 자동차산업을 지원해 왔는데, 2007년 이후 10년 동안 약 1,150억 유로를 지원한 것으로 알려지고 있다.[79]

같은 시기 영국에서는 재규어랜드로버(Jaguar Land Rover)가 정

---

[77] France deploys $8.8 billion to rescue ailing car industry, 2020, May 26

[78] Arne Delfs and Christoph Rauwald, 2020, November 18

[79] Taylor, 2017, May 24

부에 지원을 요청한 것으로 알려지고 있고, 이탈리아에서도 피아트-크라이슬러(Fiat Chrysler Automobiles)가 63억 유로의 자금지원을 요청한 것으로 알려지고 있다. 피아트-크라이슬러사는 2014년, 이탈리아의 피아트사와 미국의 크라이슬러사가 합병하여 본부는 네덜란드에 두고 금융부는 영국에 있다.[80] 이탈리아에서는 이렇게 국적이 불분명한 피아트-크라이슬러사에 대해서 국가가 자금지원을 하는 것이 맞느냐의 논란이 있었다.

최근의 자동차산업에서의 이 같은 국가의 지원은 코비드-19로 인해서 자동차산업이 어려움을 겪고 있기 때문이다. 지난 2019년 코비드-19 팬데믹 이후 자동차산업은 조업이 중단되었고 자동차의 판매가 급감하였다. 2008년 금융위기 때에도 대부분의 국가에서 자동차산업에 대한 자금지원이 있었다. 이렇게 자국의 주요 산업에 어려움이 있을 때마다 국가가 발 벗고 나서서 지원하는 것은 이제 관례가 되었다.

자동차산업에 대한 국가 지원에 있어서는 중국 또한 만만치 않다. 현재 국가들의 전기자동차 생산경쟁에서 단연 독보적인 선두주자는 중국이다. 중국이 이렇게 선두주자로 부상하게 된 것은 국가가 작심하고 이 사업에 나서고 있기 때문이다. 중국은 일찍이 미국의 지엠(GM), 일본의 토요타(Toyota), 독일의 폭스바겐(Volkswagen)과 같이 국가를 선도하는 자동차를 생산하는 기업을 육성하려는 계획을 세웠다.

중국 과학기술부는 '863프로그램'으로 1986년부터 연구개발프로그램을 수립하여, 자동차회사, 공급자, 대학, 연구기관이 협력하여

---

[80] 2021년 1월, 피아트-크라이슬러는 PSA그룹과 합병하여 스텔란티스(Stellantis)가 되었다.

자동차개발에 나섰다. 전기자동차를 육성하기 위하여 중앙정부와 지방정부에서 대당 1만 달러에서 2만 달러 가량의 막대한 보조금이 지원되었다. 중국 내에서 생산되는 자동차는 이렇게 보조금을 지원하는 반면, 수입되는 같은 차종에 대해서는 25%의 고율의 수입관세를 부과하였다. 그리고 중국 자동차회사와 공동운영하는 외국 자동차회사(Joint venture company)는 전기자동차 기술에 있어서 중국회사와만 기술을 제휴할 수 있도록 하였다. 여기에다 전기자동차에 탑재하는 리튬이온 배터리와 전기모터는 중국공급자만 공급할 수 있도록 하였다. 한국이나 일본의 생산자는 비록 중국에서 생산한다고 할지라도 배제되었다. 중국의 금융기관은 중국의 자동차회사를 적극 지원하고, 자동차회사가 리튬, 코발트, 니오다이미엄과 같은 원자재를 구하는 데에 있어서도 적극적으로 자금 지원을 하였다. 이들 원자재 공급업자에 대해서는 국내뿐만 아니라 해외에서 광산을 취득하는 데 있어서도 어려움이 없도록 자금을 지원하였다.[81] 이렇게 국가가 진폭적으로 지원함으로써 중국의 전기자동차 산업은 세계에서 가장 앞서 나가게 되었다.

인디아 또한 자동차산업 발전에 박차를 가하고 있다. 2021년 9월, 인디아정부는 향후 5년 동안 전기자동차의 생산에 35억 달러를 지원하겠다고 발표하였다. 오래전부터 인디아는 2020년까지는 중국, 미국에 이어서 세계 3대 자동차시장 국가가 되겠다는 계획 하에 자동차산업을 지원하고 육성해 왔다. 그러나 최근 자동차산업이 침체의 기미를 보이자 다시 지원책을 제시하고 나선 것이다.[82]

인디아도 많은 인구와 넓은 국토를 기반으로 자동차 강국이 되

---

[81] Graham et al., 2021, Winter
[82] Shah, 2021, September 15

겠다는 야심찬 계획을 갖고 있다. 더구나 최근에 중국의 자동차산업 발전에 자극을 받고 또 국경분쟁으로 중국과 첨예하게 대립하면서 자동차산업에서 중국을 능가하겠다는 열의를 보이고 있다.

표 2-2	세계 전기자동차 생산량		

기준: 2021년

순위	국가	판매량	비중
1	중국	3,519,054	51.70%
2	독일	695,657	10.20%
3	미국	631,152	9.30%
4	영국	326,990	4.80%
5	프랑스	322,043	4.70%
6	노르웨이	153,699	2.30%
7	이탈리아	141,615	2.10%
8	스웨덴	138,771	2.00%
9	대한민국	119,402	1.80%
10	네덜란드	97,282	1.40%
11	유럽여타국가	469,930	6.90%
12	세계여타국가	313,129	4.60%
	계	6,809,322	100.00%

자료: Visualizing 10 Years of Global EV Sales by Country, by G. Bhutada. 2022, August 8

국가들의 이러한 자금지원과 관련하여 정부가 사기업에 이렇게 국가의 재원을 투입하는 것이 옳은가의 문제가 있다. 지원을 하는 정부의 논리는 돈이 들기는 하지만, 국가의 자금지원으로 국내에서 좋은 제품을 생산하게 되면 수출도 이루어지게 되고, 그렇게 되면 일자리도 생기고, 국민소득도 올라가며, 세수도 늘어나게 되기 때문에 결국 국가적으로 이익이 된다는 것이다. 하지만 국가의 세금을 사기업에 흥청망청 지출하는 것이 지당한 일이라고는 할 수 없다. 이렇게 국가정부가 자동차산업에 지원하는 중요한 이유로서 정치적인 목적을 빼놓을 수 없다. 정부는 당장의 일자리 창출에 민감하다. 일자리를 늘려야만 정권의 인기가 올라가기 때문이다. 많은 국가에서 이런 식으로 일자리가 만들어지고 있고, 그 비용 또한 만만치 않다. 위업존 고용연구원(W. E. Upjohn Institute for Employment Research)의 선임연구원 바틱(Tim Bartik)은 미시간주의 지엠(GM)의 예를 들어서, 지엠(GM)에서 새로운 투자를 통해 한 개의 일자리를 유지하거나 창출하는 데 미시간주에서 약 160,000달러 내지 210,000달러를 지출하고 있다고 하였다.[83]

오늘날 자동차 시장에서 세계의 경쟁은 치열하다. 세계 자동차가 전기자농자 중심으로 변화하면서 이를 계기로 시장에서 우위를 점하기 위해 필사적인 경쟁을 하고 있는 것이다. 많은 투자를 필요로 하는 것이 현재 산업의 특성이다. 어떤 새로운 사업을 하기 위해서는 대규모의 자금을 확보하고 일정기간 이상 사업을 진행해야만 하는데, 그러기 위해서는 국가정부의 관심과 지원이 매우 중요하다. 전기자동차만 하더라도 동력시스템에서 기존 자동차와 완전히 다르기 때문에 새로운 기술과 설비로 생산하지 않으면 안 된다. 이런 경우에는 기술이나 설비에서 지금까지 앞서 있었다는 것은 의미가 없고 모두가 원점에서 새로 시작하는 것과 마찬가지다. 이 변화의 시기에 중요한 것은 선점하는 것이다. 빨리 기술을 개발하고 빨리 생

---

[83] Bushey, 2022, Feburary 4

산설비를 마련하여 시장을 선점해야 하는데, 이때 국가의 지원이 있는 것과 없는 것은 큰 차이를 내게 되고, 이것으로 성공과 실패를 가름할 수 있다. 그래서 어느 나라 할 것 없이 자국기업의 지원에 적극 나서고 있는 것이다.

국가들이 자국의 산업을 지원하고 있는 현실을 자동차산업의 예를 들었으나 다른 산업들도 마찬가지이다. 국가마다 산업정책을 통하여 자국이 육성하고자 하는 산업들을 지원한다. 여기에는 대개 고부가가치산업, 첨단산업, 미래산업, 고용효과가 큰 산업, 자국에 유리한 산업 등이 포함된다. 국가들이 자동차산업에 관심을 쏟는 이유도 국가 차원에서 본 지원효과 때문이다. 자동차산업은 전후방으로 산업연관효과가 매우 크서 다른 많은 산업의 발전을 견인할 수 있기 때문이다.

공업기술이 세계적으로 보편화된 오늘의 세계에서 어느 상품의 경쟁력은 국가의 지원에 의해서 결정되고, 어느 상품의 비교우위도 국가의 지원에 의해서 결정되고 있는 것이다.

4. 국가 간의 경쟁

2012년 11월, 중국공산당 제18차 전국대표대회에서 총서기에 오른 시진핑(習近平) 주석은 2050년까지 세계 최강국으로 우뚝 서겠다는 목표를 제시하였다. 그는 중국의 국가비전으로서 중국몽(中國夢)을 내세웠다. 중국몽이란 중화민족의 위대한 부흥의 꿈을 실현하는 것이고, 중화민족의 부흥은 세계의 중심국가로서의 위치 찾기를 의미한다. 그리고 이에 대한 지침어로서 만방내조(萬邦來朝)를 내세웠다. 만방내조는 세상의 모든 나라가 중국에 조공을 바치러 온다는 뜻이다. 당연하게도 중국몽을 실현시키기 위한 수단이자 거쳐야 할 과정으로서 강군몽(强軍夢)도 나오게 되었다. 시진핑 주석은 2035년까지 중국군의 현대화를 마무리하고, 2050년까지는 세계 최강의 군대를 만들 것을 주문했다. 그리고 2015년 리커창 총리가 전국인민대표대회에서 '중국 제조 2025'를 발표하였다. 중국은 2025년까지 제조업의 핵심 부품과 자재의 국산화율을 70%까지 올리고, 차세대 정보기술, 로봇, 항공우주, 해양공학, 고속철도, 고효율 신에너지 차량, 친환경 전력, 농업기기, 신소재, 바이오 등을 10대 핵심산업으로 하여, 이들 산업을 세계 최고 수준으로 발전시키기로 하였다.

이렇게 중국이 세계 패권국이 되겠다는 것이다. 중국이 패권국가에까지 포부를 갖게 된 것은 그동안의 경제발전 때문이다. 그리고 그간의 경제발전을 토대로 군사력도 급속히 증강해왔다. 중국을 개방할 때 등소평은 도광양회(韜光養晦)를 제시하였다. 도광양회는 자신을 드러내지 않고 때를 기다린다는 의미이다. 한동안 중국은 힘을 배양하며 기다려 왔다. 중국몽은 이제 그때가 되어 드러내어 강국으로서의 꿈을 펼치려 하는 것이다. 그런데 중국이 꿈을 펼치는 일이 다른 나라에까지 좋은 일은 아니다. 특히 미국의 입장에서는 선전포고를 받은 것이나 다름없다. 지금까지 미국은 자타가 공인하는 패권국으로서 세계를 주도해 왔는데 이 역할을 중국이 하겠다는 것이다. 해도 하나, 달도 하나, 최강자도 하나다. 이는 중국의 강국 부상만을 뜻하는 것이 아니라 미국의 위상 추락을 내포하고 있는 것이다.

이런 상황에서 미국이 대응에 나서지 않을 수 없게 되었다. 미국에 가장 중요한 것은 군사력에서 중국에 우위를 점해야 하고, 그러기 위해서는 경제력, 기술력에서 미국의 우위를 지켜야 한다. 여기서 지금까지처럼 재래산업에서 중국이 세계의 공장이 되는 것은 문제가 되지 않으나 리커창 총리가 발표한 것처럼 핵심산업에서 중국이 세계 최고 수준이 되는 것은 작은 문제가 아니다. 이러한 핵심산업은 기술집약적인 산업이므로 중국이 여기서 세계 최고가 된다는 것은 기술수준에서 중국이 세계 최고가 된다는 것을 의미한다. 그리고 현대에 산업에서의 기술은 군사무기에 그대로 적용될 수 있으므로 이렇게 되면 중국이 군사력에서도 세계 최고가 되는 것이 된다. 따라서 미국의 절체절명의 과제는 과학과 기술에서 중국에 우위를 내주어서는 안 된다는 것이고, 이를 위해서는 핵심산업에서 중국이 최고가 되는 것을 허용해서는 안 된다는 것이다.

기술에서 아직까지 미국이 최상위 선진국의 위치에 있지만, 그동안 중국도 많은 발전을 이루었다. 중국 제조 2025 발표에서 보듯이 기술에서도 중국의 도전이 예사롭지가 않고, 일부 산업에서는 이미 미국을 앞서는 등 기술선진국으로서의 미국의 위상을 위협하고 있다. 그래서 미국은 트럼프 대통령 이후 중국에 대하여 집중적으로 무역제재를 가하는 한편, 미국 기업들이 생산지를 국내에 복귀토록 유도하고, 외국의 기술력 있는 기업들을 미국 내로 유치하고 있다. 그리고 중국의 지식재산권 도용과 기술 절도에 대하여 엄격하게 규제를 하고, 기술유출에 대한 경계를 강화하면서 기술에서의 우위를 지키기 위하여 혼신의 힘을 다하고 있다. 기술에서 중국에 우위를 지키기 위한 미국의 조치들은 다양한데, 반도체 생산기술의 장악도 그중의 하나다.

2006년 시행한 모의 공중전에서 F-22 전투기는 그 이전 기종인 F-15, F-16, FA-18 등의 전투기를 144대 격추하는 동안 단 한 대도 격추되지 않았다. F-22 전투기가 다른 전투기를 압도한 것은 가장 최근에 만들어져 최신의 기술을 채용하고 있기 때문이다. 현대

군사력에 있어서 기술의 중요성은 이미 널리 알려져 있다. 현대전은 무기로 하는 전쟁이다. 무기의 승패는 무기성능에 의해서 결정되고, 무기성능은 기술에 의하여 결정된다. 고로 현대전의 승패는 기술력에 의해서 결정된다. 그런데 이러한 기술을 실현하는데 무엇보다 중요한 부품이 있으니 그것이 바로 반도체이다. 반도체의 성능이 좋을수록 더 높은 기술을 수용할 수 있기 때문이다. 반도체는 컴퓨터에서 사용되기 시작하였는데, 이제는 모든 기계가 컴퓨터 작업을 하게 됨으로써 고성능 기계장비에 있어서 반도체는 필수적인 부품이 되었다. 휴대폰, 데이터장비, 통신장비, 항공기, 선박, 자동차, 산업장비, 의료기기 등과 같은 기계뿐만 아니라 모든 무기에 있어서도 반도체가 중요한 역할을 하게 된 것이다.

세계 반도체 공급은 소수의 몇몇 국가에 의해서 이루어지고 있다. 반도체는 한국, 대만, 일본, 미국, 중국, 유럽 등에서 생산되고 있으나 주요 생산국은 한국과 대만이다. 메모리 반도체에서는 삼성과 SK의 한국이 세계의 약 44%를 점하고 있고, 시스템 반도체에서는 TSMC가 있는 대만이 세계의 약 37%를 점하고 있다.[84] 한국과 대만이 반도체 시장을 석권하게 된 것은 섬세한 작업을 행하는 데 있어서 기술적으로 우수한 노동인력이 많은 데다가 국가적인 지원과 함께 지속적인 투자로서 기술을 발전시켜 왔기 때문이다. 그리고 반도체는 극도로 미세한 기술적 공정을 거쳐서 만들어지며, 생산단계마다 수많은 장비와 소재가 필요한데, 여기에 사용되는 장비와 소재를 공급하는 업체는 수 개에 불과하며, 국가로도 미국, 일본, 네덜란드 등 몇 개국에 불과하다.

2022년 3월, 미국 대통령 바이든은 반도체동맹 Chip 4를 제안

---

[84] Miller, 2022, p.xxv

하였다. 이는 세계 반도체 공급에서 핵심적인 역할을 하는 미국, 일본, 한국, 대만의 4개국이 동맹을 결성하자는 것이다. 지금까지 반도체산업의 구조를 보면 미국은 반도체의 설계 및 핵심기술을 공급하고, 일본은 반도체 생산에 필요한 소재 및 장비를 공급하며, 한국은 메모리 반도체를 주로 생산하고, 대만은 비메모리 반도체를 주로 생산해 오고 있는데, Chip 4는 이러한 체제를 근간으로 하고 있다. 바이든이 이 동맹을 제안하는 것은 반도체생산 공급망을 하나로 묶어 미국의 통제 하에 둠으로써 중국의 반도체 획득을 어렵게 하겠다는 것이다.

그리고 미국은 반도체의 생산을 미국 국내에 두려고 작정하고 나섰다. 2022년 8월 9일, 바이든 대통령은 반도체지원법(CHIPS and Science Act)에 서명하였다. 이 법은 미국정부가 미국 내 반도체산업을 육성하기 위하여 미국 내 반도체생산기업에 향후 5년 간 520억 달러(약 70조 원)의 자금을 지원하고 25%의 세금공제를 제공하는 것을 골자로 하고 있다.

반도체생산에 대한 이 같은 미국의 적극적인 조치들은 미국이 세계 반도체공급을 완전히 장악하려는 의도에서 나온 것이다. 국가 안보와 군사목적의 주요한 전략물자들에 대해서 국가가 특별히 통제하는 것은 드문 일이 아니다. 지금까지는 석유와 같은 것이 여기에 해당하였지만, 이제는 반도체가 그 위치를 차지하게 된 것이다. 산업기술의 핵심부품인 반도체를 미국이 통제하게 되면 당연히 중국은 어려워지고, 이를 통제하는 미국의 힘은 더욱 강해진다. 미국의 이 같은 조치는 중국뿐만 아니라 다른 나라에도 큰 영향을 줄 수밖에 없고, 그 이해관계는 국가마다 다르다. 미국의 반도체 동맹 제안에 대해서 일본과 대만은 바로 긍정적인 의사를 표명하였지만, 한국은 미적거리고 있다가 2022년 말이나 되어서야 참여의사를 표시하였다.

한국이 망설이는 이유는 중국과의 관계를 의식해서다. 한국의 반도체 수출은 약 40%가 중국으로 가고, 약 20%가 홍콩으로 가기 때문에 중국이 절대적인 비중을 차지하고 있다. 그렇지 않아도 지금까지 한국은 반도체의 호황으로 경제를 버티어오다가 최근에 반도체 경기가 급격히 나빠지면서 경제가 매우 좋지 않은 상황에 있다. 이러한 상황에서 중국에 반도체 공급을 제한하기 위한 동맹을 하자고 하니 한국은 난감할 수밖에 없다. 그렇다고 미국의 제안을 거부할 수도 없다. 반도체의 원천기술을 미국으로부터 공급받는 한국으로서는 미국을 등지고서는 반도체산업의 유지 자체가 어렵기 때문이다. 이런 상황에서 한국은 미국과 중국의 중간에 서서 미국과 뜻을 함께하면서도 중국과의 관계를 악화시키지 않는 길을 찾고자 하지만, 이것이 쉽지 않다. 중국의 경제규모가 커진 이후 한국은 미국과 중국 사이에서 줄타기를 해왔다. 한국과 오랜 동맹관계를 유지해온 미국의 입장에서는 이런 한국을 보고 심기가 불편했을 것은 당연하다. 차제에 한국으로 하여금 확실하게 자기 쪽으로 붙들어 매어둘 의도도 있다.

미국의 반도체지원법(CHIPS and Science Act) 또한 한국정부와 해당기업들을 당황케 하고 있다. 미국에 생산시설을 투자하도록 하는 것은 장기적으로 미국이 반도체생산을 담당하겠다는 것인데, 이는 자칫하면 반도체산업을 고스란히 미국에 넘겨줄 위험도 있다. 게다가 이 법은 미국정부의 보조금을 받은 기업에 대해서 향후 10년간 중국과 같은 관심국가에 반도체 투자를 하지 못하도록 하는 등 여러가지 제약조건을 두고 있다. 이미 삼성전자는 낸드플래시에서 약38%를 중국에서 생산하고 있고, SK하이닉스는 낸드플래시 생산에서 약 25%, D램에서는 약 50%를 중국에서 생산하고 있다. 기술발전에 맞춰서 생산하기 위해서는 이들 공장에도 계속 투자를 해야만 하는데, 아주 곤란한 입장이 된 것이다. 또한 미국의 보조금을 받은 기업은 미국정부에 기업정보를 공개하고, 정부의 시설접근을 허용하고 초과이익을 정부와 공유해야 하는 등 기업의 자유활동을 제한하는 조건들도 다수 포함하고 있다.

미국의 반도체 공급망 장악 정책으로 곤란하게 된 것은 대만 또한 마찬가지이다. 대만의 TSMC는 세계 최고의 값비싼 공장으로서 황금알을 낳는 거위와 같다. 이 반도체산업에 힘입어 최근 대만 경제는 크게 호전되었고 대만의 주가를 높이고 있다. 하지만 이 반도체 때문에 오히려 곤경에 처하게 된 측면도 있다. 반도체 굴기에서 실패한 중국이 이 반도체공장에 대한 욕심 때문에 대만통일에 더 적극 나설 수도 있다는 생각이다. 중국이 대만을 흡수하게 되면 반도체도 확보할 수 있는 것이다. 그렇게 되면 기술경쟁에서 중국이 유리한 위치를 확보하고 더 나아가 미국과의 패권경쟁에서도 유리하게 이끌어 갈 수 있다. 반대로 미국의 입장에서 보면 대만 TSMC의 존재는 미국이 중국의 대만통일을 적극 막아야 하는 이유를 하나 더 더하는 것이기도 하다. 그래서 만약 중국이 대만을 무력접수하게 되면 이 반도체공장은 가장 먼저 폭파될 수 있는 대상으로 지목되기도 한다. 또 대만의 입장에서는 미국이 원하는 대로 대만기업이 미국에 투자하여 미국에서 생산하고 기술이 미국에 넘어가게 되면 미국이 더 이상 대만을 지켜주지 않을 것이라는 우려도 나오고 있다.

미국의 반도체산업 육성에 대응해서 유럽연합도 반도체산업을 육성하겠다고 나섰다. 유럽연합은 2022년 12월, EU반도체법에 합의

하였다. 이 법안은 반도체생산에 430억 유로(약 59조 원)를 지원하여, 현재 약 10% 정도 되는 세계 반도체 공급망에서의 유럽점유율을 2030년까지 약 20%까지 끌어올리는 것을 목표로 하고 있다.

한편 미국의 반도체 통제로 인하여 중국은 큰 타격을 받게 되었다. 미국은 2019년부터 반도체 장비 및 소재에 대한 대중수출을 통제해 왔다. 그리고 2023년 1월에는 미국, 일본, 유럽이 반도체 장비 및 소재에 대한 대중 수출통제를 합의하였다. 당초 유럽에서는 중국에 대한 수출통제에 난색을 표했으나, 미국은 중국이 전쟁 중인 러시아에 반도체를 제공하고 있다는 점을 들어 설득한 것으로 알려지고 있다. 우크라이나를 침략한 러시아에 대한 유럽의 이해관계가 여기서 작용한 것이다. 반도체 장비 및 소재의 공급은 미국이 41%, 일본이 32%, 유럽이 18%로 이 세 지역에서 세계의 90% 이상을 점하고 있기 때문에, 중국은 장비 및 소재를 확보하기 어렵게 되어 반도체생산에 곤란을 겪을 수밖에 없게 되었다. 이에 2022년 12월, 중국은 WTO에 미국을 불공정무역행위로 제소하는 한편, 미국을 과학기술 패권주의라며 강하게 성토하고 있다.

세계는 지금 전쟁 중이다. 무력에 의한 전쟁에 앞서서 경제전쟁, 기술전쟁을 치르고 있다. 각국은 동맹을 규합하고 합종연횡하는 가운데 자국의 이익을 위해 투쟁하고 있다. 미국의 반도체 장악 시도는 이 전쟁에서 유리한 고지를 차지하기 위한 하나의 작전이다. 무력전쟁으로 가기 전에 여기 경제전쟁, 기술전쟁에서 승패가 결판날 수 있다. 그래서 무력전쟁만큼이나 치열하게 경제전쟁 기술전쟁은 이미 전개되고 있는 것이다.

5. 국가 간 경제적 힘의 행사

2019년 7월, 일본은 불화수소, 불화폴리이미드, 포토레지스트의 3개 품목에 대해서 한국을 백색국가명단(white list)에서 제외하는 조치를 하였다. 일본이 한국에 대하여 수출규제조치를 한 것이다. 앞의 세 개 품목은 반도체 제조과정의 핵심소재다. 그간 호황을 누리고 있는 한국 반도체산업에 타격을 줄 수도 있는 조치였다. 반도체 생산을 위한 소재는 세계의 몇몇 국가에서만 생산되고 있기 때문에, 지금까지 공급받던 일본으로부터 공급을 받지 못하게 되면 다른 국가로부터 대체수입이 어렵고 단시간에 국내에서 대체생산을 하는 것도 용이하지 않기 때문이다.

그리고 백색국가라는 것은 전략물자수출에서 수출절차간소화 혜택 대상국을 의미하고, 주로 선진국이 여기에 해당된다. 백색국가에서 제외되면 그만큼 수출허가를 위한 절차와 기간이 길어지게 되는 것이다. 즉 백색국가에서 제외되면 일본 당국이 자의적으로 까다롭게 심사를 하거나 허가기간이 지연될 수도 있게 되는 것을 의미한다. 이에 대해서 한국정부는 이 조치를 정치적 이유에 의한 경제적 보복으로 규정하고, WTO 협정위반이라 하여 2019년 9월, WTO에 제소하였다. 이 사건의 발단은 다음과 같다.

일제시대 일본정부에 징용되어 신일본제철에서 일했던 강제징용 피해자가 1997년 일본에서 신일본제철을 상대로 손해배상청구소송을 제기하였다. 이 소송에서 2001년 오사카지방재판소는 원고 패소판결을 내렸고, 2002년 오사카고등재판소에서 항소 기각되고, 2003년 일본 최고재판소에서 상고 기각되었다.

이후 징용피해자들은 2005년 한국 법원에 손해배상청구소송을 제기하게 되고, 2008년 서울중앙지방법원은 원고 패소판결을 하였고

, 2008년 서울고등법원은 항소 기각하였다. 그런데 2012년 대법원은 원고 승소판결을 하게 된다. 대법원의 파기환송 판결을 받은 서울고등법원은, 2013년 원고 1인당 1억 원을 손해배상하라는 취지의 판결을 하게 된다. 이에 신일본제철은 대법원에 상고하고, 2018년 대법원 재상고심에서 원고 1인당 1억 원을 손해배상할 것을 판결하였다. 이후 손해배상금을 받지 못한 피해자들은 2019년 5월, 신일본제철의 국내재산 매각명령을 신청하였다. 이에 일본은 강하게 반발하였다. 이 사건에 대하여 고노 일본외상은 1965년 한일청구권협정에서 일본이 한국에 5억 달러의 차관을 제공하면서 한국국민들에 대한 보상은 한국정부가 책임을 지고 보상하기로 했으므로 한국정부가 책임지고 보상해야 한다고 하였다. 그리고 얼마 안 가서 일본이 한국에 대한 수출규제조치를 취하게 된 것이다. 국가 간의 약속을 지키지 않는 한국은 신뢰할 수 없는 국가이기 때문에 백색국가명단에서 제외한다는 것이었다.

이 사건의 저변에는 역사적, 정치적, 국제적으로 복잡한 여건들이 있지만, 어쨌든 여기서 일본의 한국에 대한 경제제재는 더 이상 발전하지 않았다. 한국은 신일본제철의 한국 내 재산에 대하여 어떠한 조치도 취하지 않았고, 경제보복도 없었으며, 일본도 추가적인 경제제재를 하지 않았다. 양국 간 경제전쟁이 일어난다면 이보다 더 심각한 수준으로 발전할 수도 있는 것이었지만, 일본도 한국에 대하여 경고수준으로 이 같은 조치를 취한 것이다. 이렇게 일본의 한국에 대한 경제제재는 양국이 자국민들에게 국인주의를 자극하는 수준에서 일단락되었다. 결국 2023년 3월, 윤석열 대통령이 일본을 방문하여 한국의 WTO제소를 철회하는 등 일본과의 관계정상화를 모색하게 되었다. 이웃국가 간에 잘지내는 경우는 드물지만 이렇게 경제거래를 두고 이웃국가에 제재를 가하는 것은 흔치 않은 일이다.

경제제재도 상대국을 공격하거나 압박을 가할 때 사용할 수 있는 중요한 수단이다. 일반적으로 경제제재는 외교적 압박보다 강하고 무력행사보다는 약한 그 중간 정도의 수단으로서, 때에 따라 매우 효과적일 수 있다. 적군의 성곽을 봉쇄하고 보급로를 차단함으로써 적군을 약화시키거나 항복을 받아내는 것은 예로부터 내려오는 전쟁에서 기본적인 책략이다. 전쟁을 하게 되면 상대국에 대한 경제적 제재는 당연하고, 전시가 아니더라도 적대관계에서는 충분히 일어날 수 있다. 역사적으로 유명한 봉쇄는 나폴레옹의 대륙봉쇄령(Continental Blockade)이다. 나폴레옹은 트라팔가 해전에서 영국에 패배한 후, 1806년 유럽대륙 국가들에 영국과의 교역을 금지시켰다. 영국에 경제적인 타격을 주기 위해서였다.

경제제재는 수출입제재, 운송제재, 금융거래제재, 투자제재, 기술제재 등 그 종류도 다양하다. 이러한 경제제재의 주체에 있어서도 한 국가에 의해서 취해질 수도 있고, 여러 국가가 함께 취할 수도 있으며, 국제기구를 통해서 세계적인 차원에서 행해지기도 한다. 세계에는 많은 국가들이 있으므로 어느 한 국가로부터 경제제재를 받는 경우는 다른 국가를 통하여 물자를 확보하면 되지만, 전 세계 국가들로부터 제재를 받는 상황은 매우 큰 압박이 될 수밖에 없다.

세계의 다수 국가들로부터 제재를 받는 상황은 주로 국제연합(UN)과 같은 국제기구가 제재를 결의하게 될 때 일어나게 된다. 국제연합 차원에서의 잘 알려진 경제제재로서는 20세기 후반 남아프리카공화국에 대한 경제제재가 있었다. 국제사회가 인종차별을 행하는 남아프리카공화국에 대하여 경제적 거래를 포함한 제반 국제관계에서 소외시키는 조치를 취하자, 결국 1990년대에 와서 남아프리카공화국은 굴복하게 된다. 그리고 국제연합 안전보장이사회는

1992년 소말리아 내전 중인 소말리아에 대하여 군수물자 수출을 금지하였고, 2011년 내전 중인 리비아에 대하여 수출을 금지하였다. 그리고 2006년 핵개발프로그램과 관련하여 국제연합 안전보장이사회 결의로 이란에 경제제재를 취하였고, 같은 해 국제연합 안전보장이사회는 핵무기를 개발한 북한에 대하여 해외자산을 동결하고, 북한에 대한 군사무기 및 사치품의 판매금지를 결의하였다.

국제연합에 의한 경우가 아니더라도 다수의 국가들이 함께 경제제재를 가하는 경우도 있다. 전략물자의 수출통제에 있어서 1949년에서부터 1994년까지 운영되었던 대공산권수출통제위원회(The Coordinating Committee for Multilateral Export Controls: CoCom)가 유명하다. 코콤은 자유세계 17개 국가로 구성되어 공산권에 전략물자가 들어가는 것을 막았다.[85] 그리고 2022년 우크라이나 침공과 관련하여 나토회원국을 비롯한 미국 동맹국가들이 러시아에 대하여 수출금지와 금융제재조치를 취하였다.[86]

그리고 개별 국가의 경제제재도 드문 일은 아니다. 특히 세계의 경찰 국가이자 많은 국가들과 이해관계를 가진 미국은 독자적인 경제제재를 하는 경우가 많다. 미국은 1958년 공산화된 쿠바에 대한 경제제재, 1980년 아프가니스탄을 침공한 소련에 대한 곡물과 비료 수출금지, 1985년 니카라과에 대한 수출금지, 1979년 이란에 대한 자산동결과 수출금지 등의 조치를 취하였고, 또 현재 중국에 대하여

[85] 조영정, 2016, pp. 160-162

[86] 그 외에도 어느 특정국가를 대상으로 하는 것은 아니지만 특정물자의 국제이동 통제를 위하여 국가 간의 협력기구가 운영되고 있다. 여기에는 핵물질에서의 핵물질공급그룹(Nuclear Suppliers Group: NSG), 미사일기술에서의 미사일기술통제체제(Missile Technology Control Regime: MTCR), 그리고 생화학무기 수출통제를 위한 호주그룹(Australia Group) 등이 있다.

군사기술에 사용될 수 있는 이중기술(dual technology)제품과 같은 특정 기술제품의 수출이나 기술이전을 통제하고 있다. 러시아도 조지아, 우크라이나 등에 대하여 수출통제조치를 취해왔다. 중국은 2010년 조어도(댜오위다오/센카쿠섬) 영유권 분쟁이 일어났을 때 일본에 대하여 희토류 수출금지조치를 취하였고, 아랍 산유국들은 1973년 중동전쟁이 일어났을 때 미국을 비롯한 이스라엘을 지원한 국가들에 대하여 석유수출금지를 취하였다.

경제제재에는 다양한 형태가 있을 수 있는데, 우선 수입을 제한하는 것과 수출을 제한하는 것으로 나눌 수 있다. 그리고 대외거래 전체에 대해서 행하는 것과 특정 국가에 대해서 행하는 것으로 나눌 수 있다. 수입제한은 자국산업을 보호하기 위해서 하는 것이 일반적이고, 또 수출제한은 자국 내에 필요한 물자를 확보해야 하는 특별한 사정이 있을 때 할 수 있는데, 이런 경우는 공격적인 성격을 갖지 않는다. 반면에 상대국이 필요한 물자에 대하여 수출을 제한하는 것은 공세적이다. 이는 호혜의 정신에 어긋나며, 자국의 물자를 무기화하는 것이고, 무역을 정치적으로 이용하는 것이 된다. 특정 국가에 대해서 무역을 제한하는 것 자체가 국제무역의 기본원칙인 최혜국대우원칙(most favored nation)을 위배하게 된다. 그래서 이러한 조치를 취할 때, 명확히 금지하는 것이 아니라 특정 절차를 거쳐서 수출토록 하는 것과 같이 불명확한 상태에 두고 실효적으로 통제하는 것이 일반이다. 그런데 오늘날 이러한 형태의 공격적인 수출제재가 점점 더 늘어나고 있다. 이는 경제활동을 두고 국가 간에 날카로운 공격을 한다는 것이고, 그만큼 경제활동이 정치화되고 있는 것을 말해주는 것이다.

어느 국가가 개별적으로 수출금지조치를 할 때 그 제재가 상대국에 타격을 주기 위해서는 상대국이 자국 물품을 특별히 필요로 하는 위치에 있어야 한다. 그렇지 않으면 세계에 국가는 많으므로 상대국이 다른 국가에서 수입하게 되면 수출을 못한 자국만 손해를 볼 수 있다. 그래서 싱가포르에 공급하는 말레이시아의 물이라든가, 가스관으로 우크라이나에 공급하는 러시아의 가스와 같이 지정학적으로 특별한 위치에 있거나 독과점적 위치에 있을 때만 효과를 거둘 수 있다. 하지만 결정적인 타격을 주지 않는다고 하더라도 자국의 재화나 서비스로서 상대국에 영향을 줄 수 있는 위치에 있으면 이를 활용하여 그만큼 힘을 행사할 수 있는 것이다. 그래서 에너지, 기술제품, 곡물과 같이 중요한 재화나 희소한 재화를 공급하는 위치에 있는 국가는 힘을 갖게 된다.

그렇기 때문에 개방체제에서 국가 간의 의존은 상호의존이어야지 일방적인 의존은 항상 문제가 된다. 특히 작은 국가는 큰 국가에 지나치게 의존하는 구조가 되지 않도록 하는 것이 무엇보다 중요하다. 한국의 무역에 있어서 항상 중요한 과제로 되어 왔던 것이 무역거래선 다변화였다. 그간 한국은 그 시기에 따라 일본에 의존하거나, 미국에 의존하거나, 중국에 의존하는 식으로 무역이 편중되어 왔다. 그래서 한국이 무역대국임에도 불구하고 어느 국가에 편중됨으로써 상대국의 힘에 휘둘리는 적이 많았던 것이다.

국제경제에 있어서 경제는 정치와 분리되어 있는 것처럼 보여도 중요한 문제에 가서는 결국 하나가 된다. 국제경제에서 긴밀하게 거래를 하는 국가 간에도 상대국에 약점이 있을 때 이를 그냥 흘려보내는 법이 없다. 항상 이를 이용하여 자국의 이익을 도모하려는 것이 국제관계의 속성인 것이다.

6. 무역에서의 국인주의

1983년 스펜서(Spencer)와 브랜더(Brander)는 전략적 무역이론 (strategic trade theory)을 내놓았다. 이 이론은 모든 경쟁주체들이 팽팽히 경쟁하는 상태에서 국가의 정책이 경쟁 승패를 가름한다는 것이다. 그리고 국가가 보조금 등으로 자국기업을 지원하면 그 기업뿐만 아니라 국가에도 이익이 된다는 것이다. 이는 자국기업의 국제경제활동을 국가가 개입하여 지원하는 것에 대한 타당성을 뒷받침하는 이론이 된다. 국가의 자국기업 지원의 당위성이 이론적으로 입증된 상태에서 자국기업의 경제활동을 지원하지 않을 국가는 없다. 아무리 자유주의를 추구하는 국가라고 할지라도 자국만 손해 보는 것을 원치 않기 때문에 자국기업을 지원하는 것은 이제 통상적인 것이 되었다.

2022년 8월 16일, 미국 바이든 대통령은 인플레이션감축법 (Inflation Reduction Act)에 서명하였다. 이 법은 청정에너지 사용을 진작시키고, 국내 에너지 생산에 투자를 증대하고, 조제약 가격을 낮추고, 국제수지적자를 줄임으로써 미국에서 급속히 진행되고 있는 높은 물가상승을 잡겠다는 내용의 법안이다. 여기서 중요한 내용 중의 하나는 전기자동차에 대한 세금감면으로, 전기자동차의 구매자에게는 7,500달러의 조세감면혜택을 주도록 한다는 것이다. 그런데 여기에 해당하는 자동차는 북미산 전기자동차에 한정하였다.

인플레이션감축법을 서명한 이후인 9월 18일, NBC의 유권자 여론조사 결과, 바이든 대통령 지지율은 이전 달 같은 조사보다 3% 포인트 상승하였다. 인플레이션감축법 서명이 바이든의 인기에 긍정적인 영향을 미친 것이다. 이런 조치를 취할 때마다 국민들로부터 지지를 받고 인기를 얻게 되니 정치인들이 이 같은 일을 서로 하려고 하는 것은 당연하다.

그런데 이 법이 인플레이션을 감축하는데 효과가 있는지에 대해서는 학자들의 의견이 엇갈렸다. 인플레이션의 감축에 있어서는 실제 효과가 있을 것으로 판단하는 학자들은 그리 많지 않았다. 하지만 이 법이 미국 내 전기자동차 생산을 크게 늘리게 될 것이라는 것에 대해서는 이견이 없었다. 2022년 현재 보통 66,000달러 정도 하는 전기자동차에서[87] 7,500달러는 적은 금액이 아니다. 이렇게 되면 북미 바깥에서 생산된 수입 전기자동차는 큰 타격을 입을 수밖에 없다. 이만한 가격차이를 극복하고 팔기란 쉽지 않기 때문이다. 이 법의 이름이 인플레이션을 감축한다는 것이지만 실질적으로 더 중요한 것은 미국 내 산업생산을 지원하겠다는 것이다. 인플레이션감축이라는 무역과 관련이 없어 보이는 법 이름 속에 보호조치를 감추어 넣어놓은 위장된 보호무역조치의 한 형태인 것이다.

이렇게 특정국가나 한정된 몇몇 국가에서 생산된 자동차에만 보조금을 지원하는 것은 GATT 제1조 최혜국대우원칙에 위배되는 것이다. 이 최혜국대우원칙은 WTO의 기본원칙이다. 오늘날 대부분의 국가는 WTO에 가입하고 있고, 그래서 대부분의 국가에서는 이러한 일을 할 엄두를 내지 못한다. 하지만 미국은 다르다. 미국은 자국의 이익을 위한 행위를 하는데 있어서 국제규약 위배 같은 것에 별로 신경쓰지 않는다. 이런 미국의 일방주의가 가능한 것은 WTO 다자통상체제 자체가 이를 가능하도록 만들어져 있기 때문이다. WTO의 규칙이 있지만 규칙의 준수 여부는 국가의 힘에 의해서 결정된다. 다시 말하면 규칙을 준수하지 않는 어느 국가가 있다고 했을 때 이 국가로 하여금 규칙을 준수하도록 만드는 것은 상대국의

---

[87] 2022년 6월, Kelley Blue Book 기준 전기자동차의 평균가격은 66,000달러였다.

보복의 힘이다. 즉 피해를 본 국가가 제소하여 규칙위반이 판정되었을 때 WTO의 역할은 상대국에 보복할 권리를 부여하는 것으로써 끝난다. 이때 상대국이 보복을 할 만한 입장이 되면 보복으로 위반국가를 제재할 수 있지만, 보복을 할 만한 입장이 되지 못하면 위반국가를 현실적으로 제재할 수 없는 것이다. 예를 들어서, 자동차에서 미국이 한국에 대하여 최혜국대우원칙을 위반하였다고 하더라도 한국이 이에 대하여 미국에 대하여 보복하기란 쉽지 않다. 한국이 그 수출의 많은 부분을 미국시장에 의존하고 있는 상황에서 미국과 무역마찰을 일으키는 것은 얻는 것보다 잃는 것이 더 많기 때문이다.

여기서 한국만 그렇다고 생각하여서는 안 된다. 한국은 세계 10위권 무역대국이다. 무역대국이 그럴진대 한국과 다르게 행동할 만한 나라가 몇이나 되겠는가? 그렇기 때문에 국가관계에서는 누구나 각자 자신이 가진 대로 그 힘을 최대한 활용하는 것이다. 힘을 토대로 이루어지는 국제관계는 경제적인 영역에서도 그대로이다. 법을 지키도록 하는 주체가 법을 지켜야만 하는 주체보다 힘에서 강해야만 법이 법의 구실을 하게 된다. 이러한 국제관계의 현실은 기원전 5세기 투키디데스(Thucydides)의 「펠로폰네소스 전쟁의 역사(The history of the Peloponnesian War)」에서 나오는 이야기가 잘 대변해 주고 있다.

아테네(Athens)가 스파르타(Sparta)의 동맹국인 멜로스(Melos)를 치기 위해서 사신을 보냈다. 아테네 사신은 항복을 강요했지만 멜로스는 오랜 역사를 가진 국가로서 한 순간도 자유를 박탈당할 수 없다며 이를 거부했다. 다음은 이때 있었던 아테네의 사신과 멜로스측 대화 중의 일부이다

☺ 멜로스 측: 우리는 반드시 우리에게 신의 도움이 있을 것이라 믿는다. 우리는 잘못이 없고 당신들은 정의에 어긋나기 때문이다.

☺ 아테네 사신: 신의 도움을 말하자면 신이 우리를 돕지 않으리란 보장이 없다. 왜냐하면 우리의 행위가 인간의 신에 대한 믿음에 어긋나는 것이 아니며, 인간 사회의 관행에 위반되는 일도 아니기 때문이다. 누구든 지배할 수 있으면 지배를 하는 것이 자연의 법칙이다. 이 법은 우리가 만든 것도 아니고, 우리가 처음 적용하는 것도 아니며, 이미 이전에 있던 것을 우리가 답습하고 이를 다시 미래에 남길 뿐이다. 너희들이나 다른 어떤 자들이라 할지라도 우리와 같이 힘을 갖게 되면 우리와 똑같은 행동을 하게 될 것이다. 따라서 이것이 진실이며 이 같은 진실된 행동을 하는 우리에게 신이 돕지 않을 것이라 말할 수 없는 일이다.

협상은 결렬되고 아테네의 공격이 시작되었다. 아테네 군은 멜로스의 성인 남자는 모두 죽이고 부녀자를 노예로 삼았다.[88]

이렇게 투키디데스는 적고 있다. 오늘의 시점에서 보면 아테네 사신의 말이 인상적이다. 과거에도 그랬고 미래에도 그럴 것이라고 말했는데, 2,400여 년이 지난 오늘날에도 다르지 않음을 알 수 있다. 국제사회에 있어서 정의는 강자의 이익이다. 지배를 할 수 있으면 지배한다는 것, 지배를 할 수 없기 때문에 지배하지 않는 것이고, 전쟁 또한 전쟁에서 쉽게 이길 수 없기 때문에 전쟁을 하지 않는 것이다.

모든 국가는 자국이 운신할 범주 내에서 최대한 자국의 이익을 위해서 이기적으로 행동한다. 오늘날의 세계 경제는 선진국이 주도한다. 특히 미국이나 EU와 같은 경제주도국은 자국의 큰 시장을 이용하여 다른 나라로 하여금 자국시장을 이용하게 함으로써 자국의 힘을 행사할 수 있다. 상대국이 자국에 비하여 덜 개방하거나 자국에 대하여 국제수지 흑자를 누리면 통상압력을 가차없이 가한다. 이

---

[88] Thucydides, Book 5, Chapter 17

러한 상황은 온전히 강국의 사정에 따라 달라진다. 선진국들은 자국의 경제상태가 좋을 때는 넘어가다가도 자국의 경제상태가 좋지 않을 경우에는 더욱 엄격하게 제재를 가하는 것이 일반이다.

국가의 힘과 국제경제활동에서의 국가 태도의 관계가 어떤 것인지는 중국이 잘 보여주고 있다. 중국이 한국과 교역을 시작하던 1990년대만 하더라도 중국은 한국을 제대로 존중해 주었다. 그러다가 중국이 경제대국으로 성장하자 중국의 태도는 180° 달라졌다. 자국은 대국이고 한국은 소국이며, 한국은 미국에 붙지 말고 중국에 붙어야 한다는 식으로 노골적으로 한국을 무시하는 태도로 바뀌었다. 중국의 이런 자세에서 나온 사건의 한 예가 사드(Terminal High Altitude Area Defense: THAAD)사태이다. 2017년 한국에서 북한의 핵과 미사일 위협에 대비하여 성주 롯데골프장에 사드를 배치하자 중국이 이에 반대하고 나섰다. 중국 전역의 학교와 직장 등은 사드 반대 궐기대회를 하였고 사람들은 거리시위에 나섰다. 한국산 자동차를 벽돌로 찍는 테러를 감행하기도 하고, 태극기를 찢고 바닥에 깔아놓고 짓밟기도 하였으며, 한국인에 대해서 승차를 거부하거나 음식 팔기를 거부하는 식당도 등장하였다.[89] 당국은 한국인 거주지역에 불심검문을 하는가 하면,[90] 한국유학생이 중국인들에게 집단폭행당했다는 소문이 도는 가운데 한국인들은 두려움에 떨면서 집에 숨어 있어야만 했다. 중국 당국은 한국행 관광을 금지시키고, 중국 내 롯데 계열사 150여 개 전체 사업장과 공장 등에 대한 일제 세무조사와 소방, 위생, 안전 점검 등을 실시했다.[91] 중국 내 99개 롯데

---

[89] 한국인 출입금지·불법 체류 단속... 中 '사드 보복' 확산, 2017. 3. 20
[90] 중국 사드 보복, 적극 대응 않으면 '동네북' 된다, 2017. 3. 22
[91] 사드, 미상

마트 점포 중 대다수의 점포가 중국 당국의 소방 점검에 따른 강제 영업정지 조치로 문을 닫았다. 중국인들은 쇼핑센터에서 한국 롯데 음료 상품들을 중장비로 깔아뭉개기도 하였다.[92] 결국 롯데는 중국에서 퇴출되었다. 한국이 미국처럼 힘이 강하다면 중국이 이렇게 했겠는가? 정작 배치된 사드부대는 미군인데 미국에 대해서는 아무 짓도 못하고 만만한 한국에 대해서 이렇게 한 것이다. 더구나 국가의 정책에 아무런 영향력을 행사할 수도 없는 민간인과 민간기업에 대하여 이런 행동을 한다는 것은 개방된 국제사회에서 상상하기 어려운 일일 뿐만 아니라 문명사회에서 보기 드문 일이다.

최근에 내셔널리즘과 관련하여 새로 생긴 유행어 중의 하나가 백신 내셔널리즘(vaccine nationalism)이다. 2019년 중국에서 코비드-19(COVID-19)가 발생하여 삽시간에 전 세계에 퍼지면서 세계는 공포에 휩싸이게 되었다. 이에 대한 백신이 2021년 초에 나오기 시작하자 각국은 백신을 확보하기 위하여 초비상이었다. 여기서 세계는 국가 간에 평등하지 못한 현실을 절감하게 된다. 백신이 나오기 전에 선진국들은 생산되는 대로 인도받기로 하고 대량의 물량을 계약하였다. 미국은 8억 도스를 예약하고 추가로 10억 도스를 더 살 수 있는 옵션까지 확보하였고, 영국은 3억 4천 도스를 계약하여 국민 1인당 약 5도스를 맞을 수 있는 물량을 확보하는 등 능력있는 선진국들이 매점하였다. 2021년 1월, 세계보건기구(WHO) 사무총장 테드로스(Tedros Adhanom Ghebreyesus)는 당시 백신이 부자국가들에는 3천 9백만 도스(dose) 공급된 반면에 가난한 국가들에게는 단지 25도스만 공급되었다면서 이것은 도덕적인 재앙이라고 말하기도 하였다. 이렇게 능력있는 선진국들이 물량이 나오는 대로 받아서 창고

---

[92] 도를 넘은 중국의 롯데 보복...중장비로 롯데소주 박살내고 잇단 영업정지, 2017. 3. 6

에 쌓아두는 상황이었기 때문에 능력없는 국가들은 시간이 가도 좀처럼 백신을 확보할 수가 없었다. 게다가 미국, 유럽연합, 인디아 같은 곳에서는 자국 국민을 위하여 백신의 수출을 금지하였다.[93] 여기서 백신 국인주의라는 말이 나오게 되었다. 전염병이 확산되어 세계적으로 감염자 수와 사망자 수가 날로 늘어가는 상황에서 몇몇 선진국을 제외한 세계 대다수 국가에서는 백신을 구할 수가 없었다. 선진국은 이미 몇차 접종에 들어갔다는 뉴스만 들으면서 무한정 기다리기만 하지 않으면 안 되었던 것이다. 이 세계적인 위기 상황을 통하여 사람들은 평상시 드러나지 않던 국인주의의 모습을 직시하게 되었다. 그리고 이러한 국인주의의 위력 앞에서 국제협력이나 자유무역과 같은 것이 얼마나 허울에 불과하며 무기력한 것인가를 절감하게 되었다.

오늘날 세계무역은 지난 세기 말의 자유무역주의적인 분위기가 크게 후퇴하면서 국인주의가 점점 더 강해지고 있다. 국제무역에서 중국이 등장하고 세계화가 되면서 경쟁은 더 치열해지고, 국제무역에서의 이해관계가 경제적인 영역을 넘어서 국가 간 힘의 대결로까지 가게 되었다. 강대국들이 힘의 대결을 펼치며 자국의 이익을 노골적으로 추구하는 상황에서 세계의 다른 나라들도 자국의 이익에 더욱 민감하게 대응할 수밖에 없게 되었다.

세계무역에서의 이러한 상황은 세계무역기구에서도 그대로 나타나고 있다. GATT가 설립되어 1948년 제1회 다자간무역협상이 열린 이래, 1986년 제8차 우루과이라운드에 이르기까지 거의 4~5년마다 한 번씩 다자간무역협상을 하여 무역장벽을 인하해 왔다. 그런데 최근에 들어서는 1994년 우루과이라운드가 타결된 이후 30여 년이

---

[93] Ibrahim, 2021, June 1

지나도록 새로운 협상타결이 없다. 2001년 도하라운드 협상이 시작되었지만 의견의 일치를 보지 못하여 협상연장을 계속하다가 결국 타결을 보지 못하였다. 중국이 세계무역기구 가입 시 약속했던 시장경제도입을 이행하지 않고 있고, 미국이 일방주의적인 보호무역조치를 취하고, 러시아 또한 자의적인 무역규제를 하고 있다. 이런 상황에서 세계무역기구는 무기력하기만 한 가운데 세계의 자유무역주의는 힘을 잃어가고 있는 것이다.

7. 국제금융에서의 국인주의

1) 국제금융체제

"한국은행이 정부로부터는 독립했지만 연준으로부터는 완전히 독립한 것이 아니다." 이는 2022년 8월 27일, 미국 와이오밍주(州)에서 열린 잭슨홀 경제심포지엄(Jackson Hole Economic Symposium)에 참석했던 이창용 한국은행 총재가 한 말이다.[94] 여기서 정부란 한국정부를 말하고, 연준은 미국 연방준비위원회를 말한다. 이 말은 미국의 연방준비위원회의 정책에 맞추어서 정책을 실행하지 않으면 안 되는 한국은행의 입장을 피력한 것이다.

미국은 2022년 3월까지 기준금리를 0.25%로 유지하다가, 이후 금리를 올리기 시작하여 한 번에 빅스텝(0.5%), 혹은 자이언트스텝(0.75%)을 곁들여 가면서 급격하게 올려, 2023년 3월에는 5%까지 올리게 되었다. 이렇게 미국 연준에서 금리를 올리니 한국은행도 따라서 기준금리를 올리고 있다. 한국과 미국 간에 금리차이가 많이

---

[94] 금리 인상 갈 길 멀었다...파월 8분 연설에 날아간 100조원, 2022.09.04

나면 한국에 있던 자금이 미국으로 유출되어 한국 증시는 폭락하고 환율이 오르는 등 자본시장과 외환시장이 불안해지게 되기 때문이다.

미국에서 이렇게 금리를 올리는 이유는 높은 물가를 잡기 위해서이고, 이렇게 높게 금리를 올리는 것이 가능한 것은 미국 내 실업률이 전례 없이 낮아서 금리인상에 대한 부담이 작기 때문이다. 하지만 한국은 미국과 사정이 다르다. 한국은 경기가 좋지 않고 가계 빚이 많아 금리를 올리게 되면 이자부담으로 많은 사람들이 어려워지게 된다. 그런데도 미국에서 금리를 올리면 한국의 사정은 돌볼 여지도 없이 금리를 올려야 하는 한국의 사정이 딱하다. 이런 상황에서 한국 사람들 중에는 경기가 이렇게 나쁜 데도 미국 때문에 금리가 오르고 있다는 말을 듣고 미국을 원망하기도 한다.

이런 사정은 한국에만 해당하는 것은 아니다. 세계의 모든 국가들이 다 미국의 눈치를 보게 되어 있다. 다른 나라의 고통을 즐기기라도 하듯이, 2023년 3월 연준의장 파월(Jerome Powell)이 금리인상을 더 준비하고 있다고 하자 세계의 금융시장은 또 한 번 출렁댔다. 이 상황에서 제일 가슴 조이고 있는 국가들은 개발도상국들이다. 이들 국가에서는 높은 달러 이자를 부담해야 하는 데다가 달러가 빠져나가면서 자국 통화가치가 폭락하여 외환위기가 올 수도 있다. 이미 아시아, 아프리카, 중남미의 개발도상국이나 유럽신흥국 등에서는 단기 부동자금의 유출이 일어나고 있는 것으로 알려지고 있다.

미국은 자국의 경제상황에 따라 최적의 경제정책을 시행하며 세계 곳곳에서 경제활동을 하고 있는 미국인 기업가나 투자자들을 위해서 정책을 시행할 뿐이다. 다른 나라의 사정이나 다른 나라 사람들에 대한 배려는 하지 않아도 되고 할 이유도 없다. 미국은 기축

통화국으로서 달러를 찍어내기만 하면 되기 때문에 외환부족사태가 없다. 그래서 수십 년 동안 무역수지 적자가 계속되고 대외부채가 쌓이고 있어도 해외로부터 계속 재화를 수입하면서 미국인들은 풍요롭게 살아가고 있는 것이다. 그리고 미국의 자본가들은 많은 자본을 갖고 있기 때문에 세계 곳곳에 투자하여 소득을 올리고 있다.

국가 간의 이기적인 성격으로 인하여 자국의 이익을 위해서라면 타국이 어렵게 되더라도 이에 개의치 않는다. 오히려 국가 간의 경쟁적이고 투쟁적인 성격으로 인하여 필요에 따라 다른 국가를 어렵게 되도록 밀어붙이기도 한다. 1970~1980년대 일본이 일본 제일(Japan as No. 1)이라고 하면서 경제대국으로 부상하게 되자 미국은 플라자회담으로 일본의 엔화 평가를 높이도록 하여 순식간에 일본 경제를 주저 앉혔다. 또한 1980년대 초에도 강한 달러 정책으로 미국이 금리를 인상하면서 달러화를 빌려쓰던 신흥개발도상국들이 채무불이행(default) 사태를 맞기도 하였다.

오늘날 개방화된 국제금융체제의 중심은 자금과 힘을 가진 미국을 비롯한 선진국들이다. 개방체제는 선진국의 자본을 빌려쓸 수 있다는 점에서 자본이 부족한 개발도상국에 도움이 된다. 하지만 이러한 개방체제를 통하여 가장 혜택을 누리는 측은 선진국의 투자자들이다. 이들은 전 세계를 무대로 수익을 창출할 수 있기 때문이다. 자본은 국적이 없다. 어느 국가에 가서도 자본은 환영을 받고 증식시킬 수 있다. 하지만 자본은 국적이 없지만, 자본 소유자는 국적이 있다. 이들의 국적은 대개 미국을 비롯한 몇몇 선진국이다. 자본이 축적된 선진국은 세계시장에서 자본을 빌려주는 입장에 있고, 반대로 개발도상국들은 자본을 빌려 써야 하는 입장에 있다. 이 같은 대응구도에서 선진국에서는 당연히 국제금융환경이 자본을 빌려주는 쪽이 유리하게 되도록 노력하게 된다. 선진국의 입장에서는 개발도 상국들에 자본축적이 되지 않는 것이 좋다. 그래야만 계속 자본을 빌려주고 수익을 올릴 수 있기 때문이다. 자본주의에서 자본가가 좋은 것은 노동을 하지 않고도 돈을 벌 수 있기 때문이다. 국제시장에서 개발도상국은 근로자의 노동으로 만들어진 상품을 수출하여 돈을 벌지만 선진국들은 자본을 투자하여 돈을 번다. 선진국은 자본가의 입장에 있는 것이다.

이렇게 봤을 때 이미 맑스시대부터 주장되었던 것처럼 세계를 개방체제로 만들고 유지하려는 것은 자본가의 이해에 따른 것이고, 국가적으로 보면 미국을 비롯한 선진국들의 이해에 따른 것이다. 그렇다고 했을 때 이 개방된 국제주의 또한 국인주의의 바탕 위에 있는 것이다.

2) 아시아 외환위기

자국의 이익을 추구하는 냉혹한 현실은 1997년 아시아 외환위기에서도 잘 보여주고 있다. 1970년대 이후 아시아 호랑이라 하여 한국, 대만, 싱가포르, 홍콩 등에 경제발전이 있었고, 뒤이어서 1990년대에 태국, 베트남, 인도네시아, 말레이시아 등의 동남아시아 국가와 중국 등에서 경제발전이 활발히 일어나고 있었다.

그런데 이들 국가에서 개발사업을 무리하게 하면서 외환위기를 맞게 되었다. 먼저 태국에서 외환이 빠져나가면서 외환부족 사태가 일어났고, 주변의 나라들에도 같은 사태가 번지면서 이 일대의 국가들이 함께 외환위기를 맞게 된다. 외환위기를 맞은 국가들은 국제통화기금(IMF)에 구제금융을 요청하게 되고, 이에 국제통화기금은 개혁조치를 조건으로 하여 구제금융을 지원하게 된다.

여기 개혁조치에는 여러 내용이 있었는데, 이 중에는 금융제도의 발전과 선진화를 위한 것도 있었지만, 외환위기국에 엄청난 고통과 큰 손실을 부담시키는 것도 많았다. 국제통화기금은 부족한 외환을 해외투자자의 돈으로 충당케 하였다. 국제통화기금은 외환위기국의 자본시장을 개방시키고 해외투자자들이 이들 국가 자본시장에서 적극적으로 투자할 수 있도록 현지 자본시장의 주가가 폭락한 상태에서 현지통화의 가치를 낮추게 함으로써 외국의 투자자들에게 적은 돈으로 큰 자산들을 취득할 수 있도록 만들어 주었다. 달리 말하면, 국제통화기금의 개혁조치라는 것이 국제투자자들에게 크게 한 몫 잡을 수 있는 기회를 제공한 것이었고, 외환위기국의 경제를 선진국의 자본이 지배할 수 있도록 해준 것이었다. 결과적으로 외환위기국들은 일시적 위기에서는 벗어났지만 장기적으로 경제에 치명타를 입게 되었다.

이런 결과로 되자 국제통화기금이 정당하게 일을 하는 것이 아니라 선진국과 국제투자자들의 입김에 의해서 움직이는 것이 아닌지 의심을 하게 되었다. 여기에 더 나아가서 외환위기가 일어난 것에 대해서도 의구심을 갖게 되었다. 이들 국가가 경제개발을 다소 무모하게 추진하면서 노정된 금융상의 취약한 점을 이용하여 국제투기세력이 외환위기를 만들었고 이를 처리하면서 막대한 이익을 취했다는 추측이 가능한 것이다. 이를 음모론이라고 하여 더 이상 공공리에 거론되지는 않았지만, 지금도 적지 않은 사람들이 그렇게 생각하고 있다. 당시 동아시아와 동남아시아는 세계에서 가장 역동적으로 경제가 발전하고 있던 지역이었다. 그래서 이미 안정화되었거나 사양화 길에 든 선진국들에 비하여 이 지역은 투자수익률이 높을 수밖에 없었다. 선진국 자본가들은 이 지역에 투자하고 싶었지만 외국투자자의 투자를 막고 있기 때문에 투자를 할 수 없었다. 외환위기는 이러한 상황을 타개하기 위해서 일어난 일이라고 생각할 수 있는 여지가 있다.

선진국 입장에서 보면 동아시아국가들이 경제발전을 이룩해서 좋을 것이 없다. 이들 국가의 경제가 발전하면 서양 선진국들은 산업사양화가 더 가속화되고 경제가 더 침체될 수 있고, 신흥국가들이 부상하면 선진국들의 위상은 상대적으로 더 내려가게 된다. 1970년대부터 신흥공업국의 경제발전과 함께 자국의 산업사양화와 경기침체를 경험하면서 선진국들은 신흥공업국의 경제발전이 자국 경제에 미치는 부정적인 영향을 의식하고 있었다.

아시아 외환위기를 겪은 국가들에게 IMF는 매우 좋지 않은 기억을 남겼다. 이들 국가는 IMF가 자국을 가혹하게 쥐어짜서 선진국 투자자들에게 횡재를 가져다준 것으로 생각하고 있는 것이다. 그렇다고 이들 국가에서 자국 내에서만 성토할 뿐이지, 이 국제기구에 대하여 대놓고 비난할 수 있는 입장이 아니었다. IMF가 선진국 투자자와 선진국에 유리하게 일을 처리하는 것을 보고도, 원래 그런 것이려니 하고 그냥 넘어갈 수밖에 없었던 것이다. 국제통화기금의 의결권은 미국 16.50%, 일본 6.14%, 독일 5.31%, 영국 4.03%, 등 선진국들이 큰 몫을 차지하고 있다. 선진국은 그 인구 비중에 있어서는 세계의 15%에 불과하지만, 국제통화기금 의결권에서는 60.4%를 차지하고 있다.[95] 국제기구라고 해서 자국의 이해와 상관없이 세계의 이익을 위해서 행동하는 것이 아니고, 각국의 이해를 반영하는 국가들의 조합인 만큼 국제통화기금이 선진국들의 이해를 대변하는 것은 이상한 일이 아니다.

---

[95] Woodward, 2009, December, p.2

국제통화기금의 논리는 이런 것이다. 외환위기를 맞은 아시아국가들에 대해서 "경제발전을 위한 여러 사업을 하는데 있어서 돈이 많이 드는데, 돈도 없으면서 굳이 자국의 재원만으로 사업을 하려고 하느냐? 선진국들에 돈이 많으니 선진국 투자자들을 참여시켜서 사업을 하도록 하고 그에 대한 수익도 나눠가지면 오죽 좋으냐" 라는 것이다. 세계적인 차원에서 보아도 틀린 생각은 아니다. 하지만 선진국 자본이 참여함에 따라 그 수익에서 선진국 투자자들이 많이 가져가는 것만큼 아시아 신흥국들에게 남는 수익은 줄어들게 되고, 심지어 손해를 볼 가능성도 있는 것이다. 더더구나 외환위기국들이 매우 불리한 상황에서 이런 식으로 외국 투자자들에게 이익을 몰아준 것은 공평한 처사로 보기 어려웠다.

구체적인 예로 한국을 보자. 표 2-3은 한국에 IMF 외환위기를 전후하여 환율과 주가의 변동, 그리고 외국인들의 한국 주식에 대한 투자가 얼마나 증가했는지를 보여주고 있다. 외환위기로 인하여 원화의 가치는 폭락하여 설반으로 되있고, 증권시장도 폭락하여 주가는 반값이 되었으니, 외국 투자자는 반의 반값으로 한국 주식을 살 수 있었다. 외환위기 이전에는 한국정부가 외국인에 대해서 여러가지 형태로 투자를 제한하고 있어서 외국인 비중이 매우 낮았지만, 투자가 가능하게 되자 외국인들이 물밀듯이 들어와 한국 기업과 주식들을 헐값에 구매하였다. 외국 투자자들은 물 빠진 호수에 고기 줍는 사람들처럼 엄청난 이득을 챙길 수 있었다. 이러한 결과로 시가총액기준 한국기업에 대한 외국자본의 주식보유비중은 1996년 13.0%에서 2004년 약 42%로 급등하게 되었고, 이후 한국의 은행들은 모두 외국자본의 손에 넘어가게 되었다.

표 2-3

외환위기 전후의 환율 및 증권시장 지표

년도	환율	코스피지수	외국인비중 (%)	비고
1994	788.7	1,027.37	10.2	
1995	774.7	882.94	11.9	
1996	844.2	651.22	13.0	
1997	1415.2	376.31	14.53	
1998	1207.8	562.46	18.23	
1999	1145.4	1,028.07	21.39	
2000	1259.7	504.62	30.24	
2001	1326.1	693.70	36.64	
2002	1200.4	627.55	36.01	
2003	1197.8	810.71	40.09	
2004	1043.8	895.92	41.97	

참고: 모든 지표는 각 연도 말 기준임

이렇게 경제에 활기가 있는 신흥공업국에 진출한 선진국 투자자들은 수익률 높은 기업들에 빨대를 꽂고 높은 수익을 뽑아가게 되었다. 이들 외국 투자자들은 오로지 현재에 수익을 최대한 뽑아가는 것이 목표였기 때문에 무자비하게 투자수익을 챙겨갔다. 이런 외국자본의 투자행태는 미국계 투자펀드사 론스타(Lone Star)가 잘 보여주고 있다. 론스타는 2003년에 1조 3,832억 원으로 한국 외환은행 지분 51%를 인수하였다. 이후 2006년에 7,716억 원을 추가 투입하여 총지분 64.2%를 확보한 후, 2006년에서 2010년 사이의 5년간 배당성향 평균 45.35%라는 고배당을 실시하여 5년간에 배당금으로 1

조 2,130억 원을 회수하였다. 그리고 2012년 론스타는 외환은행을 하나금융지주에 3조 9,157억 원에 매각하였다. 2조 1,548억 원을 투자하여 5조 1,287억 원을 회수하였으니 불과 9년여 짧은 기간 동안에 138%의 수익을 거두어 돌아간 것이다.

론스타는 엄청난 이익을 챙겼을 뿐만 아니라 더 많은 이익을 챙기기 위하여 뇌물공여와 로비활동을 하는 등 불법행위도 서슴지 않았다. 이와 같이 오로지 자신들의 이익만 챙기고 자국으로 돌아가는 것을 목표로 투자하게 되면 당연히 현지기업은 그만큼 손해를 입을 수밖에 없고, 현지국 사람들도 피해를 입을 수밖에 없다. 이 같은 약탈적 투자는 자국에서라면 도저히 할 수 없지만 외국이기 때문에 가능한 것이다. 같은 행위라도 자국에서 하는 것과 외국에서 하는 것은 그 평가가 다르게 된다. 자국에서는 비난받을 수 있는 행위라도 외국에서 했을 때는 애국자로 칭송받을 수도 있는 것이 국경을 두고 일어나는 일이다.

그렇다고 선진국과 선진국 국제투자사에 대해시 무작정 비난만 할 수만은 없다. 해외투자자는 자신의 자본을 국내보다 위험이 더 큰 외국에 투자하는 사람들이다. 이들이 있음으로 해서 세계 각지에 자본이 공급되어질 수 있는 것이다. 특히 자본이 부족한 개발도상국에서는 이들의 기여가 더욱 크게 될 수 있다. 그리고 국가적으로 볼 때에도 미국과 같은 선진국에서는 해외투자자들의 해외투자소득이 대외 수입원의 주요 부분이 된다. 이들 국가에서는 무역수지에서는 적자를 시현하지만 서비스소득과 투자소득에서는 흑자를 시현한다. 상품수출자가 그러하듯이 자본가들도 외국에서 돈을 벌어와서 자국 경제에 기여하는 것이다. 표 2-4는 미국 경상수지의 항목별 수지를 보여주고 있다. 미국은 무역거래에서의 적자를 서비스거래에서의 흑자와 해외투자에서의 소득으로 메우고 있음을 알 수 있다. 돈을 가진 자본가들이 해외투자로 돈을 벌어와서 국민들이 외국물품을 사용하는데 돈을 보태고 있는 것이다.

표 2-4	미국의 경상수지 항목별 수지				
수지＼년도	2017	2018	2019	2020	2021
상품수지	-799,340	-878,748	-857,259	-913,886	-1,090,295
서비스수지	289,001	300,148	297,584	259,896	245,245
임금수지	-10,605	-10,282	-11,859	-7,803	-10,658
투자수지	268,544	265,560	255,415	170,891	150,154

　여기서 염두에 두어야 할 것은 국제경제의 구조가 그렇다는 것이다. 자국의 어떤 이는 물품 수출을 해서 외화를 벌고, 어떤 이는 서비스를 수출해서 외화를 벌고, 어떤 이는 해외투자를 해서 돈을 벌어서 전체로서의 국가의 경상수지를 형성하면서 국가경제가 운영되는 것이다. 그래서 노동이 풍부한 국가에서 물품무역으로 많은 외화를 벌어들이기를 바라는 것과 마찬가지로 자본이 풍부한 국가에서는 해외투자로 더 많은 수익을 거두기를 원한다. 그래서 실물경제에서 자국의 수출생산자가 불이익을 받지 않고 어려움 없이 수출활동이 이루어지도록 국가가 지원하는 것과 마찬가지로 금융경제에서도 자국인의 해외투자활동이 유리하게 이루어지도록, 그리고 불이익을 받지 않고 어려움 없이 이루어지도록 후원하게 된다. 국제투자자들은 자신의 경제적인 이익을 위해서 해외에 나가서 돈을 벌지만,

국가는 국가적인 이익을 위해서 해외에 나가서 돈 버는 자국민을 지원하게 된다. 그래서 국제무대에서 국제투자자와 국가는 같은 편이 되는 것이고, 이에 따라 국제투자자 또한 자국에 대하여 애국심을 갖게 되는 것이다.

3) 자국인과 외국인

2015년 5월 26일, 한국 삼성물산의 제일모직에 대한 흡수합병 계획이 발표되었다. 이에 삼성물산의 주주로 있던 미국계 헤지펀드 엘리엇(Elliott)이 반대하고 나섰다. 엘리엇은 삼성물산 지분 7.12%를 갖고 있었다. 엘리엇은 법원에 주주총회 소집통지 및 결의금지 가처분신청 등 일련의 소송을 제기하는 한편, 주주들을 상대로 자신들의 우호지분을 모으기에 나섰다. 삼성이 합병안을 통과시키기 위해서는 발행주식의 1/3 이상, 출석주주의 2/3 이상의 찬성을 얻어야 한다. 즉, 출석주주의 33%만 반대하면 합병계획이 무산될 수 있는데, 외국인주주와 소액주주의 지분이 약 58%로 큰 비중을 차지하고 있었다. 전문가들 중에는 합병안 통과가 어려울 것으로 예상하는 사람들이 적지 않았다. 합병조건에 있어서 삼성그룹 소유주 일가의 지분이 많았던 제일모직의 주식이 상대적으로 고평가되었다는 주장이 나왔고, 그렇다면 합병이 삼성물산 주주들에 손해가 될 수 있기 때문이었다. 이러한 상황에서 엘리엇이 소액주주들에게 반대에 동참할 것을 적극적으로 유도하며 반대표 결집을 위한 총력전에 나섰고, 소액주주들 중에서도 합병을 강력히 반대하면서 반대운동에 적극 나서는 사람들도 있었다. 이렇게 삼성과 엘리엇의 대결이 치열해지면서 상황은 결과를 예측하기가 어려운 방향으로 전개되어 갔다.

표 2-5	삼성물산-제일모직 합병에 대한 의결 결과

주주 구분	지분율(%)	표결 결과	비고
삼성우호주주	19.78	찬성	
국내기관	22.26	대부분 찬성	
외국인	33.53	대부분 반대(31% 찬성)	지분율 23%반대
소액주주	24.43	대부분 찬성(88% 찬성)	지분율 3% 반대
합　　계	100		

드디어 2015년 7월 17일, 주주총회에서 합병안 표결이 있었다. 표 2-5는 당시 주주총회 의결 결과를 보여주고 있다. 결과는 삼성의 승리였다. 합병안은 찬성 69.5%로 가결되었다. 예상했던 것보다 찬성표가 훨씬 많이 나온 것이다. 이 예상밖의 결과를 이끌어 낸 장본인은 다름 아닌 소액주주들이었다. 소액주주들이 압도적인 찬성으로 삼성을 지지한 것이다. 외국인은 69%가 반대를 한 반면에, 국내 소액주주는 88%가 찬성하였다. 어떻게 외국인은 대다수가 반대를 하는 이 합병안을 소액주주는 절대 다수가 찬성을 하게 되었을까? 소액주주들은 회사와 특정 이해관계도 없다. 경제적인 계산으로만 본다면 주주의 입장에서 외국인과 내국인이 다를 것이 없었다. 이러한 차이를 설명해줄 수 있는 가장 강력한 요인은 애국심이고 자국을 의식한 국인주의다. 물론 외국인들은 단기적인 이익을 더 많이 고려하고 자국인들은 외국인에 비해서 기업의 성장가능성을 더 많이 고려하는 것 같은 다양한 요인이 작용했기 때문이라고 할 수도 있다. 그러나 이런 것들 또한 자신의 나라 사람으로서의 입장과 다른 나라

사람으로서의 입장 차이에서 연유하는 것이므로 이 또한 국인주의
와 무관하다고 할 수 없다.

　기업의 목적이 이윤추구에 있지만 기업이 하나의 사회제도로서
그것이 몸담고 있는 사회 속에서 그 관계를 형성하고 사회적 책임을
다하지 않으면 안 된다. 그래서 기업은 그 사회 내의 수많은 이해관
계 주체들과 상호작용을 하는 가운데 존속해 나가게 되는 것이다.
그런데 외국에서 온 기업의 경우에는 현지사회와의 사회적 연계가
미미한 경우가 많다. 외국기업이 그러한데 하물며 경영 없이 투자수
익만을 목표로 하는 경우에는 말할 필요가 없다. 국제투자자는 현지
의 사정이나 관계 등에는 신경쓰지 않고 오로지 투자수익의 극대화
에만 치중하는 경향이 있다. 특히 헤지펀드는 현지 사람들에 대한
배려 없이 투자수익만을 좇아서 움직이기 때문에 현지의 경제에 피
해를 주는 경우도 많아 현지 사람들과 적대적 관계로 되는 경우도
많다. 자국에서는 사회적 관계가 있어서 자국 경제에 피해를 주기
어렵고, 또 자국 성세가 나빠지면 자신도 손해를 보기 때문에 그렇
게 하지 않지만, 외국에서는 그곳의 경제가 나빠져도 자신에게 크게
상관없을 뿐만 아니라 오히려 더 많은 이익의 기회가 생기기도 하기
때문이다.

　전 세계를 휘젓고 다니는 엘리엇이 이런 일을 하면서 한국사람
들에 대하여 연구하지 않았을 리 없다. 엘리엇은 한국 내에 있는 반
재벌 정서 또는 반삼성 정서를 적극 자극하려 하였다. 그리고 한국
사람들의 국인주의를 고려하여 이 부분에도 특별히 신경을 썼다. 합
병반대운동을 하면서 한국의 붉은 악마 응원복 티셔츠를 입은 폴 엘
리엇 싱어(Paul Elliott Singer) 회장의 사진을 매스컴에 올리고, 그가
이렇게 한국에 큰 애정을 갖고 있다고 홍보하기도 하였다.

하지만 엘리엇의 이런 노력은 실패로 돌아갔다. 한국사람들이 반재벌 정서가 강하기도 하지만 반외세 정서는 더욱 강하고, 특히 국제자본에 대해서는 더더욱 강한 반감을 갖고 있었다. 그것은 지난 IMF시절에 국제투기자본의 공격이 얼마나 무자비한가를 경험한 한국사람들이 그때를 잊지 않고 있었기 때문이다. 이렇게 국인주의도 여느 사회이념과 마찬가지로 사회적인 경험을 통하여 형성되고 강화되는 것이다.

4) 국가의 개입과 통제 강화

국제금융과 국제투자가 국가경제에 중요하기 때문에 각국은 다른 대외 거래와 마찬가지로 이 부문도 개입과 통제를 하고 있으며, 이러한 국가정부의 개입과 통제는 점점 더 강화되는 추세다.

국제금융에서 있어서 대표적인 개입 중의 하나는 환율에 대한 개입이다. 전통적으로 국가정부는 자국 경제사정에 맞추어 자국의 통화가치를 조정해 왔다. 가장 기본적인 형태로 자국의 수출을 진작하고 수입을 억제하기 위해서 자국의 통화가치를 낮추는 것이다. 이러한 통화가치의 인위적인 조정은 원칙적으로 금지되어 있지만, 환율이 국제수지를 비롯한 자국의 경제상황에 미치는 영향이 크기 때문에 항상 개입에 대한 유혹이 작용한다. 그래서 국가 간의 통상마찰에서 빈번하게 등장하는 문제 중의 하나가 인위적인 환율조작이다. 이러한 환율관리 외에도 금융의 다양한 영역에서 국가의 개입은 폭넓게 이루어지고 있다.

1980년대에 금융부문에서 자유화가 많이 이루어졌고, 1997년에 세계무역기구 서비스무역일반협정(WTO GATS)의 부속협상으로 금융서비스협상이 타결되어 금융자유화가 법적 제도적으로 뒷받침되었다. 이렇게 금융에 대한 자유화가 진행될수록 그만큼 금융을 통제하려는 경향도 나타나게 되었다. 국제투기나 외국자본의 지배와 같은 위험이 증가함에 따라 국가 내 금융의 안정성이나 금융주권 유지를 위한 통제력의 필요성을 더 느끼게 되었기 때문이다. 특히 1997년 아시아 외환위기, 2000년 러시아 외환위기, 2001년 아르헨티나 외환위기 등 일련의 외환위기사태를 맞으면서 이러한 경향은 더 강화되었다.

최근에 와서는 세계화 이후 가뜩이나 불안정한 금융환경에다가 영국의 유럽연합 탈퇴, 금융의 디지털혁명, 핵개발국가와 테러지원국에 대한 금융제재, 암호자산(crypto assets)[96], 핀테크(FinTech)[97], 중국의 영향력 증가 등 다양한 변화에 대응해야 하는 문제들까지 직면하고 있다. 이러한 상황에서 각국 정부는 외부로부터의 위험에 대비하고 변화무쌍한 국제금융환경에 대처하기 위하여 통화와 금융에 대하여 통제를 늘려가고 있다. 이에 따라 각국 중앙은행의 독립성은 점점 줄어들고 있다. 이러한 가운데 금융에 있어서도 각국이 자국의 이해를 우선하다 보니 국가 간에 마찰이 늘어나고 있다. 2017년 2월, 미국에서는 "대통령 행정명령 13772호, 미국금융시스템 규율을 위한 핵심원칙"을 내렸는데, 이는 국제금융규율의 협상과 회합에서 미국의 국익을 우선토록 할 것을 내용으로 하고 있다. 미국은 트럼프

---

[96] 실물 없이 온라인에서 거래되는 자산을 말한다. 가상자산(virtual assets)이라고도 하며 대표적으로 비트코인이 있다.

[97] 핀테크는 금융기술(financial technology)로서 "금융(finance)"과 "기술(technology)"의 합성어이다. 모바일, 빅 데이터, SNS 등의 첨단 정보 기술을 기반으로 한 금융서비스를 말한다. 모바일을 통한 결제, 송금, 자산관리, 크라우드 펀딩 등과 같이 IT기술을 금융에 융합한 것이다.

행정부 이후 무역에서와 마찬가지로 금융에서도 일방적으로 자국위주의 조치들을 내리면서 세계의 국제금융환경을 보호주의적이고 국인주의적인 방향으로 이끌고 있다.

국제투자에 있어서도 국가의 개입은 증대하고 있다. 2004년 중국 상하이차가 한국 쌍용자동차를 인수하여 경영을 하다가 2009년 경영권을 포기하고 철수하였다. 이때 중국이 한국의 기술을 노리고 투자했다는 의혹이 많았다. 중국의 많은 기업들이 그렇듯이 상하이차는 상하이시가 100% 지분을 가진 기업으로서 그 활동 목적이 사적인 이윤추구에만 있다고 생각할 수 없다. 당시 자동차기술에 있어서 한국이 중국에 훨씬 앞서 있었기 때문에, 전문가들은 상하이차가 쌍용차를 인수하면서 한국과 중국의 기술격차가 최소 1년은 줄어들었다고 평가하기도 하였다. 중국에서는 이렇게 국제투자가 개인의 경제적인 이익뿐만 아니라 국가적인 목적으로 행해지는 경우도 많다. 국가적인 차원에서 기술을 확보하기 위해서 기술을 가진 외국기업에 투자하기도 한다. 일본이나 한국의 미군기지 주변에는 유독 중국인들의 부동산투자가 많은 것은 널리 알려진 사실이다. 이렇게 민간이 국가로부터 자유롭지 못한 중국 같은 나라에서의 해외투자는 그 투자가 사적 목적에 의한 것인지 혹은 국가적 목적에 의한 것인지 구분하기 어려운 것이다.

이런 상황이기 때문에 투자자유화라 해서 해외투자자의 투자를 그냥 내버려 둘 수 없고 국가정부가 개입하게 된다. 무역과 달리 국제투자는 그 활동이 상대 국가 속에 들어가서 이루어지기 때문에 국가적인 이해관계가 폭넓게 발생한다. 국제투자는 영리활동 목적으로 다른 국가에 진출한다고 해도 그 국가에 들어가서는 다양한 일들을 할 수 있는 것이다. 그래서 투자자유화를 한다고 해도 적성 국가 간에는 이루어지기 어렵고, 우호적인 국가 간이라고 할지라도 그 산업이 국가의 기간산업인 경우는 허용되기 어렵다. 특히 국가자본주의 국가인 중국과 같은 경우는 해외투자를 통하여 경제적 수익 외에 다른 국가적인 목적을 수행할 가능성이 크다. 그래서 미국정부는 중국 기업의 미국 내 투자에 대하여 엄격히 통제하고 있다.

2005년 중국해양석유총공사가 미국 석유회사 유노칼(Unocal Corporation)을 인수하려 했을 때 미국 의회에서 제동을 걸고 나섰다. 미국의 안보이익을 해칠 수 있다는 것이었다. 결국 이 중국 기업은 인수를 포기하였다. 또 2007년 중국의 화웨이(Huawei)는 베인캐피털(Bain Capital)과 손잡고 미국의 통신보안업체인 스리콤(3Com)을 22억 달러에 인수키로 했다. 그러나 미국 외국인투자위원회(Committee on Foreign Investment in the United States: CFIUS)는 이 인수에 대한 승인을 거부하였다. 스리콤이 미국 국방부에 보안장비를 납품하고 있는 통신 네트워크 업체여서 안보관련 기술과 정보가 중국에 흘러 들어갈 수 있다는 우려 때문이었다. 그리고 2020년 3월, 미국의 트럼프 대통령은 미국의 호텔자산관리 소프트웨어 업체 스테이앤터치(Stayntouch)를 인수한 중국기업 베이징스지정보기술에 투자를 철회하라는 명령을 내렸다. 미국정부가 이러한 결정을 내린 것은 호텔투숙객 정보가 중국에 유출될 수 있고, 이는 국가안보 위협이 될 수 있다는 판단에서였다. 외국인의 투자 및 운영과 관련하여 호텔관리산업에서 자국의 안보에 영향을 줄 수 있다고 할 정도이니 어지간한 산업은 대부분 자국의 안보에 영향을 줄 수 있는 것으로 판단할 수 있다.

그리고 우호적인 국가 간에 있어서도 그 산업이 국가에 중요한 산업인 경우에는 제한하는 경우가 많다. 여기서 중요한 산업이란 국가 기간산업이나 안보에 관련되는 산업뿐만 아니라 국민 정서상으로 자국 산업이어야 하거나 자국 기업이어야 하는 경우에도 해당될 수 있다. 2008년 캐나다 연금펀드가 뉴질랜드 오클랜드공항 지분 40%를 매입하려 했으나 국민들의 반대여론으로 뉴질랜드정부가 승인을 거부하였다. 그리고 2005년 7월, 미국 기업 펩시(Pepsico)가 프랑스 낙농제품 및 생수제품 생산업체 다농(Danone)을 인수하려고 한다는 소문이 나돌자, 비일빵(Dominique de Villepin) 프랑스 총리는 다농은 프랑스 산업의 보석과 같은 존재이기 때문에 프랑스는 프랑스의 국익을 지키기 위해 노력할 것이라고 하였다.[98] 또한 프랑스의 정치인들과 낙농업자 단체를 비롯한 각계각층에서 외국기업의 다농 인수를 반대하고 나섰다. 결국 프랑스 당국이 이를 조사하겠다고 나오자 펩시는 다농을 인수할 계획이 없다고 발표하였다. 다농은 외국에 나가 제품도 팔고 외국기업 인수도 해왔지만, 외국기업이 다농을 인수하려는 것에 대해서는 용인할 수 없다는 것이 프랑스사람들의 생각인 것이다.

이처럼 어느 나라나 자국기업에 외국인이 진출하는 것을 경계한다. 이로 인하여 자국의 안보위협, 자국기술의 유출, 기업에 대한 자국 통제약화, 국가적인 정체성 약화 등 다양한 측면에서 국익의 손상을 가져올 수도 있기 때문이다. 그래서 국제 직접투자나 간접투자에 있어서도 항상 국가가 개입하고 있고, 그 저변에는 국인주의가 작동하고 있는 것이다.

---

[98] Jones & Wiggins, 2005, July 21

8. 자원 국인주의

1) 자원 국인주의

　자원 국인주의(resource nationalism)란 자국 내의 천연자원을 효과적으로 이용하기 위하여 국가가 적극 개입하여 외국의 자원사용을 제한하고 통제하는 이념과 활동이다. 따라서 자원 국인주의는 어떤 자원이든 자원을 가진 국가가 자국의 자원에 대하여 갖는 권리의식에 대한 이념이다.

　지구상에 자원부존량이 지역적 국가적으로 편중되어 있다. 자국에 귀중한 자원이 많으면 그만큼 복받은 것이 된다. 자신들의 땅에 대한 집착이 중요한 한 부분을 이루는 국인주의에 있어서 이 땅에서 나온 천연자원도 땅의 일부로서 당연히 큰 의미를 갖는다. 천연자원은 자신들의 것이고 소중히 지켜야만 할 대상인 것이다. 세계의 천연자원은 개발도상국에 많지만 미국, 캐나다, 호주, 러시아 등과 같이 개발도상국이 아니더라도 많은 자원을 보유하고 있는 국가들도 많고, 이 중에는 자원수출국도 적지 않다.

　다양한 재화를 필요로 하는 현대사회에서 자신들이 필요로 하는 자원이 자국에 없는 경우에는 외국에 수입해 오지 않으면 안 된다. 자원의 수입은 채굴된 자원을 수입할 수도 있고 현지에서 채굴해서 가져올 수도 있다. 자본과 기술 면에서 자체적으로 자원을 채굴하기 어려운 개발도상국은 외국기업을 이용하여 채굴하게 된다. 자원 국인주의의 문제는 주로 여기서부터 시작된다. 자원개발에 대한 이익을 현지국과 외국개발기업이 나누어 가져야 하는데 여기서 이해 불일치가 일어나기 쉬운 것이다. 현지국은 외국의 자원개발기업이 개발이익을 너무 많이 가져 간다고 생각하기 쉽다. 그래서 자국에 더 많은 대가를 지불하기를 요구하기도 하고 다른 외국기업에게 개발권을 주려고도 한다. 또 상황은 시간에 따라 변하기 마련이므로 처음에는 자국이 개발할 수 있는 능력이 되지 않아 외국기업에 맡겼다가 경제가 발전하여 능력이 되면 자국에서 직접 개발하려 한다. 많은 산유국들의 석유는 원래 선진국기업들에 의하여 개발되었다가 현지국에서 석유개발능력을 취득한 이후에 국유화되었다. 다른 자원들도 마찬가지다. 많은 개발도상국들이 선진국 외국기업에 자원개발을 맡겼다가 자체적으로 개발할 수 있게 되면 외국기업을 축출하게 되는 것이다. 여기서 외국기업을 축출하는 과정이 단순하지 않다. 이미 외국기업이 많은 설비투자를 해서 운영되고 있기 때문에 계약 당사자로서 외국기업이 개발사업을 그만두기를 원치 않을 경우도 있고, 기존설비에 대한 보상도 그 계산이 단순한 것이 아니기 때문이다. 게다가 다국적 외국기업은 대체로 국력이 강한 선진국의 기업이 많고, 또 기업들도 엄청난 재력과 활동력을 가진 기업들이 많다. 반면에 자원보유 현지국은 경제적으로나 정치적으로나 약소국들이 많다. 그래서 분쟁은 강국을 배경으로 하는 큰 재력을 가진 기업과 주권의 권력을 가진 약소국 간의 힘겨루기가 된다. 여기서 현지국이 내세울 수 있는 것은 자신들은 국가라는 것이다. 그리고 국가는 절대적인 권력으로서의 주권이 있다는 것이다. 이렇게 하여 여기에서 자원 국인주의가 나오게 되는 것이다.

산업기술이 세계에 확산되면서 많은 개발도상국들에서 자원개발을 자국기업에 하도록 하거나 외국기업에 맡기는 경우에도 국가적인 통제를 강화하고 있다. 이에 더 나아가서 자원의 개발뿐만 아니라 그 자원을 원료로 하는 제품생산까지도 자국 내에서 이루어지도록 통제하려는 경향도 있다. 2014년 1월, 인도네시아정부는 광물의 수출을 금지시켰다. 인도네시아는 세계 광물수출에서 석탄 1위, 주석 1위, 니켈 3위, 동 6위 등 지하자원이 풍부하다. 광물들에 대하여 수출을 금지하는 이유는 이들 광물을 원료로 하는 재화를 국내에서 직접 생산하여 세계에 공급함으로써 국내산업의 발전과 함께 국내고용을 증가시키겠다는 것이다.

그리고 자국이 공급하는 자원이 상대국에 중요한 자원인 경우에 그 공급을 통제함으로써 이를 지렛대로 하여 국가의 힘을 행사하는 경우도 있다. 2010년 9월, 중국은 일본에 대한 희토류의 수출제한을 감행하였다. 조어도(댜오위다오/센카쿠섬)를 둘러싸고 해묵은 영유권 분쟁이 격화되어 중국 어선과 일본 순시선이 충돌하는 사건이 일어났고, 이에 일본이 중국 어선 선장을 체포하였다. 이때 중국이 일본에 대하여 희토류 수출중단을 선언하자 일본은 체포했던 중국 선장을 석방하며 맥없이 물러났다. 희토류에서 당시 일본은 세계 소비의 약 60%를 차지하는 세계 최대 소비국인 반면, 중국은 세계 생산량의 95%를 차지하는 세계 최대 생산국이었다. 이후에도 중국은 미국과의 무역분쟁에서도 희토류 수출금지 카드를 꺼내 들기도 하였다. 최근에는 러시아가 유럽 국가들에 대하여 에너지 공급을 줄이면서 유럽 길들이기를 하고 있다. 유럽은 에너지 수급에서 러시아에 크게 의존되어 있다. 이런 상태에서 러시아의 우크라이나 침략으로 유럽연합과 러시아가 갈등을 빚게 되자 유럽은 큰 어려움에 직면하게 되었다. 이 문제는 유럽뿐만 아니라 전 세계의 물가상승과 경기침체까지 영향을 주고 있다.

이렇게 우리가 사용하는 일반적인 의미에서의 자원 국인주의는 자국 안에 있는 자원에 대한 것이다. 그런데 범위를 넓혀서 자원의 통제 측면까지 포함하여 생각하면 자원 수요국에서의 국인주의도 있을 수 있다. 예를 들어서 최근 중국은 세계 각지에서 자원개발에 열을 올리고 있다. 아프리카 국가들에 파격적인 조건을 제시하면서 수단 방법을 가리지 않고 자원을 확보하려 하고 있다. 중국은 서방 선진국들이 세계 각지에서 자원을 선점하고 있는데 대하여 분노하고 초조해하면서 서방국가들에 비하여 자원확보에서 불리하지 않도록 해외자원개발사업에 적극 나서고 있다. 이렇게 자국의 안보나 국익을 고려하여 필요한 자원을 자국 통제 하에 두려는 의식을 가질 수 있고, 이런 경우에도 자원 국인주의라고 할 수 있는 것이다.

2) 멕시코의 석유산업 국유화

멕시코에서 3월 18일은 석유산업수용일(Oil Expropriation Day)이다. 이날은 1938년 3월 18일에 있었던 멕시코 국내의 모든 석유자산에 대한 국가수용을 기념하는 날로서 멕시코의 주요 기념일 중의 하나다. 당시 멕시코 대통령 카르데나스(Lázaro Cárdenas)는 외국기업들이 운영하던 석유관련사업을 모두 수용해서 국유화하였다. 이는 멕시코 내의 주요 경제자산과 활동이 외국인의 손으로부터 벗어났다는 경제적 자주성을 천명함과 동시에 외국의 영향을 받지 않는 독립국가로서의 위상을 확인하는 것으로서의 의미가 있었다. 또 이 사건은 약소국의 자원주권과 경제 국인주의를 추구하는데 선구자적인 역할을 하여 이후 개발도상국들이 자원주권을 주장하고 권리를 행사하는데 하나의 중요한 선례가 되었다. 그리고 이후 미국과 라틴아메리카국가와의 관계에서도 심대한 영향을 주었다.

1821년 독립 당시 멕시코는 북쪽으로는 지금의 미국 캘리포니아, 네바다, 유타에서 남쪽으로는 중남미의 코스타리카에 이르기까지 미국의 영토와 맞먹는 광대한 영토를 가진 나라였다. 하지만 멕시코는 정치적인 안정을 이루지 못하고 혼란 속에 국력을 결집하지 못하였고, 이러한 가운데 국토의 많은 부분을 상실하게 된다. 국가 수립 이후 수십 년간 혼란을 거듭하다가 19세기 후반에 가서야 어느 정도 안정을 찾아 경제적인 발전을 도모하게 되는데, 여기서 시작된 주요 사업이 외국의 기업과 자본을 불러들여서 운영하는 플랜테이션 농업과 광업 등이었다.

멕시코에 석유사업이 시작된 것은 19세기 말이다. 1889년 멕시코 디아즈(Porfirio Díaz) 대통령이 영국의 피어슨(Weetman Pearson)에게 멕시코의 기간설비사업을 맡기면서 석유탐사를 의뢰하였다. 여기서 유정이 발견되어 로열더치-셸(Royal Dutch/Shell Company)이 석유개발을 하게 되고, 이렇게 하여 1911년 멕시코는 석유수출국의 반열에 오르게 된다. 그러다가 1910년에 반란이 일어나면서 1920년까지 10여 년간의 멕시코 혁명 기간을 거치게 된다. 정치적 혼란기에 각 정파와 세력들은 자신들의 힘을 늘리기 위하여 외세를 끌어오는 것을 마다하지 않았고, 이런 상황에서 미국, 독일, 영국 등이 멕시코에 영향력을 행사하기도 하였다. 특히 멕시코와 국경을 맞대고 있는 미국은 멕시코 내 세력과 이해가 적지 않았고, 그래서 미국 군대가 멕시코에 들어가게 되는 경우도 있었다. 멕시코혁명은 독재정권을 타도하고 외국자본에 의한 경제지배에서 벗어나기 위한 혁명이었다. 이 혁명기간 중인 1917년에 혁명세력은 민주적인 헌법을 제정하게 되는데, 이 헌법 27조에서 멕시코정부는 멕시코 내의 모든 지하자원에 대하여 영구적이고 완전한 권리를 갖는다고 명시하였다. 이후 이 조항에 따라 멕시코정부와 석유채굴 외국 다국적기업 간에 알력이 생기게 되고, 결국 국유화로 결말에 이르게 된 것이다.

외국 석유기업에 대해 멕시코에서 거부감이 컸던 것은 이들 기업이 미국 혹은 영국의 기업이었고, 특히 미국에 대한 의구심과 반감이 컸기 때문이다. 멕시코와 미국은 서로 사이가 좋지 않은 세계의 많은 이웃국가들 중의 하나이지만, 멕시코의 입장에서 미국과 특히 사이가 좋지 않은 데는 그럴만한 이유가 있다. 멕시코는 미국의 침략에 의하여 자국 영토 55%를 잃었다. 19세기 중반, 미국은 제국주의적 확장정책을 시행하면서 서부개척에 나서게 된다. 미국 대통령 폴크(James K. Polk)는 대륙을 가로질러 대서양에서 태평양에 이르는 광대한 국가를 만드는 것이 신이 준 사명(Manifest Destiny)으로 생각하고 영토를 확대해 나갔다. 1836년 텍사스가 멕시코로부터 독립을 선언하면서부터 멕시코는 미국에 영토를 내어주기 시작하여, 1846년~1848년 사이의 멕시코-미국 전쟁에서의 패배로 뉴멕시코, 아리조나, 네바다, 유타, 캘리포니아 등 지금 미국 남서부 일대의 광대한 영토를 미국에 내어주게 된다. 지금도 멕시코의 입장에서 더 크고 좋은 영토를 갖고서 잘살고 힘센 미국이 좋게 보일 리 없다. 수백 년 동안 스페인 지배 하에 있었고, 그 이후에도 선진 열강들에 의하여 침탈당한 굴욕적인 과거를 생각하면 국인주의가 저절로 솟구쳐 오르는 것이다.

1920년대에 멕시코는 세계 제2위의 산유국이었으나, 1930년대에 들어와서는 세계적인 경제침체를 맞으면서 석유산업에서의 수입이 줄어들게 되었다. 그리고 석유산업 노동자들은 노동착취 속에 매우 열악한 노동환경에 있었다. 재해나 질병에 대한 보상이나 권리나 혜택은 거의 없었고, 월급은 적었으며, 고정된 근무시간도 없었다. 이런 열악한 근무환경으로 인하여 노동자들의 파업이 잦았고 노사 간의 대립이 심하였다.

1935년 8월, 멕시코의 석유노동자조합은 석유기업들에 주 40시간 근무조건, 아플 때도 월급을 지급하고, 급료와 후생비용으로

6,500만 페소를 지급할 것을 요청하였다. 이에 기업들은 1,400만 페소를 지불하겠다고 제안하였다. 이렇게 노사 간에 대립을 하다가, 다음해 5월 28일, 노동자들은 전국적인 파업을 하게 된다. 국가는 기의 마비되다시피 하였고 석유 구하기가 어렵게 되었다. 노동자와 기업 간에 정부가 중재에 나섰지만 실패하였다. 노동자들은 파업을 하였고, 기업들은 멕시코에서 철수하겠다고 위협하였다. 그래서 이 문제는 중재위원회에 회부되어 12월 18일, 기업들은 노동자들에게 2,600만 페소를 지급하도록 판정하게 된다. 이에 기업들은 그렇게 많이 지급하게 되면 기업이 파산하게 된다며 판정에 불복하고, 1938년 1월, 멕시코 대법원에 소송을 하게 된다. 이에 대법원은 상소를 기각하고 노동자들의 월급을 올리고 근무조건을 개선하도록 판결하였다. 하지만 석유기업들은 대법원 판결을 거부하였다.

1938년 3월 18일, 까르데나스 대통령은 멕시코 내에 있는 모든 외국 석유기업의 국가수용을 발표하였다. 이 국유화는 멕시코 헌법 27조와 1936년 수용법에 이루어진 조치였다. 그리고 그해 6월 7일 국영기업으로서 멕시코석유(Petróleos Mexicano; PEMEX)를 설립하여, 이 회사가 멕시코의 모든 석유산업을 독점하며, 멕시코 내 외국인기업의 영업을 금지하였다. 이는 외국자본의 지배로부터 벗어나려는 멕시코 사람들의 오랜 의지가 마침내 실현되는 순간이었다.

수용 당시 멕시코의 석유생산은 대부분 외국기업에 의하여 이루어지고 있었다. 로열더치-셸(Royal Dutch/Shell Company)의 자회사인 이글(Eagle Company)이 멕시코 석유생산의 60%정도를 점하고 있었고, 미국계 회사인 저어지스탠다드(Jersey Standard)와 캘리포니아 스탠다드오일(Standard Oil Company of California: SOCAL)이 30% 정도를 차지하고 있었다. 멕시코정부의 수용에 대하여 외국기업들의 반발은 거셌다. 외국기업들은 멕시코산 원유에 대하여 수출을 금지시켰다. 멕시코에서 축출된 외국기업들은 미국정부에 대해서 멕시코에 기술이전을 중단할 것을 로비하고, 기업이나 국가들에 대해서 멕시코 상품을 수입금지토록 하는 캠페인을 벌였다. 많은 국가들이 멕시코로부터 석유수입을 중단하였다.

멕시코의 수용사태에 대하여 미국정부는 수용된 자산에 대한 대가를 지급받아야 할 입장에 있는 미국기업들을 지원할 것이며, 수용된 자산에 대한 보상이 적정하고 신속하게 이루어진다면 외국자산을 수용하는 멕시코의 권리를 존중한다고 발표하였다. 처음에 미국의 국무장관 헐(Cordell Hull)은 멕시코의 조치에 대하여 강경하게 대응하였지만, 루즈벨트(Franklin Delano Roosevelt) 대통령은 선린정책에 따라 멕시코를 자극하지 않으려 하였다. 다른 라틴아메리카국가와의 관계도 있는데다가 마침 독일과의 관계가 좋지 않은 방향으로 흘러가고 있었기 때문이다. 그리고 영국정부는 멕시코의 국유화에 강하게 반발하였고, 멕시코는 영국과 단교조치를 하게 된다. 국가들의 보이콧으로 멕시코의 석유수출은 절반으로 줄어들어 정부는 재정이 악화되고, 페소화가 폭락하고, 물가는 상승하면서 사람들은 어려움을 겪게 되었다. 이때 나치독일이 멕시코에 석유를 사주고 기계들을 공급해 주었다.

이후 미국의 석유회사들은 과도한 배상을 요구하였고, 멕시코정부는 이를 거절하였다. 미국정부는 미국기업들을 지원하고 옹호하였지만 제2차 세계대전이 발발함으로써 이런 관계는 종료하게 된다. 1940년이 되면서 전쟁상황에 들어가게 되고 미국과 유럽의 국가들이 멕시코산 석유를 구매하게 되었다. 제2차 세계대전의 전운이 감도는 상황에서 멕시코는 구축국과 연합국 어디에도 가담하지 않았다. 제1차 세계대전 중에 지머먼전보(Zimmermann Telegram) 사건도[99] 있고 해서 독일과 멕시코의 관계는 신중할 수밖에 없었다. 그러다가 일본이 진주만을 공격하게 되자, 멕시코는 1941년 12월 9일에 일본과 단교를 하고, 12월 11일에 독일 및 이탈리아와도 단교를 선언하게 된다. 1942년 4월 18일, 미국과 멕시코는 쿡-제바다 합의(Cooke-Zevada agreement)로 국유화 문제를 매듭짓게 된다. 멕시코는 미국 기업들에 대한 배상금으로 약 2,900만 달러를 지급하기로 하였다. 영국과는 전쟁이 끝난 후 1947년에 13,000만 달러를 지불하기로 하였다.

이후에 미국은 멕시코 원유산업에 진입하고자 시도하였지만 멕시코가 석유에 대한 국가독점을 고집하였기 때문에 이루어지지 못했다. 그리고 전후 미국의 석유기업들은 중동과 베네수엘라와 같은 더 좋은 입지의 유전에 관심을 갖게 되면서 멕시코 석유에 대한 관심이 식어갔다.[100]

이 석유산업 국유화 조치에 대하여 멕시코 국민들의 호응은 컸다. 비록 이 조치가 1938년에 실행되었지만, 이는 멕시코 국인주의 열기 속에 제정된 1917년의 멕시코 헌법 때부터 진행되었고, 또 이에 의거하여 이루어진 것이다. 국유화공표가 이루어진지 닷새 후,

---

[99] 지머먼전보(Zimmermann Telegram) 사건은 제1차 세계대전 때 미국과 독일, 그리고 멕시코 간의 관계를 미묘하게 한 한 사건이다. 1917년 2월 17일에 영국 당국이 전보문을 감청하였는데, 그 내용은 독일 외무성 장관 지머먼(Arthur Zimmermann)이 주멕시코 독일대사 베른스토로프(Johann von Bernstorff)에게 멕시코가 독일의 동맹이 되어준다면 멕시코에 상당한 자금지원을 함과 동시에 멕시코가 미국에 빼앗겼던 텍사스, 뉴멕시코, 아리조나를 되찾게 해주겠다고 멕시코에 전하라는 내용이었다. 이 내용이 알려지자 미국 내 반독일 여론이 크게 일어났고, 이는 제1차 세계대전에서 미국이 연합국편으로 참전하는 계기가 되었다.

[100] Mexican Expropriation of Foreign Oil, 1938, n.d.

멕시코시에서는 까르데나스 대통령의 결정에 지지를 보내는 20만 명에 이르는 대규모의 집회가 열렸다. 그리고 4월 12일, 팔라시오데 베야사르테스(Palacio de Bellas Artes) 문화센터 앞에서 외국기업 빚을 갚기 위한 재원마련 기부행사가 있었다. 여기에 수많은 사람들이 호응하였다. 보석을 가져온 사람에서부터 닭을 가져온 사람에 이르기까지 각계각층의 사람들이 다양한 재산들을 가져와 빚 갚는데 써 달라고 기부하였다.[101]

하지만 이런 큰 사건에는 이에 대한 반대의견도 나올 수밖에 없고, 외국에 획책당하는 국내세력도 등장하기 마련이다. 특히 멕시코 같이 많은 정파들이 난립하고 자신의 이익을 추구하는 집단이 많은 상황에서는 이런 일이 있을 때 국가가 조용하기 어렵다. 외국과의 관계와 경제에 미칠 파장을 우려하여 반대하는 사람들도 있었고, 수용조치 2개월 만에 쎄디요(Saturnino Cedillo)가 외국 석유기업을 옹호하며 정부에 대항하여 반란을 일으키기도 하였다.[102] 하지만 이 국유화조치는 많은 사람들의 열망에 상응하는 조치였고, 이전에 멕시코혁명을 통하여 형성된 사람들의 공통된 인식에 기초하고 있었기 때문에 비교적 혼란없이 추진될 수 있었다.

그리고 현실적으로 중요한 문제로서 석유산업이 제대로 운영될 수 있느냐가 있었는데, 외국인들이 떠난 이후 국내 기술자들이 무난하게 일을 해내었기 때문에 문제가 일어나지 않았다. 그런데 실제 노동자들의 보수인상의 요구는 충족되지 못했을 뿐 아니라 오히려 국유화 이후 보수가 더 내려가게 되었다.[103]

---

[101] Mexican oil expropriation, n.d.

[102] 이 반란은 다음 해에 진압되었다.

[103] Mexican oil expropriation, n.d.

3) 개발도상국의 자원 국인주의

세계에는 자원의 국제적 이동이 많다. 자원 보유국 중에는 산업이 발전되지 않아 자국에서 자원을 사용하지 않는 경우가 많은 반면에 산업이 발선한 국가들에시는 산업에 필요한 자원이 없거나 고갈되어 해외에서 확보해야 하는 경우가 많기 때문이다. 지난 세기에는 산업이 발전한 선진국들이 산업이 발전하지 않은 지역들을 식민지로 두고 있었다. 그래서 식민지 시대에는 세계의 자원이 주로 선진국들에 의하여 개발되고 사용되어 왔다. 그런데 전후 식민지로 있던 국가들이 대거 독립함에 따라 자원 공급국과 자원 수요국으로 나누어지게 되었다. 신생독립국들은 대부분 개발도상국으로서 독립은 하였지만 경제력은 취약하였고 자본과 기술이 없기 때문에 자원개발을 선진국의 다국적기업에 의존할 수밖에 없었다.

이들 다국적 자원개발기업들은 세계 전역을 무대로 사업을 하면서 막대한 이익을 내어 왔다. 다국적기업은 자원개발에서 독점적 이윤을 누리고 낮은 가격으로 자원을 공급하면서 자원 수요자인 선진국들에는 이익을 주었고, 이런 결과로 자원 공급국인 개발도상국들에는 그만큼 이익이 적게 돌아가는 경향이 있어 왔다. 자원개발이 개발도상국의 경제발전에 크게 도움되지 못하였고, 국민들에게 돌아가는 혜택도 적었던 것이다. 그런데다 서구의 다국적기업들은 서구 제국주의의 첨병이라는 인식이 있다. 자원채취 다국적기업 중에는 제국주의 시대부터 활동했던 기업들도 많다. 엑손모빌(ExxonMobil)의 전신인 스탠다드오일(Standard Oil Company)은 1870년에 창립되었고, 셰브론(Chevron)은 1879년에서 설립되었으며, 쉘(Shell plc)은 원래 1890년에 설립된 로열더치석유(Royal Dutch Petroleum Company)에서 시작되었듯이, 이들이 그런 역할을 하지 않았다고 부인하기는 어렵다.

다국적기업은 막강한 경제력을 갖고 있고 주로 선진국에 본사를 두고 있는 가운데 영향력이 컸다. 그리고 개발도상국 현지에서 사업을 하지만 본국의 보호를 받기 때문에 힘이 약한 현지국이 통제하기에 쉽지 않았고, 이로 인해서 본국, 다국적기업, 현지국 간의 복잡한 구도 속에서 마찰과 갈등이 발생하는 경우가 많았다. 그러다가 개발도상국들이 독립 이후 어느 정도 국가운영에서의 기틀을 마련하자 자원에 대한 통제력을 강화하게 된다. 자원산업 시설을 국유화하거나 자원개발기업의 이권을 제한하고 자원의 개발과 사용에 대한 통제를 강화하였다. 개발도상국들은 자원과 관련하여 취한 조치들은 대개 다음과 같은 것들이었다.

①기존 자원채취계약의 취소

②기존 자원채취계약의 재협상

③자원채취기업의 국유화

④외국인의 자원채취산업에의 진입 금지

⑤자원채취기업에 대한 중과세

⑥자원채취산업에 대한 일정 비율 이상의 내국인 참여나 국내 부품사용(local contents) 의무부과

⑦생산된 자원에 대한 수출제한

그리고 자원보유국들은 자원에 대한 국제 카르텔을 결성하여 자원수출에 대한 이익을 증대시켜 나가게 된다. 이런 카르텔형성에 선도적인 역할을 한 것은 산유국들이다. 산유국들은 1961년에 석유수출국기구(Organization of Petroleum Exporting Countries: OPEC)라는 국제 카르텔을 결성하여 석유의 세계공급량에 대한 관리를 하게

되었다. 이러한 조치는 산유국의 위상을 높임과 동시에 부를 크게 증대시켰다. 석유수출국기구의 성공에 크게 고무되어 다른 자원보유국들도 같은 형태의 카르텔을 추진하게 되었고, 이러한 결과로 세계에는 구리, 은, 보크사이트, 철광석, 바나나, 설탕 등 다양한 품목에 걸쳐서 자원생산국 국제 카르텔들이 형성되었다.

개발도상국들은 숫적 우위를 활용하여 다수결이 통하는 유엔총회를 주로 활용하기도 하고, 자원카르텔이나 77그룹과 같은 그들만의 그룹을 형성하여 선진국들에 대항하였다. 1962년 유엔은 총회결의 1803(XVII)로 천연자원에 대한 항구주권(Permanent Sovereignty over Natural Resources)을 선언하였다. 천연의 부(wealth)와 자원(resources)은 이를 보유하고 있는 국가의 개발과 그 나라사람들의 복리를 위하여 사용되어야 한다는 것이다. 그리고 다국적기업이나 국제기구는 국가가 자국의 자원에 대해 갖는 주권을 존중해야 한다는 것이다.

자원 국인주의는 개발도상국이 이전 종주국에 반격을 가하는 하나의 방법이었다. 자신들의 땅에서 선진국들이 자원을 채취해가는 식민지 역사를 경험했던 개발도상국들에 있어서 자원 국인주의는 자국의 독립성과 자주성을 확인하는 것으로서의 또 다른 의미가 있다. 자원은 자국 고유의 땅에서 나온 것으로서 자국의 피와 살과 같은 것으로 생각하기도 한다. 이들에게 있어서 이 자원을 외국사람들이 손 대고 관리한다는 생각만으로도 국인주의가 일게 되는 것이다.

그리고 보다 현실적으로는, 개발도상국에서의 자원 국인주의는 자원을 활용하여 국가의 수입(收入)을 증대시키고, 이와 동시에 국가의 힘을 증대시킬 수 있는 수단이다. 많은 개발도상국들에 있어서 자원개발에 의한 수입은 국가 수입(收入)의 절대적인 비중을 차지한다. 산업화가 되지 않은 개발도상국들에서는 외화확보의 절대적인 부분을 자원의 수출에 의존하는 경우가 많다. 2020년 국제광업금속 협회(ICMM)가 발표한 통계에 의하면, 콩고의 경우는 수출액의 91.1% 를 광물수출에 의존하고 있으며, 수리남, 몽골, 기니 등도 수출액에서 광물수출액이 약 80%를 점하는 등 많은 국가에서 외화 마련을 천연자원의 수출에 의존하고 있다.[104] 가난한 개발도상국에서는 물품 수입과 개발투자를 위한 외화수요는 많지만 외화를 획득할 수 있는 길은 천연자원의 수출 외에는 거의 없기 때문에 자원에 대한 집착은 더욱 커질 수밖에 없는 것이다.

자원보유 국가들은 어떻게 하면 이들 자원채취와 관련하여 국익을 극대화할 수 있을지를 궁리하고 있다. 세계시장의 수요 공급의 추세에 맞추어 수입(收入)이 극대화되도록 공급량과 가격을 조정하고, 세수가 최대한 많이 걷히도록 세율을 조정하며, 자원을 활용하여 국내에 고용이 증대될 수 있도록 노력한다. 또한 국가에 따라서는 이 한정된 재원 마련 보고(寶庫)를 두고 국내 이익집단 간 혹은 정치파벌 간에 투쟁을 벌이기도 한다. 또 최근에는 중국이 아프리카 자원보유국들에 진출하면서 서구 다국적기업이 있던 자리를 중국 자본과 기업이 차지하는 일도 일어나고 있다.

4) 자원 국인주의의 유형

브레머와 존스톤(Bremmer and Johnston)은 자원 국인주의를 4 가지 유형으로 구분하고 있다.[105]

첫째, 혁명적 자원 국인주의(revolutionary resource nationalism)

---

[104] International Council of Mining & Metal, 2020

[105] Bremmer & Johnston, 2009, pp. 150-152. Andreasson, 2015, pp.310-319에서 재인용

이다. 이는 정부가 국가체제를 혁명적으로 변화시키면서 행하는 자원 국인주의이다. 이에 대한 예는 베네수엘라 차베스에 의한 사회주의체제 변혁이나 러시아에서의 국가 통제력 강화를 위해서 행해진 푸틴정부의 자원 국인주의를 들 수 있다. 이보다 약하기는 하지만 짐바브웨 무가베(Robert Mugabe) 정권의 자원 국인주의도 이 부류에 해당된다.

둘째, 경제적 자원 국인주의(economic resource nationalism)이다. 정치적 전환이나 사회적 동요 없이 안정적인 경제환경에서 이루어지는 자원 국인주의로서 재정적 경제적 목적으로 행해지는 자원 국인주의이다. 이에 대한 예로서 카자흐스탄, 남아프리카공화국, 모잠비크, 탄자니아 등에서의 자원 국인주의를 들고 있다.

셋째, 유산 자원 국인주의(legacy resource nationalism)이다. 국가의 정치적인 통합이나 문화적인 정체성을 강화하기 위한 목적의 자원 국인주의다. 이러한 자원 국인주의 조치는 국가적인 상징성을 담아서 국가 전반에 영향을 주려는 의도를 담고 있다. 이에 대한 예는 1938년의 멕시코의 석유 국유화조치를 들 수 있고, 서아프리카에서 자국의 위상을 높이고 영향력을 강화하려는 나이지리아의 자원 국인주의를 들 수 있다.

넷째, 연성 자원 국인주의(soft resource nationalism)이다. 이는 선진국에서의 자원 국인주의다. 자원이 주로 민간기업에 의하여 개발되는 선진국들에 있어서 자원개발에 정부의 통제를 강화하는 것이다. 이러한 통제를 강화하는 목적은 재정수입 증가, 환경문제 개선, 기업의 사회적 책임 강화, 국가의 안전 등 다양하다. 이는 과격하고 자의적인 강제보다는 주로 법규나 제도의 설정을 통하여 이루어지기 때문에 온건하게 이루어진다. 2005년에 중국의 국영석유회사

(China National Offshore Oil Corporation's: NOOC)가 미국 석유기업을 매수하려고 했을 때 국가 안전을 이유로 미국정부가 이를 막은 것은 하나의 예가 된다.

5) 자원 국인주의의 미래

자원은 현재 필요할 뿐만 아니라 앞으로도 계속 필요할 것이기 때문에 영원히 계속되어야 할 국가의 미래와도 관련되는 문제이다. 그래서 심지어 국내에 자원이 풍부하게 있음에도 불구하고 자국의 자원을 아끼기 위해서 외국으로부터 자원을 수입하기도 한다. 세계에서 자원이 가장 풍부한 국가 중의 하나인 미국은 자원을 가장 많이 수입한다. 특히 미국은 석유 매장량이 많은 국가이지만 에너지정책 및 보존법(Energy Policy and Conservation Act(1975))으로 석유수출을 금지해 왔다. 에너지수급에 절대적으로 취약한 한국, 일본, 대만 등이 미국의 주요 동맹국들이지만 이들 국가에 대해서도 미국은 자국의 석유를 수출하지 않았다. 그러다가 유전 발굴이 많아지고 과학의 발전으로 석유자원에 대한 가치가 상대적으로 떨어지게 되자 2015년에 석유수출금지조치를 해제하였다. 이러한 미국의 자원보호조치는 그동안 미국이 추구해 온 자유무역주의와 배치되는 것일 뿐만 아니라 국가 이기주의의 단면을 보여주는 것이다. 이렇게 국가운영을 철저히 하는 경우에는 미래까지도 고려한 자원의 확보를 국가의 중요한 한 정책으로 삼고 귀한 자원에 대해서는 국내 자원을 함부로 유출되지 못하도록 하고, 소비에 있어서도 가급적 자국의 자원을 사용하지 않고 외국의 자원을 사용하려 하는 것이다.

세계는 산업화가 점점 더 확대되면서 자원의 수요는 증가하는 반면 천연자원들은 빠른 속도로 고갈되고 있다. 그리고 환경의 문제와 겹쳐서 자원확보의 문제가 더욱 어려워져가고 있다. 자원에 대한 수요증가로 자원발굴에 대한 열기가 강해지면서 오지여서 지금까지 발굴이 어려웠던 곳에서의 새로운 발굴이나 기술의 발달로 인하여 새로이 발견되는 매장지는 계속 늘어나고 있기는 하다. 하지만 전체적으로 자원이 고갈되고 있는 것은 사실이다. 세계 주요자원의 가채연수를 보면 앞으로 석유 40년, 천연가스 60년, 구리 36년, 철광석 240년 등 인류생활에 많은 혜택을 주었던 자원들의 부존량이 얼마 남지 않았다.[106] 그래서 자원확보를 위한 경쟁이 더욱 치열해질 수밖에 없게 되어 있다. 지금까지는 자원이 단순히 하나의 상업적인 이익을 창출하는 상품이었고, 대부분의 개발도상국들이 자국의 자원을 그대로 외국에 공급하는 경우가 대부분이었다. 하지만 공업기술이 확산되어감에 따라 개발도상국들이 원료의 상태로 수출하지 않고 자국에서 가공함으로써 자국내 공업생산을 늘리려고 할 것이기 때문에 앞으로는 제품생산에서도 그 자원을 보유하고 있는 국가가 독점할 가능성이 높다. 그런데다 국가의 이해관계에 따라 국가의 통제가 많아지고 있다. 그래서 이제 자원은 국가의 안전과 경제적 발전을 좌우하는 중요물자가 되어 이에 대한 확보가 국가적인 관심 대상이 되고 있다. 이러한 상황에서 자원보유국은 보유국대로 자원 국인주의가 강화되고 있을 뿐만 아니라, 자원을 확보하려는 국가는 확보하려는 국가대로 자원확보를 둘러싸고 국인주의가 일고 있다.

---

[106] 조영정, 2016, p. 218

9. 환경 국인주의

니제르 델타 지역에서의 환경 오염은 국제사회에 널리 알려진 환경오염사건이다. 로열더치-셸(Royal Dutch/Shell)은 이 지역의 환경과 사람들의 삶을 파괴하면서 기업활동을 해온 기간이 50년도 넘는다. 1958년부터 원유를 채굴해 왔는데, 환경파괴의 주요 원인은 원유유출과 가스유정에서 나오는 가스를 불태우는 과정에서의 가스 화염 때문이다. 유정의 가스연소로 인하여 발생하는 유해물질로 대기가 오염되고 침전물과 원유유출로 인하여 토양이 오염되어 온 것이다. 토지와 물이 오염되고 유해가스가 올라오면서 주민들은 농업과 어업 같은 경제활동은 물론이고 식수조차 구할 수 없게 되었다. 환경악화로 지역 주민의 평균수명이 40살 이하로 내려가는 등, 이 지역 3,100만 명이나 되는 사람들이 환경파괴로 인하여 삶의 벼랑 끝에 내몰리게 된 것이다.[107] 그런데 이런 참사발생에는 정부 또한 무관하지 않다. 부패한 정부는 석유기업과 한편이었다. 기업은 주민들의 입장은 전혀 배려하지 않았고, 주민들의 피해방지 요구에 대해서 피해발생을 방지하여 해결하려 하지 않았다. 대신에 정부 관리들과 결탁하여 피해방지 요구를 무마시키는 방식으로 일관하였다. 정부는 피해방지를 요구하는 주민 지도자들을 살인죄 등의 누명을 씌워서 사형시키거나 처벌하여 제거하였다.

만약 이 사업장 소재지가 로열더치셸의 본국인 네덜란드였다면 그때에도 이런 식으로 영업을 하였을까? 이를 생각해 보면 자국과 외국이 얼마나 다른지를 실감한다. 자국의 환경은 소중하게 보존할 대상이고, 외국의 환경은 우리가 알 바 아니고, 우리는 이익만 많이

---

[107] Sekularac & Deutsch, 2013, January 30

뽑고 떠나면 된다는 생각이 드물지 않은데, 이러한 맥락 위에 놓여 있는 것이 환경 국인주의이다.

오늘날 환경과 관련하여 논의되는 국인주의는 크게 두 가지 측면으로 나누어 볼 수 있다. 하나는 자국의 자연환경에 대한 사랑이나 긍지를 갖는 일에 대한 것이고, 다른 하나는 이기적으로 자국의 이해를 앞세움으로 인해서 세계적인 환경문제를 일으키거나 환경문제해결이 어려워지는 일에 대한 것이다. 전자의 경우는 환경에 대한 사랑과 국가에 대한 사랑이 서로 보완적인 반면에, 후자의 경우는 환경에 대한 사랑과 국가에 대한 사랑이 서로 상충적이다. 전자와 후자를 보다 자세히 살펴보기로 하자

먼저, 전자의 경우이다. 영어에서는 eco-nationalism이라고 하는데, 이를 환경 국인주의라고[108] 부르기로 한다. 환경 국인주의는 자국이 좋은 환경이 되도록 하기 위해 핵발전소의 건설이나 인위적인 개발을 반대하는 것과 같이 국토가 파괴되고 오염되는 것으로부터 보호하려고 한다. 지역적으로 님비(Not In My Back Yard: NIMBY) 현상이 있듯이 국인이나 국가에 있어서도 같은 현상이 있는 것이다. 세계를 위해서 필요한 일이라도 자국 환경을 해치는 일은 절대 안 된다는 것이다. 1980년대 후반 소련이 해체된 데에는 환경문제도 적잖게 영향을 미쳤다. 당시 소련 내 리투아니아 지역 핵발전소 건설계획에 리투아니아 사람들의 불만이 많았고, 또 소련 내 에스토니아 지역에서는 소련 당국의 환경을 파괴하고 오염시키는 정책에 대하여 에스토니아 사람들의 반발이 컸다. 그리고 러시아나 영국과 같이 다국인국가일 경우에 우리 알타이(Altai)에서는 안 돼!, 우리 스코틀

---

[108] eco-nationalism은 1980년대 말 소련내 국가들에서 환경주의와 국인주의가 함께 하는 이념을 두고 제인 도슨(Jane Dawson) 사용한 용어로 알려져 있다.

랜드(Scotland)에서는 하지마! 등과 같이 우리 국인지역에서는 안 된다는 의식이 여기에 해당된다.

이렇게 자국의 자연환경에 대한 애착을 보이는 이유는 공간적으로는 우리 국인 공동체가 함께 누려야 할 터전이라는 점이고, 시간적으로는 우리 조상들로 부터 물려받은 곳이자 우리 후손들에 길이 물려줄 터전이라는 점이다. 그래서 우리들이 이를 특별히 잘 보존해야 한다는 것이다. 국인집단으로서 자신들의 기억은 이 땅과 함께하는 것이다. 세계 대부분의 국가(國歌)가 그렇듯이 대한민국 애국가 가사를 보더라도 땅에 대한 것이 절반을 차지한다. 이렇게 자신이 사는 땅에 대한 사랑이 애국심의 중요한 부분이기 때문에 자국의 환경을 사랑하는 것은 나라를 사랑하는 것에 당연히 포함되는 것이다.

그리고 이에 더 나아가서 자신과 국토를 연결지워 생각한다. 자신을 자기 주변환경의 일부라고 생각하거나 보이지 않는 기(氣)와 같은 것에 의하여 자신과 자신이 몸 두고 있는 땅이 연관되어 있다고 생각한다. 한국사람들은 명당자리에 조상의 묘를 두려고 애쓴다. 뿐만 아니라 자신이 돌아갈 곳으로서 좋은 자리에 자기 묏자리를 미리 마련해 두는 사람들도 있다. 대운하 건설을 선거공약으로 내세웠던 이명박 대통령이 대통령이 되고 나서 이를 실행할 엄두조차 못 냈던 것은 많은 사람들이 필사적으로 막았기 때문인데, 반대의 주요 이유 중의 하나가 백두대간을 건드리면 안 된다는 것이었다.

다음으로, 후자의 경우이다. 자국의 이해만 생각함으로써 발생하는 세계 환경문제이다. 오늘날 환경 오염의 심각성은 논의의 여지가 없는 사실이다. 대기 중의 매연이나 미세먼지, 그리고 수질오염으로 인하여 많은 사람들이 질병에 걸리고 목숨을 잃는다. 이러한 환경 오염 문제를 하루빨리 개선해야 하지만 현실적으로 잘 되지 않고 있다. 안 되는 이유 중의 하나가 공해발생을 줄이기 어려운 구조이기 때문이다.

만약 A국이 이산화탄소의 발생을 줄이기 위하여 자국 기업들에게 높은 수준의 이산화탄소 배출 방지시설 설치를 의무화한다면 A국 기업의 설비투자비용은 높게 될 것이다. 이와 달리 B국은 이러한 조치를 취하지 않는다면 B국 기업의 설비투자비용은 낮게 될 것이다. 이렇게 되면 A국에서 생산한 상품의 가격은 비싸고, B국에서 생산한 상품은 싸게 되어 세계시장에서 A국 상품은 안 팔리게 되고, B국 상품만 잘 팔리게 된다. 더 나아가 A국 시장에서도 B국 상품이 팔리게 되고 A국 상품은 안 팔리게 된다. 그렇게 되면 A국 기업은 생산을 줄이거나 폐업을 하게 되고, B국 기업의 생산은 늘어나게 된다. 결국 해당상품의 전 세계 공급은 B국 기업과 같은 공해배출기업이 하게 된다. 공해배출을 줄이고자 했던 A국은 자국의 산업만 무너졌을 뿐 세계의 공해배출은 줄지 않게 되는 것이다.

그래서 이러한 문제로부터 벗어날 수 있는 방법은 모든 나라가 공해물질 발생 방지조치를 동일하게 시행하여 공해 방지로 인하여 국가 간에 생산비용 차이가 발생하지 않도록 하는 일이다. 하지만 국가들의 이기성으로 인하여 이 부분에 있어서 국제적인 협력이 안 되고 있는 것이다. 과학자들은 지구온난화를 멈추게 하기 위해서는 2050년까지 탄소배출을 제로 수준으로 줄여야 하며, 그러기 위해서는 지금부터 감축을 위한 국제적인 합의를 해야 한다고 경고한지 오래다. 하지만 국가들은 정치적으로 합의를 도출하기는커녕 이러한 논의자체도 잘 되지 않았다. 그 이유는 각국이 자국의 이해만 생각하여 감축계획에 참여하기를 꺼리기 때문이다. 참여해서 자국에 이익이 되면 적극 참여할 텐데, 적극 참여할수록 자국이 더 많이 손해를 보는 구조이기 때문이다. 그래서 범죄자의 딜레마처럼 각국이 자국만을 생각하는 이기적인 결정을 하기 때문에 세계전체로서 바람직한 합의를 만들어 내기 어려운 것이다. 사람들은 세계보다 자국을 더 사랑한다. 그런데 세계를 위한 방안이 자국에 손해가 된다고 생각하기 때문에 이에 적극적으로 나서는 사람이 많지 않다. 게다가 국가 간의 경쟁심리와 환경문제에 더 적극 나설수록 손해보는 구조로 인하여 다른 나라는 적극적으로 나서지 않는데 왜 우리만 나서서 희생해야 하느냐 하는 생각이 지배하고 있는 것이다. 사람들의 생각이 이렇기 때문에 환경문제를 적극 주장하고 나서는 정치인도 많지 않다.

1997년 교토의정서(Kyoto protocol)가 채택되었다. 이는 1992년 체결된 유엔기후변화협약을 이행하기 위한 조약이다. 이 의정서에는 각국이 감축목표량을 설정하여 2008년에서 2012년 사이에 온실가스 배출량을 1990년 배출수준 대비 평균 5.2% 감축하기로 하였다. 그런데 여기의 의무대상국은 주로 선진국으로 구성된 의무대상국 38개국이었고, 개발도상국은 의무대상국이 아니었다. 그런데 미국이 서명하지 않았다. 당시 미국 대통령 부시는 교토의정서가 다음과 같은 이유로 근본적으로 잘못되었다고 주장하였다. 첫째, 개발도상국을 제외했을 때 온실가스를 많이 배출하는 중국, 인도, 브라질 등은 물론이고, 세계 온실가스 상위 배출국 20개국 중에서 14개국이 의무대상에서 제외되어 공해감축이 적고 이에 따라 기후개선에도 효과가 없다는 것이다. 둘째, 이런 상태에서 선진국에서 감축규제를 하게 되면 선진국에서 생산활동은 줄어들게 되고 이 생산분이 개발도상국으로 옮겨가게 됨으로써 개발도상국에서 온실가스 배출이 더 늘어나게 된다는 것이다. 이러한 결과로 미국과 선진국의 일자리만 줄어들게 될뿐 달라지는 것은 없다는 것이다. 셋째, 지구 온난화 속도를 늦출 정도로 효과를 주기 위해서는 상당히 높은 수준의 감축이 필요한데 개도국에서의 배출량은 계속 증가하는 상황에서 선진국들만 5.2% 감축하는 것은 실질적으로 온실가스는 감축되지 않아 아무 의미가 없다는 것이다.

이렇게 선진국 중에도 미국, 오스트레일리아가 서명하지 않음으로써, 세계 온실가스 배출 1, 2, 3위인 중국, 미국, 인도를 비롯한 많은 공해배출 주요국들의 제외되어 실제 공해감축효과가 미미하였다. 이러한 상태에서 교토의정서는 큰 의미를 갖기 어려웠다. 결국 2011년 남아프리카공화국 더반에서 열린 기후변화 당사국 총회에서 일본, 러시아, 캐나다가 미국, 중국도 참여해야 한다는 주장을 하며 탈퇴를 선언함으로써 교토의정서는 사실상 유럽회원국들만 남게 되어 유명무실하게 되었다.

이 일로 인해서 세계에서의 미국의 리더십은 타격을 받게 되었고, 이후 미국 내 기상이변으로 많은 재해를 입게 되면서, 민주당 오바마 정권으로 교체되자 미국의 태도는 바뀌었다. 기후변화에 대한 국제협력에서 미국이 보다 더 적극적으로 나서게 된 것이다. 미국은 2025년에는 2005년 대비 26~28% 배출감축을 제시하는 등 신기후변화체제협약을 앞두고서 기후변화방지를 위한 국제적인 협력도출에 상당히 적극적인 리더십을 보였다. 이런 결과로, 2015년 12월 12일, 195개국이 참여한 가운데 파리기후협약(Paris Climate Change Accord)을 체결하였다. 이 협약의 목표는 지구의 온도를 산업화 이전의 수준에서 섭씨 2도 이하로 상승되도록 억제한다는 것이고, 이렇게 온도상승을 억제하기 위해서 2050년까지 온실가스배출을 제로 수준으로 낮춘다는 것이었다. 교토의정서에서 일부 국가들은 의무면

제되었던 것과 달리 이 협약에서는 선진국, 개도국, 부유한 나라, 가난한 나라 할 것 없이 모두 감축의무를 지도록 하였다.

하지만 기후협약의 이행과 관련하여 미국 내에서는 반발여론이 만만치 않았다. 2015년 8월, 미국 오바마 대통령이 온실가스 배출감축계획의 일환으로 청정전력계획(Clean Power Plan)을 발표하자 공화당과 미국 내 발전소가 많은 20여 개의 주, 그리고 관련 산업계에서 반대하고 나섰다. 미국 경제에 타격을 주고 미국의 일자리를 감소시키게 된다는 것이다. 이후 2017년 6월, 트럼프 미국 대통령은 미국의 파리기후협약 탈퇴를 선언하였다. 이유는 파리기후협약 내용이 불공평하다는 것이었다. 이행계획에서 미국은 2025년까지 2005년 대비 26~28% 배출감축을 약속한 반면에, 중국, 인디아와 같이 오염물질 배출을 많이 하는 국가는 2030년까지도 배출감축을 하지 않아도 되도록 되어 있어서 미국 국민들만 손해를 본다는 것이었다. 하지만 바이든이 대통령에 당선되자 2021년 2월 19일, 파리기후협약에 복귀하였다.

미국은 교토의정서에서도 탈퇴했었고, 파리기후협약에서도 탈퇴를 했다가 다시 복귀하였다. 그 이유는 미국이 손해 보는 일은 하지 않겠다는 것이다. 미국은 세계에서 두 번째로 탄소를 많이 배출하는 나라이고, 세계를 주도하는 국가이기 때문에 미국의 영향을 받아 다른 국가들도 국인주의적으로 되는 것은 자연스러운 일이다.

민주주의 국가에 있어서 국가의 정책은 그 국가 구성원인 국민의 뜻에 따라 시행된다. 그런데 국민 대부분은 현재 자신의 일자리나 경제적인 안정과 발전을 중요하게 여긴다. 또 장기적으로 불확실한 미래보다는 단기적으로 확실한 현재를 더 선호한다. 그리고 세계보다는 국가, 국가보다는 자신의 이해에 집착한다. 이러한 결과로 환경보호를 위한 조치가 시급한데도 사람들의 이기적인 속성 때문에 세계 환경악화를 막기 위한 국제협력의 도출은 쉽지 않은 것이다.

10. 농업 국인주의

유럽연합(European Union)은 지역 내 농업생산에 많은 보조금을 지급한다. 유럽연합은 공동농업정책(Common Agricultural Policy: CAP)을 취하는데, 2019년에 농업발전을 위하여 580억 유로를 지출하였고, 이 중에서 382억 유로를 직접 보조금으로 지출하였다. 유럽에서 농어업에 지원하는 보조금은 유럽예산의 약 40%에 이른다. 미국도 농가 소득안정화를 위해서 지급되는 직접 보조금이 매년 약 200억 달러에 이르고 있다. 이렇게 보조금을 지급하는 것은 자국의 식량안보와 국내 농민들을 보호하기 위해서이다.

잘사는 선진국들에서는 보조금을 지불할 수 있지만 못사는 국가들에 있어서는 그럴 만한 여유가 없다. 개발도상국은 산업시설이 있는 것도 아니고 생활필수 공산품을 구하기 위해서는 그들이 유일하게 산출할 수 있는 농산품을 수출해야 하는데, 선진국에서 이렇게 보조금을 받고 생산하여 농산품이 넘쳐나는 상황이니 개발도상국은 수출할 것이 없다. 이에 더 나아가 유럽의 보조금을 받아 생산된 농산품이 개발도상국에 수출까지 되니 개발도상국 농민들은 경쟁력을 상실하고 농작물 생산마저 못하게 되는 사태가 발생한다. 유럽의 기업형 농업생산자가 부를 쌓는 동안에 개발도상국의 가난한 농민들은 생존의 터전을 잃고 사지로 내몰리고 있는 것이다. 이러한 사정을 선진국들도 잘 알고 있지만 비정한 국제관계에서 이를 시정할 수 있는 여유를 찾기는 어렵다. 오로지 자국만을 생각하는 것이다.

유럽사람들의 농업에 대한 애착심은 유럽연합 차원에서뿐만 아니라 개별 국가차원에서도 그대로이다. 2020년 5월, 프랑스 농무장관은 라디오방송에 나와 프랑스 농민들의 경쟁력을 북돋아주기 위하여 국민들이 다소 비싸더라도 프랑스 농산물을 구매해 줄 것을 호소하였다. 같은 시기, 폴란드정부는 우유를 폴란드 농민으로부터 구매하지 않고 다른 유럽연합 회원국으로부터 수입해서 사용한 가공업자들의 명단을 공개하였다. 그리고 오스트리아에서는 코비드-19(COVID-19)로 어려움에 처한 지역사회의 식품업자들을 위한 지역식품 보너스를 제공하는 조치를 취하였다. 영국, 포르투갈, 그리스, 불가리아, 벨기에 등 많은 유럽의 많은 국가들도 이와 유사한 조치를 취하는 가운데, 국민들이 자국의 농업과 식품을 소비하도록 적극 나서고 있다.[109] 유럽의 국가들은 유럽연합으로 경제적으로 하나의 국가와 마찬가지로 통합되었음에도 불구하고, 그 유럽연합 내에서 또 국가별로 구분하여 자국의 것에 대한 애착을 보이고 있는 것이다.

사실 농산품과 농업생산에서의 국인주의는 유럽뿐만 아니라 세계 어디에서나 볼 수 있는 현상이다. 농업 국인주의는 우리는 우리 힘으로 생산한 농산품을 먹고 살아야 한다는 것으로서, 좋게 말하면 자주적이지만 나쁘게 말하면 폐쇄적인 국인주의인 것이다. 한때 한국에서는 신토불이(身土不二)라는 구호가 널리 사용되었다. 사람의 몸과 그가 살아가는 땅은 떼어 놓을 수 없다는 것으로, 달리 말하면 사람은 자신이 사는 땅에서 나오는 작물을 먹고 살아야 한다는 것이다. 인류가 원래 지구의 끝에서 끝까지 이주해 가면서 살았는데, 그 땅과 그 몸이 하나라니 참으로 어이없는 샤머니즘과 같은 믿음이다. 차범근 선수도 한국에서 제대로 못먹고 뛰다가 독일에 가서 잘먹으

---

[109] Wanat & Wax, 2020, May 17

니까 키가 몇 센티 더 크고 축구도 잘하게 되었다고 한다. 그가 독일 분데스리가에 들어간 것은 한국에서 군대까지 갔다 온 후의 늦은 나이였는데도 말이다. 그런데도 신토불이와 같은 말은 사람들에게 울림이 있다. 이런 통속적인 믿음이야 말로 국인주의의 정서와 잘 맞아떨어지기 때문이다.

사람들에게는 우리 삶의 중요한 부분을 어떻게 남에게 맡기느냐, 혹은 왜 우리가 먹는 것을 외국사람에 의존하느냐의 의식이 있다. 그리고 여기에는 외국은 믿을 수 없다는 의식도 함께한다. 생명과 건강에 직결되는 것을 어떻게 외국인들에게 맡기느냐라고 생각하는 것이다. 또한 외국으로부터 농산품을 수입해서 먹다가 만약에 외국으로부터 수입하지 못하게 되면 어떻게 하느냐는 것이다. 결국 이것은 식품안전과 식량 안보의 문제이다.

WTO 양허협상에서는 될 수 있으면 수입장벽을 두지 말고, 수량제한은 더욱더 하지 말고, 정 필요한 경우에는 관세를 부과토록 하고 있다. 그럼에도 불구하고 WTO 농업협상에서 한국은 끝까지 우겨서 쌀에 대해서 관세화를 유예하고 그 대신 일정물량을 의무적으로 수입토록 하는 수량제한 방안을 관철시켰다. 관세를 부과한다고 해도 값싼 외국산 쌀이 대량으로 수입될 가능성이 있어서 이를 방지하기 위해서이다. 그리고 국내에서 생산된 쌀에 대해서는 정부에서 일정한 가격으로 수매를 한다. 그래서 한국의 농민들은 쌀의 국제가격에 상관없이 쌀농사에 대한 수익을 확보할 수 있도록 하여 한국 내에서 항상 쌀이 재배되도록 하고 있다. 이런 결과로 쌀은 매년 국내 소비량 이상으로 생산되고 있으며, 여기에 연간 40만 8,700톤에 달하는 의무수입량까지 수입되어 한국에는 쌀이 남아돌고 있다. 그래서 최근에는 의무수입으로 들어오는 쌀은 개발도상국에 공적개발원조(ODA)로 보내고 있다.

한국이 다른 농산물과 달리 쌀에 대해서 이렇게 집착하는 것은 국내 쌀 생산농업을 보호하기 위해서이다. 쌀생산은 한국인의 주식인 쌀에 대한 식량안보 문제를 비롯하여 여러 측면에서 필요하다. 우선 쌀생산 농업이 계속되어야 농촌이 유지된다. 이것은 농촌에 일자리를 유지하는 경제문제이자 전통적인 한국인 삶의 터전을 유지하는 사회적인 문제이기도 하다. 그리고 농업생산은 국토문제와 직결된다. 농업생산을 하지 않게 되면 국토의 많은 부분이 버려진 상태에 놓이게 된다. 농업을 하는 것은 산출물뿐만 아니라 국토를 가다듬는 일이 되는 것이다. 한국뿐만 아니라 세계 대부분의 국가에서는 농업보존을 위한 정책을 시행하고 있고, 국민들은 이를 당연한 것으로 받아들인다. 싸고 좋은 농산물을 해외에서 수입해 올 수 있음에도 불구하고, 자국 농업을 위해서 자신의 세금으로 막대한 농업보조금을 지급하고, 비싸게 농산품을 소비하는 것은 국가를 위해서 그 정도의 비용은 지불하는 것이 국민으로서의 도리라고 생각하는 것이다.

사실 인류전체를 생각할 때, 사람들이 필요한 농산물을 더 많이 생산하고 소비할 수 있는 방법은 교역을 하는 것이다. 세계 각 지역마다 그 지역에 맞는 작물이 잘되게 되어 있다. 예를 들면 벼는 강수량이 많고 비가 집중적으로 내리는 기후에 잘 자라고, 밀은 강수량이 적고 비가 균일하게 내리는 기후에 잘 자란다. 사람이 쌀로 된 음식도 먹고 밀로 된 음식도 먹는다고 해서 자국 내에서 두 가지 모두를 생산하는 것은 현명한 처사가 아니다. 벼가 잘 자라는 기후의 국가는 벼만 재배하고, 밀이 잘 자라는 기후의 국가는 밀만 재배하여 서로 교역하여 소비한다면 더 많은 소비를 할 수 있는 것이다.

그동안 이러한 비교우위 원리에 따라 자본주의 방식으로 대량생산되면서 세계의 농작물생산이 증가하였고 그만큼 기근이 줄어들었다. 오늘날 세계 밀의 무역을 보면 세계 주요 수입국은 100여 개 국이고, 주요 수출국은 10여 개 국이다. 100여 개 국가가 10여 개 국가에 의존하고 있는 셈이다.

이렇게 농산물무역을 통하여 사람들의 삶이 많이 나아졌지만 수입하는 국가에서는 마냥 만족해하고만 있지 않다. 농산물이 외국으로부터 항상 안정적으로 공급된다는 보장이 없다는 점을 생각하고 있기 때문이다. 사람들이 항상 서로 화목하고 평화롭게 지낸다면 문제가 없지만 그렇지 못한 경우가 많기 때문에 이러한 상태를 상정하지 않을 수 없는 것이다. 세상에 아무리 농산물이 많아도 자국 안에 농산물이 없으면 아무 소용이 없다. 농산품의 수급은 적기에 물품이 공급되어야 한다. 공산품은 재고를 쌓아두고 비축할 수 있지만 농산품의 경우는 유통기간이 있어서 그 기간을 두고 제때에 조달되어야 한다. 채소를 비롯한 많은 식품은 며칠 만에 상해버린다. 며칠간 굶고 있다가 한 번에 많이 먹어서는 안 되고, 매끼를 제때에 먹어야 한다. 그래서 농산품은 가급적 그 공급지를 가까이에 두어야 하고 항상 통제할 수 있어야 하는 것이다.

최근 세계에 보호주의적인 성향이 강해지고 국가 간에 대립이 많아지면서 농산품무역의 무기화에 대한 우려가 커지게 되었다. 여기에다 지구의 기후변화와 이상기온으로 농업생산에 차질을 빚는 일도 많아져 농산품 공급에 불확실성이 증가하고 있다. 그래서 농산품에 있어서 국내에서 생산기반을 확보해야 한다는 인식이 증대하고 있다. 세계은행에 의하면 코비드-19(COVID-19) 팬데믹이 일어나자 러시아와 베트남을 비롯한 17개국에서 곡물수출을 금지하였다.

최근 급변하는 세계환경에서의 식량부족을 염려하여 수출을 금지하는 국가들이 늘어나게 된 것이다. 현재 세계적으로 곡물량 재고가 부족한 것은 아니지만 이렇게 국가들이 수출을 금지하게 되면 곡물 가격이 오르고 국가에 따라서는 식량부족으로 어려움을 겪게 될 가능성도 있다.

많은 전문가들은 앞으로 세계에 농업 국인주의가 더욱 거세질 것으로 예측하고 있다. 자연환경의 변화에 따른 불안정성이 커지고 있고, 국제정세의 변화에 따른 불안도 증가함에 따라 국가들이 위기 상황에 대비하여 자급자족의 비중을 높이고 국가적으로 중요한 부분은 가급적 자국이 통제할 수 있는 영역에 두려는 것이다. 경제적 이익도 중요하지만 이보다 더 중요한 것은 국가의 존립과 안녕이기 때문이다.

11. 국제기구에서의 국인주의

1944년 7월, 미국 브레턴우즈(Bretton Woods), 마운트워싱턴 호텔(Mount Washington Hotel)에 연합국 44개국 대표가 모여 전후 경제체제를 의논하게 되었다. 3주전에 있었던 노르망디 상륙작전의 성공으로 전쟁이 거의 끝나가고 있었기 때문에 이제 전후 세계의 경제체제수립을 위한 준비에 나선 것이다.

여기서 전후 세계경제체제 방안을 놓고 두 사람 간에 격론이 벌어졌다. 한 사람은 영국 대표 케인즈(John Maynard Keynes)고, 다른 한 사람은 미국 대표 화이트(Harry Dexter White)였다. 영국 재무성 무임금 고문으로서 영국의 대표로 참석한 케인즈는 그의 이론과 명성이 이미 전 세계에 알려져서 그 자리에 모인 사람들 중에 그를 모르는 사람은 없었을 뿐만 아니라 존경의 대상이었다. 반면에 화이트는 무명의 미국 재무성관리였다. 그는 미국 루즈벨트(Franklin Delano Roosevelt) 대통령이 신임하고 있는 재무성장관 모르겐소(Henry Morgenthau Jr.)의 신임을 받고 있었다.

케인즈는 세계의 중앙은행을 설립하고 방코(Bancor)라는 자체 통화를 발행하는 안을 주장하였다. 케인즈는 국제통화의 기초로서의 금의 역할을 폐지하고자 하였다. 금의 생산량에 따라 물가가 움직이고 경제가 파동치는 것을 막아야 한다고 생각했던 것이다. 반면에 화이트는 국제안정기금을 마련하고 각국의 통화를 미국 달러에 고정시키고 달러를 금에 고정시키는 방안을 주장하였다. 유럽국가들은 전쟁비용지출로 금이 없었고 금은 대부분 미국이 갖고 있었다. 그래서 금을 등에 업은 달러가 세계통화의 역할을 하도록 한다는 것이다. 케인즈안대로 간다면 전쟁으로 채무국이 된 영국의 입장에서 자금을 빌리기 수월하게 되지만, 화이트안대로 가게 되면 자금을 빌리는 것이 용이하지 않게 된다. 두 사람 모두 인류의 우애를 외쳤지만 실제로는 국가이익에 매몰되어 있었다.

회의는 영국과 미국 간에 또 하나의 전투였다. 케인즈와 화이트의 의견대립은 격렬했다. 한 사람은 지는 해 대영제국의 이익을 대변하고 있었고, 다른 한 사람은 떠오르는 강자 미국의 이익을 대변하고 있었다. 회의는 점차 화이트안의 방향으로 흘러갔다. 미국은 세계 금의 절대량을 가진 데다 유일한 채권국이었다. 게다가 영국은 명분상으로도 불리했다. 대영제국은 영연방국가 간에 파운드화를 중심으로 하는 스털링지역(sterling area) 호혜대우를 하고 있었는데, 화이트안대로 가면 이런 지역블록을 무력화시키는 것이어서, 이는 다른 국가들도 원하는 것이었다. 국가들은 미국 뒤에 줄을 섰고 화이트안이 채택되었다.

브레턴우즈 체제는 이렇게 수립되었다. 전후 국제경제체제의 수립과 국제경제기구의 시작에서부터 이렇게 자국의 이해에 따라 만들어지게 되었으니 그 이후의 국제기구들은 말할 것도 없다. 2015년 6월 29일, 아시아인프라투자은행(Asian Infrastructure Investment Bank)이 공식 출범하였다. 이 은행은 중국이 주도하는 아시아 태평양 지역의 인프라사업 투자를 위한 은행이다. 이 은행 설립은 한국을 곤혹스럽게 하였다. 회원국으로 가입을 권유하는 중국과 가입을 만류하는 미국 사이에서 입장이 난처하게 된 것이다. 결국 마감 시간에 임박하여 한국은 창설회원국으로 가입하였다. 중국이 미국과 일본의 반대에도 불구하고 이 은행을 설립하고자 하는 이유는 자국이 그동안 쌓아온 외화자금을 활용하여 세계에서 중국의 영향력을 확대해 나아가기 위해서이다. 이미 세계은행(World Bank)이나 아시아개발은행(Asia Development Bank)이 있지만 미국과 일본이 장악하고 있다. 기존 국제금융기관에서 신참인 중국이 아무리 함께하고자 해도 힘 있는 국가가 이미 기득권을 갖고 버티고 있는 한 설자리가 마땅치 않다.

이런 측면에서 중국의 국제금융기구 설립은 국제금융시장에서의 미국 패권에 대한 하나의 도전이다. 도전은 대립을 부른다. 중국이 내세운 "아시아 개발도상국을 돕는다는 취지"는 명분이고, 미국이 주장하는 "은행운영의 투명성이 부족하다"는 주장 또한 미국의 패권을 지키려는 속셈을 감춘 구실이다. 비록 국제기구로서의 은행이지만, 이를 설립하는 중국이나 이를 막으려는 미국, 그리고 가입을 저울질해야 하는 한국, 모두 자국의 문제일 뿐이다. 국제적인 기구라고 해서 반드시 세계주의적인 정신이 있는 것이 아니고, 설사 그런 것이 있다고 하더라도 일부분이거나 명분일 뿐이고 실제 중요한 부분은 자국의 이해인 것이다.

경제통합기구 또한 마찬가지다. 원래 세계경제의 주도권은 유럽에 있었지만 제2차 세계대전 이후 그 주도권이 미국으로 넘어가게 되었다. 국가 규모에서부터 미국에 대항하기 힘든 것을 안 유럽국가들은 국가들의 시장을 통합하여 세력을 확장하게 된다. 이렇게 해서 오늘날의 유럽연합으로 발전하게 된 것이다. 전후에 시작된 유럽에서의 경제통합은 단계적으로 진행되어, 1993년 유럽단일시장(European common market)이 되었다. 이렇게 되자 미국은 통합된 유럽의 힘에 대항하기 위하여 1994년 캐나다, 멕시코와 함께 북미자유무역협정(NAFTA)을 출범시킨다. 이렇게 경제통합기구들은 자국의 이익을 증대시키기 위하여 자국이 속한 시장규모를 늘려서 경제적 이익을 도모하고 확대된 시장의 힘을 이용하려는 것이다.

이렇게 자국의 이해관계에 따라 국가들 간에 경쟁적으로 경제통합을 결성하려는 행태를 보이기도 한다. 2008년 미국이 주도하는 가운데 환태평양경제동반자협정(Trans-Pacific Partnership: TPP)[110]이 추진되자, 2012년 중국이 주도하는 역내포괄적경제동반자협정(Regional Comprehensive Economic Partnership: RCEP)[111]이 추진되었다. 태평양 지역을 대상으로 미국과 중국은 서로를 의식하며 자국

---

[110] 환태평양경제동반자협정(Trans-Pacific Partnership: TPP)은 2015년 10월 체결된 태평양 연안의 뉴질랜드, 싱가포르, 칠레, 브루나이, 미국, 호주, 페루, 베트남, 말레이시아, 멕시코, 캐나다, 일본 등 12개국간의 자유무역협정(FTA)이다. 이후 미국이 탈퇴하여 포괄적·점진적 환태평양경제동반자협정(Comprehensive and Progressive Agreement for Trans-Pacific Partnership)으로 되었다.

[111] 포괄적 경제동반자협정(Regional Comprehensive Economic Partnership: RCEP)은 2012년 11월, 캄보디아의 프놈펜에서 열린 동아시아 정상회의에서 협상 개시를 선언한 ASEAN 10개국과 한국, 중국, 일본, 호주, 뉴질랜드 간에 자유무역협정(FTA)이다.

이 주도하는 무역협정을 경쟁적으로 만들려 한 것이다.

또한, 국가의 이해관계 변화에 따라 국제기구와 개별 국가의 관계는 언제든지 달라질 수 있다. 미국은 제1차 세계대전 후 국제연맹을 주도하였지만 가입하지는 않았다. 또 제2차 세계대전 후 국제무역기구(International Trade Organization: ITO)를 주도하였지만 자국은 서명하지 않았고, 환태평양경제동반자협정을 주도하였지만 곧 탈퇴하였고, 파리환경협약을 주도하였지만 곧 탈퇴하였다. 미국은 강대국이기 때문에 다른 나라 눈치를 보지 않고 자유롭게 행동한다. 미국의 행동을 보면 국제기구가 어떤 존재인가를 알 수 있다. 국제기구란 자국의 이익을 위한 것이다. 자국의 이익에 맞으면 그 속에 들어가 있는 것이지만 손해가 되면 탈퇴하는 것이다.

이러한 사실들을 종합해 볼 때 국제기구라고 해서 국제주의 정신만 있는 것이 아니다. 개별 국가들에 있어서 국제기구는 자국의 이익을 확보하기 위한 하나의 수단일 뿐이다. 국제기구를 통하여 자국의 이익을 포함한 공동의 이익을 도모하는 것이다. 국가들은 국제기구와 관련하여 세계의 이익과 세계의 평화를 내세우지만, 세계를 위해서 자국의 작은 희생이라도 감수하려는 나라는 어디에도 없다. 표면상으로는 국제주의를 내세우지만 그 바탕에는 국익을 우선으로 하는 국인주의가 강하게 작용하고 있는 것이다.

제 3 장

경제 국인주의의 역사

1. 고대국가의 경제 국인주의

인류는 씨족사회, 부족사회를 거쳐 국가사회로 발전해 왔다. 국가가 수립된 것은 부족사회가 그 세력을 확대하면서 영토를 넓히고 다른 씨족집단, 부족집단을 흡수하면서 이루어졌다. 이러한 변화의 동인은 사람의 지배욕이었다. 무력을 바탕으로 하여 국가의 경계가 끝없이 확대되어 갔는데, 이는 더 많은 땅과 사람들을 지배 하에 두는 것이며, 또한 더 많은 물자와 노동력을 갖게 된다는 것을 의미하였다. 그런데 국가 영역을 무한히 확대해 나갈 수는 없었다. 다른 국가의 존재가 국가 경계의 확대를 저지하였기 때문이다. 다른 국가는 자국의 영토확장을 가로막을 뿐 아니라 자국의 영토까지도 앗아가려 하였다. 국가 간 경계는 투쟁과 힘겨루기 상태에서 정해졌고, 그래서 국가와 국가 사이에는 항상 대립과 긴장관계에 있었다. 이렇게 국가관계는 그 시작부터 좋은 관계일 수 없었던 것이다.

국가세력의 영토 욕구는 매우 크다. 사람들의 자기 영토에 대한 욕구는 동물적 시절부터 내려온 것이어서 어느 지역 어느 시대를 막론하고 항상 작동되었다. 그래서 힘이 약한 국가는 강한 국가에 영토를 빼앗기거나 국가를 잃게 되는 것이 자연의 이치로 받아들여졌다. 지금까지 강하던 국가라도 힘이 약해지거나 이웃국가가 힘이 더 강해지면 영토 변경이 생기고 국가 유지가 어렵게 된다. 그래서 모든 국가는 항상 강함을 유지하려고 애쓰며, 이웃국가에 약점 잡히지 않으려고 모든 노력을 경주할 수밖에 없었다.

고대세계의 이런 상황을 고려하면서 국가 간의 경제관계를 생각해보면 국가 간 경제적 교류가 일어나기 어려웠을 것임을 쉽게 짐작할 수 있다. 또한 고대에는 삶의 형태가 내 자급자족이 일반적이었다. 마을이나 지방 내에서 교역도 많지 않은 상황에서 국가 간에 교역이 일어나기는 어려웠다. 물론 페니키아와 같이 교역이 활발한 국가들이 없었던 것은 아니었다. 그런데 여기에서는 특별한 지정학적인 위치에 있거나 국가관계 상황에 있는 국가에서 우호적인 국가와의 교역이나 통제가 없는 상황에서의 교역이 대부분이었다. 그리고 국가 간에 무역이 있다고 해도 불확실하고 위험이 큰 원거리 무역으로 생활필수품을 조달할 수는 없는 것이어서 무역의 대상은 주로 희귀물품이었다.

국가의 자급자족은 매우 중요하였다. 필요한 재화를 국내에서 구하지 못하여 외국의 재화에 의존하는 경우도 문제지만, 이와 반대로 자국의 재화를 외국에 제공해야 하는 경우도 문제이긴 마찬가지였다. 다른 나라에서 자국의 재화를 소비하는 상태가 되면 다른 나라로부터 재화의 제공을 강요당할 수 있고, 이 재화 때문에 다른 나라에 합병당하거나 식민지로 될 수도 있다. 그래서 식민지 상태가 아니라면 국가들은 처음부터 외국에 물자를 제공하는 일 같은 것은 하지 않았다. 국가 간 물자왕래를 하지 않는 것이 보통이었던 것이다. 이는 언어에서도 확인된다.

우리는 국가 간에 이루어지는 무역을 통상(通商)이라고 말한다.

통(通)은 막혀있는 것을 뚫는다는 것이고, 상(商)은 상거래이다. 그
래서 통상(通商)은 막혀있는 것을 뚫어서 상거래가 이루어질 수 있
도록 한다는 것이다.[112] 여기서 통상이라는 인위적인 행위를 하기 이
전의 일반적인 상태에서는 막혀있다는 것을 알 수 있다. 즉 국경을
두고 경제거래가 막혀있는 상태가 일반적인 상태임을 알 수 있는 것
이다. 그리고 통관(通關)이라는 말은 관문을 통한다는 말이다. 국경
을 넘는 물품 이동은 금지되어 있어서 만약 이러한 이동을 할 경우
는 국가가 정해 놓은 관문을 통해 이동하면서 국가의 허가를 받아야
만 하는 것이다. 또 여기서 징수하는 세금이 관세(關稅)인데, 관세는
이집트의 경우 기원전 수천 년 전의 시기에도 있었던 것으로 알려지
고 있다. 영국 관세청장을 역임했던 아담 스미스도 관세(customs)에
대하여 내국세보다 더 오래된 것이며, 이 세금이 관습(custom)과 같
은 말로 사용된 것은 아득한 옛날부터 관습적으로 내려왔기 때문인
것으로 보인다고 하였다.[113] 이렇게 국경을 통제하는 일이 국가 내에
세금을 받는 일보다 더 중요했다는 것은 그만큼 국경통제가 강하게
이루어져 왔음을 말해주는 것이다.

　　고대 그리스의 경우, 그리스 내 도시국가들은 독립성을 중시여
겨, 전통적으로 스스로 통치하고 필요한 물자는 국내에서 조달하였
다. 그리스는 척박한 땅이 많았지만 국가들의 자급자족에 큰 문제가
없었다.[114] 일찍이 고대 그리스인들은 건조한 기후에서나 척박한 땅
에서도 잘 자라는 보리를 주식으로 하였기 때문이다. 기원전 6세기
이후 밀을 소비하게 되면서 식량을 외부에서 공급하게 되고 이에 따

---

112 조영정, 1999, p.6
113 Smith, 1776/1991, p.548
114 Bernstein, 2008, p.46

라 식민지와 교역로 확보를 위한 국가 간의 투쟁이 일어나게 된다. 국가들은 저마다 독자적인 방법으로 국가를 다스렸을 뿐만 아니라 먹고, 입고, 살아가는 방식에 있어서도 독자적인 방식을 취하였다.

고대 그리스에서의 자급자족 중요성은 아리스토텔레스(Aristotle) 의 사상에서도 잘 나타난다. 아리스토텔레스는 그의 저서 『정치학』 에서 모든 공동체는 어떤 좋음을 실현하기 위하여 구성되는데, 국가 는 공동체 중에 으뜸가며 다른 공동체들을 포괄하는 공동체로서 국 가야말로 으뜸가는 좋음을 가장 훌륭하게 추구한다고 하였다.[115] 그 리고 이상적인 국가의 기본적 전제조건으로 정치적, 경제적 자급자 족을 들었다. 그는 어떤 사물의 본성은 그 사물의 최종목표인데, 자 급자족(self-sufficing)은 최종목표(the end)이자 최선의 것(the best)이 라고 하였다. 그리고 국가는 완전한 자급자족이라는 최고단계에 도 달한 것이라 하였다. 사람은 개인이 결합하여 가정을 이루고, 가정 이 모여서 마을을 형성한다. 그리고 마을이 모여서 국가가 되는데, 이 국가는 그 이전단계의 마을과 달리 완전한 공동체라는 것이다. 그래서 국가는 하나의 유기체와 같이 본래의 기능을 수행하는 개체 이며, 몸이 파괴되면 손이나 발이 존재할 수 없게 되는 것과 같이 국가가 없으면 개인 또한 마찬가지이다. 따라서 국가는 개인에 우선 한다. 공동체 안에 살 수 없거나 국가 속에 살 필요를 느끼지 못하 는 자는 들짐승이 아니면 신일 것이라고 하였다.[116]

이후 로마제국시대와 중세시대에 유럽은 통합된 하나의 세계 속에 있었다. 그러다가 14세기가 되면서 도시국가들이 출현하게 되 는데, 이들 국가에서는 자국의 경제적 이익을 도모하는 조치들을 시

---

[115] 아리스토텔레스, 2017, p.15
[116] 아리스토텔레스, 2017, pp.17-22

행하였다. 대표적으로 피레네(Pirenne)에서는 교역으로 상업적인 이익을 취하면서 관세를 부과하며 보호주의적인 경제정책을 시행하였다. 그리고 15세기에 절대군주국가들이 출현하면서 유럽은 중상주의 시대에 들어가게 된다.

2. 중상주의

중상주의(mercantilism)는 15세기부터 18세기까지 절대군주에 의한 통치체제에서 지배적이었던 경제사상이다. 절대군주들은 강한 국가 건설을 위해서 정비된 관료조직과 상비군이 필요하였고, 이를 위해서는 관료와 군인에게 지급할 급료와 무기비용의 돈이 필요하였다. 그래서 국가가 얼마나 강력하고 큰 규모의 국가 조직을 갖출 수 있느냐는 국가에 부가 얼마나 있느냐의 문제와 직결되었다. 이러한 상황에서 국가 간 국력의 경쟁은 국가 간의 부의 경쟁이었고 부를 축적하기 위한 하나의 수단으로서 각국이 무역을 활용하게 되었다. 당시 금과 은이 국제통화의 역할을 하였으므로 무역흑자로서 국가 내에 금과 은을 모을 수 있었고, 이 금과 은의 축적이 곧 국부의 증가로 여겼다. 무역에서 어느 국가가 흑자이기 위해서는, 어느 다른 나라는 적자가 되어야 하는데, 모든 국가가 흑자를 누리려고 하니 국가 간 경쟁이 일어날 수밖에 없었다. 그래서 각국은 무역흑자를 이루기 위하여 국내산업을 장려하고 수출을 진작하고 수입을 억제하는 등 국가에서 적극 개입하였다.

중상주의는 오로지 자국의 이익만 추구한다는 점에서 경제 국인주의와 같은 성격을 갖는다. 그러나 중상주의가 권력과 부의 증대를 원하는 군주가 중심이 되는 반면에, 경제 국인주의는 자신들의 공동체가 경제적으로 잘되기를 원하는 대다수 일반 사람들이 중심이 된다는 점에서 차이가 있다. 이 문제와 관련하여 카(E. H. Carr)는 중상주의를 국가 내 공동체의 이익을 위한 것이 아니라 국가의 힘의 강화를 위한 것이고, 이는 군주의 이익을 위한 것이라 하였다. 그리고 중상주의(mercantilism)는 국가적이고 자유방임(laissez faire)은 개인적이라고 생각하는 것은 잘못이며, 모두가 국가에 대한 것이지만 중상주의는 통치자의 이익만을 고려하고 대다수 국인의 부에 대한 생각은 배제되어 있다는 점에서 다르다고 하였다.[117]

중상주의는 중세의 봉건 경제조직이 국인경제 조직으로 이행하는 중간에 있었던 경제사상이다. 중상주의가 쇠퇴하게 된 것은 정치적으로 민주주의가 발달하면서부터이다. 17세기 후반 영국에 민주주의 혁명이 일어나면서 국가에 의한 과도한 통제를 배격하는 분위기가 일어나게 되었다. 특히 신흥 상공업자 세력은 무역과 상업거래에서의 자유를 원하였다. 이러한 시대적 요구를 반영하여 영국에서는 1776년 중상주의를 비판한 아담 스미스의 국부론이 출간되면서 이후 자유주의가 주류 경제사상으로 자리잡게 되었다.

영국이 신대륙에 식민지를 두고 있던 시절인 1773년 12월, 영국 동인도회사에서 들여온 차화물이 있었는데, 보스톤지역 현지인들이 선박하역을 거부하고, 인디언으로 가장하여 정박해 있던 선박에 몰래 들어가 차상자들을 바다에 던져 버렸다. 이 보스톤차사건(Boston Tea Party)이 미국의 독립전쟁에 도화선이 되었다. 이 사건은 영국의 미국 거주지 주민들에 대한 과세와 무역통제에 대하여 주민들의 반발로 일어났다. 국가가 무역을 통제하고 관리하는 중상주의적인 정책에 저항한 것이고, 이 경제 영역에서의 저항이 국가 독

---

[117] Carr, 1945, pp. 5-6

립이라는 정치적 사건으로 발전하게 된 것이다. 영국의 중상주의는 미국의 독립혁명과 함께 퇴조하게 되고, 프랑스의 중상주의는 절대 왕정의 붕괴와 함께 퇴조하게 되었다. 그래서 중상주의는 국인주의의 시작과 함께 그 끝을 맺게 된 셈이다.

3. 19 세기 경제 국인주의

1) 자급자족주의

프랑스혁명 이후 자코뱅당은 산업을 국유화하고 자급적인 경제를 추구하였으며, 물가에 대한 국가통제를 강화하였다. 당시의 낭만주의 사조에 따라 공통의 조상을 가진 공동운명체로서의 국가에 가치를 부여하고 공동체의 독자성과 자립성을 중시하였다. 그리고 경제보다는 문화와 역사에 더 비중을 두었다.

비슷한 시기 독일에서도 같은 의식이 일어났다. 피히테(Johann Fichte)는 1800년 그의 책 「폐쇄적 상업국가(The Closed Commercial State)」에서 자급자족경제를 주장하였다. 피히테는 국인집단을 인간 문명사회 삶의 중심으로 보고, 국인으로 이루어진 하나의 경제 속에 문화와 산업과 국가가 형성되어야 한다고 생각하였다.[118] 피히테는 경제가 국인 공동체 중심적으로 되어야 한다고 생각하였다. 그는 국가의 발전을 위해서는 경제에서의 국가의 적극적인 개입과 강력한 통제가 필요하다고 생각하였다. 그래서 국가통제를 어렵게 하고 그 효과를 절감시킨다는 점에서 대외거래나 국제무역에 대해 매우 부정적이었다. 국민이 국경을 넘어 경제거래를 하는 것뿐만 아니라 외

---

[118] Fichte, 1800/2012, p. 91

국인과 접촉하는 것 자체를 금해야 한다고 하였다.[119] 화폐는 외환을 엄격하게 통제해야 하고, 이에 더 나아가 외국에서 사용하거나 외국 화폐와의 교환을 방지하기 위하여 금화, 은화는 폐지하고 불환지폐를 사용하여야 한다고 하였다.[120] 그리고 금, 은과 같은 귀금속에 대해서도 통화대용으로 사용될 수 있으므로 그 유통을 완전히 금지시켜야 한다고 하였다.

그에 의하면 국가정부는 절대적인 권한을 갖는 존재이고, 그가 구상한 경제체제는 국가의 중앙계획경제였다. 재화의 생산에서 공급량과 가격을 국가가 결정하며, 개인은 무역을 할 수 없고 국가만이 무역을 할 수 있다. 그는 경제의 거시적인 측면뿐만 아니라 미시적인 측면에서도 국가가 직접 계획하고 통제해야 한다고 생각하였다. 피히테는 지금의 공산주의 국가와 같은 전체주의 국가정부를 구상하였던 것이다. 그의 방안에 의하면 국가 내의 모든 사람은 자신이 하고 싶은 일을 정부에 등록하도록 하고, 여기서 어느 사람이 하고자 하는 일이 그 일자리 수요만큼 이미 찬 경우에는 국가는 등록을 거부하고 다른 일자리에 등록하도록 권유한다는 것이다. 즉 개인은 직업선택의 자유도 없었다.

피히테는 세상을 만인에 대한 만인의 투쟁상태로 보았다. 그리고 이러한 투쟁은 세상의 인구가 늘어나고, 생산력이 늘고, 기술이 진보하고, 물품에 대한 수요가 늘어남에 따라 더 포악하고 위험하게 될 것으로 보았다. 무역은 이러한 경쟁을 더욱 치열하게 만드는 것으로서 바람직하지 않을 뿐만 아니라 해로운 것으로 보았다.[121] 그는

---

119 Fichte, 1800/2012, pp. 155-160
120 Fichte, 1800/2012, p. 173
121 피히테는 중상주의에서와 같이 무역은 어느 한쪽의 이익으로 되기 때문에 투쟁과

무역에서 관세를 부과하는 것에 대해서도 부정적으로 보았다. 관세를 부과하게 되면 국민들은 정부에 대하여 적대감만 키우게 된다는 것이다. 그래서 이 같은 모든 문제를 피할 수 있는 유일한 방법은 무역을 하지 않는 것이라고 생각하였다. 그의 생각은 논리적이기 보다는 교조적이었다. 피히테는 국가조직을 중심으로 집단주의적인 사상을 가진 사람이었고, 개인의 자유에 대해서는 가치를 부여하지 않았다. 헤이즈(Carlton Hayes)는 이러한 피히테의 아이디어는 프랑스혁명 이후 자코뱅당의 국인주의에 의해서 영향을 받은 것이라고 보았다.[122]

또 같은 시기 독일의 뮬러(Adam Muller)도 자급자족주의자였다. 그는 보호무역과 경제적 자급자족을 주장하였는데, 국가 내의 사람들만으로 서로 분업함으로써 정신적인 결속을 이룰 수 있다는 근거에서였다.[123] 그는 무역을 국인들로 하여금 세계시민인 것으로 생각토록 하여 국인적 결속을 파괴한다고 하였다.[124] 뮬러에게 있어서 시장은 단지 상품이 교환되는 장소가 아니라 사람들 간의 관계를 맺는 장소이며, 통화는 단지 경제적인 기능을 할 뿐만 아니라 국인 상호간을 이어주는 사회적인 역할을 하는 것으로서 큰 의미를 갖는 것이었다.[125] 즉 사람들이 함께 경제생활을 하는 가운데 국가적인 정체성이 강화되고 국인적인 단합이 강화된다는 것이다. 국인주의적인 주장을 함에 있어서 후에 리스트가 경제적인 측면에 치중한 반면에,

---

전쟁으로 이끌게 되는 것으로 보았다. 하지만 그는 중상주의와 달리 국가의 부는 화폐에 있지 아니하고 원자재, 농산품, 공산품과 같은 재화의 양에 달려있다고 하였다.

[122] Hayes, 1931, p. 265

[123] Helleiner, 2002, p.318

[124] Helleiner, 2002, p.18

[125] Helleiner, 2002, p.318

뮬러는 사회적인 측면에 치중하였다.

뮬러의 아이디어는 메테르니히가 통치하던 오스트리아에서의 불환통화 채택에 영향을 주기도 하였지만[126] 전반적으로 자급자족주의자들의 생각이 경제시조의 흐름에 미친 영향은 거의 없었다. 하지만 한 세기가 지난 이후에 이러한 생각을 따르는 사람들이 나타났다. 1930년대 독일의 할마 샤하트(Hjalmar Schacht)는 피히테의 생각을 실행에 옮겨서 나치의 경제정책을 수립하였다. 그리고 1933년 케인즈(John Maynard Keynes)가 『국가 자급자족(National Self-Sufficiency)』이라는 글을 썼는데, 헤일페린(Heilperin)은 그 내용이 피히테의 생각과 매우 유사하다고 지적하였다.[127]

2) 보호무역주의

산업혁명을 전후하여 유럽에서는 경제권역에 대한 변화가 일어났다. 이전에는 각 지방마다 그 지방에서 만들어진 생산물이 그 지방에서 소비되는 지방경제 형태였다. 그런데 대량생산과 교통통신의 발달로 물자이동이 쉬워지면서 어느 한 지방에서 생산된 생산물이 국가 내 전 지역에서 소비되는 국인경제(national economy)의 형태로 변모하게 되었다. 이에 따라 경제에서 국가의 의미가 더 커지게 된 것이다. 사람들은 국가단위로서의 경제를 두고 자신이 속한 국가의 경제가 더 발전하고 번영해야 한다는 의식을 갖게 되었다.

산업혁명을 먼저 이룬 영국은 앞선 공업생산력으로 외국에서 원료를 수입하고 공산품을 수출하여 세계의 공장역할을 하기 시작

---

[126] Helleiner, 2002, p.319
[127] Heilperin, 1960, p.117

하였다. 이러한 상황에서 미국과 독일을 비롯한 당시 산업 후진국의 입장에 있던 나라들이 자국의 경제발전 문제를 고민하게 되었다.

미국은 1776년 정치적으로 독립하였지만 경제적으로는 여전히 유럽국가들에 의존하고 있었다. 면화, 담배, 곡물과 같은 농산물을 유럽에 수출하여 유럽의 공산품을 수입해 쓰지 않으면 안 되었다. 게다가 유럽의 작황에 따라 유럽에서의 농산품 수입량이 달랐기 때문에 미국 농민의 수출소득이 안정적이지 않았다. 이런 상황에서 해밀턴(Alexander Hamilton)은 1791년 『제조업 보고서(Report on the Subject of Manufactures)』에서 낙후된 국내 제조업 육성의 필요성과 이를 위한 방안으로서 보호무역정책을 주장하였다.[128] 그는 미국의 입장에서는 하루속히 제조업을 발전시켜서 현재 농업 일변도인 국내산업을 농업과 제조업으로 분화하여야 하고 그래야만 자립경제를 달성할 수 있다고 하였다. 그리고 안정적인 농업의 발전을 위해서도 비농업 소비자 계층이 필요하고 이를 위해서 제조업을 육성해야만 한다는 것이다. 미국의 제조업은 유럽에 비하여 낙후된 상태에 있어서, 현 상태로서는 유럽의 수입상품에 밀려서 성장할 수 없기 때문에 국가가 보호해 주어야 한다는 것이다. 이렇게 보호조치를 하면 국내의 제조업은 외국상품의 공세에서 벗어나 생산규모가 확대되어 산업이 성장하게 되고, 더 나아가 외국기업과 경쟁할 수 있는 수준으로 발전할 수 있다고 하였다.

이러한 해밀턴 주장의 타당성은 현실적으로 입증되었다. 얼마되지 않아 유럽에 나폴레옹전쟁이 일어났고, 전쟁으로 유럽으로부터 공산품 수입을 하지 못하게 되자 미국은 공산품의 국내생산 증가와 함께 산업이 발전되는 계기를 맞게 되었다. 이후에도 미국은 지속적

---

[128] Hamilton, 1791

으로 보호주의적인 정책을 시행하면서 산업을 발전시켜 나갔다. 1861년에서 1865년까지 대통령을 지낸 링컨은 다음과 같이 말하였다. "나는 관세에 대해서는 아는 것이 없지만 이것은 잘 안다. 우리가 외제 물건을 산다면 물건은 우리가 갖고 돈은 외국인이 갖지만, 국산품을 산다면 물건도 우리가 갖고 돈도 우리가 갖는다."[129] 흔히들 미국의 화폐에 얼굴이 새겨진 대통령 중에 보호무역주의자가 아닌 사람이 없다고 말한다. 보호주의자일수록 국민들로부터 더 많은 사랑을 받았다는 것이고, 이는 미국 국민들의 국인주의 의식을 반영하고 있는 것이다.

한편 19세기 전반, 독일은 봉건적 체제에다 소국들로 분열된 상태에서 경제적으로 크게 낙후되어 있었다. 이러한 상황에서 독일의 경제발전을 위하여 경제 국인주의를 주장한 사람이 리스트(Friedrich List)이다. 리스트의 주장은 당시 아담 스미스의 자유주의 경제학이 휩쓸고 있던 유럽에서의 일반적인 분위기와는 사뭇 다른 것이었다. 리스트는 자신의 경제발전 단계설에서 국가경제의 발전단계를 ①수렵상태, ②목축상태, ③농업상태, ④농공상태, ⑤농공상상태의 5단계로 구분하고, 초기와 후기단계에서는 자유무역이 유리하지만, 중간단계에서는 보호무역이 유리하다고 주장하였다.[130] 따라서 후기 단계에 있는 영국의 경우에는 자유무역을 택해야 하지만, 중간단계에 있는 독일은 보호무역을 택해야 한다고 하였다. 그리고 독일도 공업이 발전하여 농공상상태의 단계에 이르게 되면 자유무역으로 이익을 누릴 수 있다고 하였다.

---

[129] Taussig, 1914, Aug, p. 814

[130] 중간단계인 농업사회에서 공업사회로의 이행은 보호무역에 의해서만 달성될 수 있다고 하였다.

리스트는 공업을 중요하게 생각하였다. 그는 전쟁으로 인하여 공업이 발전하게 되어 순수 농업국에서 농업 공업국으로 된다면 이는 축복이라고 하였다. 반대로 공업이 발전할 수 있는 나라가 평화로 인하여 농업국으로서 계속 남아 있다면 이는 평화가 전쟁보다도 더 해로운 것이 된다고 하였다. 그는 공업화라는 경제적 목적을 위해서라면 전쟁도 환영한다는[131] 그의 생각에서 그가 얼마나 국가의 공업화를 중요시하고 있는가를 알 수 있다. 그리고 리스트는 다음과 같이 말한다.

> 아담 스미스(Adam Smith)나 세이(Jean-Baptiste Say)와 같은 자유주의자들은 개인을 단지 생산자와 소비자로만 생각할 뿐 한 나라의 국인이라는 것을 생각하지 않는다. 그들은 자국의 힘, 명예, 영광에 대해서 고려하지 않는다. [132]

리스트는 자유주의 경제학에서는 단지 생산자와 소비자로서의 개인을 상정하고 있을 뿐이며 미래 세대의 번영을 고려하지 않고 있다고 비판한다. 자유주의 경제학은 미래세대를 위한 현재세대의 희생은 어리석다고 생각하며 오로지 개인들만 있을 뿐 국인의 지속과 번영에 대해서는 생각하지 않고 있는데 이는 잘못이라는 것이다. 그는 또, 국가가 전체국인을 아우르는 관리를 하게 될 때 민중들의 경제는 국인경제가 되는 것이며, 여기에 국가의 경제관리가 의미를 갖게 되는 것이라고 하였다.[133] 자유주의자가 개인과 인류 전체를 생각하는 반면에 리스트는 이 개인과 인류 사이에 중요한 집단으로서의 국인의 존재를 생각한 것이다. 개인이 자국에 대한 애착을 가진 국인

---

[131] Heilperin, 1960, pp. 59-60

[132] List, 1841/1856, p. 261

[133] List, 1841/1856, pp. 281-282

이기 때문에 경제정책의 목표는 부의 극대화에 그치지 아니하고, 국가 힘의 증강과 문화의 발전도 함께 포함되지 않으면 안 된다는 것이다.[134] 리스트는 국인의식 속에서 형성된 공동체로서의 국인(nation)은 법적인 국가(state) 속의 단순한 개인들의 집합이 아니며, 당연하게 국인 공동체는 세대에서 세대로 이어지는 먼 지평 속에서 미래 세대의 번영과 발전을 위해서 오늘의 희생도 마다하지 않는다고 하였다.[135] 이렇게 그의 주장들을 보면 리스트는 보호주의자보다는 국인주의자라는 표현이 더 적절하다고 할 수 있다.[136]

해밀턴과 리스트를 비교하자면 보호무역주의를 주장한 점에서 동일하나 세부적으로는 차이가 있다. 해밀턴의 제조업 육성 주장은 리스트에 와서는 유치산업보호 이론으로 발전하게 된다. 해밀턴이 제조업보고서를 발표했던 당시는 세계가 중상주의에서 자유무역주의로 변화해 가는 시기였다. 아담 스미스의 국부론이 출간된지 15년이 지난 시점으로 아직도 중상주의 기조 하에서 무역에 대한 국가의 통제와 개입이 일반적인 시기였다.[137] 반면에 리스트의 시대는 자유무역주의가 확산되던 시기였다. 그래서 해밀턴은 중상주의에서 보호무역주의를 주장하였고, 리스트는 자유무역에 반대하여 보호무역주의를 주장하였던 것이다. 해밀턴은 그의 생각이 경제적인 영역에 국한되었지만, 리스트의 주장은 경제적 영역에 국한되지 않고 정치적 영역도 포괄한다. 리스트는 경제적인 상황과 그 발전을 국가의 힘의 측면에서 생각하였다. 리스트는 국가가 정치적인 독립을 지키는 것

---

[134] 같은 취지 Helleiner, 2002, p.7

[135] List, 1841/1856, pp. 281-282

[136] Abdelal, 2005, p. 25

[137] Heilperin, 1960, p. 56

과 함께 경제적으로도 독립성을 유지하는 것이 중요하다고 생각하였다. 그래서 안정적인 무역망을 구축하고, 물자를 확보하고 잉여인구를 유출시킬 수 있는 식민지를 확보하는 것이 중요하다고 생각하였다.

리스트는 주권 국가의 의무는 번영, 문화, 국인성, 언어, 자유 등을 추구하고 발전시킴으로써 세계에서 자신의 완전한 사회적 정치적 입지를 지키고 발전시켜나가는 것이라고[138] 말하고 있다. 국가에 대한 리스트의 이러한 생각에 비추어 아담 스미스(Adam Smith)의 생각은 어떠했을까? 리스트가 아담 스미스와 같은 자유주의자를 국가를 의식하지 않는 사람처럼 표현했지만 실제 아담 스미스에 있어서도 국가가 중요하지 않은 것은 아니었다. 아담 스미스도 국방이 풍요보다 훨씬 더 중요하다고 했다.[139] 또 그는 국민들로 하여금 무엇이든 자유롭게 하도록 내버려 두는 것이 좋지만, 주권국가가 해야 할 의무가 세 가지 있다고 했다. 첫째는 국가 외부세력의 침략이나 폭력으로부터 사회를 보호해야 하고, 둘째는 구성원 상호 간의 억압과 정당치 못한 행위로 부터 국민을 보호해야 하고, 셋째, 개인이 할 수 없는 공공적인 일이나 제도를 수립하고 유지해야 한다고 하였다.[140] 이를 볼 때, 아담 스미스보다 리스트가 국가에 더 적극적인 면을 기대하고 있는 것은 틀림없지만, 아담 스미스라고 해서 자국을 위하는 마음이 없었던 것은 아니다. 리스트나 아담 스미스나 국인국가의 형성기에 국가 경제를 발전시키려는 목적에 있어서는 큰 차이가 없었다고 할 수 있다. 그렇다면 아담 스미스도 국인주의자라고

---

[138] List, 1841/1856, p. 31

[139] Smith, 1776/1991, p. 361

[140] Smith, 1776/1991, p. 466

할 수 있을까? 그렇게 말하기는 어려울 것이다. 모든 사람은 이기적인 존재이지만 누구에게나 이기주의자라고 하지 않듯이, 자신의 나라를 사랑하는 마음이 있는 것만으로 국인주의자라고 할 수는 없는 것이다. 자국에 대한 애착이 통상의 수준을 넘어 과도하게 될 때 국인주의자가 될 수 있는 것이다.

그리고 리스트는 피히테와 같이 폐쇄경제를 주장한 것이 아니었다. 그가 보호관세를 주장한 것은 독일의 산업수준이 영국에 비하여 뒤져있기 때문에 자유무역을 하게 되면 산업발전에 부정적인 영향을 받을 수 있으니 보호관세로 국내산업을 육성하여 장차 국제경쟁력을 갖도록 하자는 것이었다. 여기에는 국제 경쟁력을 갖게 되면 당연히 영국과 같이 자유무역으로 이행하는 것을 전제로 하는 것이었다. 이런 점에서 리스트는 자유주의 경제학자들과 크게 다르지 않았다. 자유주의 경제학자 밀(John Stuart Mill)도 경우에 따라 유치산업보호가 필요하다고 하였다. 리스트는 아담 스미스와 같은 자유주의자들을 비난하였지만 사실 이들은 리스트가 생각한 만큼 그렇게 국가의 이익에 대해서 관심이 없는 것이 아니었고, 그렇게 세계주의자들도 아니었다.

리스트는 개인보다는 국가의 관점에서 개인과 국인 공동의 이해관계가 서로 상치하는 경우에는 후자가 우선되어야 한다고 보았고, 경제적인 관계에 있어서 단순히 부의 측면에서만 보지 않고 이와 연결되는 국인 공동체의 힘과 영광에 대해서도 함께 보았던 점에서 달랐던 것이다.

3) 자유무역주의

18세기 말 영국 상공업자들은 중상주의 정책에 대해 불만이 많았다. 일찍이 민주주의 혁명으로 주권의식이 강화된 일반 국민들과 경제력을 갖게 된 상공업자들은 경제활동에서 더 많은 자유를 원했다. 이러한 생각은 1776년 아담 스미스의 국부론으로 체계화되고 곧 자유주의 경제이론이 주류적인 경제사상으로 자리잡게 되었다. 18세기 후반 산업혁명 이후 공산품을 수출하는 대신 농산품은 수입에 의존하는 형태로 되었다. 이러한 상황에서 영국이 취한 전략은 자국이 자유무역을 하고 외국도 자유무역을 하게 함으로써, 한편으로는 자국에서 생산한 공산품의 외국판로에 장애가 없도록 하고, 다른 한편으로는 외국으로부터의 농산물이나 원료 수입이 원활하게 이루어질 수 있도록 하는 것이었다. 그래서 영국은 19세기 내내 세계 패권국으로서의 국력을 활용하여 세계를 자유무역으로 이끌었다.

아담 스미스나 리카르도의 자유무역이론이 국가를 배제하고 개인과 인류 전체의 후생증대에만 목표를 두고 있는 것은 아니다. 이들 이론도 자유무역을 하면 개별 국가의 입장에서 이익이 된다는 것을 설명하고 있다. 현실에 있어서는 국가의 이해가 더욱 선명하게 나타난다. 19세기 초반 영국의 하원의원 흄(Joseph Hume)은 자유무역을 하게 되면 전 세계가 영국에 조공을 하게 될 것이라고 주장하였고, 같은 시기 매콜리(T. B. Macaulay)는 자유무역을 하게 되면 영국은 전 세계의 상품 생산자로서 세계의 무역을 독점할 수 있다고 주장하였다.[141] 이렇게 영국은 19세기 경제 자유주의 사상으로 세계를 자유무역의 방향으로 이끄는 한편, 이 자유무역으로 자국에 부와 힘을 끌어들여 세계 패권국가의 위치를 확보하였다.

영국은 1860년 프랑스와의 콥든-슈발리에 협정(Cobden-Chevalier

---

[141] Semmel, 1993, p. 72, Helleiner, 2002, p. 20에서 재인용

Treaty)을 시작으로 유럽각국과 무역협정을 체결하여 국가 간의 무역장벽을 제거하고 자유무역을 확산시켰다. 당시 영국의 상황에서 자유무역이 영국에 가장 유리한 정책이었고, 그래서 영국은 자유무역을 추진한 것이다. 19세기 영국이 추진한 자유무역주의에도 그 뒤에는 영국의 국가이익이라는 국인주의가 있었던 것이다.

18세기 후반 영국은 옷감을 기계로 대량으로 값싸게 생산하여 인도로 수출하였다. 영국은 자유무역주의로 인도의 면화를 수입해서 옷을 만들어 다시 인도에 수출하여 많은 이익을 누렸고, 인도는 무역 적자에다 국내 생산이 줄어들어 경제는 날로 피폐해져 갔다. 이에 1905년 인도에 스와데시 국산품사용운동이 일어나 물레로 저어 옷감을 만들었다. 자국 내 생산을 늘려서 수입을 막고 국내산업을 일으키려 했던 것이다. 여기에 영국은 이 운동에 참가했던 수천 명을 체포하고 감옥에 보냈다. 이때 과연 인도는 국인주의이고 영국은 국인주의가 아니라고 할 수 있는가?

4) 통화체제

영국에는 1816년 화폐주조법(Coinage Act)으로 금화가 통용되고, 1821년에는 금본위제도가 본격적으로 시행된다. 당시까지 많은 나라는 은본위제이거나 금은복본위제였다. 영국이 금본위제도를 시행한 이후에 다른 나라들도 금본위제도를 채택하였고, 19세기 말에 가서는 대부분의 나라들이 금본위제도를 채택하게 된다. 당시 은의 생산량 증대로 은의 가치가 하락하면서 금을 선호하게 된 것도 있었지만, 영국에서의 금본위제도 시행이 큰 영향을 주었다. 대부분의 국가들이 영국과 무역이 많았기 때문에 국제결제의 편의성을 고려한 것이다.

금본위통화제도에서는 각국의 금의 가격에 따라 국가 간 환율이 자동적으로 정해지게 된다. 금은 모든 국가에서 안정적인 가치를 갖는 재화이기 때문에 외국화폐가 자국에서도 그대로 가치를 인정받는 것과 같다. 이는 국가 간 화폐 교환성 문제를 해결해주게 되어 교역과 국제투자를 용이하게 하는 것이다. 이렇게 국제금본위체제가 형성된 것은 그만큼 자유로운 국제경제활동을 뒷받침하는 안정적인 인프라가 구축된 것을 의미한다.

그런데 이를 다른 면에서 보면 그만큼 국가가 개방된 환경 속에 놓이게 되어 국가의 임의적 개입의 여지는 줄어들고 국가정부의 운신의 폭이 좁아지는 것을 의미한다. 금본위통화제도의 이러한 특성 때문에 외국과의 교역을 좋지 않게 생각하는 사람들은 금본위제 채택에 대해서도 부정적이었다. 또한 많은 국인주의자들은 금본위제도를 국가경제를 위협하는 제도로 생각하거나 국가의 존립과 안전에 좋지 않은 제도로 생각하였다.

영국의 애트우드(Thomas Attwood; 1765~1838)는 영국이 금본위통화제도를 채택하는 것에 대하여 반대하였다. 그가 반대한 이유는 국민들의 국가에 대한 애국심이 약해질 것을 우려해서였다. 자국통화가 외국통화와 교환불능일 때 국민들이 자국의 정체성이 강화되어 전쟁이 나도 국가를 위해 더 열렬히 싸우게 된다는 것이다. 불환지폐일 때 나라가 망해버리면 아무리 돈이 많아도 그 돈은 휴지가 되지만, 금이 화폐일 때에는 나라가 망하더라도 부자들은 그 돈을 그대로 사용할 수 있다. 전쟁이 나면 금본위제도에서는 돈 있는 사람들은 돈을 챙겨 외국으로 나가버려 금의 유출이 일어나게 되는 반면에, 불환화폐를 사용하게 되면 돈을 갖고 외국으로 피난가는 사람이 없다. 그래서 금본위통화제도에서 전쟁이 나게 되면 사람잃고 돈 잃는 사태가 발생할 수 있다는 것이다. 그리고 불환지폐를 사용하게 되면 자국이 있을 때 그 돈이 돈의 가치를 하기 때문에 돈 있는 사람들이 나라를 방위하기 위하여 더 열심히 싸우게 된다는 것이다. 그는 국가 내 사람들이 경제적으로 함께 잘사는 것에 대하여 관심을 가졌다. 그는 자유주의 경제학에서 가정하는 대로 가격조정이 일어나고 시장이 유연하게 반응하는 것이 아니기 때문에 불경기나 실업이 많은 시기에는 정부가 통화공급을 늘리고 통화가치를 낮추어 인위적인 부양책을 쓰는 것이 필요하다고 생각하였다. 이미 그 시기에 케인즈와 비슷한 생각을 했던 것이다.[142]

미국에서는 헨리 캐리(Henry Carey; 1793~1879) 역시 불환화폐의 사용을 주장하였다. 불환화폐를 사용하게 되면 통화의 공급량을 조절함으로써 보다 쉽게 국내 경제성장을 촉진할 수 있다는 것이다. 불환화폐를 사용한다는 것은 금의 보유에 구애됨이 없이 국가 마음대로 통화를 발행할 수 있으므로 통화에 있어서 국가의 임의적인 재량권을 갖는다는 것을 의미한다. 그리고 캐나다에서도 같은 국인주의자로서 부캐넌(Isaac Buchanan; 1810~1883)이 있었다. 그도 국가의 생산자원을 개발하고 사람들을 충분히 고용하기 위해서는 통화량을 조정하는 것이 필요하고, 이를 위해서 불환화폐의 사용을 주장하였다. 또 그는 불환화폐를 사용함으로써 사람들이 국가에 대한 충성심을 높일 수 있다고 주장하였다. 그는 어느 사람이 종이돈 천 달러를 갖고 있다면, 그 돈은 그 나라 안에서만 가치를 갖게 되고 나라 바깥에서는 아무런 가치를 갖지 못한다. 그래서 그가 가진 돈이 의미를 갖기 위해서는 그 나라가 있어야 하고, 그래서 그는 애국심

---

[142] Helleiner, 2002, pp. 315-316

을 가질수 밖에 없다. 하지만 그가 만약 천 달러의 금화를 갖고 있다면 그 돈은 세계 어디에 가더라도 그 가치를 갖는다. 그가 그 돈을 외국에 가서도 사용할 수 있으므로 그는 굳이 전쟁에서 싸우려 하지 않을 것이라고 하였다.[143] 애트우드와 같은 주장을 한 것이다.

이와 반대로 국가에 따라서는 금본위제로써 국가 내 화폐통일을 기한다든지 국가 내 중앙은행의 금융통제력을 강화하고, 이를 통하여 국가의 위상을 높이려는 의도에서 금본위제를 추진하기도 하였다. 독일은 비스마르크(Otto von Bismarck)가 독일을 통일하고 난 뒤인 1872년, 이전의 탈레르(Thaler)화 은본위제도에서 마르크(Mark)화 금본위제도로 바꾸었다. 마침 보불전쟁 승리로 전쟁배상금으로 프랑스로부터 50억 프랑의 금을 전쟁배상금을 받게 되어 금을 여유있게 확보한 상태에서 금본위제도를 시행하게 되었다. 이렇게 독일은 금본위제도의 시행을 통하여 통일국가를 상징함과 동시에 국가적인 긍지를 드높이는 계기로 삼았다.

많은 국가들이 새로운 화폐제도를 도입하면서 국가의 통합과 국가적 정체성을 고양시키는 데에 활용하였다. 화폐에 자국의 역사적인 위인, 자국의 풍경, 역사적인 사건 등을 그려 넣음으로써 이를 사용하는 국민들이 국가의 상징을 화폐와 함께 일상 속에서 익히게 된 것이다.

4. 양차 대전 사이의 경제 국인주의

1) 제1차 세계대전 이후의 경제 국인주의

---

[143] Helleiner, 2002, p. 316

19세기는 전반적으로 자유주의가 강했던 시대였다. 이러한 가운데 국제무역은 성장하고, 금본위 국제통화체제가 안정적으로 작동하였고, 국제적으로 자본의 이동은 순조로웠으며, 사람의 국가이동에 대한 제약도 크지 않았다. 하지만 독일통일 이후 국인주의가 고조되면서 1914년 제1차 세계대전이 발발하게 되고 자유주의는 위축되었다. 전쟁이 끝난 후에도 국인주의는 식지 않았고 이러한 가운데 경제에서도 강한 경제 국인주의 성향을 띄게 되었다.

여기에는 다양한 이유가 있었다. 무엇보다 전쟁을 경험한 이후에 사람들은 더 국인주의적으로 되고, 국가들은 훨씬 더 국가주의적으로 되었다는 점이다. 전쟁기간 중에 불태웠던 적에 대한 증오와 자국 수호를 위한 마음이 전쟁이 끝났다고 해서 바로 누그러지는 것이 아니었다. 전후 평화협상으로 그 분위기를 평화적이고 우호적인 분위기로 바꾸어 놓아야만 했지만, 1919년 파리평화회의(Paris Peace Conference)는 이러한 점에서 그 역할을 제대로 하지 못하였다.

자연히 국가를 중심으로 하는 생각 속에서 자국만을 생각하고 다른 문제들은 뒷전으로 밀려나게 되는 상황이었다. 그래서 사소한 일에 국가 간에 적개심이 일고, 사소한 일에 국가를 앞세우게 되면서 국가를 위한다는 명분으로 근시안적인 접근을 하게 된다. 그리고 전쟁으로 과학과 기술이 발전하면서 과학기술과 공업의 중요성을 인식하여 자국의 산업육성에 더 많은 관심을 갖게 되고, 산업이 공업화되면서 국내 생산과 고용에 대한 관심이 커지게 되었다.

또 전후에 신생국가들이 많이 탄생하면서 이들 국가와 관련하여 국인주의가 고조되었다. 패전국 독일 주변의 유럽 중동부 지역에 신생국가가 많이 탄생하게 된다. 일반적으로 신생국가는 국가 초기의 경제적 안정과 자립을 위해서 경제 국인주의적인 성향을 띠게 된다. 신생국가가 탄생하게 되면 사람들의 자국에 대한 열망이 크게 부풀어 오르게 되고, 정부 또한 국가로서의 기틀을 세우기 위하여 국민들의 애국심을 모으는 가운데 국인주의가 강화된다. 반대로 신생국가 지역을 내어준 기존 국가에서는 자신들의 땅을 잃었다고 생각하고, 이에 분노하는 가운데 국토회복이나 이를 위해 국력을 증강시켜야 한다는 의식 속에 실지회복 국인주의(irredentism)가 일어나게 된다.

전후에 경제 국인주의는 여러 측면에서 여러 형태로 나타났다. 먼저 무역에서 보호무역주의가 강화되었다. 관세의 인상, 수입할당, 외환통제, 쌍무적인 무역, 지역블록의 확산 등 다양한 수단을 동원하여 국가가 무역을 통제 관리하게 되었다. 특히 1931년 프랑스에서 최초로 시행된 수입할당은 곧 세계적으로 확산되어 무역장벽으로서 큰 역할을 하였다. 관세는 수입량을 줄이게 된다고 할지라도 시장원리가 작동하는 것까지 멈추게 하지는 않는다. 하지만 수량제한은 시장원리가 작동할 수 없게 되기 때문에 그 부정적인 효과도 컸다. 그리고 영연방의 스틸링지역, 미국과 중남미지역의 미달러지역, 독일과 중남부 유럽을 중심으로 하는 마르크지역, 프랑스를 중심으로 하는 금블록지역 등 강대국들은 국가 블록을 형성하여 자신들만의 무역과 경제협력에 치중하게 된다. 이렇게 국가마다 무역에 대한 제한이 점차 노골적이고 직접적으로 행해지게 되고, 한 국가의 보호주의는 다른 국가의 반향을 불러 일으키면서 전 세계적으로 보호주의가 확산 강화되었다.

널리 알려진 제1차 세계대전 이후의 보호무역주의는 경제 내셔널리즘의 여러가지 양상 중의 한 부분이었다. 무역에서뿐만 아니라, 농산물에서 자급자족해야 한다는 의식이 고조되었고, 고용증가, 국민소득의 증대와 같은 국가전체로서의 거시적 경제 문제에 대한 관심이 크게 일게 되었다. 1925년 이탈리아에서는 밀전쟁(Battle for Wheat)[144]이 일어났다. 밀생산에서 자급자족을 이룩하여 외국 곡물의 노예상태로부터 해방되자고 하여 농업생산에서 곡물의 생산증대 운동을 펼쳤다. 이는 이탈리아뿐만 아니라 대부분의 국가들이 식량안보를 의식하면서 농업생산 증대에 박차를 가하였다. 이런 결과로 각국에서 농업생산이 증가하면서 1차상품 가격이 폭락하게 되었고, 이는 세계경제공황의 한 원인이 되었다.

또한 전쟁 이후 모든 영역에서 국가장벽이 더 높아졌다. 물자뿐만 아니라 사람에 있어서도 국경을 넘는 일이 더 어려워지게 된 것이다. 전전에는 미국을 비롯한 신대륙 국가로의 이민과 이주가 비교적 자유로웠지만 전후에는 훨씬 더 까다로워졌다. 1921년 미국은 이민할당법(Quata Act)을 제정하여 받아들일 이민자의 수를 국가별로 할당하여 이민유입에 대한 통제를 강화하였다. 이것은 넓은 영토에 사람이 부족하여 비록 외부로부터 이민을 받아들이면서도 아무나 자국에 들어와 살게 해서는 안 된다는 것이고, 이는 국인으로서의 의식이 더 강화된 것을 의미한다.

그리고 국가의 개입과 통제가 많아졌다. 소련의 공산주의, 독일의 나치즘, 이탈리아의 파시즘, 일본의 군국주의와 같이 강한 국가통제체제들이 등장하였고, 다른 국가들에서도 이 같은 추세 속에서 국가의 개입과 관리가 강해지게 된 것이다. 경제에서의 정부개입을 정당화한 케인즈 이론이 나오게 된 것도 관심의 초점이 국가전체에 쏠리게 되었기 때문이다. 지금까지 자유주의를 주도하던 영국에서도 전후 어려운 경제사정으로 인하여 폐쇄적인 경제 국인주의 성향이

---

[144] 곡물전쟁(Battle for Grain)이라고도 한다.

나타나게 되었는데, 이러한 성향을 대변한 사람 중의 하나가 케인즈 (John Maynard Keynes)이다. 독일에서는 할마 샥트(Hjalmar Schacht)가 1930년대 나치독일의 경제정책을 이끌면서 폐쇄적인 경제 국인주의 정책을 취하였다. 그리고 소련은 공산주의의 폐쇄주의적인 기조를 유지하였다.

이렇게 각국은 각자도생의 입장에서 근시안적이고 단기적인 이해를 충족할 뿐, 장기적으로는 모두가 손해만 보게 되는 정책들을 추구하고 있었다. 이런 상황에서 자국만 생각하는 조치를 자제케 하고 상호협력하여 모두에게 좋은 길로 이끄는 국가가 없었다. 킨들버거(Charles Kindleberger)의 패권안정이론((hegemonic stability theory)은 이 시기의 세계경제 문제를 논하고 있다. 자유무역체제가 좋은 것은 알지만 패권국가가 없는 상황에서는 각국이 자국의 이익을 우선하는 행위를 할 수밖에 없기 때문에 세계는 보호무역체제로 되어 결국 모든 국가가 손해를 보는 상황에 직면하게 된다는 것이다.[145] 그래서 세계에 자유무역의 환경을 조성하는 데에는 주도국의 존재가 필요한데, 이 시기에는 이전에 주도국의 역할을 하던 영국이 힘을 상실하여 주도력을 발휘하기 어려웠고, 미국이 힘은 커졌으나 갑자기 부상했기 때문에 세계 주도국으로서의 역할을 할 수 있는 준비가 되지 않았던 것이다.

한편, 국제연맹(League of Nations)에서 국가 간의 경제적인 협력을 이끌어내기 위한 노력을 하였고, 1927년과 1932년에 세계경제회의(World Economic Conference)도 개최되었으며, 몇몇 국가들 간에 무역이나 통화 안정을 위한 협정들을 체결하는 등 국제 경제의 발전을 위한 노력들이 있었으나 별 효과를 거두지 못하였다.

---

[145] 조영정, 2009, pp. 44-45

2) 케인즈의 국인주의

케인즈(John Maynard Keynes)는 국가가 경제에 적극 개입하는 경제이론을 제시한 사람이다. 그는 거시경제 이론뿐만 아니라 보호무역, 자급자족 등 여러 측면에서 전통적 자유주의 경제사상에서 벗어나는 주장들을 펼쳤는데, 이는 그가 산 시대의 추세에 따른 것이었다.

케인즈는 1926년 『자유방임의 종말(The End of Laissez-Faire)』에서 경제학에서 원리로 삼고 있는 개인적 이익의 추구가 항상 공공의 이익으로 된다는 것은 올바른 추론이 아니라고 하였다.[146] 케인즈는 자본주의가 많은 점에서 부정적인 측면이 있지만 현명하게 관리되기만 한다면 다른 체제보다 경제적인 목적을 달성하는데 더 효율적이라고 보았다. 그는 자유주의 경제 하에서 불확실성, 무지, 운에 의한 사업, 부의 불평등, 실업, 생산의 비효율성 등이 존재하는데, 국가기관이 신용과 통화를 관리하고, 사업에서 미리 알면 유용한 필요 정보를 수집하고 이를 공표함으로써 이러한 문제를 치유할 수 있다고 보았다. 이는 국가가 시장에 적극 개입하게 됨을 의미하는 것이다.[147]

1925년 그는 통화관리의 자주성을 고려하여 영국의 금본위제로의 복귀를 반대하였다. 또 미국 연방은행의 영국에 대한 영향력을 차단하기 위하여 금융측면에서 국가적인 격리를 하는 것이 필요하다고 생각하였다. 이렇게 케인즈는 국가의 독자성을 중시하고 자급자족에 호의적이었다. 케인즈는 1933년 『국가적 자급자족(National Self-Sufficiency)』이라는 글에서 다음과 같이 적고 있다.

---

[146] Keynes, 1926
[147] Keynes, 1926

합리적으로 생각하여 기후, 자연자원, 민속적 특성, 문화수준, 인구밀도 등의 차이에 의하여 상당한 정도의 국제적인 특화는 필요하다. 그러나 아마도 농산품까지도 포함하여, 공산품의 범위가 늘어남에 따라 자급자족에 따른 경제적 비용이 생산자와 소비자가 같은 국가 경제적 금융적 조직 범위 내에 있음으로 인한 편익을 능가할 정도로 큰 것인지에 대하여 의문을 갖지 않을 수 없다. 현대의 대량생산체제에서는 모든 국가, 모든 기후에서 거의 같은 효율성을 가질 수 있다는 것이 경험적으로 증명되고 있다. 더구나 부가 축적됨에 따라 교역가능한 일차상품이나 공산품은 교역불가능한 집, 개인적 서비스, 지역편의시설 등에 비하여 국가경제에서 상대적으로 작은 비중을 차지하고 있다. 이는 다른 여러 효익에 비추어 자급자족의 증가의 결과로 가져올 비용의 증가가 심각하지 않을 것이라는 결과를 말해준다.

간단히 말하자면, 국가 내 자급자족은 비록 비용이 들지만 우리가 원한다면 지불할 수 있는 하나의 사치재라고 할 수 있을 것이다. 우리가 이를 원한다고 해도 그렇게 이상한 것이 아닌 것이다.[148]

그는 자급자족의 경제를 적극 주장하지는 않았지만 전통적으로 내려오는 국제주의와 자유주의를 고수하는 것이 능사가 아니며, 이에 대한 믿음을 거두어 들일 것을 설득하려 하고 있다. 굳이 자급자족을 회피할 이유가 없다는 것이다. 당시 러시아, 독일, 이탈리아, 아일랜드 등에서는 이미 자급자족적 기조에 들어가 있었는데, 이들 국가처럼 경제적 고립의 길로 가는 것도 영국이 선택할 수 있는 하나의 방안으로 생각하였던 것이다. 케인즈는 경제적 국제주의가 전쟁을 피하는데에 성공하지 못하였다고 하였다. 그리고 외부세계의 간

---

[148] Keynes, 1933

섭이나 영향으로부터 벗어나는 것이 국가가 의도하는 길로 가는데 용이하다는 측면에서 좋다고 하였다.[149] 국제주의에 의한 상호의존보다는 자급자족 수준을 높여서 국가들이 서로 격리되는 것이 평화를 유지하는 데에 더 낫다고 생각한 것이다.

케인즈는 다른 영역에서와 마찬가지로 무역에서도 국가가 적극 개입할 것을 주장하였다. 그는 1931년 3월 7일, New Statesman and Nation에 기고한 『관세에 대한 제안 (Proposals for a Revenue Tariff)』에서 무역에서의 국가의 적극적인 개입을 주장하였다. 그는 국내 실업을 줄이고 국내 생산가동을 늘리기 위하여 완성품에 높은 관세를 부과하고 원료에는 무관세나 낮은 관세를 부과하는 계단관세(tariff escalation)를 제안하였다. 케인즈는 전통적 개인주의 자유주의를 탈피하여 집단주의를 가미시켰다. 그는 금본위제도에 대한 믿음, 자유무역, 자유경쟁, 개인과 공공의 근검절약 정신, 국제경제에서 세계인적인 접근 등과 같은 영국의 오랜 전통을 흔들어 놓았다.[150]

케인즈는 이전의 폐쇄적이고 보호주의적인 기조와 달리, 제2차 세계대전이 막바지에 이르렀을 때인 1943년부터 생을 마감하는 1946년까지 국제주의적인 활동을 하게 되는데, 여기서도 영국의 상황과 무관하지 않다. 두 번의 전쟁을 거치면서 미국은 국력이 급속하게 증가한 반면, 영국은 크게 쇠약해졌다. 케인즈는 영국이 미국과의 협력관계를 돈독히 하는 것이 무엇보다 중요하다는 생각을 하고 국제협력체제를 구축하는데 진력하였으며, 전후 국제경제기구 설립과정에 참여하여 영국에 유리한 국제경제체제를 수립하려고 애쓰게 된다.

---

[149] Keynes, 1933
[150] Heiperin, 1960, p. 128

케인즈가 개인주의 자유주의에서 벗어나 국가를 앞세우는 사상을 가졌던 데에는 국가와 그의 관계가 큰 영향을 준 것으로 추측된다. 어느 사람이 갖는 어떤 사상은 그가 살았던 삶의 환경이나 과정을 바탕으로 한다. 케인즈는 어느 모로 보나 부러울 것 없는 삶을 살아온 사람이었다. 영국 저명한 경제학자 존 네블 케인즈(John Neville Keynes)를 아버지로, 장관의 딸이자 여성 최초의 케임브리지 대학 출신인 어머니 플로렌스 아다 케인즈(Florence Ada Keynes)를 어머니로 둔 그는 영국 상류계층의 유복한 가정에서 인생을 시작하였다. 이후 이튼스쿨과 케임브리지 대학을 졸업하고 국가를 위하여 중요한 직책을 맡기도 하면서 항상 사회 최고의 위치에 있었던 그는 영국에 대한 자신의 생각이 클 수밖에 없었다.[151] 그래서 그는 항상 영국이라는 나라를 생각하였고 개인보다는 국가를 앞세우는 생각이 강했던 것이다. 이렇게 케인즈는 그 인생역정에서 자유주의 사상을 전파했던 사람들과의 차이를 발견할 수 있다. 오스트리아-헝가리에서 태어나서 1931년 영국으로 이주해 살았던 하이에크(Friedrich Hayek)[152], 오스트리아-헝가리 제국에서 태어나 스위스 제네바에 가서 교수로 있다가 1940년 미국으로 이주한 미제스(Ludwig von

---

[151] 케인즈는 1883년 영국에서 케임브리지에서 태어나 1936년 통화 이자 고용에 관한 일반이론(The General Theory of Employment, Interest and Money)을 출간하는 등 경제학에 획기적인 업적을 남겼다. 그는 1906년 영국 런던의 인도청에 근무하기도 하고, 1919년 베르사이유평화협상에 영국대표단의 일원으로 참가하기도 하였으며, 1941년 영란은행 이사 등 여러 공직의 일을 하였고, 제2차 세계대전 이후에는 세계 경제기구 설립협상에 영국대표단을 이끌기도 하면서 국가를 위하여 많은 일을 하였다. 국가로부터 남작(baron) 작위를 받기도 하였다.

[152] 하이에크는 1899년 오스트리아-헝가리에서 태어나서 1931년 영국으로 이주하여 런던 정치경제대학교 교수로 있다가, 1950년부터 미국 시카고대학에 재직하였고, 1962년 부터는 독일 프라이부르크대학에 교수로 있다가 1992년 사망하였다.

Mises)[153], 헝가리에서 이민 온 유태인을 부모로 둔 밀턴 프리드만 (Milton Friedman)[154] 등 자유주의자들 중에는 고향을 떠나 외국으로 이주하여 삶을 살았던 사람들이 많다. 이런 사람들의 생각과 케인즈 의 생각이 다르다고 해도 조금도 이상한 일이 아니다. 사람은 누구 나 자신에게 맞는 사상을 갖게 되는 것이다.

5. 제 2 차 세계대전 후의 경제 국인주의

1) 전후의 경제체제

제2차 세계대전이 끝난 후 세계는 자유주의 진영과 공산주의 진영으로 양분되었다. 그리고 이후에 개발도상국들을 중심으로 하는 제3세계 국가들도 하나의 그룹을 형성하게 되었다. 자유주의 진영에 서는 과거 제1차 세계대전 후의 상황을 거울삼아 그때와 같은 전철 을 되풀이하지 않도록 하기 위하여 개방적인 자유무역체제 속에서 국가들 간에 협력하는 가운데 경제발전을 이루고자 하였다.

그래서 1944년 연합국 대표들이 미국 뉴햄프셔주 브레턴우즈 (Bretton-Woods)에서 모여 브레턴우즈 체제(Bretton-Woods System) 를 수립하였다. 『국제통화기금(International Monetary Fund: IMF)』 을 설립하여 국제금융 및 통화질서를 재건하고, 『국제부흥개발은행 (International Bank for Reconstruction and Development: IBRD)』을

---

[153] 미제스는 1881년 오스트리아-헝가리 제국에서 태어나 1934년 스위스 제네바에서 교수로 있다가, 1940년 미국으로 이주하여 1945년부터 미국 뉴욕대학의 교수로 있었 다.
[154] 밀턴 프리드만은 1912년 미국에서 출생했지만, 부모는 헝가리에서 이민 온 유태인 이었다.

설립하여 전후 경제복구를 위한 금융지원을 하기로 한 것이다. 그리고 1947년 국제무역에 대한 관리기구로서 『관세와 무역에 관한 일반협정(The General Agreement on Tariffs and Trade: GATT)』을 설립하였다. 이러한 기초 위에서 전후 세계 경제체제는 안정적으로 작동하였다. 국가 간에 환율은 안정되고 유럽의 복구와 개발을 위한 자금지원도 이루어지게 되었다. 그리고 전전에 횡행했던 자의적인 관세인상이나 수량제한과 같은 무역장벽들도 대거 제거되었다.

1950~1960년대에 유럽국가들의 통치 하에 있던 식민지들이 대거 독립하면서 많은 신생국이 탄생하게 된다. 이들 국가의 숫자가 많았기 때문에 세계의 무역발전을 위해서는 이들 국가들도 무역에 참가할 수 있도록 하는 것이 필요하였다. 하지만, 신생 개발도상국들은 경제발전수준에 있어서 선진국들에 비하여 크게 뒤처져 있어서 선진국과 동등한 조건으로서는 국제무역에 참가하는데 어려움이 있었다. 그래서 관세와 무역에 관한 일반협정(GATT)에서는 개발도상국의 입장을 고려하여 1964년 협정에 제4부 "무역과 개발"조항들을 첨가하는 등 개발도상국에게 특혜를 제공하게 된다. 이들 개발도상국들에게 선진국들과 지위를 달리하여 보호조치를 하는 것을 허용한 것이다. 그래서 관세와 무역에 관한 일반협정은 자유무역을 원칙으로 하지만 선진국과 개발도상국 간에 그 의무를 달리하는 차별적 상태에서의 자유무역이었다. 그리고 자유무역이지만 특정 필요산업의 보호, 국제수지를 위한 조치, 개발도상국의 경제발전, 예외적으로 필요한 경우 등에 있어서는 정부가 무역에 개입하고 제한할 수 있도록 하였다. 그리고 공산주의 국가들에서는 원래 무역을 제국주의 침략의 한 수단으로 생각하여 무역을 좋게 보지 않았기 때문에 무역에 대한 국가독점을 원칙으로 하여 개인에 의한 무역을 허용하지 않았다. 그래서 자유주의 진영과 공산주의 진영 간에 무역은 거

의 이루어지지 않았고, 사회주의 국가권역 내에서도 국제무역에 소극적이었다.

이렇게 전후 세계의 전반적인 무역상황은, 선진국들을 중심으로 하는 자유세계 국가들은 자유무역을 원칙으로 하였고, 개발도상국들은 보호무역을 하였으며, 공산권 국가들은 폐쇄적인 경제체제를 유지하였다고 볼 수 있다.

2) 제3세계 국가의 국인주의와 자원 국인주의

제3세계 국가들은 대부분 라틴아메리카 국가들과 제2차 세계대전 후에 독립한 아프리카 아시아 지역의 국가들이다. 이들 국가들은 종전에 자신들을 지배했던 국가에 대한 강한 반감과 식민지 역사에 대한 거부감으로 국인주의가 매우 강하였다. 또 신생국가로서 국가의 기틀을 세우고 구심력을 모으기 위한 국가통합 차원에서도 국인주의가 동원되었다. 경제적으로는 지배국에 의하여 수탈을 당한 피해의식도 있고 과거 지배국 이상으로 잘살아야겠다는 의식도 강했다. 그런데다 빈곤 속에서 경제발전에 대한 열망이 크고 이에 따라 경제적 측면에서의 국인주의도 강했다.

먼저 라틴아메리카 국가들을 보면 스페인 지배 하에 있다가 대부분 1820년대에 독립을 하였다. 독립 후 많은 국가들이 국경문제로 서로 다투거나 국내 정치세력 간의 다툼으로 거의 안정을 찾지 못하다가, 1870년대 이후 어느 정도 안정을 찾으면서 국가로서의 체계도 갖추게 된다. 그리고 경제발전을 위해서 노력하게 되는데, 이때 동원된 주요 방법 중의 하나가 자본과 기술을 갖춘 외국기업을 유치하는 것이었다. 이들 국가 대부분은 넓은 국토에 천연자원이 풍부하였기 때문에 외국의 자원개발기업들이 많이 진출하였고, 그래서 열대성 농작물 플랜테이션과 광물자원 채취산업이 국가경제의 큰 비중을 차지하였다.

그런데 외국기업들에서 일하는 현지인들의 노동환경은 매우 열악하였고 노동착취가 많았기 때문에 20세기에 들어와서 노동쟁의가 빈번하게 발생하였다. 권력자들은 외국기업과 결탁하여 노동자들을 억압하기도 하고, 혹은 노동자들의 지지를 받기 위해서 외국기업과 대립하기도 하였다. 그리고 1929년 경제공황이 발생하면서 1차상품의 가격폭락과 경기침체로 외국기업과 현지국가 간에 갈등이 심해지게 되었다.

그래서 1937년에 볼리비아에서 외국석유기업의 국유화가 있었고, 이듬해 멕시코에서 외국석유기업 국유화가 있었다. 그리고 1959년 쿠바에서는 사회주의 혁명으로 모든 산업이 국유화되었고, 1968년 페루에서 스탠다드 오일사(Standard Oil Company)자산을 국유화하였다. 그리고 1972년 칠레에서 구리광산을 국유화하였다. 이후 여러 라틴아메리카 국가에서 외국기업들에 대한 국유화가 있었다. 이런 사정으로 남미에서는 외국인의 국내투자가 매우 제한적으로 허용되었고 통제가 심했다. 또 외국인 투자자는 투자관련분쟁에 있어서 국가 바깥에서는 법적 소송을 제기할 수 없고, 국내 법정에서만 소송을 할 수 있도록 하는 칼보주의(Calvo Doctrine)도 시행되었다. 이는 같은 서반구에 미국이라는 대국이 함께 하고 있기 때문에 이웃 국가로서의 경계심도 크게 작용하였다.

그리고 아르헨티나, 브라질, 에콰도르, 베네수엘라, 페루, 볼리비아 등 남미의 많은 나라들에서 국인 대중주의(national populism)가 일어났다. 남미 사람들은 대개 메스티조라는 혼혈인, 원주민, 흑인,

그리고 백인으로 구성되는데, 여기서 소수를 점하는 백인이 상류층을 이루며 엘리트계층으로서 나라를 이끌어 나가는 형태로 되어 있다. 외국기업의 자원개발과 관련하여 이들 기업에 협력하는 현지인들이나 이런 개발 인허가권을 가진 정치인들에게 이익이 돌아갈 뿐 대다수 국민들은 혜택을 누리지 못하여 빈부의 격차가 극심하였다. 그래서 인구의 절대다수를 차지하는 메스티조나 원주민, 흑인들은 빈곤에 허덕이면서 심한 박탈감을 갖는 가운데 외국기업과 이들과 결탁한 자국 엘리트세력에 대한 반감이 적지 않았다. 이런 상황에서 국민 대다수의 감정을 반영하여 이에 영합하는 대중주의(populism)가 강하게 일어나게 되었다. 다수의 지지를 권력기반으로 하는 민주주의 정치체제에서 국민 다수의 마음을 사려는 정치세력이 자연스럽게 등장한 것이다. 이 대중주의에 외세를 배척하는 국인주의(nationalism)가 결합함으로써 국인 대중주의의 형태를 보이게 되었다. 그런데 대중주의에서는 사람들 눈앞의 인기에만 영합하는 정책들이 추구될 수밖에 없고, 대중 속에 형성되는 생각이란 단기적이고 즉흥적이고 가변적이다. 이러한 결과로 자본주의 정책과 사회주의 정책이 일관성 없이 교차하면서, 때로는 과격하고 서로 모순되는 정책들이 시행되는 가운데 초인플레이션에다가 국제채무불이행과 같은 경제적인 파국을 수시로 맞으면서 만성적인 사회 불안을 겪게 되었다.

한편 아프리카, 아시아 신생국들은 정치적으로는 독립 국가가 되었지만 경제적으로는 독립 이전보다 더 어려워진 경우도 많았다. 대부분의 국가에서 정치와 사회는 혼란스러웠고, 경제는 빈곤의 늪에서 헤어나지 못한 가운데 어려움을 겪고 있었다. 유럽국가들이 이들 지역을 식민지로 삼은 것은 원료 공급지나 상품시장으로서의 역할을 하기 위해서였는데, 독립한 이후에도 같은 역할을 계속할 수밖에 없었다. 공업생산을 위한 생산시설이나 자본과 기술이 없어 일차산업에 의존하고 있었고 외화를 마련할 수 있는 유일한 길이 천연자원 수출이었다. 그런데 천연자원 개발은 자본과 기술을 가진 선진국의 다국적기업에 의존하는 경우가 많았고, 그래서 자원개발에 의한 이익은 외국기업과 이들 원자재를 수입 사용하는 선진국에 돌아가고 있었다. 이런 상황에서 개발도상국들의 불만이 많았다. 자국의 자원이 제대로 대가를 받지 못하고 선진국들에 넘어가고 있다고 생각하였다. 그리고 자신들이 경제적으로 어려움을 겪는 것은 식민지 시절에 선진국의 착취가 고착화되어 생긴 결과라거나 선진국 중심의 세계경제체제 때문이라고 생각하였다. 그래서 개발도상국이 선진국의 경제에 종속되었다는 종속이론(dependency theory)이 활발히 전개되고, 정부가 자국 보유의 자원을 직접 통제하여 국력행사와 자국발전에 활용하려는 자원 내셔널리즘(resource nationalism)이 일어났다.

자원 국인주의는 제국주의에서의 종주국과 식민지국 간의 역사적인 앙금과 감정이 고스란히 묻어있다. 반식민 감정으로서의 억울하게 지배받았던 것에 대한 복수심과 새로운 국가로서 권위를 세우겠다는 국인주의적인 정서가 담겨있다. 자원은 자국고유의 것인데 그동안 외국인들에 의하여 수탈되었다는 감정이 있고, 현재에 있어서도 자국의 소중한 자원을 외국에 제공한다는 마음으로서의 국인주의가 함께하고 있는 것이다. 또한 통치자들의 현실적인 이해관계도 크게 작용하였다. 이들 국가에서 자원채취로부터 나오는 수익은 국가경제에도 큰 비중을 차지하고 있을 뿐만 아니라 재정수입의 큰 부분을 차지한다. 외국 다국적기업에 의한 자원개발은 개발이익이 외국기업에 돌아갈 뿐만 아니라 자원에 대한 통제도 어렵다. 그래서 통치자들은 자원개발을 국가의 통제 하에 두어 국가수입을 올리고,

자신들의 통제 하에 두어 주권을 행사하는 모습을 보임으로써 실리와 함께 권위를 세우고자 하는 것이다. 자원개발이 자본이나 기술적으로 쉬운 일이 아니기 때문에 대개 독립 초기에는 외국기업에 맡기다가 자국에서 감당할 수 있을 만하게 되었을 때 외국기업을 축출하는 식으로 진행되어 왔다.

그리고 아프리카 국가들 중에서는 국가체제에 변화를 겪는 국가들이 많았는데, 사회주의체제로 전환될 때 산업이 전체가 국유화되었다. 잠비아, 탄자니아, 우간다, 에티오피아, 소말리아, 콩고, 베닌, 말라가시, 기니, 말리 등 여러 국가들이 사회주의체제로의 변화를 겪었다. 이때 이들 국가에서는 단순한 계급혁명보다는 반식민, 반서구, 전통사회의 회복, 민족적 단합 등과 같은 국인주의적인 정서와 함께하는 경우가 많았다.

자원 국인주의 문제가 본격적으로 대두된 것은 석유산업에서부터이다. 남미에서는 이미 1930년대에 볼리비아, 멕시코 등지에서 석유산업을 국유화하였고, 1950~1970년대 이란, 이라크, 쿠웨이트, 사우디아라비아 등의 중동 산유국들은 서방의 석유기업들에 대해서 그동안 자국에 불리하게 허용했던 조건들에 대한 개정을 요구하면서 자국이 원하는 방향으로 이끌어 나갔다. 이렇게 자원 보유국들은 자원개발기업의 국유화를 통하여 자원을 정부 통제 하에 두고 천연자원공급국 간에 국제카르텔을 결성하여 생산량과 가격을 조정함으로써 경제적 이익을 극대화하려 하였다. 1960년에 대표적인 자원생산국 카르텔이라고 할 수 있는 석유수출국기구(Organization of the Petroleum Exporting Countries: OPEC)가 결성되어 큰 성공을 거두었다. 산유국들은 수입을 크게 늘렸을 뿐만 아니라 자원 보유국가로서 힘을 발휘할 수 있게 된 것이다. 석유수출국기구의 성공에 힘입어 이후 각 천연자원상품마다 국제카르텔이 결성되었다.

이렇게 개발도상국의 자원 국인주의가 일부의 자원에서 큰 성과를 거두면서, 1970년대에 자원 국인주의 문제가 크게 부상하게 된다. 1973년 이스라엘과 아랍국가들 간의 욤 키푸르전쟁(Yom Kippur war)[155]이 일어났고 아랍국가들이 패배했다. 서방국가들이 이스라엘을 도왔다는 명분으로 아랍산유국들이 석유수출을 전면금지하면서 오일쇼크가 일어났고, 이로 인해 세계 경제는 큰 타격을 받았다.

그리고 개발도상국들은 77그룹과 같이 선진국에 대항하는 국가그룹을 형성하여 주권평등과 자결, 내정불간섭, 천연자원에 대한 항구적인 주권, 다국적기업에 대한 국가규제권리, 개발도상국에 대한 무역특혜, 선진국의 개도국에 대한 기술이전과 원조확대 등과 같은 신국제경제질서(New International Economic Order: NIEO)의 확립을 주장하였다.[156] 이러한 개발도상국들의 주장에 대하여 미국을 비롯한 선진국들은 정면으로 반대하였으며, 결과적으로 남북 간에 대립관계가 조성되기도 하였다.

3) 신보호무역주의

제2차 세계대전 후에 미국이 세계 경제의 중심축이 되었다. 소련은 브레턴우즈회의에는 참가하였지만 국제통화기금이나 세계은행에 가입하지 않았다. 전후 미국은 세계의 통화금의 3/4을 가졌고, 이를 토대로 자연히 금을 통화로 사용할 수 있는 국가화폐인 달러가

---

[155] 욤 키푸르는 유태교 전통의 속죄일을 말한다. 이 속죄일에 일어났기 때문에 욤 키푸르전쟁이라고 하며, 이를 10월전쟁이라고 하기도 하고, 라마단 전쟁이라고 하기도 한다.
[156] 조영정, 2020, pp. 137-138

기축통화가 되었다. 금의 일정량에 미국의 달러를 고정시키고, 미국 달러에 세계의 다른 통화가치를 고정시키는 금환본위환율제도(gold-exchange standard system)였다. 전쟁으로 유럽국가들은 산업시설이 거의 상실된 반면에 미국은 산업능력이 최고 수준에 도달해 있었다. 세계는 전후재건을 위하여 많은 자원을 필요로 하였고, 미국은 각국에 산업설비와 소비재를 공급하면서 무역흑자를 누릴수 있었다. 미국은 자유무역주의를 기조로 세계경제를 이끌어가는 한편 세계 각지에 군사기지를 두고 세계의 안녕을 위해서도 적극 나서게 된다. 이른바 패권국으로서의 역할을 하게 된 것이다.

그런데 1950년대 후반, 유럽에서 전쟁복구가 어느 정도 이루어지고 경제가 회복되면서 미국의 무역수지 흑자는 감소하기 시작하였다. 그리고 동서 간 냉전과 베트남전쟁 등에서의 군사비 지출과 저개발국가에 대한 원조 등으로 서서히 국제수지에 부담을 안게 된다. 미국에 무역수지 적자가 만성화되면서 곤경에 처하자, 1971년 닉슨조치로 달러의 금태환을 성시시키고 변동환율제로 가게 된다. 그리고 관세와 무역에 관한 일반협정(GATT)에서 반복적인 다자간 무역협상을 통하여 다른 국가들의 무역개방의 폭을 넓힘으로써 미국의 무역적자를 해소하려고 노력하였다. 하지만 이러한 노력에도 불구하고 미국의 국제수지 불균형 문제는 해소되지 않았다.

1970년대 이후 미국뿐만 아니라 다른 선진국들에서도 경제적 침체를 겪게 되었다. 개발도상국 중에 산업화를 이룬 신흥개발도상국들이 생겨나면서 선진국들의 산업경쟁력을 잠식하여 선진국들의 무역적자와 경기침체를 심화시키게 되었다. 산업기술이 세계적으로 확산된 상태에서 한국, 대만, 싱가포르, 홍콩과 같은 일부 개발도상국은 선진국에 그리 뒤지지 않는 기술을 가진 상태에서 개발도상국의 특혜지위를 활용함으로써 경쟁력에서 선진국을 앞서게 된 것이다. 그리고 선진국 상호 간에도 독일과 일본은 국제무역에서 흑자를 누리는 반면에, 다른 선진국들은 만성적인 적자를 시현하는 등 무역불균형이 심하였다. 이러한 상황에서 선진국들에서는 보호무역주의가 일어나게 되었다. 국가들은 관세와 무역에 관한 일반협정(GATT)을 정면으로 위반할 수는 없었기 때문에 여기에 규정되지 않고 명확하지 않은 비관세장벽을 중심으로 수입을 어렵게 하고 수출을 촉진하는 조치들을 하게 되었다. 이때 대두된 보호주의는 전통적 보호주의와 다른 면들을 갖고 있었고, 그래서 신보호무역주의(new protectionism)로 불리게 되었다. 신보호무역주의의 특징은 다음과 같다.

첫째, 선진국들을 중심으로 대두되었다는 점이다. 전통적인 보호무역주의는 주로 후진국 입장에 있는 국가들이 취해 왔으나 신보호무역주의에서는 주로 선진국들이었다. 둘째, 사양산업의 보호를 위한 수단으로 많이 사용되었다는 점이다. 전통적인 보호무역주의는 후진국 입장에서 유치산업을 육성하기 위한 수단으로 주로 사용되어온 반면에, 신보호무역주의에서는 선진국들이 국내 기존산업이 경쟁력을 상실하여 경기침체와 실업증가를 맞게 되자 무역장벽으로 자국 산업의 사양화를 막으려고 했던 것이다. 셋째, 보호의 수단으로서 비관세장벽을 많이 사용한다는 점이다. 전통적인 보호무역주의는 보호를 위한 수단으로서 관세장벽을 주로 사용해온 반면, 『관세와 무역에 관한 일반협정(GATT)』으로 관세가 양허되어 있어서 관세로써 무역제한을 하기 어렵기 때문에 비관세장벽을 주로 사용하게 되었다. 넷째, 국가별로 선별적으로 무역제한조치를 취한다는 점이다. 전통적인 보호무역주의는 보호조치를 국가 구분없이 대외수입 전체에 대하여 무차별로 취하는 것이 일반적이었지만, 신보호무역주의에서는 자국과 상대국과의 무역관계를 고려하여 상호주의 속에 선별적 차별적으로 보호조치를 취하는 경우가 많았다.[157]

국가들의 이러한 추세에 대응하여 『관세와 무역에 관한 일반협정(GATT)』에서는 무역장벽을 완화하기 위하여 노력하게 된다. 모두가 보호조치를 하는 상황에서는 세계경제 전체가 더 나빠지고, 이렇게 되면 자국도 오히려 더 불리해진다는 것을 누구나 알기 때문에 다자간협상을 반복하면서 무역장벽들을 제거해 나갔다. 그리고 미국을 비롯한 선진국들은 1988년 우루과이 다자간무역협상을 통하여 보다 근본적이고 대대적인 무역환경변화를 시도하였다. 여기서 서비스, 지식재산권, 농산물 등 많은 새로운 규범을 설정하고 무역을 통괄하는 기구로서 WTO를 설립하였다. 미국을 비롯한 선진국들이 경쟁력을 갖는 분야에 무역을 확대함으로써 국제수지에서의 호전을 기도한 것이다.

하지만 선진국들의 무역사정은 좀처럼 나아지지 않았다. 설상가상으로 20세기 말 사회주의가 와해되고 중국이 국제무역에 적극 참여하면서 선진국들의 사정은 더욱 나빠졌다. 중국이 세계의 공장 역할을 하게 되면서 세계 제조업의 일감을 모두 빨아들여 선진국들의 제조업은 공동화되어 갔다. 선진국들은 중국을 세계무역기구에 가입시켜 국제무역규율에 맞추게 하면 대중무역에서 적자가 해소되고, 중국을 개방케 하면 자국들에 더 기회가 될 수 있다고 생각했으나 이러한 기대와 반대로 선진국들의 사정은 점점 더 어렵게만 되어 갔다

---

[157] 조영정, 2016, pp. 55-56

4) 세계화

전후에 시작된 국제경제에서의 자유화는 장기간에 걸쳐 지속적으로 이행되었다. 상품무역의 자유화에서 시작하여, 서비스무역, 자본 및 금융 자유화, 그리고 노동력 이동의 자유화까지 이르게 되었다. 사회주의의 몰락으로 사회주의 국가들마저 개방을 하면서 개방과 자유화의 영역은 넓어지고 그 정도는 깊어지게 되었다. 그래서 20세기 말이 되면서 세계화의 바람이 강하게 일게 되었다.

미국을 비롯한 선진국들은 국제수지적자와 경제침체의 문제가 있었지만, 이는 다른 나라들이 개방하지 않아서 그렇기 때문에 국가들이 더 개방하게 되면 해소될 수 있을 것으로 기대하고 자유화를 더 추진하는 방향에서 해결책을 찾으려 하였다. 하지만 소기의 성과를 거두지 못하였다. 그 주된 이유는 개방된 상태에서 선진국의 기업과 자본들이 자국에 머물러 있으려 하지 않았기 때문이다. 세계적으로 상품의 이동이 자유롭고 산업기술이 세계에 확산된 상태에서 어느 상품이 소비자의 국가에서 생산되어야 할 이유가 없다. 만약 중국에서 생산하는 것이 유리하다면 중국에서 생산을 하고, 한국기업이 경영성과가 좋다면 한국기업의 주식에 투자를 하면 되기 때문에 굳이 생산성이 낮고 수익률이 떨어지는 선진국에서 투자할 이유가 없는 것이다.

세계시장에서 선진국 제품이 경쟁력을 갖지 못하는 가장 중요한 이유는 노동력 확보가 어렵고 인건비가 높기 때문이다. 선진국은 국민소득수준이 높기 때문에 임금 수준이 높을 뿐만 아니라 어렵고 더럽고 힘든 일을 하고자 하는 사람들이 없다. 반면에 개발도상국에서는 국민소득수준이 낮기 때문에 임금 수준이 낮을 뿐만 아니라 어렵고 더럽고 힘든 일도 마다하지 않는다. 그런데 개방경제에서 소비를 위하여 굳이 자국에서 생산할 필요가 없다. 선진국에서 새로운 제품이나 기술을 개발한다고 하더라도 세계 어느 곳에서든지 그것을 라이센스 받아서 생산하면 된다. 그래서 선진국의 기업들은 임금 싸고 노동자 요구가 적은 개발도상국에서 생산하고, 가격이 싼 외국산 제품들을 국내로 들여와 판매하게 되었고, 이러한 결과로 선진국의 산업은 공동화되어 갔다.

이렇게 되자 선진국에서는 국내생산을 진작하는 방법으로 못사는 외국의 노동자들을 들여와 국내 산업에 고용하는 정책을 시행하게 되었다. 이에 개발도상국의 수많은 노동자들이 선진국에서 일자리를 찾기 위해 나서게 되었다. 개발도상국의 노동자들은 선진국에 가기 위하여 불법입국은 말할 것 없고, 뗏목을 타고 바다를 건너는 등 목숨을 걸고 선진국에 몰려들게 되었다. 이렇게 하여 2014년 미국의 불법이민자수는 약 1,100만 명으로 미국 인구의 약 3%를 차지하게 되었다.

이런 상황에서 외국 노동자의 유입으로 이들과 경쟁해야 하는 선진국 노동자들의 불만이 커지게 되었다. 선진국의 자본가와 기업가는 세계를 무대로 사업을 확장하며 막대한 수익을 올릴 수 있었지만 근로자들은 곤경에 처하게 되었다. 국내에 일자리는 줄어드는데 개발도상국 근로자들과 경쟁까지 해야 하는 상황이 된 것이다. 또한 외국인들의 유입으로 주택, 교육, 환경, 의료, 보건 등 많은 사회적인 문제가 발생하면서 인종 간의 갈등이 일어나게 되었다. 길에 나가면 외국인들이고, 상점에서 보이는 상품은 외국산인데다, 무슬림 사원이나 무슬림 학교를 보면서 자신의 국가에 대한 생각을 하지 않을 수 없는 것이다. 그런데다 이들로 인하여 자신들의 사정이 점점 더 나빠져 간다고 생각하니 국인주의적인 감정이 일어날 수밖에 없었다. 이것이 20세기말 광풍같이 몰아쳤던 세계화가 가져다준 선진국의 보통 사람들이 맞게 된 현실이었다.

하지만 정치가들은 자본가와 기업경영자의 이해에 맞추어 국제시장에서 자국기업의 경쟁력 향상에만 치중하고, 대다수 근로자와 농민의 이해는 철저히 무시하였다. 그리고 세계화를 당연한 것으로 받아들이고 국민들에게 세계화는 필요한 것이라거나 피할 수 없는 것이라면서 설득하였다. 대기업들은 세계를 대상으로 많은 돈을 벌었고, 이것이 국가의 부에 기여하는 바가 적지 않았다. 그런데 문제는 외국에 나가 돈을 벌어오는 기업의 수는 적고 이로 인하여 국내에서 손실을 보게 되는 노동자의 수는 많다는 점이다. 그래서 이런 식의 부의 재편은 국가 내 소득불평등 문제를 불러오게 된다. 미국은 지난 40여 년 동안 일인당 국민소득이 약 60% 증가하였지만, 국민소득 하위 절반에 해당하는 사람들의 소득은 성인 일인당 약 16,000달러 수준으로 거의 그대로 머물러 있었다. 이러한 상황에서 근로자의 입장에서는 불만이 많았지만 소비자의 입장에서는 외국산 소비로 낮은 물가에 만족하면서 세계화가 의심스러웠지만 사회 지도층의 설득에 따라 반신반의하면서 따라가고 있었다. 그런데 세계화가 좋은 것만이 아니라는 확신을 주는 사건이 일어나게 되는데, 바로 911테러이다. 이 사건으로 사람들의 의식이 전환되면서 세계화에 제동이 걸리게 된다.

그동안 사람들이 너무 많이 섞여 살게 되었고, 모르는 사람들과 접촉도 많아진 가운데 자신의 삶이 안전하지 않다는 것을 느끼게 된 것이다. 지금까지는 전쟁이 아닌 평시에 적에 의해서 죽는 일은 없다고 생각했으나, 평온하던 순간에도 모르는 적에 의하여 죽게 되는 일을 겪게 된 것이다. 누가 언제 어떻게 공격을 할지 모르는 상황에서 삶 자체가 불안하게 된 지금은 무언가 잘못된 것이 틀림없었다.

미국이 911테러 배후를 응징하면서 중동지역을 공격하게 되었고, 이후 중동 사람들이 여러 선진국들에서 테러공격을 하였다. 그리고 인종적 종교적인 갈등이 일어나면서 서구국가들에서는 수많은 인종범죄들이 일어나게 된다. 2005년 7월 이슬람과격분자에 의한 런던 폭탄테러, 2011년 7월 난민유입반대자의 노르웨이 총격사건, 2013년 4월 체첸 출신 이민자에 의한 보스턴마라톤 테러, 2017년 5월 리비아계 영국인에 의한 맨체스터 공연장폭탄테러, 2016년 7월 이란계 독일인에 의한 뮌헨 총기난사사건, 2016년 7월 튀니지 출신에 의한 프랑스 니스 트럭테러 등 대형 테러들이 연이어 일어났다. 그리고 인종차별적 증오범죄가 일상화되어 국가마다 매년 수백, 수천 건에 이르고 있다. 이러한 일들을 겪으면서 사람들의 세계화에 대한 거부감은 커져갔고, 이에 대안을 모색하게 되었다.

5) 중국의 경제 국인주의

1949년 중화인민공화국이 수립된 이후, 마오쩌둥은 자력갱생(自力更生)을 천명하였다. 자력갱생이라는 말은 우리 스스로의 힘으로 살아가겠다는 것으로서 국인주의 사상을 담고 있다.[158] 중국 공산당은 소련에서 시작된 공산주의를 받아들여, 1921년 창당한 이래 소련의 지도와 원조를 받으면서 성장 발전할 수 있었다. 정부수립 초기에도 중국은 소련의 지도적인 위치를 존중하고 따랐다. 이는 중국이 소련으로부터 원조를 받고 기술도입을 하며, 서방제국주의 국가들에 대항하는데 있어서 소련이 우군으로서 역할을 할 수 있었기 때

---

[158] 조영정, 2020, p. 233

문이었지 사회주의 이념 자체가 중요한 것이 아니었다. 중국 공산당이 대륙을 장악한 이후 소련의 중요성은 크게 줄어들게 되었지만, 1950년대만 하더라도 미국과 대치해야만 하는 상황에서 강한 군사력을 가진 소련과의 동맹이 필요하였다. 특히 핵무기를 보유하고 있는 미국에 대항하기 위해서는 핵무기가 있는 소련의 존재가 필요하였다. 하지만 1964년 중국이 핵실험에 성공함으로써 소련의 가치는 크게 떨어지게 된다. 중국은 사회주의 진영에서의 소련의 일방적인 주도를 거부하고 더 나아가 주도권 경쟁을 하게 된다. 이러한 결과로 1960년 소련은 중국에 원조를 중단하고 고문단원을 철수하였고, 그 관계가 점차 악화되어 1969년 중소국경분쟁까지 겪게 되었다.[159]

중국은 건국 초기에 어려움이 많았음에도 불구하고 인적, 물적으로 막대한 비용과 희생을 감수하면서까지 한국전쟁에 참전하여 미국에 대항하게 된다. 한국전에 참전하게 된 것은 전후 자본주의와 사회주의 양 진영 간에 적대감이 고조된 상태에서 사회주의를 지원하기 위해서였지만, 다른 한편으로는 동북아지역에서 중국의 패권적인 지위를 확보하기 위해서였다. 중국이 북한을 지원함으로써 한반도에서 영향력을 갖게 된 것이다. 중국은 스스로를 세계의 지도국으로 생각하고 있었기 때문에 전후 양극체제에서 미국과 소련이 세계를 이끌어 나간다는 것을 인정할 수 없었다. 중국은 반제국주의 반패권주의의 기치 하에서 개발도상국들을 규합하여 제3세계 국가군을 형성하고 이들 국가들을 주도하는 역할을 하였다. 1954년 반둥회의를 계기로 평화5원칙을 제시하면서 제3세계 국가들과 활발한 외교관계를 가지면서 이들 국가들에 영향력을 키워나간다. 중국이 반제국주의 국인주의가 강한 제3세계 국가들과 손잡고 이들을 이끌어

---

[159] 조영정, 2020, pp. 235-236

나가고자 한 것은 중국의 입장에서 국익을 극대화할 수 있는 하나의 전략이었고, 여기에는 사회주의 이념에 앞서는 국인주의 이념이 작동하고 있었던 것이다. 1949년 중화인민공화국 정부수립 이후, 중국은 전반적으로 국인주의가 매우 강한 상태에 있었다. 중국은 제2차 세계대전 이후의 세계 평화기에 다른 나라들과 달리 전쟁도 많이 치르고, 때로는 미국과 대립하고 때로는 소련과 대립하는 한편 이웃국가들과도 갈등과 대립속에 긴장관계를 유지하였다.

그러다가 1972년 상하이공동성명으로 중국과 미국은 화해모드에 들어가게 된다. 1978년 12월, 중국은 개혁과 개방을 선언하고 정치적으로는 사회주의를 추구하면서도 경제적으로는 자본주의 시장경제를 도입한다. 사회주의로서는 경제적인 후진성에서 벗어날 수 없다는 것을 깨닫고, 국내 경제활동에 이윤동기를 부여하여 생산성을 향상시키고 해외투자를 유치하고 자본주의 국제경제체제에 적극 참여하면서 경제발전에 박차를 가하게 된다. 덩샤오핑은 검은 고양이든 흰 고양이든 쥐 잘 잡는 고양이가 좋은 고양이라고 하였다. 자본주의든 공산주의든 국가만 부강하게 한다면 그것이 좋은 제도라는 것이다. 이는 실용주의 국가이익추구 노선의 국인주의였다.[160]

중국은 경제를 개방하고 세계시장에 진출하면서 대내적으로 철저하게 보호주의적인 조치로 대비하였다. 관세를 높이고 부가가치세를 부과하였으며, 위안화 가치를 낮추었다. 그리고 주요 산업에 보조금지원으로 산업을 육성하였다. 입지 좋은 곳에 공단을 개발하고, 근로자들의 임금상승이나 근로조건에 대한 요구를 억제하는 한편, 외국기업의 국내투자에 많은 혜택을 주었다. 그리고 국내에 투자한 외국기업을 통하여 수출을 증대시키고 기술을 습득해 나갔다. 통상

---

[160] 조영정, 2020, pp. 236-238

적인 경로로 기술을 확보하기 어려운 경우에서는 외국기업을 인수를 하거나, 외국 기술자를 빼어오거나, 기술을 절도하는 등 수단 방법을 가리지 않고 경제발전을 위해서 매진해왔다.

중국이 도입한 자본주의는 국가 자본주의였다. 중국이 시장경제를 도입하고 경제개방을 하는 목적은 개인의 물질적인 풍요나 복지를 위해서가 아니라 국가의 경제발전을 위해서였다. 세계 시장에 맞추어서 국가적인 차원에서 조정하고 통제하는 가운데 모든 국민이 국가의 경제발전에 일익을 담당하는 형태로서의 경제활동에 참여하였다. 개인적인 소비로 외화가 유출되는 것과 같은 국민전체 차원의 이해에 반하는 개인적인 행동은 허용되지 않았다. 자연히 경제의 모든 과정에 있어서 애국심이 강조되었다. 개방이 되자, 물품과 사람의 대외적인 이동이 많아지면서 외국사람들과의 접촉이 많아지게 되고, 다른 나라들의 존재 속에서 자국을 더 많이 의식하게 된 상황으로 되었다. 이러한 환경의 변화 속에서 중국인들의 민주주의와 자유에 대한 열망이 표출되면서 1989년 천안문사태가 일어나게 된다. 이후 중국정부는 국민들에게 서구의 것은 좋지 않고 중국의 것이 좋음을 인식시키기 위하여 중국 것의 우수함과 좋은 점을 알리는 정책을 적극 펼치게 된다.

중국의 각급 학교에서는 애국주의 교육이 실시되고, 국민들에게 애국심을 강조하고, 애국심의 함양을 위한 교육과 선전이 시행되었다. 그리고 수많은 역사유적을 만들고 정비하여 애국학습장소로서의 관광명소를 개발하였다. 많은 사람들이 중국의 시조인 황제릉을 참배하고, 공자의 논어를 읽게 되었으며, 중국의 고대사상에서 청말의 국학연구에 이르기까지 중국의 전통사상과 문화를 재평가하고 이를 이어가려는 연구 붐이 조성되었다. 그리고 대외관계에서 중국의 자존심을 건드리거나 중국인의 심기를 불편하게 하는 일이 생기면 많은 사람들이 길거리에 나와 시위를 하면서 집단으로 국인주의를 함께 나누는 장을 만들고, 사이버상에서도 사이버 공격과 해킹 그리고 여론몰이로 국인주의를 강하게 표출하였다.

자본주의 시장경제 도입 이후 빈부격차, 부정부패, 범죄증가, 배금주의, 구조적 실업, 지역 간 발전불균형 등 여러 문제들이 발생하였다. 특히 부자세력의 증가는 노동자와 농민의 기반 위에 형성된 중국 공산당의 기반을 와해시키는 위협이 될 수 있었다. 이러한 상황에서 국가와 사회를 위하는 애국심을 앞세워 개개인의 과도한 이익의 추구와 사치와 같은 일탈행위를 막아 시장경제 도입에 따른 사회적 이완을 방지하려 하였다. 그리고 정부당국은 1840년 아편전쟁 이후로 중국이 서구 제국주의 국가들에 의하여 당한 수모를 국민들이 기억토록 하였다. 그리하여 대다수 중국인들은 이들 국가들에 대해서 설욕을 해야한다는 의식에 사로잡혀 있으며, 과거에 동아시아에서 구가했던 세계의 중심 국가로서의 위치를 되찾아야 한다는 의식을 갖고 있다. 이렇게 중국은 경제적으로 개방하였지만 국민들의 의식에서는 개방에 따른 부작용을 의식하여 더 엄격한 지도와 통제를 함으로써 사회적 문화적으로 세계인으로서의 의식은 싹틀 틈이 없었다. 당과 정부에서 국민들에게 국인주의 의식을 직간접으로 끊임없이 주입시키기 때문에 중국인들의 국인주의는 매우 강하다.

그래서 중국에서는 정치적인 사건이 생길 때마다 사람들이 거리로 나와서 대규모 시위를 하여 대외적으로는 중국의 힘을 과시하는 한편, 대내적으로 국민들의 단합과 국인주의 의식을 공고히 한다. 1993년 은하호사건(Yinhe incident), 1999년 벨그라드 중국대사관 오폭사건, 2001년 하이난섬 인근 미국정찰기와 중국전투기 충돌사건 등 미국과의 정치 군사적인 사건이 일어날 때마다 중국은 대규모 인원을 동원하여 반미시위를 하고 미국제품에 대한 불매운동을 벌였다. 그리고 2005년 일본총리의 야스쿠니 신사참배, 2010년과 2012년 조어도 관련 일본과의 영토분쟁 사건 때 일본을 규탄함과 동시에 일본상품 불매운동을 벌였다. 또 2008년 베이징올림픽을 앞두고 프랑스 파리 성화봉송 때 올림픽반대시위를 두고 반프랑스 시위와 프랑스상품 불매운동을 벌였다. 이와 같이 외국과 정치적 외교적으로 문제가 있을 때마다 그 국가 상품에 대한 불매운동은 기본이고, 시위를 하기도 하고, 그 국가 기업의 매장이나 공장을 파괴하기도 한다. 이런 사건들을 거칠 때마다 중국사람들은 자국상품을 소비하고 사랑해야 한다는 의식을 강하게 갖게 되는 것이다. 그리고 수출상품 생산에 있어서도 자신의 행위가 경제적으로 자신을 부양할 뿐만 아니라 중국의 경제발전에 기여한다는 의식을 갖고 있다.

중국인들은 지난 역사에서의 열등의식과 피해의식과는 별도로, 또 다른 한편으로는 국가적인 자부심을 키우고 있다. 중국은 지난 수십 년 동안의 짧은 시간에 괄목할 만한 경제발전의 성과를 거두었다. 원래 중국 인구의 대부분은 농업에 종사하였고 이들은 반실업상태에 있었다. 공업생산이 증가하면서 많은 사람들이 도시나 공단으로 이동하여 반실업상태에서 벗어나게 되었다. 노동자들은 열악한 노동조건에 궁핍한 생활을 강요받았지만 국가경제는 급속히 성장하였다. 중국은 1978년에서부터 2021년까지 평균 9%가 넘는 고도성장을 이루었고, 8억명이 넘는 인구가 빈곤으로부터 해방되었다.[161] 중국은 2009년 세계 제일의 수출대국이 되었고, 2010년 세계 제2위의 경제대국의 자리에 올랐으며, 2013년에는 세계 제일의 무역대국이

---

[161] The World Bank, 2022, September 29

되었다. 중국은 세계의 공장이 되어 세계에 중국 상품이 없는 곳이 없다. 경제 외에도 1964년 핵무기 개발, 1970년 인공위성 발사 성공, 2013년 달착륙 성공, 2019년 자체제작 항공모함취역, 2008년, 2020년 북경 하계올림픽과 동계올림픽 개최를 비롯하여 많은 세계적으로 내세울 만한 성과를 이루었다.

중국은 원래 동아시아의 폐쇄된 공간에서 중심국가였고, 그래서 중국(中國)이다. 이렇게 수천 년을 살아온 중국인들은 지구적 공간의 세계에서도 자국이 중심국가이어야 한다고 생각해 왔다. 그런데 현실은 그와 반대였고, 그래서 그동안 자화상과 현실 사이의 간격으로 음울해왔다. 그러다가 최근의 경제발전으로 자신들의 꿈같은 이상이 실현될 수도 있다는 희망에 들뜨게 되었다. 지금 중국인들은 조만간 중국이 미국을 제치고 세계 제1의 경제대국이 될 것을 예상하고, 세계 최강의 패권국이 될 것으로 기대하고 있다. 이렇게 중국인들은 지난 세기 자신들을 짓눌렀던 열등의식의 자리에 우월의식으로 채워가고 있는 것이다.

6) 미국의 경제 국인주의

(1) 미국의 경제 국인주의 배경

역사상 지금의 미국처럼 많은 외채를 가진 나라는 없었다. 2022년을 기준으로 보면 미국의 국제무역 적자는 9,453억 달러였고, 미국의 순국제투자포지션(net international investment position) 상의 적자는 16조 1천억 달러로 미국 국내총생산의 63%를 차지한다.[162] 외채는 언제고 국가가 갚아야 할 부채라는 점에서 부담이 될 수밖에

---

[162] 2022년 미국 국내총생산은 25조 5천억 달러였다.

없다. 더구나 이것이 계속 증가하고 있다면 심각하게 부담되는 일이다. 미국은 1971년부터 무역수지에서 적자를 보이기 시작하여 1973년을 제외하고 한 번도 적자에서 벗어난 적이 없고, 시간이 갈수록 그 규모가 확대되어 왔다. 그동안 미국은 누적되고 있는 무역수지 적자 문제를 해소하기 위하여 다각적으로 노력해 왔다. 1980년대 말 우루과이라운드 협상에서 미국이 경쟁력을 가진 서비스와 농산품에서 무역자유화를 추진하기도 하고, 대미 흑자국에 대하여 끊임없이 통상압력을 가하기도 하였다.[163] 그럼에도 불구하고 미국의 무역수지 적자는 시정되지 않았다.

여기에 미국의 문제를 더욱 심각하게 하는 것은 중국의 부상이다. 중국은 1970년대 말 경제를 개방한 이후 급속하게 경제성장을 이루어 왔다. 중국의 경제력이 이렇게 부상하는 동안에 그만큼 미국의 경제력은 쇠퇴하고 있었다. 미국 사람들은 대부분 중국 제품들을 사용하며 살아가는 가운데, 미국의 전통 제조업은 거의 공동화되었다. 중국 무역수지 흑자의 많은 부분은 미국의 무역수지 적자에서 나온 것이었고, 이렇게 하여 중국은 다른 나라에 비해 압도적으로 많은 외화를 보유하게 되었고[164] 이중 많은 부분은 미국 국채로 채워졌다.

중국 경제는 급속하게 성장하여 미국을 바짝 추격하고 있다. 그

---

[163] 미국은 지금까지 무역수지 적자를 보게 된 이유는 다른 나라들의 공정하지 못한 무역 때문이라고 생각한다. 미국으로부터 과도한 흑자를 가져가는 나라들은 대개 적정하지 못한 환율, 외국수입상품에 대한 차별, 덤핑, 보조금지급 등의 방법으로 균형이 되어야 할 무역수지가 흑자만 되도록 해왔다는 것이다. 미국이 다른 나라에 개방한 것만큼 다른 나라는 개방하지 않음으로써 균형 속에서 상호호혜적으로 되어야 할 무역이 그렇게 되어오지 못했다는 것이다.

[164] 중국은 2021년 8월, 현재 중국의 외화보유고는 3조 4,080억 달러에 이르고 있다.

리고 2020년대에 중국이 미국을 제치고 세계 제1의 경제대국으로 될 것이라고 공공연하게 말하고 있고, 이에 더 나아가서 2050년까지는 세계의 중심국으로서 패권국이 되겠다고 장담하는 상황이 되었다. 이런 상황에서 미국인들은 산업 쇠퇴로 일자리를 잃게 된 노동자들뿐만 아니라 일반인들도 미국의 장래를 생각하며 미국의 경제상황을 염려하지 않을 수 없게 되었다. 최근 중국이 도전의 가시화되자 미국은 다급해졌다. 그동안 경제력 회복을 위한 노력들이 수포로 돌아가고 경제에서의 나쁜 결과가 계속적으로 축적되고 있다. 이제 경제의 차원을 넘어 국가의 위상이 위태로워졌다. 지금까지 미국이 누렸던 위치를 중국에 내어주게 될지도 모르는 상황이 되었다. 이런 상황에서 세계주도국으로서 다른 나라를 돕고 자국의 문제를 뒤로 돌리는 아량과 여유를 갖기 어렵게 되었다. 이제 국제주의를 추구하기에는 그만한 여유도 없거니와 미국을 이 지경으로 만든 잘못된 이념으로서 비난받아 마땅한 대상이 되었다.

사실 미국 경제가 내리막길을 걷게 된지 오래되었고, 그동안 이에 대한 해결을 위해 나선 정치인들이 많았지만 제대로 해결하지 못했다. 이러한 문제 해결에 능력을 보이지 못한 기존 정치인들에 대한 실망이 컸다. 경제를 재건하기 위하여 정책도 많이 시행하고 정치적 경제적으로 많은 노력을 했지만 성공하지 못했기 때문에 그 기조를 근본적으로 바꾸지 않으면 안 된다는 생각에 이르게 되었다. 이러한 상황에서 등장한 사람이 트럼프이다. 트럼프는 국제정치나 외교를 의식하며 발언하는 기존 정치인과 달리 미국 서민들의 생각을 직설적으로 쏟아내며 대중들의 국인주의를 자극하였다. 그리고 그는 미국이 직면한 문제에 대하며 가식없이 접근하고 매우 단순하고 투박하게 해결책을 제시하였다. 기존 정치인과 다른 솔직하고 저돌적인 모습은 곱게 다루어 해결될 것 같지 않은 미국의 상황을 타개해낼 것 같은 인상을 주었고, 그래서 사람들은 그를 대통령으로 선출하였다.

(2) 트럼프의 정책

2017년 1월 20일, 트럼프(Donald Trump)는 미국 제45대 대통령에 취임하면서 다음과 같은 내용의 연설을 하였다.

- 중략 -

수십 년 동안, 우리는 미국 산업을 희생시키면서 외국 산업을 살찌워 왔습니다. 우리의 군대를 참담하게 고갈시키면서 다른 나라 군대를 지원해 왔습니다. 우리는 자국의 국경을 지키지 않으면서 다른 나라의 국경을 지켜 왔고, 미국의 인프라가 허물어지고 붕괴하고 있음에도 불구하고 수조 달러에 수조 달러를 해외에 써 왔습니다. 우리나라의 부와 힘, 자신감을 수평선 넘어 사라지게 하면서 우리는 다른 나라들을 부유하게 해주었습니다. 남겨진 수백만의 미국인 노동자들에 대해서는 생각조차 하지 않고, 공장들이 하나 하나 문을 닫고 해외로 떠났습니다. 우리 중산층의 부는 가정에서 뜯겨져서 전 세계로 재분배되었습니다. 하지만 그것은 과거입니다. 이제 우리는 미래만 바라보고 있습니다.

오늘 우리는 이 자리에 모여 모든 도시, 모든 외국 수도, 모든 권력의 전당에서 듣게 될 새로운 포고령을 발표하고 있습니다. 오늘부터, 새로운 비전이 우리 땅을 지배할 것입니다. 오늘부터는 오직 미국이 먼저일 것입니다. 미국이 먼저일 것입니다. 무역, 세금, 이민, 외교에 관한 모든 결정은 미국 노동자들과 미국 가정에 이익을 주기 위해 내려질 것입니다. 우리는 우리의 제품을 만들고, 우리의 회사를 훔치고, 우리의 일자리를 파괴하는 다른 나라들의 약탈로부터 우리의 국경을 지켜야 합니다.

이렇게 보호하면 우리는 크게 번영하고 강해질 것입니다. 나는 당신들을 위해 싸우는데 이 한몸 바치겠습니다. 실망시키는 일은 없을 것입니다. 미국이 다시 승리하기 시작할 것이고, 전에 없던 승리를 거둘 것입니다.

우리는 우리의 일자리를 되찾을 것이고, 우리의 국경을 되찾을 것이고, 우리는 우리의 부를 되찾을 것입니다. 그리고 우리는 우리의 꿈을 되찾을 것입니다. 우리는 멋진 우리나라를 가로질러 새로운 도로, 고속도로, 다리, 공항, 터널, 철도를 건설할 것입니다. 우리는 우리 국민을 복지에서 벗어나 일터로 돌아가게 할 것이며, 미국인 손으로, 미국인 노동으로 나라를 재건할 것입니다. 우리는 다음 두 가지의 단순한 규칙을 따를 것입니다. 이 규칙은 미국 상품을 사고 미국인을 고용하는 것입니다. [165]

- 중략 -

위의 연설에서 미국 물품만 사고, 미국인만 고용하는 가운데 미국인의 손으로 나라를 재건한다는 것은 우리끼리만의 경제공동체를 형성하겠다는 것이고, 이는 자급자족의 고립주의이다. 트럼프 대통령이 이렇게 하겠다고 하는 동기는 다음과 같은 인식을 바탕으로 한다. 지금까지 많은 기업들이 해외로 나가고 투자자들이 해외에 투자를 하면서 국내는 산업이 와해되고 사람들은 일자리를 잃게 되었다. 그리고 미군이 다른 나라를 위해서 해외에 나가 싸우면서 많은 비용을 부담하게 되었고, 이러한 일에 몰두하는 사이에 미국의 국경에는 불법이주민들이 넘어오고, 외부인들에 의해서 국내에서 테러를 당하는 상황을 맞게 되었다는 것이다. 이렇게 지금까지 미국이 추구해온 국제주의는 해악만 가져왔다는 것이고, 그래서 이제부터는 미국부터 챙기고 미국을 우선하겠다는 것이다.

트럼프 대통령은 미국 경제가 직면하고 있는 국내 생산력 저하,

---

[165] Trump, 2017, January 20

국내 일자리 감소, 국제수지 적자, 외채증가, 불법이민 증가 등의 제반 문제를 해소하여 미국의 경제를 견실하게 만들고 이를 토대로 강한 미국으로 만들겠다는 것이다. 그리고 이러한 목적을 달성하기 위하여 다음과 같은 방안을 추진하였다.

첫째, 무역관계를 변경하여 미국의 만성적인 무역적자를 줄인다는 것이다. 대미 무역흑자국에 대하여 인위적인 환율조작을 하지 못하게 하거나 무역장벽을 부과하여 이들 국가로부터의 수입을 줄여서 국제수지를 개선하고 국내생산을 증가시키고 국내고용을 늘리겠다는 것이다.

둘째, 외국 노동자의 국내유입을 막는다는 것이다. 이민 정책 및 출입국 정책을 철저히 하여 거주자격을 갖추지 못한 사람들이 미국에 들어오거나 살지 못하게 하겠다는 것이다. 미국에 거주하고 있는 불법 체류자를 모두 본국으로 송환시키고, 미국과 멕시코 사이에 장벽을 설치하여 중남미 사람들이 불법으로 미국에 들어오지 못하게 하며, 무슬림의 입국을 제한하거나 추방하여 미국을 테러의 위험으로부터 보호하겠다는 것이다.

셋째, 저개발국가나 외국에 혜택을 주고 있는 무역협정을 개정하거나 이의 적용을 중단한다는 것이다.

넷째, 미국에 부담이 될 수 있는 조약들을 개정, 폐기, 또는 탈퇴한다는 것이다. 실제 미국은 2017년 6월 지구환경개선을 위한 유엔기후변화협약(UNFCCC)에서 탈퇴하고, 2017년 12월 유네스코(UNESCO)를 탈퇴하였다. 그리고 이란 핵협상, 북아메리카자유무역지역협정(North-America Free Trade Agreement: NAFTA), 한미자유무역협정(Korea-United States Free Trade Agreement) 등은 재협상하였고, 준비 중이던 환태평양경제동반자협정(Trans-Pacific Partnership: TPP), 대서양무역투자동반자협정(Transatlantic Trade and Investment Partnership: TTIP) 등
을 포기하였다.

다섯째, 국내투자 증대를 위하여 해외에 나간 기업을 국내에 돌
아오게 하고, 외국기업들도 미국 내에 투자하도록 유도한다는 것이
다.

여섯째, 사회간접자본을 확충하고 미국기업에 대한 지원을 강화
하여 기업과 노동자의 생산성을 높이고 기술발전과 혁신을 주도해
나간다는 것이다.

일곱째, 중국의 외환통제, 불법행위, 부적절한 관행 등을 제어함
으로써 미국의 경제적 이익을 회복시키고, 국민들에게 중국의 위협
을 알림으로써 중국상품의 사용을 줄인다는 것이다.

여덟째, 국산품 사용을 진작하기 위해 소비자들의 국인의식을
강화시킨다는 것이다.

아홉째, 해외주둔 미군병력에 대한 방위비부담을 줄인다는 것이
다. 한국, 일본, 필리핀, 독일 등과 같이 미군이 대규모로 주둔하는
국가에 대하여 현지국의 방위비부담을 늘리거나 미군을 감축한다는
것이다.

이 같은 일들을 하는 것은 쉽지 않은 일이었다. 제2차 세계대전
이후 줄곧 국제주의, 자유무역주의, 개방주의로 세계를 이끌어 오던
미국이었다. 이는 달리는 자동차를 갑자기 역주행시키는 것과 같은
것이었다. 대부분의 일들이 세계의 다른 나라의 이해와 연관되어 있
기 때문에 지금까지 해오던 것을 일시에 바꾼다는 것은 쉬운 일이
아니었다. 그럼에도 불구하고 트럼프 행정부는 강하게 밀어부쳤다.
이런 발상 자체도 다른 나라 같으면 감히 하기 어려운 일들이었지만
패권국가인 미국이었기 때문에 가능한 것이다.

미국 무역대표부(USTR)는 2018년 무역보고서에서 현재의 세계무역기구(WTO)와 다자무역체제에 대하여 강한 불만을 표출하였다. 중국은 세계무역기구에서 그 의무와 양허사항을 의도적으로 회피하고 위반하고 있고, 세계무역기구 내에서 미국의 권한을 제약하고 있으며, 농업무역, 어업보조금, 전자무역거래 등 여러 사항에 있어서 문제가 많아 다자무역체제에 개혁이 필요하다고 하였다. 무역의 문제는 세계무역기구를 통하여 조정하고 해결하도록 되어 있다. 그런데 지금까지 미국은 수많은 시도를 해보았지만 이러한 제도적인 틀 속에서 미국의 문제를 해결하지 못한다는 것을 경험하였다. 그래서 세계무역기구의 제도적인 틀을 벗어나서 미국의 일방적인 조치를 들고 나온 것이다. 사실 미국의 무역정책은 원래부터 일방주의적이었다. 지금까지도 미국은 국제주의를 취하지만 스스로는 국제적 규범 바깥에 있었다. 자국이 유리하면 국제규범을 따르지만 불리하면 국제규범을 무시하는 행태를 취해온 것이다. 이는 미국이 국제주의를 주도해왔으면서도 실제로는 그만큼 국인주의적이었다는 것을 말해주는 것이다.

(3) 결과

2018년 10월, 트럼프 대통령은 "우리들은 국인주의자라는 말을 잘 사용하지 않는다. 하지만 나는 내가 국인주의자라고 당당하게 말한다. 국인주의자! 뭐가 잘못인가? 나보고 국인주의자라고 해라."[166] 고 하였다.

트럼프는 자신을 지지하는 열성 국인주의자들을 등에 업고 다소 과감하게 정책을 펼쳤다. 하지만 성공하지 못했다. 그가 내세운

---

[166] Cummings, 2018, October 24

대로의 결과를 얻지 못했으며, 미국 경제는 오히려 더 나빠졌다. 그가 취임하기 직전 2016년 미국의 무역수지는 4,795억 달러 적자였으나 그가 퇴임할 당시의 2020년에는 6,529억 달러 적자를 시현하였다.[167] 무역적자가 약 36.2%나 증가했을 뿐만 아니라 심각한 물가상승까지 겪게 되었다.

개방경제에서는 미국의 기업들이 해외로 떠나고, 값싼 외국물품이 들어온다. 미국에서 생산과 고용을 늘리기 위해서는 정부가 나서서 이러지 못하게 해야 한다. 그런데 막상 이렇게 하려했더니 가능하지 않았다. 이미 세계는 경제적으로 너무 많이 상호의존적으로 되어 있어서 이 관계를 단절하고 통제한다는 것은 쉽지 않았던 것이다. 우선 급한 대로 미국을 위협하는 중국에 대하여 지식재산권침해나 과도한 무역불균형을 이유로 부분적으로 무역제한을 가하였다. 그런데 자유주의에 익숙해 있는 미국에서 갑자기 행정부가 통제를 한다는 것이 쉽지 않았고 어설프게 개입하고 나섰다가 사태를 더 악화시키고만 형국이었다. 중국에서 수입하지 못하게 하면 미국에서 생산하는 것이 아니라 중국 다음으로 값이 싼 나라에서 수입하게 된다. 그래서 미국의 무역수지 적자는 해소되지 못하고 수입가격이 올라서 오히려 국제수지 적자가 더 늘어났다. 그리고 미국에 물가가 상승하게 되면 수출은 더 어려워지고 수입은 늘어나서 무역수지의 개선은 더 어려워지게 된 것이다.

2020년 선거에서 트럼프는 재선에 실패하고, 민주당의 바이든 행정부가 들어서게 되었다. 바이든 정부 또한 국인주의적인 경제정책들을 이어가고 있다. 전통적으로 민주당은 공화당에 비하여 국제적인 성향이 강하지만 미국이 직면한 문제는 워낙 명확해서 민주당

---

[167] U.S. Bureau of Economic Analysis, n.d.

정부라고 해서 달리 다른 방도를 찾기 어렵기 때문이다. 바이든이 집권한 이후에도 트럼프행정부에서 내렸던 무역규제조치들을 대부분 해제하지 않았고, 중국에 대한 제재도 그대로 이어가고 있다.

7) 세계 각지의 국인주의

트럼프 대통령의 노골적인 국인주의 표명으로 미국의 국인주의가 부각되었지만 국인주의가 일어난 것은 미국만이 아니었다. 세계화 이후 국가 간 경쟁과 각지의 인종적 민족적인 충돌로 세계전역에서 국인주의가 광범위하게 일어났다. 이렇게 전반적으로 국인주의가 강화되는 추세인 상황에서 미국의 국인주의가 두드러졌고, 미국의 세계에서의 위치 때문에 그 영향이 컸던 것은 사실이다. 미국의 일방적인 무역제한조치에 대하여 다른 나라들은 세계무역기구에 제소를 하기도 하였지만 전반적으로 맞대응을 하는 가운데 다른 나라들도 같은 방향으로 나아갔다. 이로 인해서 미국에게도 부담으로 돌아왔을 뿐만 아니라 다른 나라에서도 국인주의 경향이 강화되었다.

지난 세기 유럽연합은 하나의 유럽이라는 목표로 점진적으로 그 통합의 강도를 더해왔고 그 범위도 확대해 왔다. 과연 유럽연합이 통합의 수준을 계속 높여나가서 하나의 국가로까지 갈 수 있느냐가 관심사였다. 그리고 유럽통합에 영향을 받아서 세계 각지에서는 수많은 지역경제통합기구들이 만들어지고 지역 간에 국가장벽이 낮추어졌다. 이 모든 것들이 세계화의 추세와 함께하는 것들이었다.

그런데 세기가 바뀌면서 사람들의 생각이 바뀌었다. 유럽에서는 유럽연합에 대한 회의론(Euroscepticism)이 대두되었다. 유럽연합이 개별국가의 주권과 정체성을 훼손한다는 것을 의식하는 사람들이 많아지게 되었다. 유럽연합이라는 거대조직은 소수의 엘리트들이나 거대기업들을 위한 무대일뿐 대다수 소시민들에게는 득 될만한 것이 없다는 것을 깨닫게 되었다. 이 조직이 거대해짐에 따라 효율성과 투명성이 떨어지고 정치가 소시민과 더욱 멀어지면서 민주적 합법성도 약화되었다. 대기업의 상품에 밀려 지역 상품은 경쟁력을 상실하고 이민 노동자 유입으로 노동자들의 처지는 더욱 어렵게 되었다. 외국 이주민들의 유입으로 주택, 교육, 교통, 보건 등 많은 영역에서 문제가 발생하고 종교적 문화적인 갈등이 일어나게 되었다. 유럽은 1985년에 시작된 셍겐협정(Schengen Agreement)으로 국가 간에 사람과 물자의 국경이동에서 제약이 없어졌다. 그래서 일단 비유럽지역의 외지인이 유럽연합의 경계안에 들어오기만 하면 유럽 내 어느 나라나 갈 수 있는 것이다. 그래서 많은 아프리카, 아시아 사람들이 이탈리아나 그리스 앞바다를 통하여 밀입국을 하게 되는데 이들 나라에서는 굳이 애써서 사람들이 오는 것을 막지 않는다. 어차피 밀입국자들은 자국에 머무르지 않고 독일, 프랑스 등 경제사정이 더 좋은 나라로 올라갈 것이기 때문이다. 이러한 상황에서 자신의 지역에 눌러사는 대다수 서민들에 있어서 유럽연합에 대한 부정적인 인식이 늘어날 수밖에 없는 것이다.

이런 맥락에서 영국은 유럽연합에서 탈퇴(Brexit)하게 된다. 영국은 유럽연합에서의 탈퇴를 주장하는 사람들이 늘어남에 따라, 2016년 국민투표를 통하여 탈퇴를 원하는 국민들이 더 많음을 확인하고 탈퇴협상절차를 거쳐, 2020년 1월 유럽연합을 탈퇴하였다.[168]

---

[168] 영국은 2016년 6월, 유럽연합에 잔류할 것인지의 여부에 대한 국민투표 결과 72.2%의 투표율에 찬성 51.9%, 반대 48.1%로 탈퇴가 확정되었고, 이후 협상과정을 거쳐, 2020년 1월 31일부로 정식 탈퇴하였다.

이는 영국이 독자적인 주권을 회복함으로써 유럽대륙을 통하여 들어오는 이민유입을 막고, 유럽연합(EU) 내 경제적으로 취약한 국가들로 인한 문제에 함께 얽히는 상황에서 벗어나기를 원했기 때문이다.

그리고 유럽전반으로 국인주의적인 성향이 강하게 일어나면서, 프랑스에서는 국인집회(Rassemblement National), 독일에서는 AfD (Alternative für Deutschland)와 같은 극우 정당의 세력이 크게 확대되었다. 그리고 유럽전역에 이민족에 대한 테러, 이민족 혐오 범죄, 민족 간의 갈등과 분규가 크게 증가하였다.

한편 러시아에서는 사회주의가 해체된 이후 국가적인 지위가 크게 추락하였다. 서구의 자본주의를 받아들이면서 경제불안과 혼란이 계속되었고, 나토군의 위세 앞에 러시아 군사력이 무력하게 되자 러시아 사람들은 초라해진 자국을 안타까워하였다. 2020년에 르바다센터(Levada Center)가 행한 러시아인들을 대상으로 행한 여론조사에 의하면, 응답자 중 60%가 소비에트연방 해체를 애석해하고 있고, 63%가 소비에트연방은 해체되지 않았어야 했다고 대답했으며, 75%가 러시아 역사상 가장 좋은 시대가 소비에트연방이었다고 대답하였다.[169] 이같이 많은 사람들이 대국으로서의 소련을 그리워하게 되었다. 국가 내에서 자유가 많아지고 사람들의 이동에서 유동성이 많아지면서 타민족이나 외국인 혐오관련 범죄와 테러가 급증하였다. 이러한 상황에서 국인주의자 푸틴이 권좌에 올라 장기 집권하게 되었다. 러시아는 국제통화기금과 세계무역기구에 가입한 이후에도 서방 선진국들과 거리를 둔 상태에서 경제적인 독자성을 유지하고 있다. 기술개발에 국가적인 노력을 하는 한편, 산업전반에 국가가 적

---

[169] Deriglazova, 2021, December 9

극적으로 지원하여 국산품이 사용되도록 하고 있다. 이러한 가운데 석유와 천연가스와 같은 자원을 최대한 활용하여 러시아의 힘을 확대하면서 옛날의 영광을 되찾으려 하고 있다.

그동안 세계 어느 나라이든 선거때만 되면 후보들의 국인주의적인 공약이 넘쳐났었다. 그만큼 사람들의 마음에 국인주의가 강하게 작용하고 있다는 것이다. 최근에는 국인주의적 성향의 정치인이나 정당들이 권력을 잡는 것이 세계적인 현상으로 되었다. 이탈리아의 살비니(Salvini), 일본의 아베신조(安倍晋三), 인도의 모디(Modi), 튀르키예의 에르도안(Erdogan), 폴란드의 안제이 두다(Andrzej Duda), 헝가리의 빅토르 오르반(Viktor Orban), 브라질의 볼소나로(Bolsonaro) 등 많은 국가에서 정치인들이 국인주의적인 성향을 보이고 있다.

다국적기업, 세계적인 엘리트, 이주민 등 세계를 무대로 삼아 살아가는 사람들이 아닌 일반 서민들로서는 세계화로 인하여 세상이 좋아지고 있다고 느끼는 사람들이 많지 않았다. 오히려 세계화로 인하여 변화된 삶 속에 위협감이나 거부감을 갖는 사람들이 더 많았다. 반세계화주의자, 반환경주의자, 보호무역주의자, 원주민주의자 등도 국인주의자와 같은 부류에 속하는 사람들이다. 그래서 그동안 세계 각지에 새로운 정치추세로서 등장한 대중주의와 결합하여 국인 대중주의(national populism)가 일어났다. 국인 대중주의는 대중들이 선도하는 국인주의로서 우익 국인주의적인 성격을 갖는다. 그들은 자신들의 문화, 전통, 역사, 국인적 정체성 등에 가치를 부여한다. 국인 대중주의는 기존 정치인과 제도를 불신하고, 거대기업과 언론에 불만을 갖고, 사회 엘리트층에 대하여 반감을 갖는다. 그들은 보통 사람들이 소외되고 무시당하고 있다고 생각하면서 보통 사람들의 이익을 대변할 정치인을 찾게 되었다. 미국에서 트럼프와 같은 대통령이 등장한 것도 이러한 배경을 두고 있다.

이트웰과 굳윈(Roger Eatwell & Matthew Goodwin)은 『국인 대중주의(National populism-The revolt against liberal democracy)』에서 4D (Four Ds')라 하여 자국중심의 대중주의 저변에 흐르는 기류 네 가지를 들었다. 4D는 ①불신(distrust): 기존의 정치인과 제도에 대한 불신, ②파괴(destruction): 이민유입에 의한 기존의 정체성 파괴에 대한 불안, ③박탈(deprivation): 신자유주의적 세계화된 경제체제에 의한 경제적 위치 하락과 불평등, ④유대약화(de-alignment): 전통적인 주류 정당과 국민들 간의 유대약화 등이다.[170]

---

[170] Eatwell & Googwin, 2018, pp. 14-15

제 4 장

경제 국인주의의 존재이유

1. 국인주의와 경제 국인주의

경제 국인주의가 존재하는 이유는 무엇일까? 경제 국인주의는 국인주의를 본질로 하고 있는 경제 영역에서의 국인주의이므로 국인주의가 존재하는 이유를 기초로 하여 설명될 수 있다. 사람들이 국인주의를 갖는 이유는 국가가 갖는 독특한 성격과 이러한 국가를 대하는 사람들의 성향에서 찾을 수 있다.

국가는 절대적인 권력을 갖는 집단이다. 그리고 국가 간에는 상호 배타적인 성격을 갖고 있다. 홉스(Thomas Hobbes)는 국가 이전의 사회를 만인에 대한 만인의 투쟁상태였다가 국가가 만들어짐으로써 이러한 상태가 해소된 것으로 보았다. 그런데 국가 내에서는 해소되었지만, 최고 권력을 갖는 국가들 간에 있어서는 여전히 투쟁상태이다. 국가 간에는 힘겨루기가 끊임없이 진행되며, 어느 국가이든 힘이 약하여 약점을 보이면 언제든지 다른 나라에 의해서 영토를 빼앗기거나 이권을 침탈당할 수 있다. 국가사회 이후의 역사는 끊임없는 전쟁으로 이어져 왔고, 지금도 지구상 어디엔가는 전쟁 중이다.

이런 국가에 있어서 사람들은 자신의 국가에 대하여 애착을 갖는다. 사람들이 자기 국가에 대하여 애착을 갖는 것은 두 영역에서 이유를 찾을 수 있는데, 하나는 생래적인 요인으로서의 본성이고,

다른 하나는 후천적인 요인으로서의 이성이다. 사람은 이 본성과 함께 이성적인 판단으로 국인주의를 갖게 되는데,[171] 경제 국인주의도 이 같은 국인주의 일반의 바탕 위에서 설명될 수 있다.

첫째, 본성 측면이다. 국인주의는 자기집단에 대하여 애착을 갖는 인간의 원초적인 본성에 기초하고 있다. 사람은 오랜 옛날부터 사회적 동물로 진화하면서 자신과 자신이 소속한 집단 간에 연결되는 의식을 갖고 자기집단을 위하는 마음을 갖는다. 여기서 국가집단에 대한 이러한 의식이 바로 국인주의이며, 이는 다른 어떤 집단에 대한 의식보다 강하다. 그것은 국가가 그만큼 사람에게 큰 영향을 주는 집단이기 때문이다. 국인집단은 사람이 태어나면서부터 소속되는 집단으로서, 공동체 고유의 땅과 역사를 토대로 하는 가운데 공동운명체적인 성격을 갖고 있다. 그래서 모든 사람은 자국이 잘 되기를 바라는 가운데, 경제에 있어서도 자국이 잘되기를 바란다.

경제에 있어서 국가가 잘된다는 것은 국가의 부(wealth)를 증대시킨다는 것이고, 부의 증대는 바로 국가의 힘(power)의 증대로 연결된다. 먼저 국가 부(wealth)의 측면에서, 자국 경제가 잘되면 일단 자국의 사람들이 궁핍의 고통으로부터 벗어나 기본적으로 안정된 삶을 누릴 수 있게 되고, 정치나 문화도 발전할 수 있는 토대를 마련하는 것이 된다. 다음으로 국가 힘(power)의 측면에서, 사람들은 누구나 자국이 강한 국가가 되는 것을 원한다. 그런데 강한 국가가 되는 것은 자국의 경제와 밀접한 관련을 갖고 있다. 강한 국가가 되기 위해서는 강한 군대가 있어야 하고, 강한 군대가 되기 위해서는 좋은 무기가 있어야 한다. 이 좋은 무기를 조달할 수 있는 것이 경제력이다. 무기를 조달하기 위해서는 국내에서 만들든지 해외에서

---

[171] 조영정, 2016, pp.133-201

사올 수 있어야 한다. 국내에서 무기를 만들기 위해서는 국내에 공업생산력이 있어야 한다. 산업혁명 이후 국인주의자들이 산업육성과 보호무역을 주장했던 것은 국가의 공업발전에 대한 것이었고, 공업화가 갖는 이런 측면 때문이었다. 현대에 와서 이런 기조는 더욱 강화되었다. 첨단무기를 만들기 위해서는 첨단의 산업생산시설이 있어야 하고, 높은 기술력과 많은 자본을 투입하지 않으면 안 된다. 오늘날 산업기술력은 군사 무기생산에 그대로 적용될 수 있는 이중기술(dual technology)이 많기 때문에 산업생산능력이 군사력에 그대로 연결된다. 그리고 첨단무기를 구입하려면 그 비싼 가격을 감당할 만한 재원이 있어야 한다. 그래서 경제력 위에서 군사력을 가질 수 있고, 경제가 발전해야만 강국이 될 수 있는 것이다.

그래서 국제정치경제에서 국가가 추구하는 것은 흔히들 버터(butter)와 총(guns)으로 표현하기도 하는 부(wealth)와 힘(power)이다. 자유주의자들은 힘을 가지려면 부를 갖기 어려운 것으로 보는 반면에, 국인주의자들은 부를 가지면 힘은 얻기 쉬워지는 것으로 본다. 그래서 자유주의자들은 버터와 총이 서로 상충관계(trade-off)에 있는 것으로서, 선택할 대상으로 보지만, 국인주의자들은 이 둘의 관계를 보완관계(complement)로 보아[172] 둘 다 추구해야 할 대상으로 보는 것이다.

둘째, 이성측면이다. 이성적으로 판단하여 자국의 경제가 잘되는 것이 자신에게 유리하기 때문에 사람들이 자국의 경제가 잘되었으면 하는 마음을 갖는 것이다. 동양에서는 나라를 국가라고 불렀다. 국(國)에다 가(家)를 덧붙인 것이다. 가정이 나를 보호해주듯이 국가도 나를 보호해주는 존재인 것이다. 글자에서의 의미가 아니더라도

---

[172] Gilpin, 1987, p.32

국가의 기본적인 역할이 국민의 생명과 재산을 보호하는 것이므로 국가가 나를 보호해주는 존재임에는 의심의 여지가 없다.

자신을 보호해주는 존재를 좋아하지 않을 이는 없으므로 사람들은 국가를 좋아하게 되어 있다. 그런데 세상은 국가로 나뉘어져 있고 자신을 보호해주는 것은 자신의 국가이지 외국이 나를 보호해주는 것은 아니다. 그래서 사람들은 자국을 좋아하지 외국까지 좋아하는 것은 아니며, 외국과 자국은 대립적인 것이 일반적인 관계이기 때문에 그런 외국에 대해서는 배타적인 감정을 갖게 되는 것이다.

개인의 삶은 국가와 매우 긴밀한 관계에 있다. 사람들의 경제생활은 그가 살고 있는 국가 내에서 이루어지므로, 자국의 경제여건은 그 속에 살고 있는 사람들에게 크게 영향을 준다. 자국에서 물가가 오르면 생활비 부담이 크게 되고, 물가가 내리면 생활비 부담이 적게 된다. 자국의 경기가 좋아지면 자신도 일자리 찾기가 쉬워지고, 경기가 나빠지면 일자리 찾기가 어려워진다. 국가의 경제여건은 변동한다. 한국만 보더라도 1970년대와 같이 학교를 졸업하면 기업체에서 서로 모셔가려고 하던 그런 때도 있었고, 1997년 IMF사태 이후와 같이 많은 사람들이 일자리를 잃는 그런 때도 있었다. 그래서 국가의 경제여건이 개개인의 삶에 주는 영향이 적지 않다. 한국에서는 1997년 IMF 경제위기를 맞아 많은 사람들이 격심한 고통을 겪었다. 이 시기에 대학을 졸업하고 직장을 찾아야 했던 사람이나 직장을 잃게 된 사람들 중에는 이 국가적 경제위기가 자신의 운명을 바꿔 놓았다고 생각하는 사람들이 많다. 세상에는 더 심한 경우도 많다. 소련 해체 후에 경제가 어려워지면서 러시아의 많은 여성들이 세계 각지의 유흥가로 팔려가게 되었다. 또 베네수엘라는 1998년 차베스 집권 이후 경제파탄으로 현재 전체 인구 1/4에 해당하는 약

700만 명이 외국에 나가 떠도는 상황에 있다.[173]

　이렇게 경제에 있어서 자국은 중요하지만 외국은 나와 상관없다. 한국이 1997년 IMF사태를 맞았을 때 그리스 사람들에게는 아무 일 없었고, 2010년 그리스가 IMF사태를 맞았을 때 한국에는 아무 일 없었다. 미국 뉴욕 월가의 금융회사에 초고액 임금을 받는 일자리가 많다거나, 미국 플로리다에 초호화주택을 분양하고 있다고 하더라도 그것이 한국에 사는 사람에게는 별 의미가 없다. 이렇게 경제에 있어서 자국이 중요한 것이다. 세계를 무대로 경제활동을 하는 극소수 사람의 경우에는 자국뿐만 아니라 외국도 중요할 수 있다. 하지만 그런 사람에조차도 자국이 절대적으로 중요하다. 1990년대 "세계는 넓고 할 일은 많다"면서 세계경영을 표방했던 김우중 회장이었지만 자국에서 문제가 생기니 전 세계를 누비던 대우그룹도 하루아침에 해체되고 말았다.

　경제활동의 범위를 국가로만 한정할 수는 없다. 지역경제도 있고 세계경제도 있다. 예를 들어서 조선소가 밀집되어 있는 거제도 지역을 생각하면 세계에 조선산업이 호황일 때는 지역경제가 좋아지고 불황일 때는 나빠진다. 또 세계적으로 경기가 좋아지면 개별국가도 경기가 좋을 가능성이 많고, 이에 따라 개인도 영향을 받을 수 있다. 그러나 이들은 국가경제에 비교할만큼 큰 의미를 갖지 못한다. 우리는 국가 단위의 경제생활 구조에 살고 있기 때문이다. 예를 들어 어느 한국인이 자동차 한 대를 샀다고 하자. 국산 자동차를 샀을 경우와 독일제 자동차를 샀을 경우는 국민에게 돌아오는 경제적 효과에서 사뭇 다르다. 국산 자동차를 샀다면, 한국의 자동차 생산 기업과 종업원은 소득을 갖게 되고, 이 소득으로 한국의 농산품을 사

---

[173] 베네수엘라 인구는 2022년 현재 약 2,800만이다.

고, 농산품 생산자는 이 돈으로 휴대폰을 사고, 휴대폰 생산자는 자녀 학원비를 내고, 학원교사는 이 돈으로 의복을 사고 ‥‥. 이와 같이 경제활동은 끝없이 이어지며 순환하게 된다. 그 각 과정마다 관련업자들은 소득을 얻게 되고 정부도 세금을 걷게 되는 것이다. 이러한 경제적 가치창출의 순환은 결국 돌고 돌아 자신에게도 좋은 결과로 돌아오게 되는 것이다. 그런데 만약 독일제 자동차를 구매하게 되면 자동차 대금은 독일 생산자에게로 가서 독일 내에서 앞에서 마찬가지의 모습으로 순환하게 될 것이다. 앞의 경우와 달리 이 경우는 경제적 가치창출의 순환이 한국 사람과는 무관하게 일어나게 된다.

한국으로 자동차 수출 많이 해서 세금 많이 거두었다고 독일정부가 한국 실업자에게 실업수당 주는 일은 없다. 자국에서 세금 걷어 자국 실업자 수당을 지급하며, 자국에서 경기부양대책을 세우고 자국이 유리하도록 통상협정을 체결한다. 중국조선업의 염가 공세에 한국 조선업에 폐쇄위기가 생겼다 할지라도 한국의 조선업 근로자들이 중국에 가서 시위를 할 수는 없다. 한국 근로자의 시위는 한국 안에서만 가능할 뿐이다.

1997년 한국이 IMF 사태를 맞았을 때, 우방국인 미국, 일본에 도움을 요청하였지만 아무 소용없었다. 또 그리스가 IMF사태를 맞았을 때, 유럽연합(European Union)의 구제금융지원을 받기 위해 유럽연합의 좌장격인 독일로부터 수모를 겪지 않으면 안 되었다. 독일의 ZDF방송사가 독일인들을 대상으로 행한 여론조사에서 응답자 52%가 그리스는 유로존에서 탈퇴해야 한다고 답하였다.[174] 그리고 독일정부도 그리스에 대해 가혹한 조건을 받아들이든지 아니면 유

---

[174] Bird, 2015, March 17

로존에서 탈퇴(Grexit)하라고 윽박질렀다. 하나의 정부를 지향하는 유럽연합 내의 국가 간에도 이럴 정도이니 국제관계의 냉혹함이 어느 정도인지 짐작된다. 우방국이라고 하더라도 더없이 타산적인 것이 경제관계이다. 이는 원래 경제적 측면이 갖는 특성이기도 하다. 친척 중에 교통사고로 죽게 생겼으면 병문안을 오지만, 빚에 쪼들려 죽게 생겼으면 병문안조차 오지 않는다.

우리는 세계경제가 서로 상호의존의 상태에 있다는 사실을 많이 들먹인다. 국내에서 만들어진 상품이라도 그 속의 부품은 다른 나라에서 수입된 것일 수 있고, 외국에서 만드는 제품이라도 국내의 원료나 부품이 사용될 수도 있다. 그리고 다른 나라가 경기가 좋으면 자국의 수출이 증가하여 자국도 좋은 영향을 받는다. 하지만 이런 효과는 국내에서 바로 일어나는 경우와 비교하면 그 크기가 매우 작다. 자국의 경제가 어느 외국의 경제에 종속되어 있는 상태가 아닌 한 어느 외국의 경기가 좋아짐으로 인해서 자국의 경기가 좋아지는 반사적인 효과는 전 세계의 국가가 나누어 갖는 것이기 때문에 자국에서의 효과가 클 수가 없다. 그냥 자국 경제가 좋아져야 그 효과가 크다. 세계의 경제가 상호의존되어 있는 상태에서도 여전히 중요한 것은 자국의 경제인 것이다.

또한 한국경제와 미국경제가 연관되어 있다고 해도 미국이 한국의 경제사정을 봐주면서 미국의 정책을 시행해주는 법은 없다. 모두가 자국을 위해서 노력할 뿐이며 타국을 위해서 배려해 주지 않는다. 사실 국가 간의 관계는 협력적인 측면보다는 경쟁적인 측면이 더 강하다. 전 세계의 국가들이 경쟁하는 가운데 개별 국가도 발전하고 전체로의 세계 경제도 발전하는 구도이다. 이는 개개인의 이기성을 바탕으로 하는 경쟁 속에서 조화와 균형을 설명한 아담 스미스의 자유주의 경제이론의 연장선상에 있다. 모든 국가들이 자국의 이익을 추구하는 가운데 세계적으로 보이지 않는 손에 의하여 조화와 균형을 이루게 되는 것이다.

이렇게 자국의 경제가 잘되어야만 자신의 삶도 안전하게 영위할 수 있기 때문에 사람들은 자국이 경제적으로 잘되기를 바란다고 했는데, 이것 외에도 자국이 잘되기를 바라는 이유들은 많이 있다. 국가로부터 자신이 영향을 받는 측면과 반대로 국가를 위해서 자신이 행한 노고의 측면에서도 자국이 잘되기를 바라는 마음을 가질 수 있다. 사람들은 국가를 위해서 많은 활동을 한다. 인생의 황금기에 군대에 가서 국가를 위해 봉사하게 되며, 직장을 다니면서 사회보험에 들고 노후를 위해서 연금을 붓는 등 살면서 하는 일들 중에는 국가와 관련된 일들이 많다. 그런데 만약 국가가 망하게 된다면 여태까지 자신이 바쳤던 노고와 헌신이 모두 무용지물이 된다. 어렸을 때부터 열심히 받았던 교육도 다른 나라에 가서는 그대로의 가치가 나오지 않는다. 사람은 살아가면서 그가 사는 곳에서 잘살아가는 능력을 배양하고 증진시켜 나간다. 자국에서 편안하고 자연스럽게 살아갈 수 있는 것은 자국에 살아오면서 터득한 값진 능력이다. 타국에 가서는 그렇게 편하고 자연스럽게 살아가기 어려운 것이다. 이렇게 사람은 태어나면서부터 자국과의 관계를 맺게 되고, 살아가면서 자국과의 연을 더 두텁게 쌓아가게 된다. 그래서 나이가 들어갈수록 자국에 대하여 더욱더 애착을 갖게 되는 것이다.

또한 자신의 국가가 자랑스럽고 그래서 자신의 자존감을 높이는 일로서 자국이 잘되기를 바라는 요인도 있다. 사람은 항상 남들에게서 자신이 어떻게 보이는지 자신의 위상과 체면을 생각한다. 어느 사람이 외국에 나갔을 때 그의 일차적인 정체성은 어느 나라 사람이냐는 것이다. 여기서 자국이 다른 사람들로부터 인정받을 만한 나라이면 자신은 우쭐해지고 인정받지 못하는 나라이면 위축된다. 이런 국가의 평가에 있어서 오늘날 중요한 요인 중의 하나가 경제적인 위상이다. 외국에 나갔을 때 그가 만약 한국인이라면 현대자동차가 지나가는 것만 봐도 이것이 눈에 띄며, 만나는 상대방이 삼성휴대폰을 들고 있는 것만 봐도 그냥 지나쳐지지가 않는다. 어느 미국교포는 미국 대형매장 식품코너에서 KIMBAP(김밥)이라는 포장을 보고서 하염없이 눈물을 흘렸다고 한다.

이렇게 개인의 삶에 있어서 자국의 경제는 알게 모르게 중요한 부분을 차지하고 있는 것이다.

2. 경제활동에서의 국가 개입과 국인주의

1) 개인과 국가의 이해관계 증대

지금까지 경제에 있어서 개인과 국가 간에 밀접한 이해관계가 있음을 보았다. 그런데 이러한 이해관계는 시간이 갈수록 점점 더 증대해가고 있다. 하나의 예를 들어보자. 옛날에는 국민에 대한 의무로서 교육의 의무와 같은 것은 없었다. 공부를 하든 말든 개인의 자유였다. 그렇게 자유로 맡겨 놓았다고 해서 옛적의 사람들이 야만적이었던 것도 아니고, 오늘날처럼 의무교육을 시킨다고 해서 사람들이 더 나아졌다고 보기도 어렵다. 그때도 공부하고 싶은 사람은 공부하였고, 지금도 공부하기 싫은 사람은 공부 안 한다. 국가가 사람들을 교육시키기 시작한 것은 근대국가 이후의 일이다. 국가가 의무교육이라 하여 어린 아이들을 강제로 교육을 시켰고 여기서 국가충성에 대한 교육도 함께 시켰다. 의무교육의 기간도 국가의 역량이 커짐에 따라 점점 늘어나게 되었다. 한국의 경우, 처음에는 초등학교였다가 시간이 지나면서 중학교 그리고 고등학교까지 그 기간이 늘어났다. 여기에 더 나아가서 유치원도 이제 국가에서 공교육으로 하겠다고 하고 있다.

그리고 어린 아이의 보육에 있어서도 옛날에는 국가에서 제도적으로 만든 어린이집 같은 것이 없었지만, 지금은 국가에서 보육을 위해 어린이집의 설치와 운영에 대한 것을 법으로 만들어 놓고 이를 국가에서 관리하고 있다. 어린 아이의 양육에서도 국가가 개입하게 된 것이다. 사람의 양육과 교육에 있어서 국가의 개입이 훨씬 더 많아진 것이다. 그리고 실질적으로도 국가가 점점 더 적극적으로 나서고 있다. 과거에는 아이에 대한 모든 것을 부모가 다 책임졌으나 이제는 국가가 모든 것을 다 책임지겠다는 형태이다. 과거에는 미성년의 자녀가 잘못을 저지르게 되면 부모가 나서서 사죄를 하고 잘못을 빌었다. 그리고 같은 일이 재발되지 않도록 부모가 자녀를 교육시켰다. 그런데 오늘날에는 사식이 잘못을 지지르면 부모가 적극 나서서 교육을 해야 하는 것이 아니라 국가에 고발해야 하는 지경에 이르게 되었다. 부모라도 아이에게 과도하게 교육하거나 매질을 했다가는 국가로부터 처벌을 받는다. 부모의 아이가 아니라 국가의 아이로 된 것이다. 최근에는 초등학생이 경찰서에 전화를 걸어 아빠가 자신을 간섭했다고 아빠를 처벌해 달라고 하는 일도 심심찮게 일어나고 있다. 이렇게 되니 부모는 한 걸음 뒷전으로 물러났다. 그리고 가정에서는 교육이 사라져 가고 있다. 어떤 부모는 아예 멀리 물러나버리는 현상도 보이고 있다. 자녀에게 애착을 갖지 않는 부모가 많아지고, 자녀가 비행을 저질러도 방치하는 부모가 많아졌다. 그래서 부모가 게임을 하느라 아이를 방치하여 아이가 사망하기도 하고, 귀찮다고 우유를 먹이지 않아 아이가 아사하는 사고도 일어나며, 갓난 아이가 울어서 자신을 괴롭힌다고 폭행치사하는 일까지 일어나고 있다.

이러한 국가의 역할 변화를 견인하고 있는 것이 복지국가 개념이다. 원래 사람의 세상살이를 고해(苦海)라고도 한다. 모든 생명체는 그가 존재하기 시작부터 투쟁으로 살아간다. 사람은 먹어야 하고, 체온을 유지해야 하고, 잠을 자야 되어서 의식주의 재화를 필요로 하는데 세상에서 노력하고 투쟁하면서 이를 조달하며 살아간다. 이러한 과정이 힘들고 고통스럽기 때문에 세상을 고통의 바다라고도 했던 것이다. 그런데 사람들의 이런 고통을 고스란히 인수해서 이를 대행 처리해 주겠다는 주체가 나타났다. 이것이 바로 복지국가이다. 오늘날의 국가들은 복지국가를 지향한다. 복지국가는 요람에서 무덤까지 삶의 모든 어려운 문제를 자신이 맡아 주겠다는 것이다. 국가가 배고픈 자에게는 밥을 주고, 아픈 자에게는 치료를 해주고, 일하기를 원하는 자에게는 일자리를 주고, 집이 필요한 자에게는 집을 주는 것이다. 그래서 국가가 부모보다 더 낫고, 종교에서의 신보다도 더 나은 존재로서 이전의 부모의 자리도 차지하고 신의 자리까지도 차지하려 하고 있다.

개개인에 있어서 국가의 존재는 이처럼 절대적으로 중요하게 되었다. 국가가 이런 위치에 있다 보니 개개인의 삶은 세상을 어떻게 살아가는가의 문제로서 세상을 상대로 하는 투쟁이 아니라 국가 속에 어떻게 처신해야 하는가에 대한 문제로서의 국가를 상대로 하는 투쟁이 되었다. 국가를 잘만 이용하면 인생을 편하게 살 수 있고 성공할 수도 있다. 반면에 국가를 잘 이용하지 못하면 나락으로 떨어지게 되는 것이다.

이와 같이 국가가 개인에게 절대적인 영향을 줄 수 있는 상황이 바람직한 것만은 아니다. 예기에 수록된 "가정맹어호($苛政猛於虎$)"는 널리 알려진 이야기이다. 시아버지, 남편, 아들이 호랑이에게 물려갔는데도 불구하고 산속에 사는 여인의 이야기이다. 그 여인이 산속에 살 수밖에 없는 이유는 국가권력의 가혹함 때문이다. 그런데 그 시절에는 국가권력을 피해서 숨을 산중이라도 있었다. 오늘날에는 숨을 산중도 없다. 문명의 발달로 국가권력은 어느 곳 펼쳐지지 않은 데가 없다. 아무리 산중에 숨어있더라도 육상으로 찾아내든지 공중에서 찾아내든지 심지어 위성사진으로 다 드러나기 때문에 숨을 데가 없고, 산중에 개인이 숨어 들어가 개간해서 살 수 있는 땅도 없는 것이다. 옛날에는 자신이 살던 나라가 마음에 안 들면 몰래 국경을 넘어 외국으로 가서 살 수 있었다. 그런데 오늘날은 아주 작은 땅이라도 국가정부가 통제하지 않는 곳이 없기 때문에 어디든지 몰래 들어가서 살 곳이 없다. 신용카드, 화폐, 통신, 교통, 신분증, 면허증 등 모든 문명의 도구들이 사람들에 대한 국가의 관리를 돕고 있다. 최근에 와서는 국가선산망에 의하여 개개인에 대한 정보를 한눈에 모든 것을 다 볼 수 있고, 곳곳에 설치된 CCTV나 안면인식기술을 통하여 개개인이 어디에서 무엇을 하고 있는지 국가가 일거수일투족을 감시할 수도 있게 되었다. 이렇게 오늘날에는 개인이 국가를 피해서 살아갈 수 있는 조그마한 빈틈도 없는 것이다.

이같이 국가의 절대적인 영향 속에 살아가는 개인들에 있어서 경제생활 또한 마찬가지다. 오늘날 사람들이 경제생활을 하는데 있어서 국가를 염두에 두지 않고 할 수 있는 것은 아무것도 없다. 근로자로서 회사에 취직하게 되면 여러 관련 기관에 신고를 해야 되고, 월급을 받기 전에 근로소득세부터 먼저 떨어져 나간다. 먹고 살기 위해서 아무리 조그만 장삿일이라도 하기 위해서는 관청에다 사업자신고부터 해야 하며, 채무 중에서 가장 먼저 갚아야 하는 채무가 세금과 같은 국가에 대한 채무이다. 한국에서 소득세 최고세율은 45%고, 상속세 최고세율은 60%다. 국가에 번돈 중 45%를 주어야 하고, 죽을 때는 60%를 주어야 한다. 만약 부모가 성공한 자식에게 소득 중의 45%를 가져가겠다고 하면 칼부림 날 것이다. 하지만 국가에 대해서는 누구든지 저항없이 다 내어놓는다. 이것이 가능한 것은 국가가 얼마를 내놓으라고 하든 내놓지 않으면 안 되는 것이 현실적인 국가와 개인 간의 관계이기 때문이다.

경제활동에 있어서 국가가 개인의 운명에 얼마나 결정적인 역할을 하는지, 이에 대한 일상의 예를 보기로 하자. 1980년대 초 한창 입시과외가 성행하던 시절 어떤 이는 대학을 졸업하고 학원운영을 시작하였다. 사무실을 빌려 설비와 자재를 구비하고 선생님들을 채용하여 학생들을 모은지 얼마되지 않아 정부의 과외학원을 금지하는 정책이 발표되었다. 이 사람은 큰 빛만 지고 낭패를 보게 되었다. 또 2010년대 말 정부에서 주택임대사업에 혜택을 주면서 장려한다는 발표를 믿고 어떤 이는 주택을 여러채 사서 임대사업을 하였다. 그런데 주택임대사업 혜택 발표가 있은지 1년 여 만에 정책이 정반대로 바뀌어 아파트임대주택제도는 폐지되고 보유주택에 종부세를 중과세하여 수십억원의 징세를 당하였다. 이 사람은 받았던 전세금을 세금으로 다 빼앗기고, 세금을 다 내지 못하여 신용불량자가 되고 전세금을 돌려줄 수 없게 되자 자살하였다. 이와 같은 사례는 하나 둘이 아니다. 국가는 자기 목적만 추구할 뿐 개개인의 사정을 돌보지 않는다. 개인이 가는 길이 국가가 가는 길을 거스르게 되면 개인의 삶은 망가지고 만다.

그래서 현대인들에 있어서 인생의 성공여부는 국가와 밀접한 관련이 있다. 국가가 어떤 방향으로 나가고 있는지 잘 알고 이에 맞게 인생길을 가야 한다. 어떻게 보면 인생은 국가라는 인위적 환경에서의 경쟁이고 투쟁이다. 국가에서 반도체산업을 육성하겠다고 하면 이에 관련된 학과를 진학하려는 고등학생들이 많아지고, 공무원을 많이 뽑는다고 하면 공무원시험을 준비하는 대학생들이 많아진다. 누구나 사업을 하려면 어떤 사업을 어떻게 할지 국가의 제도와 시책을 잘 알아야 한다. 그리고 큰 사업을 하려면 더욱 그렇다. 과거 어느 누구는 대통령이 어떤 일을 시켜서 거대기업을 세우게 되었다든지, 어느 재벌은 자신의 통장을 대통령에게 맡겨두었다든지 하는 이야기들을 듣기도 한다. 한국의 어느 재벌이나 대기업 중에 국가정부의 영향없이 오로지 자신의 경제적인 노력만으로 성공한 기업은 드물다.

이것은 일본의 경우에도 그렇다. 미쓰이, 미쓰비시, 후루카와 등 일본 대다수 재벌들은 국가로부터 광산, 제철소, 조선소 등 다양한 분야에서 사업권을 받아내어 그런 사업들을 하면서 성장할 수 있었다.[175] 중국은 이보다 더하다. 중국 항저우에서 영어교사를 하던 마윈은 1999년 전자상거래기업 알리바바를 창업하였다. 중국의 거대인구, 거대시장을 바탕으로 하여 알리바바는 순식간에 세계적인 기업이 되었고, 마윈 또한 세계적인 인물이 되었다. 그런데 2020년 마윈은 그대로 업계에서 그 존재가 사라져 버렸다. 들리는 소문에 의하면 정부 당국의 미움을 샀다는 것이다. 이렇게 당과 정부의 정치적인 영향력에 따라 순식간에 재벌이 되었다가 순식간에 퇴출되고, 심지어 감옥에 가거나 행방불명되기도 한다.

이는 국가의 힘이 강한 동아시아의 경우에는 심하고 개인의 자유와 민주주의가 발달한 서양의 경우에는 덜 할 수 있다. 하지만 서

---

[175] 조영정, 2019, p.187

양이라 하더라도 경제적 활동이 국가정부의 영향권 밖에 있다거나 정치와 무관한 것은 아니다. 트럼프가 대통령이 되고 나서 미국의 대기업 총수들을 불러 모았을 때 참석 않겠다고 하는 사람은 없었다. 이것은 트럼프 시절뿐만 아니라 바이든 대통령 때도 그랬고 오바마 대통령 때도 그랬다. 어느 시대이든 어느 대통령이든 대통령이 부르면 기업 총수들은 달려온다. 그 바쁜 기업 총수들이 달려오는 것은 미국 기업에 있어서도 그만큼 국가가 중요하다는 것을 말해주고 있는 것이다.

2) 국가의 개입 확대

개인이 국가의 영향을 더 많이 받게 된다는 것은 국가의 입장에서 보면 국가가 그만큼 많은 일을 하게 됨을 의미한다. 실제에 있어서 오늘날의 국가는 과거 어느 시대보다 더 많은 일을 한다. 이를 다르게 보면 국가가 나서서 사람들을 이끌어 감에 따라 사람들은 점점 더 국가에 매여가고 있는 것이다. 절대군주 시대에는 군주가 비록 절대권력을 가졌다고 하더라도 국민전체를 대상으로 현대에서와 같이 큰 영향력을 행사할 수는 없었다. 군주와 귀족 몇 사람이 국민 중 극히 적은 숫자의 사람들에 대하여 힘을 행사할 수 있었고, 전체 국민 개개인에게 권력을 행사할 만한 일이 많지 않았다. 하지만 현대에는 조직체로서의 국가가 국민 개개인에게 조직적이고 체계적으로 권력을 행사한다. 현대의 국가는 과학과 지식을 활용하여 모든 사람들을 국가정부 중심으로 조직함으로써 국가 내 모든 사람을 완전히 휘어잡고 있는 것이다.

대한민국의 경우, 2021년 현재 공무원수만 113만명이나 되고, 대통령이 임명하는 임명직만 해도 약 1만여 개 이른다. 그리고 국가의 중요한 기간산업으로서 35개에 달하는 거대 공기업들이 있고, 350여개에 달하는 공공기관이 있다. 이들 기관은 국가의 중요한 역할을 할 뿐만 아니라 경제에서도 비중을 차지하고 있다. 여기에다 각 단계의 지방자치단체마다 자치단체장이 임명하는 임명직이 있고, 지방자치단체 하에 수많은 공기업과 공공기관들이 있다. 그리고 각종 위원회, 자문기구, 관련기구, 관련단체 등을 만들어 가급적 많은 사람들을 연결시켜 놓고 있어서 국가조직에 가담하여 거들고 있는 사람이 실제 얼마나 되는지 그 숫자를 파악하기조차 어렵다. 이렇게 거대한 조직체로서 국가가 통치되고 관리되고 있는 것이다. 그리고 정부는 막대한 세금을 거두어 이 중의 많은 부분을 정부 운영과 이와 연관된 목적을 위해 사용한다. 정부는 사립대학교육기관과 같은 민간기관이나 시민단체와 같은 민간단체는 물론이고 심지어 마을이나 아파트 단지에 이르기까지 정부의 지원금을 지급하고, 개인에게는 복지혜택이나 지원금을 지급한다. 이 돈을 고삐로 하여 정부가 원하는 방향으로 사람들을 이끌어 가는 것이다.

오늘날 세계 어느 나라에서든 국가조직이 비대하여 국가조직을 위해서 존재하는 사람들이 워낙 많다. OECD 평균으로 보면 국가 내 일하는 사람 중 17.92%가 공공영역에서 일하는 사람이다.[176] 이 비율은 과거 사회주의였다가 체제전환한 국가나 개발도상국의 경우에는 훨씬 더 높다. 다섯 사람 중에 한 사람은 국가 공동체의 유지를 위해서 존재하는 것이다. 국가 내의 다른 사람들은 국가와 관련된 일을 하는 사람들을 부양하기 위해서 더 많은 일을 하지 않으면 안 된다. 절대군주 시대에는 백성들이 왕과 그 측근의 사람들만 부양하면 되었지만 지금은 그때보다 훨씬 더 많은 사람들을 부양하지 않으

---

[176] OECD.Stat, n.d.

면 안 되는 것이다. 그리고 백성들은 절대군주 시대에는 왕과 그 측근의 몇 사람들의 지시와 감독을 받으면 되었지만, 오늘날에 와서는 이 많은 사람들의 지시와 감독을 받게 되었다. 이 많은 인원이 국가의 이름으로 사람들에게 "이렇게 하라", "저렇게 하라"고 하며, "이것을 하라", "저것을 하지 말라"고 하는 것이다. 이렇게 국가정부는 국가라는 집단이 판단하고 의도하는 대로 일이 이루어지도록 개인들을 이끈다. 현대에는 자유방임의 국가는 말할 것도 없고 자유주의 국가도 없다. 적어도 국가가 개인에게 지시하고 요구하는 측면에 있어서는 그렇다. 그래서 국가와의 관계에 있어서 개인은 자유를 상실한지 오래다.

이런 국가정부에 대해서 실제 정부가 얼마만큼 개입하고 있는지를 측정하기는 쉽지 않다. 국가정부는 각종의 행정기관, 입법기관, 사법기관, 지방자치단체 등의 공공기관이 있을 뿐만 아니라 국영기업이나 공공단체 등 각종 기관들이 다양한 활동을 하고 있어 국가 내 정부활동의 범위를 정하기조차 어렵기 때문이다. 게다가 정부의 조직과 활동내용이 수시로 변한다. 이런 가운데 정부개입의 규모를 판단하는 데 비교적 객관적이고도 쉬운 지표가 될 수 있는 것이 정부의 지출이다. 정부가 지출을 많이 한다는 것은 그만큼 정부가 많이 개입하여 활동한다는 것을 의미하기 때문이다.

표 4-1은 주요 국가들의 국내총생산 대비 정부지출 비중을 보여주고 있다. 통계자료가 있는 1850년부터 오늘에 이르기까지 지난 170여 년간의 국가들의 정부지출을 보면, 모든 나라에서 정부의 지출규모가 지속적으로 증가해오고 있음을 알 수 있다. 이 통계에 포함되는 항목들은 국가마다 다르다. 그래서 여기에서의 지표는 국가 간의 비교는 큰 의미를 갖지 못한다. 하지만 같은 국가의 시간에 따

른 추세변화에서는 분명한 의미를 제공한다. 국내총생산에 대한 정부지출의 비중은 시간의 흐름에 따라 모든 국가가 예외없이 증가하고 있다. 이는 국가 내에 정부가 개입하는 일이 많아지고 있음을 보여주는 것이다. 국가의 개입방법은 국가의 문화에 따라 다르다. 예를 들면 서구와 같이 개인의 권리가 신장된 지역에서는 국가가 간접적으로 개입하지만, 동아시아와 같이 수직적인 문화로 국가의 힘이 직접 작용하기 수월한 사회에서는 더 직접적으로 국가가 개입한다.

표 4-1	국내총생산 대비 정부지출 규모						
국가 연도	영국	미국	프랑스	독일	스웨덴	일본	한국
1850	10.29	1.56			5.09		
1880	6.21	2.24	13.24	10.31	6.77	0.86	
1900	10.77	2.70	11.42	17.85	7.23	1.01	
1920	20.96	7.30			7.63	1.93	
1940	28.38	8.94			22.73	3.99	
1960	33.14	28.29	22.18	22.94	24.43	18.35	17.88
1980	47.63	34.29	45.96	48.23	41.02	33.45	16.77
2000	36.76	33.88	51.69	45.10	55.09	37.28	17.95
2020	50.27	46.18	62.40	51.09	53.06	46.67	25.63

자료: List of countries by government spending as percentage of GDP, by Wikipedia, n.d.

정부의 활동이 많아지게 된 가장 큰 원인은 국가정부에 대한 사람들의 생각에 변화가 있었기 때문이다. 민주주의가 시작되고 국인국가가 시작될 당시에는 국가의 권력으로부터 개개인이 자유로운 것을 무엇보다 중요하게 생각하였다. 하지만 곧 자본주의의 모순에 직면하게 되고, 19세기와 20세기를 거치면서 사회주의 사상이 일어나고 공산주의가 정치세력화하였다. 그리고 두 번의 세계대전과 경제대공황을 겪었다. 이러한 사회적인 변동을 거치면서 사람들의 생각이 크게 달라지게 된 것이다. 제1차 세계대전 이후에 러시아는 사회주의 국가가 수립되었으며, 유럽에서는 파시즘과 나치즘이 등장하였고, 미국에서도 루즈벨트(Franklin D. Roosevelt)대통령이 뉴딜정책을 취하는 등 집단주의가 강화되는 방향으로 변화하였다. 경제에서도 아담 스미스의 자유주의 전통에서 벗어나서 이전보다 훨씬 더 집단주의적이고 사회주의적으로 되었다. 경제학에서 케인즈 이론이 등장하면서 수정자본주의 이론이 주류를 차지하게 되었으며, 국가들은 자유경제체제에서 혼합경제체제(mixed economic system)로 전환되었다.

　　그래서 국가가 경제에 개입하는 것을 당연한 것으로 생각하게 되고, 제2차 세계대전 이후에 대부분의 국가들에서 경제정책과 산업정책으로 국가정부가 경제에 직간접으로 개입하게 된다. 이렇게 이전에는 사회주의자들이나 주장할 수 있었던 일들을 모두가 주장하고 모두가 당연한 것으로 받아들이게 되었다. 가치관의 변화와 함께 사회주의 사상이 확산된 것이다. 그래서 19세기의 사회주의자보다 20세기 후반의 자유주의자가 더 사회주의적인 사고를 갖게 되었다. 국가가 사회주의 사상을 흡수함에 따라 기존체제에 저항하는 노동자들의 계급투쟁도 쇠퇴하게 되었다. 노동자들은 노동조합에 의존하기 보다는 복지정책을 펴는 정부에 의존하게 되면서 노동자 세력 또한 약화되었다. 미국 노동부 발표에 의하면 2022년 미국에서 노동조합에 가입한 노동자는 전체 노동자 중 10.1%에 불과하다.[177]

국가들이 개입하는 모습은 규제국가, 지도국가, 발전국가, 국가자본주의 등 다양하다. 규제국가(regulatory state)는 주로 규제를 통하여 국가가 원하는 방향으로 경제활동이 이루어지도록 하는 국가이다. 각종 규제를 통하여 독과점이나 시장력의 남용을 막고, 시장에서 공급하지 못하는 공공재를 창출하고, 공공의 이익을 보호한다. 주로 미국, 유럽 등 서방국가들이 이 방법을 사용한다. 일반적으로 새로운 정권이 들어설 때마다 새로운 정책들을 시행하게 되는데, 이 정책들은 대부분 규제적인 요소들을 포함한다. 미국 오바마 재임 8년 동안에 만든 규제의 수가 무려 22,000여 개에 이르는 것으로 알려졌다.[178] 규제가 설정되면 개개인은 이에 맞추기 위하여 많은 노력과 비용을 지출하지 않으면 안 된다. 미국의 경우 이러한 규제로 인한 비용이 연간 약 2조 달러로, 미국 경제 총지출의 12%에 이르는 것으로 알려지고 있다[179] 규제의 부작용이 부각될 때미다 규제철폐 정책을 시행하기도 하지만, 철폐되는 규제보다 신설되는 규제가 많기 때문에 규제는 계속 쌓여가게 된다.

지도국가는 정부가 경제에 적극 개입하여 기업들에게 방향을 제시하고 지도해 나가는 형태이다. 전후 프랑스에서는 디리지즘(dirigisme)이라 하여 국가정부가 적극적으로 경제를 이끌어 나가는 형태를 취했다. 여기서는 기본적인 부분에서 국가가 기간설비공급을 하며, 특정분야에 대해서 국영경영을 하고, 또 특정분야의 기업들에

---

[177] U.S. Bureau of Labor Statistics, January 24, 2023

[178] Jones, 2018, November 13

[179] Jones, 2018, November 13

대하여 자금을 지원하거나 세제상의 혜택을 부여하는 등 다양한 형태로 국가가 개입한다. 일본 또한 경제와 산업에서 정부가 적극 개입하는 가운데 일본 특유의 정부와 기업 간에 긴밀한 관계를 유지한다. 전통적 관우위 문화 속에서 정부에 의한 정책적 가이드라인의 제시, 특정 산업보호를 위한 보조금지급, 수출지원, 기술의 개발과 보급, 은행과 금융의 통제에 의한 자금배분 등 정부의 적극적인 개입이 일본의 경제발전에 중요한 역할을 하여 왔다.

발전국가(developmental state)는 경제발전을 위하여 정부가 경제에 적극 개입하는 국가이다. 정부는 경제전반을 계획하고 관리하며, 경제발전에 더 필요하고 생산력이 높은 곳으로 자원을 더 많이 배분함으로써 국가경제를 발전시키고자 한다. 주요 기간산업을 국가가 관리하고, 기업의 경쟁력을 향상시키기 위하여 보조금을 지원하고, 통화량, 환율, 물가, 임금수준 등을 국가가 조정하고 결정하게 된다. 발전국가는 주로 경제발전에서 후발국으로서 개발도상국들이다. 그래서 경제발전뿐만 아니라 외국의 다국적기업이나 대외관계에서 자국의 경제적 이익이 유출되지 않도록 국가가 적극적으로 나서는 경우도 많다. 발전국가는 일본의 경제운용 방식에 영향을 받았다. 일본의 경제적 성공을 보고 한국, 홍콩, 싱가포르, 대만, 등에서도 같은 방식을 도입하여 경제발전에 성공을 거두었다. 이를 뒤이어 베트남, 중국, 태국, 인디아, 말레이지아, 필리핀, 인도네시아 등 아시아 지역의 여러 국가들도 같은 방식의 경제운용으로 높은 경제 성장률을 시현하고 있다.

국가자본주의(state capitalism)는 국가정부가 직접 경제를 관리하는 형태이다. 이는 국가정부가 정치체로서의 정부인 동시에 하나의 경제체로서의 거대한 회사와 같은 형태가 된다. 국가의 계획에 의거하여 국가전체 생산으로부터 나온 잉여가치를 다음 생산을 위해서 재투자하게 되는 것이다. 국가자본주의는 사회주의 이론가들에 의하여 일찍이 논의되어 온 것으로서, 현재 중국이나 싱가포르가 여기에 해당된다.

3) 국가주의

국가의 적극적인 개입은 국가주의와 무관하지 않다. 국가주의는 국가에 최상의 권능과 권한을 부여하고 국가가 경제나 사회의 모든 면을 관리하고 조정하여야 한다는 이념이다. 오늘날 국가가 사회의 많은 영역에서 간여하고 결정권을 갖는 상황은 국가주의와 멀지 않고, 이는 세계에 국가주의도 그만큼 진척되어 왔음을 의미한다. 최근 한국만 보더라도 국가는 무한책임이라는 등 국가가 모든 것을 다 책임져야 한다고 생각하는 사람들이 많아졌다. 책임은 결정하는 자가 지는 것이다. 국가가 모는 것을 나 책임진다면 국가가 모든 것을 다 결정해야 하는 것이 된다. 정부에서는 무엇이든 할 수 있다거나 의회가 무슨 법이든 만들고 사람들을 끌고 가면 된다는 식으로의 국가 만능주의가 팽배해 있다. 국가가 다 결정하고 다 책임지며, 국가가 다 한다면 개개인의 사람은 이러한 국가가 처리해야 할 대상으로 전락하고 만다.

이런 국가주의와 연관하여 국인주의를 검토해 볼 문제가 있다. 우선 국가주의와 국인주의는 국가를 공통으로 하여 서로 중첩되는 부분이 많다. 하지만 국가주의는 국인주의와 명확히 구분된다. 국가주의는 그 국가정부를 위하는 이념이고 국인주의는 국가국인을 위하는 이념이다. 국가주의는 국가가 국민들에게 강한 통제를 할 수 있는 권한을 가져야 한다고 생각하는 반면에, 국인주의는 동포애이 며 국가로서의 자신과 같은 사람들에게 강한 애착과 헌신을 보이는 것이다. 국가주의는 무정부주의 반대편 극단에 있는 이념인 반면에, 국인주의는 세계동포주의나 개인주의에 대비되는 개념이다. 국가주의에서는 국인에 대한 애착과 헌신이 없으며, 국인주의에서는 국가의 강한 통제와 같은 생각이 없다.

그런데 두 이념 모두 국가를 향하고 있다. 그래서 이 둘은 매우 밀접한 관계에 있고 상호간에 큰 영향을 준다. 특히 국가주의는 국인주의를 강화시킨다. 국가주의가 국가에 대하여 믿음과 권위를 부여하는 가운데 국가에 대하여 높은 가치를 부여하게 되면 국가로 향하는 국인주의 또한 커지게 되는 것이다. 역으로 국인주의가 국가에 대하여 높은 가치를 부여하게 되면 국가주의를 수용할 여지가 커지게 된다. 물론 국인주의와 국가주의가 반드시 같은 방향으로 가는 것은 아니다. 국가정부의 입장에서 국인주의적인 의식이 국가 통치에 있어서 방해가 되는 경우라면 국인의식을 약화시키려고 할 것이다. 이런 경우에는 국인주의와 국가주의는 서로 배치될 수도 있다. 하지만 국가정부는 국인의 존재를 그 바탕으로 하기 때문에 무슨 일이든 국인들의 호응없이 하기가 어렵다. 국인들로 하여금 국가를 사랑하고 더 헌신적으로 되게 함으로써 국가정부가 국가라는 이름으로 하는 일들에 더 잘 호응하게 된다. 국가주의에서 국가정부가 성과를 내기 위해서는 국민들의 협조가 필요하고 이에 따라 국인주의가 더 없이 중요한 것이다. 국가주의 하에서는 국가정부가 국인주의를 활용하여 자신을 정당화하고 힘을 늘릴 수 있기 때문에 이를 북돋우게 된다. 이렇게 하여 국가주의는 경제 국인주의를 추동하는 하나의 요인이 되는 것이다.

4) 국가의 개입과 국인주의

기본적으로 자유시장경제에서는 개개인의 물품과 서비스에 대한 자유로운 거래 속에서 경제활동이 이루어지는 것을 이상으로 한다. 이러한 이상에 근접하기 위해서는 정부의 개입은 필요한 최소한에 거쳐야 한다. 그래서 정부의 역할은 국방으로 국민을 보호하고, 환경을 보호하며, 개개인의 재산권을 명확하게 하면서 보호하고, 시장을 경쟁적으로 되도록 하며, 그리고 사적인 영역에서 공급하지 못하는 공공재를 공급하는 것 등에 한정된다. 국가의 적극적인 개입은 자유시장경제가 갖는 결함을 시정할 필요성이 있다는 데에서 부터 시작되어, 그 개입이 점차 확대되어 오고 있다. 정부가 국민들의 건강을 돌보고, 국민들의 일자리를 마련해주고, 노동자의 좋은 작업환경을 조성하고, 국민에게 교육을 제공하고, 국민에게 주택을 제공하고, 노사간의 관계를 조정하고, 성장을 위하여 통화정책과 재정정책을 취하며, 상품과 서비스를 국가에서 공급하는 등 그 개입 영역을 확대해 나가고 있는 것이다. 이렇게 오늘날의 국가들은 스스로를 제어하지 못하고 있고, 정부를 제어할 주체는 없다. 그래서 점점 더 정부의, 정부에 의한, 정부를 위한 국가가 되어 가고 있다. 이러한 국가의 개입은 효익뿐만 아니라 비용도 발생하게 된다. 여기서의 효익과 비용을 비교하여 효익이 더 크다는 논리에서 국가개입의 정당성을 뒷받침하게 된다.

그런데 자유시장경제 체제와 국가개입 체제는 그 근본에서 차이가 있다. 자유시장경제 체제는 기본적으로 그 주체가 개인이다. 개인을 중심으로 이 개개인이 생산수단을 소유하고 사용하면서 생산이 이루어지고, 개개인이 자신의 뜻에 따라 소비를 행하면서, 다수의 생산자들과 다수의 소비자들이 경쟁을 하는 가운데 가격이 결정된다. 그래서 효율적이고 공정성에 대한 시비의 여지가 적다. 이에 반하여 국가가 개입하는 현실에서는 생산수단 소유와 사용의 사유화 원칙에서 이탈하게 되고, 소비, 생산, 가격 등이 국가에 의하여 영향을 받거나 인위적으로 결정된다. 개인의 재화에 대한 자유로운 소유, 자유로운 소비, 자유 경쟁의 원칙이 무너지게 되는 것이다. 자유시장경제와는 달리 여기서는 그 중심이 개인이 아니라 국가나 사회가 된다. 국가의 역할도 자유시장경제 체제와는 다르게 넓은 범위로 확대된다. 이러한 국가활동의 속에는 개개인의 자유를 제한하는 것들도 다수 포함하게 된다. 이것이 정당한 것으로 인정받기 위해서는 국가를 구성하는 국민들이 이를 승인하여야 한다. 그리고 국민들이 승인하기 위해서는 이 공동의 이익이 이를 위해서 희생하는 개개인의 이익보다 크다고 생각할 수 있어야 하고, 그러기 위해서는 국민 개개인들에게 전체로서의 국민을 위하는 마음이 있어야 한다. 이 마음이 바로 애국심이고 국인주의이다.

　대부분의 국가정부가 하는 일은 국가와 국민전체를 위한 일이다. 이러한 일을 함에 있어서 국민들의 국인주의가 강할수록 국민들이 더 협조할 것이고, 그 결과로서 정부가 하는 일이 성공할 가능성이 높다. 그래서 정부에서 하는 일들이 잘 수행되고 이를 바탕으로 정권이 국민들로부터 인정받는 가운데 안정성을 갖기 위해서는 국가 구성원의 애국심과 국인주의가 중요하다. 그래서 국가정부의 개입이 많은 국가에서는 국민들이 애국심을 고취시키기 위하여 많은 노력을 하게 된다.

　국가정부가 국민들의 국인주의를 고취시키는 것은 어려운 일이 아니다. 국인주의는 대중적 심리이다. 주변의 사람들과 공명하고 쉽게 설득당하며, 분위기에 따라 대충 다른 사람들과 함께 가게 된다.

국가정부는 이러한 점을 놓치지 않고 활용한다. 이러한 성향은 원래 국인주의가 태동할 때부터 그랬다. 17~18세기 국인주의가 일어나게 된 데에는 국인주의가 필요했던 정치세력의 역할의 적지 않았던 것이다. 나폴레옹 하에서의 국인주의나 나치즘 하의 독일, 파시즘 하의 이탈리아에서의 국인주의를 보더라도 국인주의는 쉽게 동원되는 성질을 갖고 있음을 알 수 있다. 그런데다 과학기술의 발달로 새로운 기술과 이기들을 활용하여 국가정부는 이전보다 훨씬 더 쉽게 국민들을 관리하고 자신이 원하는 대로 이끌어 갈 수 있게 되었다.

이렇게 어느 국가이건 정부가 국민들에 국인주의를 유지시키게 되는데, 여기서 국가정부의 역할이 커지게 되면 국민들에게 주어지는 애국의 압력은 더욱 커지게 된다. 국가정부의 역할이 커지고 국가가 하는 일이 많을수록 그만큼 더 국가 공동체 중심으로 이루어지는 일이 많아지게 된다. 이런 상황에서는 국인주의가 더욱더 중요한 가치로 자리매김하게 되는 가운데 사람들의 국인주의는 더 강화될 수밖에 없는 것이다. 또한 국가의 개입에는 국가공동체 공동의 이익이라는 것을 바탕으로 두고 있기 때문에 그 자체에서 국인주의를 부추기는 성격을 갖고 있다. 특히 국가에서 중요한 사업을 추진할 때는 이러한 요소를 특별히 부각시키고 홍보하기 때문에 이런 일을 계기로 더욱 국인주의는 확산되어 간다.

한편 국가에 의한 인위적인 애국심의 주입이나 국인주의의 고취가 반드시 그만한 효과를 가져오는 것은 아니다. 외부적인 분위기나 조작, 특정한 사건에 의하여 국인주의가 상승할 수 있지만, 이는 대개 장기간 지속되지 않는다. 개인에 있어서 자신에게 이익이 되는가 되지 않는가는 곧 드러나고 말게 되며, 사람들의 일시적인 감정은 곧 식기 마련이기 때문이다. 그래서 이러한 일은 장기적으로 보면 오히려 국인주의를 약화시키는 결과를 초래할 수도 있다. 국가의 국인주의의 견인에 호응하여 겉으로는 국인주의가 강해지는 것처럼 보이지만 속으로는 국인주의가 약화되어 가는 것이다. 그리고 국가가 개입하는 일에는 그 개입이 일부사람들에게는 환영할 만한 것이지만 다른 일부 사람들에게는 원하지 않는 것일 수도 있다. 원하지 않는 사람들에게 있어서 국가의 개입은 국가와 개인이 대립하게 되는 결과를 가져온다. 그래서 국가에서 개입을 자주 하다보면 국가와 대립하는 사람들의 숫자가 늘어나게 된다. 국가가 국민들을 적으로 만드는 것이다. 이런 상황에서는 국민들의 자국에 대한 마음이 멀어지게 되어 국인주의는 약화된다.

3. 국제적 경쟁상황과 국인주의

　　1978년 캐머론(David R. Cameron)은 제2차 세계대전 이후 주요 선진국들에서 공공부문의 비중이 계속 증가해 온 것에 대하여 그 원인을 개방된 국제무역환경 때문이라고 주장하였다. 즉, 개방경제가 됨에 따라 변동과 불안정성이 커지게 되었고, 이에 대응해서 국가마다 공공고용, 사회프로그램과 같은 사회적인 안전망을 구축하게 되면서 공공부문의 비중 증가가 일어나게 되었다는 것이다.[180] 이는 개방된 국제경제환경이 국가의 존재를 약화시키게 될 것으로 생각하기 쉽지만, 오히려 국가의 역할을 증대시키게 됨을 보여주는 것이다.

　　여기서 경제개방이 국가가 경제에 개입하게 되는 하나의 주요한 원인이 되고 있음을 알 수 있다. 그런데 이러한 국가개입은 대내

---

[180] Cameron, 1978, December

적인 측면에 한정되지 않고, 대외적인 측면에서도 마찬가지다. 대외적으로 경쟁적인 상황이 되면 국가가 더 개입하게 되는 것은 자연스러운 일이다. 이와 같은 상황을 스포츠의 예를 들어서 보기로 하자. 원래 세계 올림픽은 아마추어 선수들의 경기대회였다. 그러다가 1970~1980년대에 세계 올림픽은 아마추어 체제에서 프로 체제로 바뀌게 된다. 국가가 프로 선수들을 육성하고 이들을 중심으로 올림픽 경기에 내보내게 된 것이다. 그런데 영국은 다른 나라와 달리 원래의 올림픽 정신을 지키려고 아마추어 체제를 고수하였다. 그 결과 1998년 애틀랜타올림픽에서 영국은 금메달 한 개로 36위를 하였다. 이는 금메달 2개를 딴 이디오피아 보다도 낮은 순위였다. 이런 상황이 되자 결국 영국도 세계 추세를 따를 수밖에 없었다. 영국도 프로 체제로 바꿔서 선수들을 적극 육성해 나갔고, 그 결과 2016년 리우 하계 올림픽에서는 금메달 27개로 메달순위 2위로 올라섰다. 국가가 정책적으로 어떻게 하느냐에 따라 국제경기에서 선수들은 메달을 딸 수도 있고 못 딸 수도 있게 되는 것이다.[181]

　　이와 같은 상황은 스포츠에서만 한정되지 않는다. 오늘날 개방경제체제 하에서는 세계 각국의 기업들이 경쟁을 한다. 여기서 국가지원을 받는 기업은 국가지원을 받지 않는 기업보다 국제 경쟁에서 유리하다. 국가와 기업은 그 능력에서 비교가 되지 않는다. 막강한 능력을 가진 국가의 지원을 받게 되면 기업은 경쟁에서 유리하게 되는 것은 말할 필요가 없다. 경제에서의 국제적 경쟁은 스포츠에서의 경쟁 이상으로 치열하다. 스포츠 경쟁에서는 이기고 지는 그것으로 끝나고 말지만, 기업들 경쟁에서는 이기면 세계 전역에서 엄청난 수익을 거둘 수 있지만, 지면 소멸되는 운명에 처하게 된다. 이에 따라

---

[181] 조영정, 2011, pp. 238-241

소멸되는 기업의 국가 또한 경제적으로 큰 손실을 입는 반면에, 살아남는 기업의 국가는 경제적으로 큰 이익을 보게 된다. 그래서 모든 국가는 국제적 경쟁을 하고 있는 자국 기업의 활동에 무관심할 수 없다. 자국기업에 국가정부가 지원하고 나서는 것이다.

최근 미국정부의 보호주의적인 국가개입선언은 미국정부가 내버려두고 있었기 때문에 미국의 경제가 계속 추락해 왔다는 인식에 바탕을 두고 있다. 중국의 경제적인 성공은 이러한 자각을 더욱 강하게 해주었다. 중국의 경제적 성공을 중국정부의 적극적인 개입에 의한 것으로 판단한 것이다. 사실 중국은 개방을 하면서 자본주의 시장경제를 도입한다고 하였지만 일반적인 시장경제가 아니었다. 국가가 적극 나서서 관리하고 운영하는 국가자본주의 경제였던 것이다. 이 같은 중국정부의 개입에 의한 자국 기업과 산업에 대한 보호는 보호무역 이상의 것이었다.

원래 자유무역을 하는 국가와 보호무역을 하는 국가가 무역을 하게 되면 자유무역을 하는 국가는 손해를 보게 된다. 이는 제1차 세계대전 이후 전 세계가 보호무역주의로 된 과정을 보더라도 알 수 있다. 일부 국가들이 보호무역을 하게 되자 자유무역을 하던 국가들도 자국만 손해보지 않으려고 보호무역을 하게 되고, 이에 따라 결국 모든 국가들이 보호무역을 하게 된 것이다. 다른 나라들이 보호무역을 하는데도 자유무역을 하는 것이 유리하면 자유무역을 하던 국가가 보호무역으로 전환할 이유가 없다.

이렇게 모든 국가가 자국의 이익만을 추구하다보면 세계는 보호무역체제가 되고 보호무역체제에서는 무역이 줄어들어 무역의 이익이 감소하기 때문에 자유무역체제에 비하여 국가 모두가 손해보는 상황이 된다. 보호무역의 모두가 손해보게 되는 상황에서 벗어나기 위해서는 국가들이 함께 협력하지 않으면 안 된다. 그래서 제2차 세계대전 이후에는 GATT 국제무역협정을 통하여 자유무역체제를 구축하였다. 이런 상황에서도 자국만 보호무역적인 조치를 취하게 되면 이익을 볼 수 있기 때문에 무역규범을 회피하고자 하는 유혹이 따른다. 그래서 국가들은 국제무역협정에서 정하고 있는 기존의 규범을 피하는 방안을 만들어내거나 규정되지 않은 부분을 활용하여 자국에 유리하게 무역을 하는 문제들이 생기게 되었다. 하지만 이런 문제들은 주기적인 다자간무역협상을 통하여 규정을 보완하거나 규율을 정함으로써 이러한 회색지대(gray area)를 줄여왔다. 이렇게 8차에 이르는 GATT 다자간무역협상을 거치면서 주요한 사항들은 대부분 규범화되어 개별국가들이 자국만 유리한 행위를 할 수 있는 영역이 거의 사라지게 되었다.

이렇게 대외무역에서 개입할 수 있는 여지가 줄어들자 국가들은 국가 내의 제반 정책에 눈을 돌리게 되었다. 자국의 산업과 자국의 기업에 유리한 조치들을 시행함으로써 자국 상품의 경쟁력을 높이는 것이다. 흔히들 보호무역주의라고 하면 국가가 관세를 높게 부과하거나 수입을 제한하는 것과 같은 조치를 생각하게 된다. 그런데 이렇게 통상적으로 알려진 무역에서의 보호주의 조치가 아니더라도 자국의 산업을 보호하고 육성할 수 있는 방법은 많다. 예를 들어서 자국에 반도체산업을 육성하고 싶다면 정부는 자국 내에 능력있는 기업에게 반도체산업을 맡기고, 세제혜택을 주고, 좋은 부지를 싼값에 제공하고, 입지 주변의 하부구조를 최상으로 만들고, 반도체 연구기관을 설립하고, 좋은 대학에 반도체학과를 만들어 장학금을 지원하는 등 수많은 지원책이 있으며, 이렇게 하면 반도체 강국이 될 수 있는 것이다. 그런데 여기서는 단순히 반도체 수입에 고율의 관세를 매기는 상황에 비하여 정부가 해야 하는 일이 훨씬 더 많아지고 세밀해진다. 무역행위에 개입하는 것보다 훨씬 더 많은 일에 개입할 수밖에 없게 되는 것이다. 그런데 국가가 이렇게 할 때 국민들이 여기에 동의해주어야 한다. 사실 개인으로 보면 대부분 반도체와 관련없는 사람들이다. 예를 들면 우리 집에 반도체학과에 보낼 자녀도 없고 반도체공장이 우리 지역이 아닌데 왜 내가 낸 세금이 그런데에 쓰여야 하느냐라고 생각할 수 있는 것이다. 그래서 국민들이 정부가 하는 일에 반감을 갖지 않도록 하기 위해서는 국민들이 전체 측면에서 국가를 위한 마음으로 생각할 수 있도록 해야 하고, 여기서 경제 국인주의가 필요한 것이다.

경쟁적인 국제경제상황에서 국가가 나서는 것은 전시상황에서 많은 것을 국가가 통제하게 되는 것과 같다. 이렇게 국가정부가 나서게 될 때 전시상황에서처럼 국가 내 국인주의 또한 강화되는 것이다.

4. 세계화와 국인주의

2011년 8월 27일 밤 11시경, 경기도 성남의 한 시내버스에서 젊은 흑인이 나이 든 60대 한국 남성을 폭행하는 사건이 있었다. 사건의 발단은 흑인 A가 만원인 버스 통로에 서서 큰 소리로 전화통화를 계속하고 있자, 자리에 앉아 있던 한국 남성 ㄱ이 좀 조용히 해달라고 하면서 시작되었다.

이 말을 들은 A는 조용히 하기는커녕 ㄱ에게 고함을 지르고, 욕설을 퍼붓고, 폭행했다. 보다 못한 주변사람들이 만류했지만 이 흑인의 덩치가 워낙 크고, 모습 그 자체로 위협적이어서 선뜻 나서는 사람이 없었다. A는 더 기고만장해져서 "야 이 개XX야" 하며 고

함을 지르기도 하고, 자신을 말리는 옆의 여성에게 'bitch(암캐)'라고 하면서 팔을 잡아당겨 여성이 비명을 지르기도 하였다. 시간이 가도 진정이 되지 않자 버스를 경찰서로 돌려서, 결국 이 흑인은 경찰에 넘겨졌다. 하지만 경찰은 A가 24살의 미국인 영어강사였고 외국인 등록증을 가진 체류자인 것만 확인하고 1시간여 만에 풀어주었다. 사건경위에 대한 조사는 통역관이 없어서 정상적인 조사가 불가능하여 준비를 해서 다음에 조사할 수밖에 없었던 것이다. 이 사건이 알려지면서, 어떤 이는 A가 버스 가운데서 하도 큰 소리로 말하니까 ㄱ이 A에게 친절을 베풀어 "그럼 니가 자리에 앉아."라고 말했는데 A가 '니가'를 'Nigga (검둥이)'로 잘못 알아들어서 이런 일이 일어나게 되었다고 설명하기도 하였다.

이런 일이 일어나게 하는 것이 세계화이다. 봉변을 당한 한국인 당사자는 상처를 받았고, 당사자가 아니더라도 그 버스를 탔던 많은 사람들이 불편을 겪고 좋지 못한 경험을 하였다. 이야기만 듣고도 많은 한국사람들이 마음에 상처받거나 분노했다. "어떻게 젊은 놈이 노인을 그렇게 할 수 있나?", "어떻게 남의 나라에 와서 그렇게 행패를 부릴 수 있나?", "어떻게 버스 안의 사람들은 그런 놈을 가만히 두었나?" 이렇게 사람들 중에는 일촉즉발의 격한 감정을 보이는 사람들도 있었다. 유럽국가들에서 시도 때도 없이 일어나는 인종간 폭력사태가 그들이 특별히 다른 사람들이어서 그런 일이 일어나는 것이 아님을 알 수 있다.

세계화는 이렇게 사람들 간의 부조화를 노출시킨다. 인식의 차이, 문화의 차이, 언어의 차이, 제도의 차이 등, 꼼꼼히 살펴보면 셀 수도 없는 많은 차이들이 존재하며, 이로 인해 오해가 생기고 감정을 불러온다. 이 일만 보더라도 연장자 대우 문화, 전화 대화의 문화,

폭력행위 문화, 언어 등에서의 차이가 문제를 일으키고 있다. 또 사건이 일어났을 때 조사마저 쉽지 않다. 무엇보다 근본적으로 그런 흑인이 한국에 있다는 것 자체가 세계화로 인한 것이다. 버스 안 좁은 공간에 한 번도 대해 보지 못했던 엄청나게 큰 덩치의 흑인이 난동을 피우는 상황은 공포스럽다. 그 흑인은 미국의 어느 흑인동네에 자라면서 자신이 여태 하던 방식대로 소리치고 행동하였을 뿐이지만, 한국의 사람들에게는 생전 처음 보는 기괴한 광경이었던 것이다.

사람은 생래적으로 다른 인종, 다른 민족에 대해서 두려움을 느끼거나 경계심을 갖는 것으로 연구되고 있다. 다른 인종, 다른 민족 간에 부정적인 인식이 이미 자리잡고 있으니 오해가 생길 소지가 많고, 조그마한 일이 있어도 사고가 나기 쉽다. 최근에 코비드-19(COVID-19) 사태 이후 서양에서는 수많은 동양인들이 중국인으로 몰려 테러를 당하였다. 다른 인종 또는 민족에 대해서는 쉽게 공격적으로 되는 것은 사람의 내면에 잠재된 의식과도 관련된 것이어서 개개인이 어떻게 할 수 없는 부분도 있다.

이렇게 세계화는 그 효익만큼이나 문제도 일으키고 있고, 오늘날 세계 각국에서 일어나고 있는 국인주의에는 이런 세계화의 반동으로 인한 요인도 상당하다. 세계화를 두고 전체를 논하기에는 워낙 방대하므로 한 단면으로서 아랍지역을 중심으로 지난 세기말 이후 일어난 혼란과 소요를 간략히 보기로 하자.

1990년대 초 소련의 해체로 사회주의가 몰락하고 세계는 자본주의 체제로 거의 통일되었다. 그리고 세계화가 가속화되었다. 소련의 해체로 세계가 양극체제에서 미국의 일극체제로 된 이후, 미국은 걸프전쟁을 하게 된다. 여기서 쿠웨이트를 침공하여 국제질서를 어지럽히는 이라크를 미국 주도의 34개국 다국적연합군이 응징한다.

아랍 사람들은 미국과 서구의 힘에 무력감을 느끼면서 이들에 대한 반감을 더욱 강하게 갖게 되었다. 이때 아랍지역에서 미국에 대항하는 무장세력들이 많이 형성되었다. 직접 정면으로 대항하기에는 너무 강한 미국이어서 테러로서 대항하려는 무장조직들이 형성되었고, 911테러를 감행한 알카에다도 이때 결성되었다. 특히 미군이 메카와 메디나가 있는 사우디아라비아에 주둔하자 아랍의 많은 사람들이 무자헤딘(아랍 전사)으로 나서 반미투쟁에 나서게 되었다. 미국인들에게는 그냥 전략상 군대를 주둔했을 뿐이지만, 아랍인들에게는 이 성지에 외국군대가 주둔한다는 것은 목숨을 걸 수밖에 없는 중대하고 참을 수 없는 일이었던 것이다. 아랍의 무장세력들은 중동 및 아프리카 지역의 미국 대사관 등지에 폭탄테러 공격을 감행하였다. 이는 서구와 다른 종교적 문화적 정체성을 가진 아랍사람들의 서구에 대한 저항에 기초한 아랍권과 서구권의 문명권적인 투쟁의 성격을 띠고 있었다.

그리고 미국에 911테러가 일어났다. 911테러에 가담한 자 중 약 3/4이 유럽이나 미국에서 교육을 받은 사람들이었다. 세계화 속에서 이런 사람들이 배출된 것이다. 이들은 아랍인이면서 유럽이나 미국에서 교육을 받으면서 자신들과 다른 사람들 속에서 자신들의 정체성에 대한 의식을 키워왔고, 이에 따라 자신들의 것을 지키기 위해서 몸 바쳐 나선 것이다. 이후 미국은 테러와의 전쟁을 선포하고 알카에다조직을 제거하기 위하여 아프가니스탄을 점령하고, 이라크 전쟁으로 후세인을 제거하고, 시리아와 이라크지역에 위세를 떨쳤던 수니파 극단주의 무장단체 이슬람국가를 진압하였으며, 그 외에도 북서파키스탄, 리비아, 나이지리아 등 많은 아랍지역에 군사작전을 수행하였다. 2010년부터는 소위 '아랍의 봄'이라 하여, 기존 정치체제의 변화와 민주화를 요구하는 시위와 내란들이 아랍전역에서 일어났다. 이렇게 중동과 북아프리카에 혼란이 지속되면서 많은 난민이 발생하여, 많은 사람들이 유럽으로 이주하게 되었다.

2016년 7월 14일, 프랑스 휴양도시 니스의 해변가 도로에서는 프랑스대혁명 기념일 축제행사로 수많은 사람들이 운집해 있었다. 여기에 19톤 대형트럭이 1.8km나 질주하면서 사람들을 공격하였다. 트럭운전자는 한 사람이라도 더 죽이려고 사람이 많은 쪽으로 지그재그 운전하면서 사람들을 치고 지나갔다. 트럭안에는 다량의 수류탄과 폭탄이 있었다. 트럭운전자는 결국 경찰과 총격전을 벌이다 총에 맞아 숨졌다. 그는 죽으면서 "알라신은 위대하다"고 외쳤다. 운전자는 2005년 튀니지에서 프랑스로 이주해온 31세 남성이었다. 이 테러로 86명이 사망하고, 460명이 다쳤다. 2015년 11월, 130여명이 사망했던 파리 이슬람집단 동시다발테러가 있은지 8개월만에 다시 이런 일이 일어난 것이다.

이 테러 배후는 명확히 밝혀지지 않았으나, 무엇보다 중요한 것은 모르는 사람들에 대해서 어떻게 그토록 강한 증오심을 가질 수 있느냐이다. 스스로 살겠다고 해서 어렵게 와서 프랑스에 살게 되었고, 그곳에서 10년 이상 이웃으로 살아가던 사람들에 대하여 그렇게 무자비한 행동을 한 것이다. 이 같은 사건은 하나의 예일뿐이며, 유럽의 각국에서는 이와 유사한 인종혐오 범죄가 수없이 많이 일어나고 있다. 이런 사고를 일상으로 경험하면서 유럽 사람들은 언제 테러할지 모르는 이민족을 곁에 두고 살아야 한다는 것 자체가 고통일 수밖에 없게 되었다.

일부 아랍사람들에 있어서는 유럽으로 이주가는 것이 적진에 뛰어드는 전사와 같다. 유럽으로 갈 당시에는 그 곳에 잘 살아 보겠다고 꿈과 희망을 갖고 가지만 막상 정착하여 살다보면 다른 문화의 사람들 속에 자신의 정체성을 자극하는 일들을 반복적으로 겪게 되고, 여기서 그 사회를 파괴해 버려야 하겠다는 충동이 생기게 되는 것이다. 사람의 이민족에 대한 혐오와 공격성의 본능 외에도, 유럽과 아랍의 세계는 수천년 역사를 격렬하게 다투며 살아오면서 서로에게 배치되는 문화적 파편이 워낙 많이 축적되어 있다. 서로 간에 친구가 되는 것만큼이나 원수로 되는 것도 자연스러울 수밖에 없게 되어 있는 것이다. 이런 요인들을 깡그리 무시하고 단시간에 다정한 이웃, 다정한 친구가 될 수 있다고 하면서 같이 살도록 하는 세계화는 어떻게 보면 그 자체가 비인간적이고 잔혹한 것이다. 그 자리에 테러범이 있을 수도 있다고 생각하며 좌우를 경계하며 축제를 해야 하는 사람들의 축제는 말이 축제이지 축제일 수가 없는 것이다.

평화는 원수가 서로 손에 손잡고 이루어지는 것이 아니다. 이는 동화이거나 비현실적인 상상에 불과하다. 오히려 평화는 원수들 간에 경계를 지키면서 서로 만나지 않을 때 가능한 것이다. 지금까지 평화롭게 잘 살던 사람들이 왜 이렇게 불행하게 되었는가? 세계화가 이렇게 만들었고, 이것은 적지 않은 사람들에게 있어서 이는 악마의 장난과 다를 바 없는 것이다. 삶 자체가 이렇게 된 상황에서 외국인 노동자가 자국에서 일한다고 해서 그것이 좋게 보일 리 없다. 여기에다 외국인들로 인하여 자신들의 일자리가 줄어들고 외국에서 온 사람들 때문에 세금까지 더 내지 않으면 안 되는 현실까지 맞게 되면 국인경제에 대한 향수가 일어날 수밖에 없다. 적게 소비하더라도 자신과 같은 종교, 문화, 언어, 모습을 가진 사람들끼리 경제를 운영해가는 그런 사회를 원하는 마음이 생기는 것이다. 이렇게 사람들은 이전 같으면 구할 수 없었던 외국상품을 사용하거나 외국의 값싼 물품을 소비하면서 세상 좋아졌다고 생각하기도 하지만, 이와는 별개로 받아들이고 싶지 않은 변화된 세계에 마주하면서 힘들어 하는 경우도 많은 것이다.

또한 세계화가 되면서 사람들 간에 분업의 재배치가 발생하게 된다. 이전에는 국가 내에서 분업이었지만 이제는 세계 내에서의 분업으로 되는 것이다. 이전에 국가 내에서 경쟁력을 가졌던 사람들도 세계 내에서의 경쟁에서는 경쟁력을 잃을 수 있다. 세계에서 경쟁력을 갖게 되면 그만큼 큰 이익을 갖게 되지만, 경쟁력을 잃게 되면 일자리를 잃게 된다. 여기서 세계는 200여 국가나 되기 때문에 어느 나라나 마찬가지로 경쟁력을 갖게 되는 일자리는 소수이고, 경쟁력을 잃게 되는 일자리는 다수가 된다. 이렇게 세계화는 행복해지는 사람보다 불행해지는 사람들을 더 많이 산출한다. 그래서 많은 사람들은 산업의 구조조정 속에서 새로운 일자리를 찾거나 실업의 고통을 피할 수 없게 되고, 이러한 가운데 경제불평등은 심화된다.

이에 따라 사회도 변화하게 된다. 한국 같은 경우는 최근 수십 년 동안 수도권에 인구가 집중되고 농어촌은 인구가 크게 줄어들게 되었다. 세계적인 분업에서 그 역할을 할 수 있는 일자리가 수도권에 집중되었기 때문이다. 이를 지방에 분산해서는 경쟁력이 약해져 모두가 일자리를 잃게 될 수도 있는 절박한 상황이므로, 조금이라도 더 경쟁력을 갖기 위해서 인구의 지역적 분산과 같은 문제는 돌볼 여력이 없는 것이다. 이런 결과로 지방은 나이든 사람들만 남고 젊은 사람은 찾아볼 수 없게 되었고, 경쟁력 없는 농업은 산업으로서의 위치를 상실하여 농토는 버려지게 되었다. 수도권은 과밀인구로 주택문제, 교통문제, 교육문제, 보건의료문제 등 여러 문제를 안게 되었고, 지방은 사람이 없어 땅과 건물을 돌보지 못해 국토의 균형적인 발전을 기하기 어렵게 되었다. 국인경제로서 국가 내의 사람들 간에 분업을 하면서 살아갈 때는 국가 내의 모든 사람이 나름대로 그 역할을 할 수 있었고, 국토의 구석구석이 나름대로의 쓰임새를 찾으면서 모두가 함께 조화를 찾으며 살아갈 수 있었다. 하지만 세계적인 차원에서 분업을 하게 되면서 많은 사람과 땅이 소외되고 버림받는 상황으로 된 것이다. 지방에는 나이든 사람만 살고 젊은 사람은 수도권에 살지 않으면 안 되는 상황이 되면서 가족이 함께 살아가는 즐거움을 상실하였다. 이러한 가운데 가정은 해체되고 육아, 교육, 주거, 보건, 교통 등 다양한 측면에서 삶의 어려움이 가중되면서 급기야 인구가 감소하는 병리현상까지 일어나고 있다. 이렇게 환영할 수 없는 세상을 접하면서 사람들은 범람하는 외국상품을 경계하면서 자국과 자국경제, 자국상품을 생각하게 되는 것이다.

그리고 세계화로 경쟁력을 잃은 산업에서는 더러는 사업을 접고 일자리를 잃은 경우도 있고, 더러는 이전보다 위축되고 피폐해진 상태로 사업을 계속하게 된다. 사업을 접은 사람들은 자신이 만들던 상품 대신에 외국산 제품이 사용되는 것을 볼 때 국인주의 감정이 생기게 된다. 그리고 사업을 계속하는 경우에는 자국산이라는 사실이 그나마 중요한 경쟁력 요인이 된다. 이들에 있어서 판매촉진에 사람들의 자국 상품에 대한 사랑이 큰 역할을 할 수 있기 때문에 다양한 방식으로 자국민들에게 경제 국인주의를 자극하려는 활동을 하게 된다. 이러한 사회적인 분위기 속에서 사람들은 자국과 자국상품을 더 많이 의식하는 가운데 살아가게 되는 것이다.

제 5 장

경제 국인주의와 경제발전

1. 경제발전과 국인주의

　　그린펠드(Liah Greenfeld)는 그의 책, 『자본주의 정신: 국인주의와 경제성장(The Spirit of Capitalism: Nationalism and Economic Growth)』에서 영국, 네덜란드, 프랑스, 독일, 일본, 미국 등 많은 국가들이 근대경제로 발전하는 데 있어서 국인주의가 큰 역할을 하였다고 주장하였다. 해밀턴 같은 국인주의자들이 있었기 때문에 유럽에 의존하던 미국이 경제적으로 독립할 수 있었고, 리스트와 같은 국인주의자들이 있었기 때문에 낙후된 독일이 강국으로 발전할 수 있었다. 그 이후에도 인도의 마하트마 간디(Mahatma Gandhi), 이스라엘의 벤 구리온(Ben Gurion), 튀르키예의 케말 아타튀르크(Kemal Ataturk), 한국의 박정희 등과 같은 국인주의자들이 있었기에 근대화에 있어서 후발국들도 안정된 경제체제를 갖추고 경제발전을 이룩할 수 있었던 것이다.

　　이러한 역사적인 사실에 더하여 오늘날에 있어서도 국인주의가 국가의 경제 성장 및 발전에 영향을 미치고 있는지를 검토해 보기로 하자. 이 작업은 쉽지 않은 일이다. 각국의 국인주의 수준을 측정할 수 있고 이에 대한 지표를 도출할 수 있다면, 이를 각국의 경제 발전에 대한 지표와 대조함으로써 쉽게 분석할 수 있을 것이다. 하지만 각국의 국인주의 강도의 크기를 객관화하기 어렵다. 간혹 설문조사 같은 것으로 각국의 애국심이나 국인주의를 지수화하거나 대리변수로서 수치화하는 경우도 있으나, 이런 방법으로 도출된 지표를 신뢰하기 어렵다. 왜냐하면 국인주의는 마음 속에 잠재되어 있는 감정이기 때문에 드러나기도 어렵거니와 상황에 따라 매우 민감하게 바뀐다. 상황에 따라서 생각 자체가 달라지고, 상황에 따라서 대답이 달라지며, 또 속마음과 겉으로의 표현이 일치하지 않는다. 전쟁이 일어날 가능성이 전혀 없는 나라에서 "전쟁이 나면 싸우러 나가겠느냐"고 물으면 대다수가 싸우러 나가겠다고 대답을 하지만, 전쟁 직전에 와있는 나라에서 같은 질문을 하면 싸우러 나가겠다고 답하는 사람은 많지 않다. 설문조사를 하면 전자의 경우는 국인주의가 강한 나라이고, 후자의 경우는 국인주의가 약한 국가라고 판단하는 오류를 범할 수 있는 것이다. 평상시에 국가를 위하는 것처럼 말하는 사람들이 실제 국가를 위해 자신의 희생이 필요한 때에는 전혀 다르게 행동하는 사람들이 한둘이 아니다. 또한 자국에 있을 때 다르고, 외국에 갔을 때 생각이 달라지며, 자국인 친구들과 함께 있을 때와 외국인 친구와 함께 있을 때의 대답이 달라지는 것이다. 그리고 어느 하나의 대리변수로서 국인주의를 판단하는 것도 타당성을 찾기 어렵다. 국인주의는 그 영역이 넓어서 어느 하나의 드러난 면으로 전체를 판단하기 어렵기 때문이다.

그래서 본 연구에서는 높은 경제 성장과 발전으로 세계적인 관심의 대상이 되고 있는 국가들을 중심으로 이들 국가에 대하여 일반적으로 알려져 있는 국인주의 평가에 기초하여, 이 둘의 관계를 검토해 보았다.

지난 수십년 동안에 괄목할 만한 경제발전으로 세간에 관심의 대상이 된 국가들이 있다. 이런 국가들로는 먼저 독일과 일본을 들 수 있다. 독일과 일본은 제2차 세계대전 후 예상을 뛰어넘는 빠른 경제복구와 함께 경제대국으로 부상하였다. 독일은 전후 빠른 경제회복과 발전으로 이를 "라인강의 기적(Wirtschaftswunder: The Miracle of the Rhine)"이라고 불렀다. 그리고 일본은 "일본 제일(Japan as No. 1)"과 같은 말이 세계의 유행어가 될 정도로 세계적으로 찬사를 받았다.

그리고 동아시아국가들이다. 동아시아국가들은 급속하게 경제발전을 이루면서 아시아 호랑이(Asian tigers)이라거나 동아시아 모델(East Asian model)이라 하여 세계의 주목을 받아왔다.

또한 스칸디나비아국가들이다. 북유럽의 스칸디나비아국가들은 복지국가의 전범으로서 노르딕 모델(Nordic model)이라 하여 경제발전에서 또 하나의 성공적인 모델로 평가받고 있다.

이들 국가들의 특성을 보면 독일과 일본은 패전국이었다. 그리고 동아시아국가들은 산업정책 국가, 또는 발전국가로서의 성격을 갖고 있고, 이 중에서 중국과 싱가포르는 더 나아가서 국가자본주의 국가로서의 성격을 갖고 있다. 또 노르딕국가는 사회조합주의 국가로서의 경제적 특성을 갖고 있다.

그런데 국인주의 측면에서 보면 이들은 국인주의가 강한 국가들이거나 급속한 경제발전을 이룩하는 시기에 국인주의가 매우 강했던 국가이다. 그래서 이들 국가에서 국인주의가 경제발전에 영향을 주었는지를 검토해 보았다. 이 분석을 위해서 대조집단으로서 영미국가들도 함께 비교해 보았다. 영미국가들은 특별히 국인주의가 강하거나 약하다고 할 수 없는 데다가, 국인주의에서 특별히 주목을 끌지 않는 국가들이기 때문이다.

표 5-1　　일인당 국내총생산

단위: 미국달러

순위	국가	1970년	2020년	증가배수	특성
1	한국	279	31,721	113.6	동아시아국가
2	중국	113	10,409	92.0	동아시아국가
3	대만	396	28,306	71.5	동아시아국가
4	싱가포르	926	60,729	65.6	동아시아국가
5	아이슬란드	2,576	59,200	23.0	노르딕국가
6	노르웨이	3,306	67,330	20.4	노르딕국가
7	핀란드	2,466	49,171	19.9	노르딕국가
8	일본	2,056	39,918	19.4	동아시아국가, 패전국
9	독일	2,761	51,204	18.6	패전국
10	덴마크	3,464	60,915	17.6	노르딕국가
11	영국	2,348	40,319	17.2	영미국가
12	오스트레일리아	3,305	51,720	15.7	영미국가
13	프랑스	2,870	39,055	13.6	산업정책국가
14	미국	5,234	63,531	12.1	영미국가
15	스웨덴	4,736	52,838	11.2	노르딕국가
16	캐나다	4,122	43,258	10.5	영미국가
	세계	812	10,882	13.4	

국가들의 경제발전을 보기 위하여 1970년에서 2020년까지의 50년 동안 각국의 일인당 국내총생산이 얼마나 증가했는지를 산출해 보았다. 세계은행에서 축적하고 있는 통계는 대부분의 국가에서 1960년대부터 가능하지만, 일부국가에서는 1960년대의 통계가 없어서 현재 우리가 분석하고자 하는 국가들 모두에 대한 자료가 있는 1970년을 기준점으로 하였다. 그리고 역시 분석대상 국가 모두에 대한 통계자료가 가능한 명목 일인당 국내총생산 통계를 사용하였다.

[표 5-1]은 지난 50년 동안 이들 국가들의 일인당 국민소득이 얼마나 성장했는가를 보여주고 있다. 일인당 국내총생산의 증가율에서 세계 전체는 13.4배 증가하였다. 한국이 가장 높았고, 한국을 비롯한 동아시아국가들이 절대적으로 높았다. 그리고 독일과 일본은 동아시아국가들만큼 높지는 않았지만 영미국가들보다 높았고 세계 평균보다 높았다. 노르딕국가들도 스웨덴을 제외하고는 영미국가들보다 높았고 세계 평균보다 높았다. 이들 국가들의 경제발전에 국인주의가 어떤 역할을 하였는지 보다 구체적으로 살펴보기로 하자.

2. 전후 패전국의 경제발전

1) 독일의 경제발전

1969년 하이네만(Gustav Heinemann) 서독 대통령은 "나는 나의 조국을 사랑하지 않습니다. 나는 나의 아내를 사랑합니다"라고 말했다. 영국이나 프랑스에서 정치지도자들이 자신의 나라를 사랑한다고 하면서 인기를 얻으려고 하는 것과는 사뭇 대조적이다. 하지만 이것으로서 독일에 국인주의가 없다고 생각하면 오해이다. 독일은 국인주의가 없는 것이 아니고, 오히려 국인주의가 넘치기 때문에 이로 인한 부작용을 염려하여 이것이 표출되지 않도록 경계하는 것이다. 이렇게 독일인의 국인주의는 외부로의 표출이 억압된 상태에서 내면적으로 강하게 작동하고 있었다.

독일은 유럽의 다른 국가들에 비하여 민족적 단일성이 높은데다가 전통적으로 국인주의가 강한 나라다. 일찍이 독일에는 헤르더, 피히테와 같은 국인주의의 선구자들이 있었으며, 보호무역주의 이론을 탄생시킨 것도 독일의 리스트였다. 독일은 1834년 졸베른(Zollverein) 관세동맹으로 분할되어 있는 국가들을 결속시키고, 지속적인 통일운동을 벌인 끝에 1870년 통일을 이루었다. 그리고 1880년대 비스마르크(Otto von Bismarck)가 다른 나라보다 먼저 사회보장제를 도입한 것도 독일의 국인적 단합성에 기초하고 있으며, 히틀러의 나치즘도 독일의 국인주의를 바탕으로 하고 있다. 전후에는 패전을 겪고, 국토가 분단된 데다가, 공산권의 위협을 받고 있는 상황이었기 때문에 독일에 국인주의가 강할 수밖에 없었다. 하지만 패전국이자 전범국으로서 국인주의를 외부적으로 표출할 수 있는 입장이 아니었다.

전후 독일인의 입장이 그렇게 되었다 하더라도 사람들의 마음 속 깊은 곳에 있는 타고난 감정마저 바뀔 수는 없는 것이다. 사람들의 국인주의가 하루 아침에 사라질 수 있는 것은 아니다. 독일인들의 마음 속 내면으로는 오히려 더 강하게 응어리져 있었다. 겉으로는 드러내지 않았지만 패전국으로서의 패배감과 동서독으로 분단되어 민족적인 위기를 맞게 된 상황을 감안하면 사람들 마음 속의 국인주의는 오히려 더 강할 수밖에 없었다. 이러한 국인주의가 응집되어 힘을 발휘한 것은 경제발전이었다. 전쟁이 끝난 지금 독일이 할 수 있는 것은 경제적으로 부강한 국가가 되는 것이었다.

　패전이후 서독의 경제는 소위 질서자유주의(ordoliberalism)라 하여 사회적 시장경제체제(social market economy)였다. 전전의 나치 의 중앙집권적인 경제체제였다가 미국의 지배 하에서 자유경제체제 를 시행하게 되었다. 미국의 지배 하에 시장경제체제를 받아들였지 만 독일인 모두가 함께 잘살아야한다는 전통이 여전했기 때문에 사 회적 시장경제체제가 된 것이다. 전후 서독은 다른 나라들 보다 월 등히 빠른 경제회복과 발전을 이루었다. 그래서 사람들은 이를 기적 (Wirtschaftswunder: The Miracle of the Rhine)이라고 불렀다. 이러한 독일의 빠른 경제회복과 발전에 대한 이유로서 사람들은 라이히스 마르크(Reichsmark) 대신에 독일 마르크(Deutsche Mark)를 도입한 화폐개혁, 가격통제철폐, 마샬플랜 등과 같은 것을 들기도 한다. 하 지만 이런 것들이 근본적인 이유가 될 수 없다. 이전의 라이히스마 르크화에서 인플레이션이 심했기 때문인데 다른 나라는 독일과 같 은 극심한 인플레이션조차 없었고, 가격통제도 피점령국으로서 점령 국의 가격통제에 있다가 이를 철폐한 것으로서 다른 나라에서는 처 음부터 가격통제가 없었다. 그런데다가 유럽경제회복을 위한 마샬플 랜은 전체 자금 중 영국에 26%, 프랑스에 18% 지원된 반면, 독일은 이보다 훨씬 적은 11% 지원되었다. 앞에 열거한 원인들에 의하여 경제가 발전했다면 독일보다 다른 나라들이 훨씬 더 빠르게 발전되 어야 했을 것이지만, 그림에서 보시다시피 독일은 전승국 영국, 프 랑스보다 훨씬 더 높은 성장률을 보였다.

　독일사람들은 패전국 국민으로서 국가를 위하는 마음으로 경제 재건과 발전을 위하여 국민 모두가 다함께 열심히 노력하였던 것이 다. 전후의 독일사람들은 근검절약하면서 높은 저축률을 보였고, 성실하게 일하였다. 이러한 가운데 자본투자를 증가시키고 높은 기술력으로 국제 경쟁력을 향상시킬 수 있었던 것이다. 전후의 이 같은 경제발전은 1960년대까지 지속되었다. 전후에는 국민들의 국가적인 위기의식 속에서 강한 국인주의를 갖고 있다가 시간이 가면서 패전국으로서의 기억도 희미해지고 어느 정도 경제발전이 이루어지게 되자 이런 의식이 해이해지게 되었다. 국가에 대한 의식보다는 자기와 자기집단의 이해를 추구하면서 노조의 파업과 과도한 임금인상이 일어났고, 사회복지정책이 과도하게 팽창되었다. 이러한 결과로 성장동력이 약화되면서 이전과 같은 높은 성장과 발전 추세는 수그러들게 되었다.

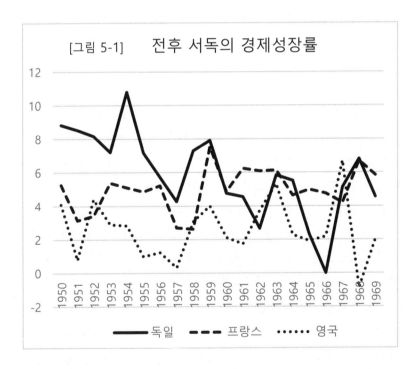

[그림 5-1]　　전후 서독의 경제성장률

1985년 바이츠체커(Richard von Weizsäcker) 서독 대통령은 전쟁의 책임이 이전 세대에 있다고 하더라도 독일국민이 집단책임에서 면책될 수 없다고 말하였다. 바이츠체커뿐만 아니라 독일의 정치 지도자들은 기회가 있을 때마다 지난 나치정권이 행한 잘못에 대해서 사과를 해왔다. 국제사회에서 책임있는 자세를 보임으로써 다른 국가들의 신뢰를 얻으려고 노력한 것이다. 그리고 독일은 경제적으로 부유해지고 국제수지흑자를 시현하는 상태에서도 으스대지 않았다. 프랑스는 1960년대 말 대통령 드골(Charles de Gaulle)이 당시 프랑스가 보유하고 있던 미국달러에 대하여 금으로 지급해줄 것을 요구하는 등, 미국에 대하여 대립각을 세우기도 하는 경우가 많았지만 독일은 그렇게 하지 않았다. 묵묵히 미국에 협조하면서 전후 경제 주도국으로서 미국의 세계경제운용을 지지하는 버팀목으로서의 역할을 하였다. 이렇게 자신을 낮추어 미국과 우호관계를 유지하는 한편, 다른 국가들의 신뢰를 받기 위해 노력하였다. 그러다가 1990년 통일의 기회가 오자 재빨리 주도적으로 나서 통일하였다. 이러한 독일에 있어서 국인주의는 외부적으로 드러내는 것이 아니라 그 내면에 간직하고 있으면서 필요할 때마다 국가를 위해서 유용하게 사용하고 있는 것이다.

통일 이후 옛동독 지역의 개발을 위한 경제부담으로 한때 경제가 어려워지기도 하였지만, 통일 후 10여 년이 지나면서 이전의 국제수지 흑자기조를 회복하고 지금은 더 강한 경제력과 국력을 갖게 되었다. 통일 후 동독지역 투자에 대해서는 정부가 80%의 금액을 지원하는 등 정부가 적극 나서서 동독지역에 엄청난 액수의 자금을 지원하였다. 하지만 2015년 그리스가 국가부도 위기를 맞게 되었을 때 그리스에 대해서는 매우 다른 모습을 보였다. 아주 작은 금액의 지원에도 매우 인색했을 뿐만 아니라, 아예 그리스를 일시적으로 유로존에서 탈퇴시키는 타임아웃 옵션을 제안하기도 하였다. 독일은 하나의 유럽을 추구하는 유럽연합(EU)를 주도하는 국가이다. 그럼에도 불구하고 그리스에 대한 독일의 태도는 같은 민족으로서의 동독을 대할 때와 달라도 너무 다른 것이어서 사람들의 이목을 끌었다. 이런 일들을 보고 사람들은 역시 피는 못 속인다라고 말하기도 하였고, 독일인들의 피는 역시 다르다고 하기도 하였다.

2) 일본의 경제발전

일본은 세계에서 유일하게 국가가 수립된 이후 왕조가 한번도 바뀌지 않는 나라이다. 그만큼 일본은 천황을 중심으로 모든 국민이 국가를 향해서 똘똘 뭉쳐있는 국가이다. 서세동점의 시기에 서양세력이 처음 일본에 들어왔을 때, 명치유신으로 죽기 아니면 살기로 개혁하고 쇄신하여 짧은 시간에 힘을 키워 서양세력에 맞설 수 있었다. 일본은 천황을 중심으로 국력을 극대화함으로써 서양의 세력을 막아내고 오히려 서양 제국주의 국가들과 함께 같은 제국주의 국가가 되어 아시아 지역에 진출하였다. 그리고 제2차 세계대전 때는 독일과 함께 세계 지배를 꿈꾸면서 태평양전쟁을 수행하게 된다. 인구, 국토, 자원 등 물리적 조건에서 비교도 되지 않을 만큼 작은 나라가 중국을 지배하고 미국을 공격하여 초기에는 전쟁을 유리하게 이끌어 가기도 하였다. 이러한 일본의 저력은 일본인들의 국인주의 외에는 달리 설명할 요인이 없다.

일본의 전쟁에서 승리방법은 모든 병사 모든 국민으로 하여금 천황, 즉 국가를 위해서 죽는 것을 영광으로 생각토록 하는 것이었다. 전쟁 막바지에 일본이 패퇴하게 되자, 일본 본토 바깥의 섬들부터 연합군에 함락되면서 애투, 타라와, 콰잘란, 사이판, 티니안, 펠렐리우, 이오지마를 비롯한 대부분의 섬에서 일본군은 거의 모두 최후까지 싸우다 전사하였다. 일본군은 항복을 몰랐다. 일본군은 최후의 일인까지 싸우다 죽는 옥쇄(玉碎)가 기본정신으로 되어 있었다. 일본군 중에 부상당하였거나 기절한 상태에서 포로가 된 사람들도 이제 고국에 돌아가더라도 명예를 잃고 돌아갈 면목이 없어 죽은 목숨이나 마찬가지라 하여 연합군에 죽여달라고 하기도 하고, 연합군을 안고 같이 죽을 궁리를 하기도 하였다. 이들 전투에서 섬이 함락될 때마다 민간인들도 바닷가 절벽 위에서 "덴노 반자이! (천황 만세!)"를 외치며 몸을 던졌다. 여자들은 아이를 안고 몸을 던지거나, 부모가 먼저 아이를 던지고 자신도 몸을 던졌다.[182] 일본인에 있어서 국가와 개인의 관계는 이 정도였다.

이렇게 제2차 세계대전을 치렀던 일본은 전쟁패배 후 엄청난 곤경에 처하게 된다. 전쟁 중에 수많은 사람들이 죽고, 전후에 지도자들은 전범이 되었으며, 산업시설은 파괴되고, 국가는 미국의 통치하에 들어가게 되었다. 이런 상황에서 일본인들은 패배의식과 열등의식에 사로잡히고 자존심을 상실하였다. 그렇다고 하더라도 사람들은 전쟁으로 형클어진 삶을 정리하고 안정된 일상을 회복하지 않으면 안되었다. 지금 일본이 할 수 있는 일은 국가를 재건하고 경제를 발전시키는 일이었다. 서양세력이 처음 일본에 들어왔을 때 그랬듯이 이번에도 죽기 아니면 살기로 온 국민이 하나되어 경제발전에 매진하였다.

이러한 일본에 있어서 경제발전에 유리한 일들이 일어났다. 한국전쟁이 일어나면서 일본은 유엔군의 무기와 군수품의 생산, 수리,

---

[182] 조영정, 2019, pp. 169-173

수송 등을 위한 군수기지로서의 역할을 하게 되었다. 일본의 산업은 생산능력 최대한으로 가동되었고, 이에 따라 전후 불황에 빠져있던 일본 경제는 순식간에 활황을 맞게 되었다. 그리고 미소 간의 냉전으로 미국은 일본의 경제발전을 도왔다. 이제 자국 보호 하에 정치적 군사적으로 세계전략의 중요한 한 축이 된 일본의 안정과 발전이 중요했기 때문이다. 한국전쟁, 미소 간의 냉전 외에도 세계 자유무역 추세, 베트남 전쟁과 같은 국제적 상황은 일본에게 유리하게 작용하였고, 이에 힘입어 일본의 경제는 급속하게 발전하여 갔다.

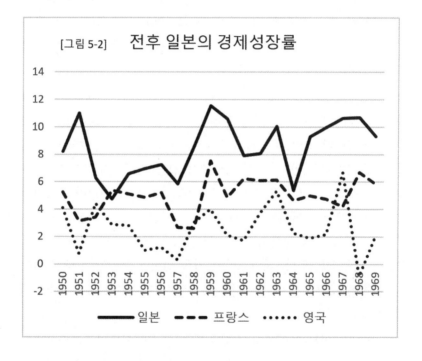

[그림 5-2] 전후 일본의 경제성장률

일본은 1950년대 중반부터 1970년대 초까지 실질 국민총생산이 10% 전후의 높은 성장률을 시현하였다. 이런 결과로 1978년에 세계 제2의 경제대국으로 도약하였고, 1980년에 이르러서는 총생산에서 세계경제의 약 15%에 점하는 경제대국이 되었다. 짧은 기간에 일본이 거대 경제대국으로 발전하자 세계의 이목은 일본에 집중되었다. 일본제품, 일본기업, 일본에 대한 평판이 치솟는 가운데 "일본제일(Japan as No. 1)", "일본식 경영" 등과 같은 말이 세계의 유행어가 되었다.

일본의 경제적 성공은 일본 특유의 국가를 앞세우는 경제체제를 바탕으로 하고 있다. 일본은 메이지유신으로 산업을 발전시켜 나갈 때부터 정치와 관련된 사람들이 산업을 이끌면서 독점, 카르텔, 재벌체제로 발전해 왔다. 미쓰이, 미쓰비시, 후루카와 등 많은 기업들이 광산, 제철소, 조선소 등에서 국가로부터 사업권을 받아내어 재벌기업으로 성장하게 된다. 이러한 재벌과 독과점 그리고 국가적인 차원에서의 산업관리와 통제기조는 전시 군국주의 경제에서 더욱 강화되었다. 산업 및 기업이 국가와 연계되어 있었다. 이렇게 큰 사업들은 처음부터 국가 발전의 목적으로 국가로부터 혜택을 받아 사업을 하는 것이었기 때문에 국가를 위해서 일하는 것이 당연한 것으로 생각할 수도 있지만, 사실 이보다 훨씬 더 심하게 당시 일본은 모든 것을 국가중심으로 생각하였기 때문에 모든 사회활동이라는 것이 국가를 위해서 혹은 국가의 은혜에 보답하기 위해서 하는 것으로 되어 있었다. 기업들뿐만 아니라 근로자들도 마찬가지였다. 그래서 기업가는 산업보국(産業報國)이라 하여 "국가로부터 받은 은혜를 산업활동을 통해서 갚는다"라는 것을 신조로 삼고 있었고, 근로자는 근로보국(勤勞報國)이라 하여 "국가로부터 받은 은혜를 노동활동을 통해서 갚는다"는 것을 당연한 가치로 알고 있었다.

미국의 통치 하에 들어가면서 군국주의 제거, 경제의 비군사화,

재벌해체, 금융개혁 등과 같은 비민주적인 요소를 척결하여 민주주의적 체제로 변환하는 조치들이 이루어졌다. 이렇게 제도적인 측면에서 달라진다고 해서 사람들의 정신세계가 단숨에 달라지는 것은 아닌 만큼 경제에서의 일본인 고유의 문화는 그대로였다. 전후에도 경제와 산업에서의 정부개입체제는 그대로 이어졌다. 경제활동과 산업에서 정부의 정책적 가이드라인 제시, 유치산업의 보호와 보조금 지급, 수출지원, 기술의 개발과 보급, 은행과 금융의 통제를 통한 자금배분 등 정부의 적극적인 개입이 중요한 역할을 하였다.[183] 정치에서 서구의 제도를 도입하였지만 서구와 달랐고, 경제에서도 서구의 경제제도를 도입하였지만 서구와 같지 않았다. 일본경제의 특징 중의 하나는 정부의 역할이 크다는 점이다. 일본은 정부에서 통제하고 주도하는 가운데 민과 관이 긴밀하게 협력하면서 경제를 운용한다. 이러한 일본의 경제운용방식은 경제개발전략에 있어서 하나의 모델로서 후에 많은 개발도상국들에게 영향을 주었다.

기업경영에 있어서도 일본 고유의 전통과 가치를 토대로 한 경영방식이었다. 기업을 이익집단이 아니라 가족 혹은 운명공동체로 보고, 인화 속에서 협동함으로써 서구의 기업보다 더 높은 효율을 거둘 수 있었다. 연공서열제와 종신고용제로 사원은 사장 대하기를 과거 사무라이가 쇼군을 모시듯 하고, 아래직원이 윗직원 대하기를 전시의 부하가 상관을 대하듯이 하면서 조직에 강한 단합력을 보였다. 그리고 "잇쇼켄메이(一生懸命)", 즉 한 가지 일에 목숨을 건다라는 마음으로 각자 맡은 일에 최선을 다해 일하는 사회적 가치가 일본인 전반에 공유하고 있었다.

일본은 수출주도형경제였다. 정부가 정책적으로 해외시장개척

---

[183] Hall, 2005, p.118

에 적극적으로 나설 뿐만 아니라 산업정책 및 국내 소비정책으로 수출을 촉진하고 수입을 최소화하도록 하였다. 수입은 석유와 같이 국내에서 산출할 수 없는 일부 천연자원이나 수출용 원자재에 한정되었고, 국내에서 생산될 수 있는 물품은 거의 모두 국산품을 사용하였다. 그래서 일본이 국제수지에서 적자를 시현할 수 있는 가능성은 거의 없었다. 일본이 수입을 많이 하지 않는 이유는, 하나는 자국 상품을 사용해야 한다는 자주의식이 작동하고 있기 때문이고, 다른 하나는 일본상품이 최고라는 의식 때문에 외국상품보다 자국상품을 쓰려고 하기 때문이다. 이렇게 확보된 국내시장에서의 안정된 수요를 기반으로 일본상품과 기업은 더 쉽게 해외시장 공략에 나설 수 있었다. 그리고 일본이 수출을 많이 할 수 있었던 것은 좋은 제품을 만들고 다른 나라 사람들이 우리 일본제품을 쓰게 하겠다는 일본인들의 집념이 있었기 때문이다. 일본의 기업들은 과거 전쟁의 장을 경제영역으로 바꿔 놓은 것과 같았다. 부국강병의 목표에서 강병에서는 졌지만, 부국에서는 이기겠다는 경제부흥에 대한 일본사람들의 의지와 노력이 있었다.

일본이 계속적으로 무역흑자를 시현하자 1980년대 이후 미국은 만성적인 대일 적자구조에서 탈피하기 위하여 일본에 지속적으로 통상압력을 가하였고, 그래서 일본은 계속 수입장벽을 낮추었다. 그 결과 일본의 공산품 수입관세는 세계에서 가장 낮은 수준이 되었지만, 그럼에도 무역수지 불균형은 해소되지 않았다. 수입에 대한 문호를 활짝 열었지만 사람들이 외국상품을 쓰지 않고 자국상품만 사용하겠다는 데는 어쩔 도리가 없는 것이다. 또한 제도적으로는 외국기업이 일본에서 경영활동을 하거나 상품을 파는데 개방되어 있었지만 실제로는 일본에서 경영활동을 하거나 유통채널을 확보하기가 쉽지 않았다. 일본사람들이 워낙 자국상품을 애용하고, 상품뿐만 아니라 경영활동에서도 외국의 것을 좋아하지 않았기 때문이다. 이렇듯 일본의 경제대국으로의 발전에는 일본인들의 애국심과 국인주의가 절대적인 역할을 하였던 것이다.[184]

3. 동아시아국가들의 경제발전

1) 동아시아국가 경제발전에 대한 기존 논의

　지난 수십년 동안 동아시아국가들은 세계의 다른 나라들보다 월등히 빠른 경제성장을 하였다. 이에 세계는 이들 국가들에 주목하였고 연구자들은 동아시아국가들의 경제발전 성공요인에 대하여 다양한 설명들을 제시하였다. 국가가 주도적으로 나서서 적극적인 산업정책(industrial policy)을[185] 함으로써 경제발전을 하였다거나, 발전국가(developmental state)로서 규제나 경제계획 등을 통하여 경제활동을 국가정부가 이끈 결과로 설명하기도 한다. 또 이러한 주장과 함께 혹은 별개로 우수한 관료, 높은 교육열, 국민들의 근면성, 가족주의, 유교문화, 일본의 영향 등이 거론되기도 한다.

　이러한 연구들 중에 널리 알려진 연구로서 서양학자들의 연구

---

[184] 조영정, 2019, pp. 186-189

[185] 산업정책은 국가가 자국의 산업과 경제를 발전시키기 위하여 행하는 모든 행동방침을 말한다. 자국의 산업과 경제를 위해서 국가가 개입한다는 측면에서 그것의 원류는 보호무역주의라고 할 수 있다. 국가정부의 개입방법은 국내 산업보호조치, 수출촉진, 규제조치, 국영기업운영 등 다양하다. 산업정책은 제2차 세계대전 후에 전쟁으로 파괴된 산업과 경제를 신속하게 복구하기 위해서 유럽국가들에 의해서 시행되었고, 개발도상국들에서도 자국의 산업을 발전시키기 위해서 많이 시행되었다. 그 중에서 특히 국가의 경제개입이 두드러졌던 프랑스나 일본의 경제운용을 두고 산업정책이라는 용어를 많이 사용하였다. 그런데 넓은 의미에서의 산업정책은 국가의 경제개입이 일상화된 오늘날에 있어서 모든 나라들이 다 시행하고 있다고 보는 것이 타당하다.

가 많은데, 콜리(Atul Kohli)의 연구도 이런 연구 중의 하나이다. 콜리는 『국가 관리에 의한 발전: 세계변방에서의 정치력과 산업화 (State-Directed Development: Political Power and Industrialization in the Global Periphery)』에서 한국을 발전국가(cohesive-capitalist state)[186] 라 하여, 한국의 경제발전을 근거로 발전국가가 세계 변방에서 빠른 산업화를 이루고 빈곤한 사회에서 부를 창출하는 데 가장 효과적이 라고 주장한다.[187] 정부가 강한 힘을 갖고서 뚜렷한 목표를 다른 방 해 없이 일관된 추진력으로 경제를 개발할 수 있다는 것이다. 콜리 는 한국의 경제발전의 원인을 일본의 식민통치와 군부정권에 의한 강압적 국가 경제주도로 설명하고 있다. 그는 한국의 경제발전을 브 라질, 인디아, 나이지리아와 비교하고 있다. 한국이 경제성장을 할 수 있었던 것은 나이지리아, 브라질과 다르게 일본의 식민지로서의 역사적인 선결조건을 갖고 있었고, 군부 우익의 세력이 힘을 쥐고 성장 일변도의 길을 추진할 수 있었기 때문이라는 것이다. 이렇듯 높은 투자율, 국가와 자본의 연계, 교육받고 통제된 노동력 등과 같 은 것은 일반적으로 있는 것이지만, 국가에 의해서 관리되고 일본과 연결되었다는 사실이 한국에 독특한 요인이라고 주장한다.[188] 그에 의하면 한국의 경제발전은 한마디로 반은 일본에서 만들어 놓은 것 이고, 반은 독재정권의 강압이 있었기 때문에 이루어졌다라는 것이 다.

장하준도 그의 책 『국가의 역할(Globalization, Economic Develop-ment, and the Role of the State)』에서 국가 경제발전에 국가개입의 필

---

[186] 콜리는 cohesive-capitalist state를 developmental state와 같은 의미로 사용하고 있다.

[187] Kohli, 2004, p. 381

[188] Kohli, 2004, p.114

요성과 타당성을 주장하면서, 국가개입으로 경제발전에 성공한 예로서 동아시아국가들을 들고 있다. "산업정책 국가들은 우익연합의 통치로 정책결정과정은 관료체제가 지배했으며, 산업정책의 도구로서 정확한 목표를 설정하여 강압적으로 수행하였다"[189] 라고 하고, 헌신적인 엘리트 관료들이 국가발전에 큰 역할을 하였다고 하고 있다.[190]

동아시아의 경제발전을 두고 경제발전에 대한 논의가 고조되자, 이들 국가의 성공방법을 다른 국가들에게도 적용할 수 있을지를 검토하기 위하여 1993년에 세계은행(World Bank)에서 『동아시아 기적 (The East Asian Miracle: Economic Growth and Public Policy)』 이라는 정책연구보고서를 내기도 하였다. 여기서 성장과 빠른 생산성 향상을 위해서는 국내저축, 광범위한 인적자본, 잘된 거시경제관리, 가격 왜곡의 방지 등과 같은 요인이 중요함을 확인하고, 대외개방을 통한 기술획득, 공공투자와 교육정책의 중요성을 확인하였다. 하지만 경제에 대한 국가정부의 개입은 부작용 또한 있기 때문에 아프리카나 라틴아메리카, 아시아의 다른 개발도상국들에 적용하기에 적합하지 않다고 결론지었다. 그리고 이들 국가에서 정부개입이 성공한 이유에 대해서는 알아내지 못하였다고 하고, 이것을 알기 위해서는 경제학을 넘어서 제도, 정치, 역사, 문화 등에서 답을 찾아야 될 것이라고 하였다.[191]

또한 동아시아의 경제발전 동인과 관련하여 유가적 자본주의 혹은 아시아적 가치라 하여 이 지역의 사회 문화적인 요인으로 설명하기도 한다. 유가적 자본주의에 의한 설명은 유가적 가치관의 국가

---

[189] 장하준, 2006, p. 98

[190] 장하준, 2006, p. 104

[191] The World Bank, 1993, pp. 32-34

공동체를 중시하는 동아시아적인 가치체계에서 국가가 주도하는 경제활동에 모두가 잘 협력하여 경제가 잘되었다는 것이다. 그리고 위에 언급된 것 외에도 우수한 관료, 높은 교육열, 국민들의 근면성 등도 경제발전을 이룬 이유로 제시되고 있다. 이러한 설명들을 검토해 보기로 하자.

첫째, 정부의 적극적인 개입이 경제발전을 이끌었다는 주장이다. 세계은행 보고서에서도 지적하고 있듯이 정부가 경제를 주도한다고 해서 반드시 잘되는 것도 아니며, 이로 인한 비용이 효익을 능가할 수 있다. 뿐만 아니라 국가들의 성장과 발전 비결이 단순히 국가에서 주도해서 그랬다거나 산업정책을 잘 세워서 그랬다는 것은 핵심적인 요인을 찾지 못한 설명이다. 이는 마치 좋은 대학에 입학한 학생보고 선생님이 잘 이끌어줘서 그랬다거나 입시전략을 잘 세워서 그런 결과를 얻었다고 말하는 것과 같다. 어느 학생이 좋은 대학에 들어간 것에 대한 이유로 이런 말들이 올바른 답이 될 수 없음은 명확하다. 좋은 대학에 들어갈 수 있었던 것은 그 학생이 의지를 갖고 열심히 공부하였기 때문인 것이 일반적이다. 마찬가지로 고도 성장 국가들이 다른 국가보다 높은 성장과 발전을 이룬데에는 국민들이 성실하고 근면하게 열심히 일하였고, 이런 국민들의 노고가 국가적으로 합쳐져서 좋은 결과를 만들어내었던 것이다. 그래서 연구되어야 할 핵심은 어떻게 해서 국민들의 노고와 헌신적인 노력이 그렇게 나오게 되었느냐이다.

둘째, 독재의 강압통치의 힘으로 경제를 발전시켰다는 주장이다. 발전국가(developmental state)라고 하면 대부분 개발독재를 떠올린다. 그런데 아시아 국가들은 독재정치의 과정을 겪지 않은 나라가 거의 없다. 게다가 아시아 국가들이 관우위의 수직적인 문화를 갖고 있기 때문에 여기서의 정부의 개입은 강압적인 성격을 갖고 있다. 한국의 경우만 하더라도 한국 경제발전이 시작된 것은 군부통치기 간이었다. 콜리는 박정희 군사정권의 강압통치가 한국의 경제발전을 가능하게 하였다고 하고, 한국에서 있었던 정부의 강압적인 행태로 서 중앙정보부에서 노동자나 경제인을 감시하며,[192] 수출관련회의를 하면서 수출을 독려했다거나 정부가 재벌더러 수출을 많이 하라고 했다는 등과 같은 사실들을 들고 있다. 그런데 이런 것은 다른 국가 에서도 얼마든지 있을 수 있는 일로서, 이런 것으로 한 나라의 경제 가 발전하거나 발전하지 않게 될 수는 없는 일이다. 본질적인 면에 서 독재 그 자체가 경제발전에 대한 이유가 될 수 없다. 독재가 경 제발전의 동인이라면 마르크스 독재의 필리핀은 왜 경제발전을 하 지 못하였는가? 필리핀뿐만 아니라 전후 아시아에는 독재를 하지 않은 국가가 드물 정도로 많은 국가들이 독재체제에 있었다. 그렇다 면 다른 아시아 독재 국가들과 달리 동아시아의 몇몇 국가들이 경제 발전을 이루었는가에 대해서는 독재 외에 다른 요인에서 답을 찾아 야 한다.

이렇게 독재와 같은 것이 부각되는 이유는 외국학자들이 피상 적으로 말만 듣고 독재에 방점을 두고 여기에서 답을 찾으려는 경향 이 있기 때문이다. 이는 기존권력에 대항하여 권력투쟁을 하였던 자 칭 민주화 세력의 말만 듣고 독재를 과대포장하여 부정적으로 인식 한 탓도 있다. 독재나 강압통치가 의미를 갖기 위해서는 한 단계 더 나아가서 이러한 독재나 강압통치가 어떻게 국민들로 하여금 경제 발전에 동참하게 할 수 있었는가로 연결되어야 한다. 당시에 독재도 있었고 국민들의 단합된 노력도 있었다. 그렇다고 해서 독재가 국민

---

[192] Kohli, 2004, p.118

들을 단합하게 했다고 해서는 안 된다. 국민들을 단합하게 한 것은 독재 통치자의 부정적인 측면의 독재에 의해서가 아니라 긍정적인 측면에서 나름대로 사람들로 하여금 경제발전에 동참하도록 이끄는 힘이었다.

한국의 경우, 군인 통치자들이 살기 좋고 잘사는 나라를 만들자고 국민들의 애국심을 불러일으킴으로써 국민들을 경제발전에 동원할 수 있었다. 그리고 지도자의 강한 리더십이 경제발전에 사람들을 동참시키는 그 과정에 한국의 문화와 한국인의 의식에 대한 요소들이 있었고, 여기서 중요한 한 부분이 국인주의였던 것이다.

셋째, 일본 덕분에 경제발전을 이루었다는 주장이다. 서양의 세력이 들어왔을 때 일본은 동아시아의 다른 나라들과는 달리 문호를 개방하고 서양문물을 받아들여 빨리 근대화를 이루었다. 그리고 빨리 근대화함으로써 일본은 그 지배기간과 정도의 차이는 있으나 대만, 한국, 중국의 일부분, 일부 동남아시아 지역 등을 지배한 적이 있다. 어떤 형태로든 동아시아국가들은 먼저 경제발전을 이룩한 일본의 영향을 받은 것은 틀림없다. 하지만 일본 덕분에 경제발전을 이룩하였다고 할 만큼 일본의 도움이 있었던 것은 아니다. 이 부분은 특히 한국의 경제발전에 있어서 많이 논의되는 부분이다. 서구의 다른 많은 학자들과 마찬가지로 콜리(Atul Kohli)는 한국의 경제발전에 있어서 일본의 식민통치가 중요한 역할을 했다고 하였다.[193] 그는 한국은 일본의 산업을 이어받았으며, 식민지 기간에 일본인에 의하여 고용되어 훈련받은 한국관리자들이 역할을 하였으며, 일본의 차관을 받아서 자본형성을 할 수 있었고, 일본의 기술로 경제를 발전

---

[193] Kohli, 2004, p.114

시킬 수 있었다고[194] 하고 있다. 그리고 심지어 경제개발계획까지 일본인이 참여해서 수립되었으며[195] 수출지향적인 정책을 취한 것도 일본 덕분이라고[196] 주장한다. 그에 의하면 한국인이 한 것이라고는 군인출신 독재자와 군부에 의한 국가통치, 강압적인 정부, 경제성장을 우선적으로 여기는 국가, 노동자나 경제인들을 감시하는 중앙정보부, 잘 교육되고 통제되는 노동자 등과 같은 것이었으며, 국제경제환경에서의 행운[197]도 있었다고 주장한다. 한국사람들의 입장에서 수긍하기 어렵고, 듣기에 불편하기도 한 주장이다. 하지만 서양학자들 중에는 콜리와 같은 생각을 하는 사람이 매우 많다.[198] 서양학자들이 세계의 학문을 주도하고 있는데, 이는 언어나 연구 인프라에서 유리하기 때문이며 이들이 실제를 잘 알아서 주도하는 것은 아니다. 그래서 현장에서 자세한 내막을 알고 경험한 사람의 입장에서 보면 이런 주장은 편협하고 유치하다. 콜리와 같은 서양학자들이 이끌어

---

[194] Kohli, 2004, p.114

[195] Kohli, 2004, p.111

[196] Kohli, 2004, p.116

[197] Kohli, 2004, p.118

[198] 서양학자들의 한국에 대한 연구들을 읽다 보면 종종 황당하게 되는 때가 있는데, 우리의 상식과 너무 다른 말을 하고 있어서이다. 특히 일본과 관련되는 문제에 있어서 이런 경우가 많은데, 서양학자들이 갖고 있는 한국에 대한 지식이 대부분 일본사람들의 주장과 같다는 것을 알게 된다. 일본 사람들은 일찍 문호를 개방하여 서양사람들에게 지식을 심어주고 친해지기도 하였기 때문에 그곳 사람들의 생각이 일본의 주장과 같은 것은 당연한 것이기도 하다. 이는 서양국가에서 동해를 일본해라고 부르는 것과 같은 이치이다. 게다가 동아시아 지역을 연구하는 학자들 중에는 일본을 따르고 지지하는 학자들이 많다. 오래전부터 일본은 세계의 유명 대학이나 연구기관에 많은 연구지원을 하고 자금을 풀어서 일본에 우호적인 학자들을 양성해왔기 때문이다. 서양에서의 동아시아 연구에서 일본에서는 적극 협조하고 참여한 반면에, 다른 나라들에서는 손을 놓고 있었기 때문에 이런 결과로 된 것이다.

가는 논리는 주로 이런 식이다.

"영국도 식민지를 두었고 일본도 식민지를 두었다. 영국이 식민통치한 나이지리아는 독립 후 경제발전을 이루지 못하였는데, 일본이 식민통치한 한국은 경제발전을 하였다. 그렇다면 영국은 식민통치를 하면서 식민지에 대하여 경제발전을 이룰 수 있는 요인을 마련해주지 못한 반면에, 일본은 식민통치를 하면서 식민지에 대하여 경제발전을 이룰 수 있는 요인을 만들어 주었다고 할 수밖에 없는 것 아니냐?"

해방 이후 한국의 경제통계를 보면 한국의 일인당 국민소득이 1953년 66달러였고,[199] 1961년에는 93.8달러로서[200] 세계 최극빈국이었다. 일부 서양학자들의 주장대로 일본이 한국을 경제발전시켰다면 일본통치 하에서 벗어났을 때 최극빈국이었겠는가? 그리고 일본이 식민지통치를 하면서 일본이 산업시설을 세워서 한국에 산업을 발전시킨 것이 중요한 요인이었다면 남한보다 북한에서 경제가 더 발전했어야 했다. 일본이 세운 산업시설은 주로 북한지역이었기 때문이다. 일본 식민지 기간에 한국이 근대화가 된 것은 맞다. 그리고 근대화를 통해서 사회 전 영역이 변화하고 발전한 것도 맞다. 하지만 근대화는 세계 어느 곳에서나 겪었고 어느 곳이든 근대화를 통해서 변화되고 발전되었다. 일본 식민지배가 없었더라도 근대화는 될 수밖에 없었고 변화 속에 발전할 수밖에 없었던 것이다. 한국이 경제발전이 시작된 것은 1962년 이후로서 일본으로부터 독립하고 난 17년이 지난 시점인데, 이전의 35년간 일본 식민지배를 경제발전에 연관시키기 위해서 끌고 오는 것은 타당하지 않다. 그리고 식민지기

---

199 countryeconomy.com, n.d.

200 World Bank, n.d.

제5장 경제 국인주의와 경제발전 301

간 동안 일본은 대륙을 침략하고 태평양전쟁을 수행해야 하였고, 이 과정에서 한반도는 인적으로 물적으로 철저히 수탈당하였고, 이는 통계적으로도 뒷받침되는 사실이다.

그리고 한국에서 일본에 대한 반일정서가 얼마나 강한데 막연하게 일본을 따라하였다고 하며, 일본에서 한국에 대한 경계의식이 얼마나 강한데 막연하게 한국에게 기술을 이전했다고 주장하는가? 당시 한국이 일본의 기술을 도입하게 된 것은 일본이 한국에 기술을 이전해 주려고 해서 기술이 이전된 것이 아니라 경제발전수준이 다른 국가 간에 일어나는 일반적인 현상이다. 기술갭이론(technology gap theory)이나 제품수명주기이론(product life cycle theory)에 의하면 가장 앞선 선진국에서 일반 선진국으로 기술이전이 일어나고, 또 일반 선진국에서 개발도상국으로 기술이전이 일어나게 된다. 당시 일반 선진국의 위치에 있는 일본에서 개발도상국의 위치에 있는 한국으로 기술이전이 일어나는 것은 일반적인 현상이었다. 이는 세계의 다른 나라에서도 얼마든지 일어나는 일이었기 때문에 한국의 경제발전에 대한 설명요인이 되지 못한다. 설사 이런 요인들이 겉으로 드러나 보이거나 틀린 것은 아니라 할지라도 근본적인 원인이 될 수 없기 때문에 더 심층적인 차원에서의 설명이 있어야만 하는 것이다.

이와 같이 콜리와 같은 서양학자들의 주장에 반론을 제기하자면 한도 끝도 없다. 근본적으로 한국의 경제발전을 두고 영국의 지배를 받은 나이지리아는 발전하지 못했는데 일본의 지배를 받은 한국은 발전을 했으니 일본이 발전시켜 준 것이라는 그 논리가 잘못된 것이다. 한국이나 나이지리아가 발전하는 문제는 영국이나 일본이 만들어 주는 것이 아니라 한국이나 나이지리아 스스로의 역량에 달려 있는 것이다. 다시 말하면 한국은 잠재력이 있었기 때문에 곧 일본이 가진 수준의 근대화를 바로 자기 것으로 하면서 경제발전을 이루었지만, 나이지리아는 잠재력이 부족했기 때문에 영국이 가진 근대문명을 자기 것으로 하여 발전시켜 나가지 못한 것이다. 여기서 잠재력이란 이를 열거하거나 몇 구절의 말로써 표현할 수 없는 총체적인 역량이다. 한국과 일본은 그 바탕에서 같은 부분이 많기 때문에 같은 형태의 정책이 많았던 것이다. 그리고 이러한 형태의 정책이 이들 국가의 경제, 사회, 문화 등 제반 여건에서 맞았기 때문에 좋은 결과를 가져온 것이다.

넷째, 이 지역에 관료들이 우수하다거나 관료들이 헌신적이었다는 주장 또한 근거를 찾기 어렵다. 먼저 관료들이 우수하다는 것은 옳다고 할 수 없다. 한국의 경우를 보더라도 그렇다. 시험에 의한 관료들을 선발함으로써 우수한 인재를 발탁할 수 있다는 점은 있다. 그렇지만 대부분 시험합격 후 수십년 공직생활 동안 상관의 비위를 맞추는 데에 능력을 개발할 뿐, 실제 전문적인 능력은 거의 개발하지 않는다. 상관의 비위 맞추고 연줄을 대는 데에 능력있는 사람들이 고위직에 오르게 되며, 실력있고 원칙대로 업무를 열심히 하는 사람은 대부분 일찍 물러나게 되는 것이 일반적인 현실이다. 다음으로 관료들이 더 헌신적이라는 주장 또한 근거없는 것이다. 한국만 보더라도 동양전통의 윤리와 서양의 근대적 법제가 병존하는 가운데 관료들이 결정할 수 있는 재량의 영역과 운신할 수 있는 폭이 매우 넓다. 이는 관료들이 자기이익 추구를 위해 운신할 수 있는 영역도 넓다는 것을 의미하므로 관료들이 청렴하고 헌신적이기 어려운 상황이다. 국민들을 위한 봉사정신보다 사익을 추구하거나 복지부동하며, 사회정의보다는 자신의 출세만 바라는 공무원이 적지 않다. 이런 상황을 감안하면 경제발전을 우수하고 헌신적인 관료들의 존재로 인하여 이루어졌다고 하는 것은 관료들의 비위를 맞추는 설명으로밖에 되지 않는다.

다섯째, 높은 교육열이 경제발전의 요인이었다고 하기도 어렵다. 교육열이라는 것은 공부를 열심히 할 때 의미가 있는 것이다. 교육의 결과는 대학에서 최종적으로 완성하게 되는데, 한국의 경우를 보면 대학에서 공부를 열심히 하지 않는다. 겉치레와 명분을 앞세우는 문화 속에 졸업장을 위한 교육열일 뿐이며, 관계가 중요한 사회에서 좋은 학교에 가서 좋은 인맥을 쌓기 위한 교육열일 뿐이다. 그래서 대학진학율은 프랑스나 영국 보다 높지만 실제 질적인 측면에서 보면 그 교육열이 경제발전을 이끄는 결과를 가져올 만한 것은 아닌 것이다. 한국에서 교육열이라는 것은 지적능력의 고양을 통하여 경제발전을 이바지하였다기 보다는 국민들의 획일적인 이념 확산에 기여하였다. 한국에서의 교육은 선생은 가르치고 학생은 이를 받아 적고 암기하는 주입식 교육이다. 이런 교육으로 국가가 필요로 하는 것도 교육하게 되는데, 여기서 주입되는 이념이 국인주의이다.

여섯째, 근면성이다. 이 지역 사람들이 다른 지역보다 더 많은 일을 하고, 근면한 것은 사실이다. 하지만 원래 근면했던 것이 아니다. 구한 말이나 일제 하 계몽운동 시절의 문헌을 보면 사람들이 그리 근면하지 않았다. 식민지 시절 일본인들이 한국인에 대해서 비하해서 말하기를 "한국인들은 혼자서는 잠자고, 둘이면 술 마시고, 셋이면 싸우고, 넷이면 노름한다"고 하였다.

그런데 해방 후 국가가 수립되고 근대화가 되면서 근면성이 생겨났고, 특히 제3공화국 시절 경제개발이 되면서 열심히 일하는 사람들이 되었다. 이때 사람들을 변화시킨 여러 동력들은 새마을 운동으로 대변된다. 새마을 운동의 정신은 근면, 자조, 협동이다. 당시 동네에는 아침마다 새마을 운동 노래가 울려 퍼졌다. 노래의 후렴은 "

살기 좋은 내 마을 우리 힘으로 만드세"였고, 4절은 "일하면서 싸워서 새 조국을 만드세"가 들어 있었다. 근면(勤勉) 정신을 일깨우는 노래로서 마을에서 시작하여 국가에 이르기까지의 공동체 정신을 함께 강조하고 있는 것이다. 이런 노래가 필요하였고, 이런 노래가 역할을 하면서 경제도 발전하게 된 것이다.

일곱째, 유가적 가치관에 대한 문제이다. 유가적 자본주의의 주장에서는 유가적인 가치가 어떤 것이며 어떤 요소가 경제를 발전케 했는가에 대한 구체적인 설명이 부족하다.

이상과 같이 지금까지의 여러 주장들에서 제시되어 온 요인들이 동아시아 지역의 경제발전의 동인으로 설명되기에 충분치 못하다. 설사 이들 요인들이 부분적으로 설득력을 가진다고 하더라도 이와 함께 설명되지 않으면 안 되는 것이 국인주의이다. 그리고 전체적으로 보았을 때, 이들 요인들보다 더 의미있고 중요한 요인이 국인주의이다.

콜리와 같이 일본의 식민통치나 군부정권의 강압적 국가 경제주도나 잡다한 제도나 정책을 나열하면서 한국의 경제발전의 원인을 찾는 사람들이 많다. 이들은 대부분 국인주의마저 강압적으로 동원된 것으로만 보면서[201] 평가절하한다. 한국의 경제가 발전한 것을 군부정권이 독재권력을 행사하였기 때문으로 설명하고 있으나 군부정권이 지나고 한참 이후에 민주화되었다고 하는 시기에도 한국은 여전히 높은 경제성장을 이룩하였다. 단순히 식민통치나 독재정치의 시행으로 한 국가의 경제가 발전하기는 불가능하다. 경제발전을 위한 노력에 전체 국민들이 함께 나서야 하고, 이를 가능케 하는 것은

---

[201] Kohli, 2004, p. 85, p. 123

식민통치, 독재정치, 제도, 정책 등과 같은 것이기보다는 전체 국민의 의식이다. 그리고 그 의식은 바로 나와 나를 포함하는 공동체 전체를 위하는 마음으로서의 국인주의인 것이다. 동아시아국가들의 경제를 발전시킨 중요한 요인이 유가적 가치관이라고 했을 때, 여기서 유가적 가치관의 핵심적인 요소는 충(忠)의 사상이다. 이 수천년 전통의 충의 사상은 오늘날 이 지역의 사람들에게 국인주의로 이어지고 있는 것이다. 이 국인주의야 말로 앞에서 언급한 세계은행보고서 연구진이 더 연구되어야 할 과제로 두었던 문제의 답이기도 하다. 그렇다면 동아시아국가들의 국인주의가 얼마나 큰 의미를 갖고 있는지, 그리고 이러한 국인주의가 어떻게 경제발전에 영향을 주었는지를 보다 구체적으로 검토해 보기로 하자.

2) 동아시아국가들의 국인주의

동아시아국가들은 국인주의가 강한 국가들이다. 이것은 다음 몇 가지 측면에서 확인할 수 있다.

첫째, 동아시아국가들은 오랜 역사를 갖고 있다. 그래서 각국은 국가 정체성이 뚜렷하고 국인주의도 강하다. 한국은 반도에 위치하여 수많은 외침을 받았고, 이러한 외침을 물리쳐가면서 국권을 유지하여 온 나라이다. 원래부터 자주의식이 강했기 때문에 독립적인 국가로서의 존속이 가능했고, 투쟁적 역사를 거치면서 이러한 자주 국가로서의 의식이 더 강화되었다. 그러면서 항상 "동방예의지국"과 같은 문화국가로의 자부심을 견지하면서 살아왔다.

그리고 일본은 아시아 대륙 최동단 섬들에 위치하여 다른 국가들과 교류가 드문 상태에서 자신들만의 고립된 세계 속에서 자국이 최고의 국가라고 여기면서 살아왔다. 그러다가 서양의 세력이 들어오면서 열등감을 갖게 되었지만, 이러한 열등감은 근대화에 성공하면서 이웃국가들에 대한 우월감으로 바뀌게 되었다. 그리고 제2차 세계대전 패전으로 패배의식과 열등감을 갖게 되었으나 경제대국으로 재기하면서 다시금 우월감을 갖게 되는 등 굴곡을 겪는 가운데 국가를 크게 의식하는 역사를 이어오고 있다.

또 중국은 동아시아의 폐쇄된 공간에서 그 중심에 위치하여 스스로 세계의 중심국가이자 문화수준이 가장 높은 나라로서 다른 나라사람들은 야만으로 생각하는 가운데 자부심이 매우 강한 나라였다. 그러다가 19세기 이래 서양국가들과 일본의 침략을 받으면서 엄청난 수모를 겪게 되었다. 이런 역사적 과정 속에서 중국인들은 우등의식과 열등의식이 뒤섞여서 국인주의가 매우 강하다. 여기에다가 공산당 일당독재 하에서 당과 정부는 국민들에 대한 애국교육과 애국강요로 국민들의 삶 전체가 애국적인 것이 되도록 하고 있다.

둘째, 동아시아국가들은 근대역사의 긴장된 상황 속에 국인주의가 강할 수밖에 없다. 19세기 서양세력이 밀려오면서 동아시아국가들은 지난 2세기 동안 국가존망이 위태로운 상황을 겪었다. 이러한 국가적 위협과 이로 인한 긴장 속에서 국인주의를 배양해 왔다.

한국은 1910년 일본의 침략과 식민지배로 국가를 잃을 뻔하였고, 1950년 6.25 사변으로 또다시 국가를 잃을 뻔하였다. 전쟁으로 엄청난 살상과 혼란을 겪은 뒤에도, 전쟁은 완전히 끝나지 않고 휴전으로 얼버무려졌다. 실제로 휴전선언 이후에도 휴전선에서의 도발이나 간첩남파와 테러 등 북으로부터의 위협은 줄곧 이어지면서 전쟁의 연장선상에 있었다. 지금도 남자들은 군복무와 예비군으로서의 국가방위 의무를 부담하고 있다. 군인으로서의 긴 시간을 보내고 국가방위를 의식하면서 살아야 하는 한국인들은 그만큼 국인주의가 강할 수밖에 없다.

일본의 경우 서세동점의 시기에 서양세력의 위협에 개방하여 강국이 되기 위한 길을 매진해 온 국가이다. 서양 식민지가 될 수도 있는 상황에서 천황을 정점으로 하여 국가중심으로 역량을 집중시켜 근대화에 성공함으로 선진국의 반열에 올라섰다. 이후 제국주의, 군국주의로서 철저히 국가를 앞세우는 길을 걸어왔다. 제2차 세계대전 이후에 미국의 지배를 받으면서 전쟁을 할 수 없는 평화국가로 바뀌었지만, 이러한 겉으로의 모습과는 별도로 드러내지 않는 가운데 세계 어느 나라 못지않게 강한 국인주의를 갖고 있다.

중국인들의 마음 속은 지금도 전쟁 중이다. 중국국가 가사에는 "적의 포화를 무릅쓰고 전진을" 과 같은 전투적인 구절을 반복하고 있다. 중국은 지난 세기 제국주의 국가들에 의해서 철저하게 유린당했고, 그런 역사 속에 대만과 남중국해, 그리고 주변지역에서의 세력을 잃었다고 생각하면서 미래를 과거의 치욕을 되갚아 영광을 회복하기 위한 투쟁으로 설정하고 있다.

대만은 17세기 후반 중국의 침입을 받아, 1732년에 전역이 청의 지배 하에 들어가게 되고, 청일전쟁 후에는 1895년부터 1945년까지 일본의 식민지로 있었다. 중국 내전에서 패한 국민당정권은 1949년 대만으로 거처를 옮기게 된다. 이후 중화인민공화국 공산당 정권은 통일을 내세워 대만을 위협하고, 국민당은 본토수복의 기치를 내세우면서, 중국과 대만은 해협을 사이에 두고 항상 긴장관계에 있었다. 대만은 원래 중국을 대표하여 유엔에서 안전보장이사회 상임이사국의 지위에 있었으나, 1971년 중화인민공화국에 중국대표의 자리를 내어주고 국제사회에서 국가로서 인정을 받지 못하는 아픔을 겪게 되었다. 세계의 국가들이 하나의 중국원칙을 내세우는 중국의 압박에 못 이겨 대만을 국가로서 인정하지 않게 된 것이다. 이러한 가운데 대만은 줄곧 중국의 합병위협에 직면해오고 있다. 이 같은 상황에 있는 대만사람들로서는 국가에 대한 애착심과 국인주의가 강할 수밖에 없다.

그리고 싱가포르는 말레이시아 반도 끝 작은 섬에 자리 잡은 도시국가이다. 싱가포르는 1965년 민족적인 분규로 말레이시아로부터 독립하여, 위로는 말레이시아 아래로는 인도네시아를 두고 자국에 비하면 월등히 큰 대국들에 둘러싸여 있다. 서울 크기의 국토에 인구 5백 60여만 명이 밀집해 살면서 식수와 같은 생존에 필요한 물자의 조달도 항상 염두에 두어야 하는 상황에서 살아가고 있다. 그래서 싱가포르 사람들은 국가의 존립에 대한 위협을 어느 국가보다 더 크게 느끼며 살아가는 사람들이다. 국민들은 국민개병제로서 장기간의 현역군복무를 하고 군제대 이후에도 긴 기간 동안 예비군으로 복무하게 되는데, 예비군들도 매년 일정기간 군에 입소하여 철저하게 군사훈련을 하는 것으로 유명하다. 이렇게 다른 나라들보다 월등히 많은 국방의 의무를 부담하는 등 국가를 의식할 수밖에 없는 삶을 살고 있는 가운데 국인주의가 매우 강하다.

셋째, 동아시아국가들은 유교문화권 국가들이다. 이 지역의 경제발전과 관련하여 유가적 가치관 혹은 동아시아적 가치 등을 내세우는 연구들이 있다. 이들 연구들에서 여러가지 다양한 내용들을 포함하고 있지만, 대부분 국인주의는 여기에 포함되지 않고 있다. 그런데 동아시아 경제발전을 유가적 가치관이나 동아시아적 가치로 설명하고자 하면 국인주의가 그 중심적 내용이 되어야 한다. 국가발전과 관련하여 유가적 가치관 혹은 동아시아적 가치에 있어서 그 핵심은 당연히 충(忠) 사상이기 때문이다. 충의 대상에서 과거의 임금은 오늘날의 국가이다. 그리고 이러한 사상은 오늘날의 국인주의와 가깝다. 유교에서는 충신불사이군(忠臣不事二君)이라 하여, 두 임금(君)을 섬기지 않는다. 자신이 섬기지 않는 임금에 대해서는 배타적이듯이 국인주의에서도 타국에 대해서는 배타적이다. 이렇게 충이란 애국심보다 국인주의에 가깝다. 애국심이 순수히 자국에 대한 자신의 사랑이라면, 국인주의는 자국은 사랑하고 타국은 미워하는 정치적인 것이기 때문이다.

넷째, 동아시아국가들은 집단주의 문화를 갖고 있다. 개인보다 집단을 앞세우는 집단주의 문화와 개인보다 나라를 앞세우는 충의 사상이 결합하게 되면, 국가라는 집단을 앞세우는 가운데 국가집단의 가치가 더욱 커지게 되고, 국인주의 또한 강할 수밖에 없다.

다섯째, 동아시아국가들에서는 국인주의 운동이나 열기가 관제적으로 일어나며, 국가에 의해서 끊임없이 애국이 교육되고 주입되는 경우가 많다. 국민들로부터 애국심을 끌어내려 하는 것은 어느 국가, 어느 국가 정부이든 마찬가지지만 이 지역에서는 국가를 앞세우는 전통과 가치관이 있기 때문에 이런 일이 훨씬 더 자연스럽고도 쉽게 행해지고 있는 것이다.

여섯째, 이 지역 대부분의 국가에서 주류 민족의 비중이 절대적인 비중을 차지하는 가운데 민족 국인주의이기 때문에 국인주의가 더 강한 특성을 갖고 있다.

3) 동아시아국가의 경제발전과 국인주의

국가의 경제가 발전하는 데에는 어느 한두 사람의 힘으로 될 수 없다. 크고 작든 간에 집단일 때에는 집단 구성원 모두가 한 방향으로 힘을 모으는 것이 중요하다. 그리고 이렇게 모아지는 사람들의 의지가 어디로 향하느냐가 중요하다. 사람들의 의지가 국가로 향할 때 국가는 발전할 수 있는 것이다. 이렇게 사람들의 의지를 국가로 향하도록 하는 것이 국인주의이다.

앞에서 본 대로 동아시아국가들은 국인주의가 강하다. 그런데 동아시아국가들의 국인주의는 서구에서 일반적으로 말하는 국인주의와는 다른 특성이 있다. 보통 국인주의를 말할 때 민주의식을 갖게 된 자유인들이 민족적으로, 문화적으로, 역사적으로, 이념적으로 같은 배경을 가진 사람들 간에 갖게 되는 형제애에 기초로 하는 것이다. 그런데 동아시아에서의 국인주의는 주로 자국에 대한 충성하는 마음을 기초로 한다. 동아시아는 오랜 유교문화의 전통이 있어서, 서구의 제도와 가치가 도입된 지 오래되었지만 사회 저변에는 여전히 유교의 가치관이 지배하고 있다. 유교 가치관의 핵심은 충효사상이고, 여기서 충의 사상은 국인주의의 근간을 이룬다. 그래서 국인들 간의 형제애로서 횡적으로 형성되는 것이 아니라 국가와 개인 간의 관계로서의 종적으로 형성된다.

여기서 국인주의는 이 지역의 집단주의 가치관과 수직적 문화, 관주도의 문화 속에 사람들은 국가정부에 무조건 충성하며, 국가를 대리하는 관료들에게 복종하고 따르는 방식으로 작동하게 된다. 그래서 사람들이 국인주의가 강한 상태에서는 국가가 이끄는 대로 잘 따라가며 국가에서 강하게 통제를 한다고 해도 이를 당연한 것으로 여기게 된다.

동아시아 경제발전에 대한 세계은행의 보고서에서 이에 대한 성공비결을 찾기 위해서는 경제학의 범주를 넘어서 제도, 정치, 역사, 문화 등 많은 문제들에서 답을 찾아야 한다는[202] 결론은 일리가 있다. 국가가 주도하여 아무리 좋은 산업정책을 수행한다고 하더라도 국민들이 잘 따라주지 않는다면 성과를 낼 수 없는 것은 당연하다. 독재와 강압정치 또한 마찬가지이다. 이런 요인이 경제발전의 원인이 될 수 없다. 위에서 말한 대로 국가 경제가 발전하기 위해서는 국가 내 사람들의 의지를 국가로 향하여 모을 수 있어야 하는데 이런 일을 산업정책이나 독재로는 할 수 없고, 이것을 할 수 있는 것은 국인주의다. 동아시아국가들에서 국가의 주도가 효과를 내는 것은 사람들이 국가가 원하는 대로 따라주기 때문이고, 이는 동아시아 특유의 강한 국인주의가 있었기 때문이다.

동아시아국가들 외에도 세계의 많은 국가들이 산업정책을 시행하거나 발전국가의 형태로 경제발전을 시도하였지만 대부분 성공하지 못했다. 산업정책이 실효를 거두기 위해서는 국가 내 공적 영역과 사적 영역 간에 협력이 잘 되어야 하고, 이에 더 나아가 국가경제가 발전하기 위해서는 정부, 사업계, 노동계, 소비자, 일반인 등 모두가 화합해야 한다. 여기서 구성원들의 국가에 대한 마음이 중요한데, 동아시아국가들의 경우는 다른 국가들과 차이가 있었던 것이다. 결국 동아시아국가들에서 국가주도로 경제발전을 이룬 것은 이들 국가의 강한 국인주의가 있었기에 가능했던 반면에, 다른 국가들은 동아시아국가에서와 같은 국인주의의 조건을 갖추지 못했기 때문에 경제발전을 이루지 못했다고 할 수 있다.

국인주의가 있으면 국가주도가 아니더라도 경제발전에 성공할 수 있지만 국가가 주도하더라도 국인주의가 없으면 성공하기 어렵다. 이렇게 볼 때 동아시아 경제발전에서 산업정책이나 독재보다 훨

---

[202] The World Bank, 1993, pp. 32-34

씬 더 근본적이고 직접적인 동인은 국인주의인 것이다.

　일본이 이웃국가의 경제발전에 도움을 준 것은 아니지만 일본의 영향이 없었다고는 할 수 없다. 일본이 일찍 문호를 개방하여 선진국의 대열에 합류함에 따라 동아시아의 경제발전에도 긍정적인 영향을 주었던 것이다. 일본이 국력을 결집시키기 위하여 천황을 중심으로 하여 국가중심주의적으로 근대화를 해나갔고, 여기서 형성된 강한 국인주의적인 성향 또한 영향을 주었다. 충효가 기본덕목인 같은 유교문화권 내에 있지만, 특히 국가의식이 강한 나라가 일본이다. 다른 국가들은 효를 충보다 앞세우지만, 일본은 충을 효보다 앞세운다. 먼저 근대화되고 서양의 기술을 받아들인 일본의 지식과 기술이 이웃국가로 전파되고 이전되었다. 지리적으로 가깝고 같은 한자문화권에 있어서 언어 소통이 상대적으로 쉬웠기 때문에 일본을 통한 지식 및 기술이전이 크게 작용하였다. 근본적으로 일본과 같은 문화적 바탕을 가졌기 때문에 일본과 같은 형태로 발전하게 된 것이다. 여기에 일본에 대한 경쟁심리도 작용하였다. 일본이 저렇게 발전하는데 우리도 발전해야 한다는 의식이다. 여기에 더 나아가 이전까지만 하더라도 항상 일본은 이 지역에서 가장 낙후된 국가였기 때문에, 일본이 저렇게 발전하는데 우리도 당연히 할 수 있다는 의식도 작용했던 것이다.

4. 노르딕국가들의 경제발전

　최근 스칸디나비아 노르딕국가들은 외부로부터의 이민유입으로 인하여 큰 혼란을 겪고 있다. 중동지역의 분규로 난민이 발생하게 되어 세계적으로 중동난민들이 분산배치되었다. 그런데 스칸디나비아 노르딕국가들에서는 많은 국민들이 난민수용을 반대하고 나섰다. 이민자수용반대운동이 활발히 전개되고, 국인주의적인 성향을 가진 정당들이 크게 지지를 받는 가운데 신나치주의가 등장하기까지 하였다. 이들 국가에서의 이민유입에 대한 거부반응은 다른 국가들에 비해 유달리 강한 것이어서, 이를 계기로 국인주의가 강한 국가들로 알려지게 되었고, 복지 국인주의(welfare nationalism) 혹은 복지국가 국인주의(welfare state nationalism)라 하여 세계의 관심을 끌게 되었다.

노르딕국가들은 높은 수준의 국민소득과 함께 복지제도를 잘 갖춘 국가들로 널리 알려져 있다. 난민들이 들어오자 이곳의 사람들은 난민들에게 복지혜택을 주는 문제와 관련하여 커다란 난관에 부딪치게 되었다. 새로 들어온 난민들에게 복지혜택을 주어서는 안된다는 여론이 많았던 것이다. 복지국가는 국가가 모든 국민들로부터 세금을 징수하여 이 재원으로 국민 모두가 함께 사용하는 것이다. 이렇게 되기 위해서는 먼저 모두가 차별없이 이 재원형성에 참여해야 한다. 어느 사람은 재원형성에서는 기여하지 않고 혜택만 누린다면 제도운영이 될 수 없다. 설사 기여없이 누리는 사람들이 있다고 하더라도 그가 형편상 일시적으로 그렇게 하는 것이며, 그도 형편이 되면 기여하게 될 것이라는 믿음이 있어야 하고, 이는 공동체 일원으로서의 형제의식이 있어야 가능하다. 사실 복지국가라는 자체가 국가 내의 모든 사람이 하나의 공동체라는 의식 위에서 가능한 것이다. 그런데 새로 들어오는 사람들과 공동체의식을 갖기 어려웠던 것이다. 그렇다면 지금 노르딕국가들이 겪고 있는 혼란에서 보듯이 지금까지 이들 국가들이 경제발전을 이루고 복지사회를 형성할 수 있었던 것은 단순히 국가의 개입이나 적극적인 복지정책으로서 설명할 수 있는 성질의 것이 아님을 알 수 있다. 그 근본에는 그들만의 형제의식과 상호신뢰를 바탕으로 한 강한 국인주의가 있었던 것이다.

노르딕국가들은 다른 유럽국가들보다 더 나은 경제적 성과를 이루어 온 것으로 평가받고 있는데, 특히 이들 국가는 인간개발지수에서 세계상위권을 차지하고 있다. 노르딕국가들은 유럽의 북쪽 구석에 자리 잡아 민족적으로 복잡하지 않는 사람들이다. 인구수는 2020년 기준 스웨덴은 1,054.9만, 노르웨이는 543.4만, 핀란드는 554.1만, 덴마크는 585.7만, 아이슬란드는 37. 3만으로서 비교적 오붓한 규모이다. 핀란드와 아이슬란드는 공화국이며, 나머지 세 나라는 입헌군주국으로서 정치체제에서는 동일하지 않지만, 어느 국가이든 국가 내 사람들의 민족적인 동질성과 국가적인 정체성이 강하다는 점에서는 동일하다. 노르딕국가들은 주변에 강대국 러시아나 독일과 같은 국가들이 있기 때문에 국가에 대한 안보의식이 매우 강하다. 노르웨이, 스웨덴 같은 국가는 여성도 군복무의무를 지는 개병제이다.

덴마크는 사기업 중심이고, 노르웨이는 다른 국가들에 비하여 공기업에 많이 의존하고 있는 등 국가들의 경제 여건이나 경제정책 면에서 차이가 있지만, 전반적으로 국가정부가 노사관계에 적극 개입하여 함께 협력하고, 후한 보편적인 복지로서 국민 모두가 함께 잘 살아야 한다는 의식이 강하다는 면에서는 동일하다. 또 노르딕국가들은 경제에 있어서 사적소유를 인정하는 자본주의 혼합경제체제를 유지하면서도 사회보장이 잘 되어 있다. 보편적 사회복지로 무상교육과 의료보장이 잘되어 있으며, 노동자의 권리를 높게 보호하고 있다.

2019년 기준으로 보면 근로자 중 노동조합 가입 비율은 아이슬란드는 90.7%, 덴마크는 67.0%, 스웨덴 65.2%, 핀란드 58.8%, 노르웨이 50.4%이다. 이는 같은 시기 미국은 9.9%, 독일은 16.3%인 것을 감안하면 매우 높은 수치를 보이고 있음을 알 수 있다. 이런 것 또한, 국가 내 사람들이 공동체 의식을 강하게 하는 여건으로서의 지표가 된다. 세금은 비례세를 원칙으로 하고 있다. 세계 대부분의 국가들이 누진세 제도로서 소득재분배를 위하여 부자가 소득세수입의 많은 부분을 부담하고, 절반의 국민들은 세금부담을 거의 하지 않지만, 이들 국가에서는 모든 계층에서 비례적으로 세금을 낸다. 국민이면 누구나 세금을 내며, 누구나 동일한 비율로 조세부담을 한다는 것으로, 모든 국민이 동등한 권리의무를 부담한다는 의식을 갖고 있기 때문이다.

노르딕국가들을 사회주의 국가라고 하지만 계획경제나 통제경제와는 거리가 멀고, 세계 어느 나라 못지 않게 개인의 경제적 활동이 자유로운 나라이다. 헤리티지 재단(The Heritage Foundation)에서 발표한 2023년 세계국가들의 경제자유도지수(Economic Freedom Index)를 보면 덴마크 9위, 스웨덴 10위, 노르웨이 11위, 아이슬란드 19위로서, 25위인 미국이나 28위인 영국 31위인 일본보다 높다.[203] 경제활동의 근간을 민간활동에 두고 있으면서도 사회보장은 잘되어 있다. 개인에게 높은 수준의 경제활동을 보장하면서도 국가 구성원 전체를 위한 목표를 잘 이루어내고 있는 것이다. 그래서 노르딕국가들의 경제체제를 노르딕 모델(Nordic model) 혹은 스칸디나비아 모델(Scandinavian model)이라고도 하고, 이들 국가체제가 사회조합주의적인 성격을 갖고 있다고 해서 사회조합주의(Social corporatism) 국가로 불리기도 한다. 조합주의란 국가가 하나의 이

---

[203] The Heritage Foundation, n.d.

익집단으로서의 조합처럼 기능한다는 것이다. 조합주의에서는 이해
당사자들이 상호 협상을 통하여 해결해 나가고, 여기서 정부가 중간
에서 조정하는 역할을 하게 된다. 그런데 정부가 나서서 개입하고
조정한다고 해서 전체적인 협력관계가 형성되는 것은 아니다. 국가
에 따라서는 원하는 결과가 도출되지 않거나 부작용만 심하게 일어
나는 경우가 많다. 그럼에도 노르딕국가에서는 이런 방식이 제도적
으로 잘 운영되고 있는 것은 이해당사자들이 잘 따라주어 좋은 결과
가 도출되는 경우가 많기 때문이다. 정부가 나서서 조정을 하면 모
두가 잘 따라주고 협력관계를 쉽게 형성하는 것은 그만큼 국민들 상
호간에 합심이 잘 되기 때문이고, 이는 공동체의 이익을 위하는 정
신이 강하다는 것을 말해주는 것이다.

  한때 노르딕국가들이 경제사회적 발전을 이룬 것이 사회주의
정책 덕분이라고 생각하기도 하였으나, 이제 많은 학자들은 그 원인
으로 이들 국가 특유의 문화를 지목하고 있다. 이 문화의 중요한 한
부분에 이들 국인 특유의 국인주의가 있다. 노르딕국가의 경제발전
에는 국인주의가 적지 않은 역할을 하였다. 국민들 간의 형제애와
상호신뢰 속에 단합되었기 때문에 높은 경제발전과 안정적인 사회
건설을 이룩할 수 있었던 것이다.[204]

5. 대조집단과의 비교

  경제발전과 국인주의의 관계를 보기 위하여 독일과 일본, 동아
시아국가들, 노르딕국가들과 이들에 대한 대조집단으로서 영미국가

---

[204] Nordic model, n.d.

들을 비교해 보자.

먼저, 영미국가들은 국인주의에서 특별히 강하다고 할 수도 없고 특별히 약하다고 할 수도 없는 나라들이다. 영미국가들은 세계에서의 자국의 위상에 비추어 국민들이 자국에 대하여 자부심을 가질 만한 나라들이다. 하지만 영미국가들은 개인주의 문화이기 때문에 강한 국인주의를 형성하기 어렵다. 그리고 국인 구성면에서도 강한 국인주의를 형성하기 어려운 사정에 있다. 미국, 캐나다, 오스트레일리아는 원래가 외지사람들이 들어와 만든 나라인 데다가, 특히 미국의 경우는 국토에 비하여 인구가 적어서 아프리카인들을 노예로 들여왔기 때문에 흑백 간의 갈등이 생기게 되었고, 세계 각지에서 이민을 받아들여서 민족적으로 매우 복잡하다. 이들 나라는 공민국인주의를 취하는 국가이다. 공민국인주의 또한 강할 수 있다거나 국인주의에서 큰 문제가 되지 않는다고도 생각할 수 있다. 또 미국은 국인주의가 강한 나라로 인식되기도 한다. 원래 미국인들의 국인주의 근간은 자유의 반석 위에 세워진 나라, 세계 제1의 강국 등과 같은 것에 대한 자부심이다. 그런데 최근 약 **40%**의 미국인은 사회주의를 선호하고 있는 데서 나타나듯이 자유의 선봉국가로서의 자부심이 약해지고 있고, 세계강국으로서의 위상도 약화됨에 따라, 이에 대한 자부심도 줄어들었다. 무엇보다 오늘날 미국에서 인종 간 갈등 사고가 매우 빈번하게 일어나는 데서 알 수 있듯이 국가 내 사람들 간에 서로 증오하고 불신하는 경향이 매우 강하다. 이런 상태에서는 강한 국인주의를 형성하기 어렵다. 국인주의는 국가와 사회에 대한 이념을 함께하는 것도 중요하지만, 원래 동포애를 바탕으로 하는 것이기 때문에 서로가 미워하는 국인 상호 간에 강한 국인주의를 기대하기 어려운 것이다.

| 표 5-2 | 일인당 국내총생산 증가 |

단위: 미국달러

국가		1970년	2020년	증가배수	성격	국인주의 성격
동아시아국가	한국	279	31,721	113.6	산업정책국가	민족국인주의
	대만	396	28,306	71.5		
	일본	2,056	39,918	19.4	패전국	
	중국	113	10,409	92.0	국가자본주의 국가	
	싱가포르	926	60,729	65.6		
노르딕국가	아이슬란드	2,576	59,200	23.0	사회조합주의 국가	노르딕 국인주의
	노르웨이	3,306	67,330	20.4		
	핀란드	2,466	49,171	19.9		
	덴마크	3,464	60,915	17.6		
	스웨덴	4,736	52,838	11.2		
유럽국가	독일	2,761	51,204	18.6	패전국	민족국인주의
	프랑스	2,870	39,055	13.6	산업정책국가	공민국인주의
영미국가	영국	2,348	40,319	17.2	혼합시장경제 국가	공민국인주의
	오스트렐리아	3,305	51,720	15.7		
	미국	5,234	63,531	12.1		
	캐나다	4,122	43,258	10.5		
세 계		812	10,882	13.4		

그리고 영국도 과거 대영제국의 역사를 갖고 있기 때문에 국민들의 국가에 대한 자부심이 적지 않다. 하지만 과거 많은 식민지를 경영했기 때문에 국가 구성원이 인종적 민족적으로 매우 복잡하다. 영국이나 프랑스와 같이 한때 제국을 추구했던 국가들은 대개 국인주의가 약하다. 제국은 여러 민족들로 구성될 수밖에 없고, 그래서 제국은 국가 내의 사람들이 단합하기 어렵다. 사람들 집단은 다른 사람들 집단과 함께 하는 것을 좋아하지 않는다. 같은 사람끼리 집단을 이루는 것은 자연스러운 것으로서 사람의 본성으로부터 나오는 것이다. 동양에는 유유상종이라는 말이 있고, 서양에는 같은 깃털을 가진 새들끼리 무리 짓는다.(birds of a feather flock together)는 말이 있다. 같은 내용을 표현하는 말이 동서양에 똑같이 있는 것을 보면 이는 보편적인 진실임에 틀림없다. 같은 부류끼리 함께 하려고 하는 것은 사람 이전에 모든 생물이 갖고 있는 본성인 것이다.

전후 패전국으로서의 독일과 일본은 국인주의가 강할 수밖에 없었고, 동아시아국가들도 문화적, 역사적으로 국인주의가 강할 수밖에 없었으며, 노르딕국가들도 사회적, 문화적으로 국인주의가 강할 수밖에 없었기 때문에 이들 국가가 영미국가들보다 국인주의가 강했다고 할 수 있다. 또한 국가 구성원 측면에서 영미국가들은 다민족으로 구성되어 강한 인종 간 민족 간의 갈등이 심한 것에 비하면, 독일, 일본, 동아시아국가들, 노르딕국가들은 상대적으로 단일민족에 가까워서 이런 문제가 작다. 게다가 개인주의 문화의 영미국가에 비하여 독일, 일본, 동아시아국가들, 노르딕국가들은 국가를 앞세우는 국인주의를 형성하기가 훨씬 쉽다. 그래서 독일, 일본, 동아시아국가들, 노르딕국가들은 어떠한 형태로든 강한 국인주의로 세계의 이목을 집중시키는 일이 있었지만, 영미국가들의 경우는 이러한 일이 거의 없었다.

이렇게 볼 때 대조집단으로서의 영미국가들은 독일, 일본, 동아시아국가들, 노르딕국가들에 비해서 국인주의가가 상대적으로 약했다고 판단할 수 있다. 이런 영미국가들은 경제성장률에 있어서 [표 5-2]에서 보는 바와 같이 독일, 일본, 동아시아국가들, 노르딕국가들에 비해 낮았다. 여기서 국인주의가 높은 국가들이 높은 경제성장을 시현하였으며, 국인주의 수준이 낮은 국가들이 낮은 경제성장을 시현하였음을 알 수 있고, 이로써 국인주의가 경제성장에 있어서 긍정적인 역할을 하고 있다고 판단할 수 있다.

6. 국인주의와 경제발전의 관계

앞에서 본 대로 전후 독일과 일본, 동아시아국가들, 노르딕국가들이 다른 국가들 보다 급속한 경제발전을 이룩할 수 있었던 데에는 국인주의가 큰 역할을 하였다. 위의 [표5-2]에서 보면, 높은 경제발전 수준을 보인 국가들은 국인주의에서 어떤 면으로든 세상의 이목을 끄는 국가들이다. 국인주의 측면에서 본다면 국가 경제의 성격에 관계없이 국인주의가 강한 국가들이 상대적으로 높은 성장을 보이고 있으며, 민족국인주의 성향을 가진 국가들 또한 상대적으로 높은 경제성장률을 보이고 있다.

동아시아국가들의 경제발전에 대하여 발전국가(developmental state) 이론을 주장하는 학자들은 경제활동에 대한 국가의 적극적인 개입으로 인하여 발전할 수 있었다고 주장한다. 제도주의 학자 장하진도 경제에서의 국가의 적극적인 개입 필요성을 주장하며, 이에 대한 예로서 산업정책 국가들과 사회조합주의 국가들에서 국가개입에 의하여 경제적으로 성공을 거두었다고 하고 있다. 하지만 지난 50년

간 일인당 국내총생산 증가배수에서 나타나고 있듯이 프랑스는 산업정책국가이지만 경제발전 정도가 높지 않았다. 프랑스는 독일보다 낮았고 혼합경제국가인 영국, 오스트레일리아보다도 낮았다. 경제발전을 위한 국가의 개입을 주장하는 학자들의 주장대로라면 프랑스가 높아야 하지만 그러지 못한 것이다.

프랑스도 산업정책 국가였지만 급속한 경제발전을 이루지 못했던 것은 프랑스의 약한 국인주의로서 설명될 수 있다. 여기서 국가의 경제발전에서의 설명요인은 국가개입이 아니라 국인주의라는 것을 알 수 있다. 프랑스는 공민적 국인주의로서 표면적으로 국인주의를 강조하지만, 다민족국가로서 실제로는 국인주의가 약하다. 다른 나라보다 일찍이 인구 감소문제에 직면하여 19세기부터 유럽의 다른 지역으로부터 이민을 받아들였고, 알제리를 속국으로 두어 아랍인들의 유입이 많았고, 이후에도 세계 각지에 식민지를 두면서 국가구성원이 매우 다양하게 되었다. 그래서 인종적 민족적으로 나뉘어져 있어서 국인 상호 간에 서로에 대한 믿음이 적고, 서로를 위해서 희생하겠다는 정신이 부족하다. 이런 면모는 여러 측면에서 드러나고 있는데, 제2차 세계대전만 보더라도 그렇다. 제2차 세계대전이 개전되자마자 프랑스군은 순식간에 무너졌다. 전후에 드골 대통령의 강한 국인주의와 함께 한때 높은 경제성장을 보이기도 하였지만, 이러한 흐름은 오래가지 않았다. 오늘날에도 수시로 인종 민족 간의 갈등으로 평온할 날이 없다. 이렇게 국민들이 분열되고 서로를 미워하는 상태에서 국가정부가 경제를 잘 지도한다고 한들 국가전체로서의 좋은 결과가 나오기는 어려운 것이다.

여기에 집채만한 큰 덩어리 하나가 있다고 하자. 이 덩어리를 옮기기 위하여 이를 묶어서 트랙터로 끌었을 때 제대로 잘 끌어서 목표지점에 옮기는데 성공하느냐는 전적으로 이 덩어리의 성질에 달려 있다. 만약 이 덩어리가 콘크리트 덩어리와 같이 단단하다면 제대로 잘 끌려서 목표지점에 도달할 수 있을 것이다. 하지만 이 덩어리가 모래덩어리와 같이 부스러진다면 끄는 도중에 덩어리는 다 새어 나가고 목표지점에서는 끈만 남게 될 것이다. 국가정부가 이끄는 국가 공동체도 이와 마찬가지다. 흔히들 경제발전의 성공요인으로 국가주도를 말하기도 하지만, 국가에서 주도하는 것 자체는 큰 의미가 없다. 언제든 어디에서든 국가정부가 개입하고 주도하기는 쉽다. 하지만 이에 따라 그 소기의 목적을 달성하기는 어렵다. 그 소기의 목적을 달성하기 위해서는 국가 공동체 모두가 단합된 행동으로 함께 나아갈 수 있어야 한다. 국가정부가 주도하여 그 소기의 목적을 달성하기 어려운 것은 국가 공동체 모두가 단합된 행동으로 함께 나아가게 하는 것이 어렵기 때문이다. 국가정부가 주도하고 이끌었을 때 모두가 함께 갈 수 있느냐 그렇지 못하느냐는 국민들이 얼마나 단합되어 호응해주느냐에 달려있다. 이렇게 단합되어 호응해줄 수 있게 하는 데 절대적인 역할을 하는 것이 국인주의다. 위의 예에서 덩어리를 단단하게 하는 시멘트와 같은 것이 국인주의인 것이다.

이렇게 볼 때 국가의 경제발전에 있어서 국가개입은 하나의 설명요인이 될 수는 있지만 본질적인 설명요인은 되지 못하며, 본질적인 설명요인은 국인주의임을 알 수 있다. 국가의 경제발전에는 국가의 개입에 의해서 될 수도 있고 국가의 개입 없이도 될 수 있으며, 국가의 개입에 의해서 오히려 더 부작용만 올 수도 있다. 하지만 국인주의는 국가 경제발전에 필수적이다.

나폴레옹은 전쟁의 승패는 군대의 사기가 3/4을 차지하고, 병력과 물자에서의 우열은 나머지 1/4에 불과하다고 하였다. 그의 말에 의하면 무적의 프랑스를 만든 것은 자신의 전략전술 때문이 아니라 프랑스군의 사기였다. 국가의 경제발전에 있어서는 그 사기에 해당하는 것이 경제 국인주의이다. 총성없는 전쟁이라고 하는 오늘날의 경쟁적 국제경제환경에서 국인주의야 말로 국가 간의 경제전쟁에서 승패를 가름하는 중요한 요소인 것이다.

제 6 장

경제 국인주의의 힘

1. 한국의 경제발전

1996년 10월 5일, 서울 강남에서 한 엽기적이고 끔찍한 사건이 발생하였다. 범죄단이 일제승용차를 타고 가던 여성을 납치하여 잔인한 방법으로 살해한 것이다. 이 사건은 그 시대를 살았던 한국사람은 모르는 사람이 없을 정도로 큰 충격을 주었다. 피해자는 강남구 포이동에서 단란주점을 운영하는 여성으로 일과를 마치고 혼다 어코드를 몰고 집으로 퇴근하는 길에 납치되었다. 범인은 자칭 막가파로 부르는 조직범죄단이었다. 이들은 외제차를 타는 부유층을 대상으로 범행을 노렸는데 이 여성이 걸려든 것이다. 이들은 자동차와 금품을 빼앗은 후, 여성을 화성군의 어느 한 염전 소금창고에 끌고 가 구덩이를 파고 생매장하였다. 범행 이후 범인들은 탈취한 자동차를 타고 다니다가 경기도 광주에서 검문 중인 경찰에 의해 범죄용의 차량으로 적발되어 체포되면서 범행이 드러나게 되었다. 이후 법정에 서서 범인들은 외제차나 타고 다니는 나쁜 사람을 죽였는데 자신들의 잘못이 뭐 있느냐는 식으로 항변하였다.

이 사건의 충격은 컸다. 1996년 당시, 한국에서 국제화와 수입 자유화의 바람 속에 우려될 만큼 외제차 수요가 급증하고 있었다.

²⁰⁵ 이러던 차에 이 사건은 자동차 수요에 대한 흐름을 완전히 바꾸어 놓았다. 사건 직후 더러는 이제 막 산 외제자동차를 중고차시장에 헐값에 내놓기도 하고, 더러는 호신용 가스총을 구입하는 사람도 있었다. 이렇게 민감한 사람이 아니더라도 외제차를 타는 사람들의 기분이 좋았을 리 없다. 어느 수입 외제자동차 판매상은 이 사건 이후 자동차가 거의 팔리지 않았다고 했다. 이후 한국에 대해 자동차의 더 많은 수입을 요구하는 미국의 통상압력은 계속되었고, 정부도 수입차가 국내판매에서 불리하지 않도록 제도적인 노력들을 하였지만, 이전과 같은 급격한 수입증가는 일어나지 않았다. 2000년 무역통계를 보면 한 해동안 한국은 미국에 573,355대의 자동차를 수출했지만, 자동차 산업의 종주국을 자부하는 미국은 한국에 고작 1,238대를 수출하였다.²⁰⁶ 이런 결과는 사람들의 의식을 사로잡는 특별한 그 무엇이 없이는 일어날 수 없는 일이다.

위의 사례는 한국이 세계적인 자동차생산 강국으로 도약한 것이 단순하고 순탄한 과정만에 의한 것이 아님을 짐작케 한다. 지금 한국은 자동차산업 강국이다. 한국 자동차는 세계 6대주를 누비고 있고, 2021년 현재 한국은 자동차생산에서 세계 제5위, 그리고 세계 자동차생산의 4.3%를 점하고 있다. 하지만 수십년 전에는 한국 자동차산업이 이 정도로 발전할 수 있을 것이라고 상상조차 하지 못했던 것이다.

한국에서 자동차를 최초로 만들기 시작한 것은 1950년대 중반

---

[205] 1990년대 이후 한국의 대미국 무역수지가 계속적인 흑자를 시현함에 따라 미국이 한국에 대하여 자동차 시장에 대해서도 개방압력을 가해 왔고, 1995년 한미자동차협정으로 수입자동차에 대한 관세와 취득세 인하, 그리고 각종 제도 변경으로 수입장벽을 완화하게 된다.

[206] 조영정, 2009, p. 431

이다. 1955년 미군 지프차 부품들을 조립 가공하여 시발택시를 만들었고, 이후 1962년에 한국은 세단형 승용차 새나라 자동차를 생산하였다. 세계 자동차산업은 독일의 벤츠(Carl Benz)가 1885년 휘발유자동차를 만들기 시작한 이래, 서구에서는 이미 19세기 말부터 시작되었고, 일본만 하더라도 1907년에 이미 휘발유자동차를 만들었다. 이때부터 선진국에서는 여러 자동차기업들이 기술을 축적하여 왔고, 이러한 앞선 기술과 오랜 경영의 노하우로써 세계 시장을 석권하고 있었다. 한국은 자동차산업에서 월등하게 앞선 기술을 갖추고 있는 선진국들과 비교가 되지 않을 정도로 불리한 상황에 있었다. 이러한 불리한 상황에서도 1974년 최초로 고유모델 포니가 나오고, 1976년에 이르러서는 수출도 하게 되었다. 이후 한국의 자동차산업은 국내시장과 미국 수출시장을 발판으로 삼아 어렵사리 경제적인 생산규모를 맞춰가며 생산을 이어갈 수 있었다. 그리고 한국 자동차산업은 점차 경쟁력을 키워나갔고, 1995년에는 벌써 자동차 생산량에서 미국, 일본, 독일, 프랑스에 이어 세계 5위의 자동차 생산국이 되었다. 자동차를 만들기 시작한지 불과 30~40년 만에 자동차 생산대국이 된 것이다.

한국에서 자동차산업을 시작하려고 할 때 많은 사람들이 이에 반대하였다. 성공할 가능성이 없다는 이유에서였다. 특히 선진국에서 경제학을 공부하고 온 관료와 학자들은 경제이론에 따라 이에 적극 반대하였다. 자동차산업은 전혀 비교우위가 없는 분야인데, 가뜩이나 부족한 재원을 왜 이런 데 사용해야 하느냐는 것이었다. 그들은 합리주의자들이었다. 하지만 사후적으로 보면 그들의 합리적인 계산이 틀린 것은 확실하다. 그렇다면 어디에서 계산이 잘못되었을까? 계산착오의 중요한 한 부분은 국인주의를 빠뜨린 것이었다.

객관적으로 보면 한국에서 만든 자동차가 세계에는 말할 것도 없고 한국에서도 제대로 팔릴 가능성이 없었다. 자동차는 사람의 생명과도 직결되는 재화이다. 누구나 오랜 기간 생산하면서 안전성이 검증된 유명기업의 자동차를 타고 싶어 하지, 안전성이 검증되지 않은 후진국 신생기업의 자동차를 타고 싶어 하지 않는다. 또한 사람은 누구나 좋은 상품을 사용하고 싶고, 이러한 상품을 통하여 자신의 지위나 능력을 과시하려는 성향이 있다. 특히 사치재로서의 성격도 갖는 자동차의 경우는 더욱 그렇다. 누구나 성능 좋고 명성있는 세계의 유명 메이커, 유명 브랜드의 자동차를 구매하지, 고장 잘 나고 폼나지 않는 자동차를 사려고 하지 않는다.

그래서 후진국에서 산업을 생성하기 어렵고, 그래서 후진국이 선진국으로 되기가 어려운 것이다. 후진국의 경제발전을 가로막는 요인 중의 하나가 전시효과(Demonstration effect)이다. 듀젠베리(James Duesenberry)는 남들에게 과시하기 위하여 자신의 분수에 맞지 않는 소비를 하는 현상을 전시효과라고 하였다. 잘살지 못하는 사람이 잘사는 사람들의 소비행태를 모방함으로써 경제적으로 어려워지는 것을 지적한 것이다. 이 전시효과를 국제적으로 적용하여, 1953년 넉시 (Ragnar Nurkse)는 『저개발국의 자본형성 문제 (Problems of Capital Formation in Underdeveloped Countries)』라는 책에서 개발도상국 사람들이 선진국 사람들 소비를 모방함으로써 개발도상국의 경제발전이 어려워진다고 하였다. 개발도상국은 빈부의 격차가 심하고 저축이 가능한 계층은 고소득계층인데, 이들 계층에서 선진국 소비자들의 소비를 모방하여 소비지출을 많이 해버리니 저축이 안 되고, 이에 따라 국가적으로 자본형성이 안 된다는 것이다.

2019년 에스와티니(옛이름: 스와질란드) 국왕 음스와티 3세

(Mswati III)는 1,660만 달러를 들여서 19대의 롤스로이스(Rolls-Royce)와 120대의 비엠더블유(BMW) 자동차를 구매하였다[207]. 자신과 자신의 어머니, 그리고 15명의 부인과 23명의 자녀들이 사용하기 위해서였다. 그는 이미 25,800만 달러짜리 호화제트기도 소유하고 있고, 625,000달러짜리 롤스로이스를 갖고 있고, 500,000달러짜리 메이바흐(Maybach) 62를 갖고 있으며, 20대의 메르세데스 벤츠 S600 풀만(Mercedes Benz S600 Pullman)을 갖고 있고, 그의 부인들도 고급 벤틀리(Bentley)를 갖고 있었다. 그리고 2018년에는 자신의 50세 생일을 축하하기 위하여 1,320만 달러짜리 개인용 제트기를 사서 자기 스스로에게 선물하였다. 일인당 국민소득 4,031달러인 (2019년 기준) 나라에서[208] 국왕이 이렇게 과소비를 하는 사례는 좀 극단적인 예이기는 하지만, 세계에는 이 정도는 아니라고 할지라도 같은 유형은 어렵지 않게 찾아볼 수 있다.

넉시는 개발도상국에서 전반적인 자본형성에 대하여 말하였는데, 좀 더 구체적으로 들어가서 개별 산업의 형성을 두고 생각해 보자. 현대의 많은 산업은 대단위설비를 필요로 하고, 규모의 경제가 발생하기 때문에 일정량 이상의 판매가 되어야 생산비를 회수할 수 있다. 자동차 한 모델을 개발해서 여기서 수익을 내기 위해서는 수십만대 이상을 판매해야만 한다. 하지만 개발도상국의 신생기업이 자동차를 생산하여 이미 시장을 장악하고 있는 선진국기업들 사이에 끼어들어 경제성 있는 규모의 수량을 판매하기란 쉽지 않다. 개발도상국 신생기업의 자동차는 선진국의 자동차에 비하여 경쟁에서 매우 불리하기 때문이다. 생산비용면에서도 이미 세계시장을 대상으

---

[207] Lockett, 2019, November 12

[208] International Monetary Fund, 2022

로 대량생산을 하고 있는 선진국 기업보다 불리하고, 기술측면에서나 마케팅측면에서도 불리할 수밖에 없다. 고객들은 앞에서 언급한 전시효과측면에서 명성있는 외국자동차를 선호할 뿐만 아니라 자동차는 생명 및 안전과도 직결되는 문제이니만큼 믿음이 덜 가는 개도국의 신생기업의 자동차보다 검증된 선진국의 유명브랜드 자동차를 선호하는 것은 당연한 일이다.

그래서 개발도상국에서 자동차산업을 육성하기 위해서는 다른 나라에서 구매할 가능성이 없는 상황에서 우선 국내시장에서 일정 수량 이상의 수요를 확보하는 것이 중요하다. 국민들이 국산차를 사도록 해야 하는데 그게 쉽지 않다. 외국산 자동차의 수입을 금지하면 좋겠지만 국제통상규칙이 이를 허락하지 않는다. 국제통상규칙에서는 정부가 임의로 수입을 금지하는 것뿐만 아니라 관세 및 비관세 장벽으로 수입을 어렵게 하는 것도 금지되어 있고, 자국산에 대하여 보조금을 지급하거나 제도상으로 유리하게 하는 것도 금지하고 있다. 그리고 설령 외국산 자동차 수입에 대하여 고율의 관세를 매기고 국산 자동차의 생산에 대해 보조금을 지원한다고 하더라도 이것만으로 충분치 못하다. 외국 자동차가 아무리 비싸더라도 이것을 사려고 하는 사람들이 있기 마련이기 때문이다. 개발도상국이라고 하더라도 소수의 잘사는 사람들은 선진국 중산층 이상으로 잘사는 사람들이 많다. 이들은 경제적으로 여유가 있기 때문에 가격에 상관없이 갖고 싶은 상품을 구매한다. 오히려 비싸기 때문에 더 과시할 수 있어서 외제차에 대한 구매수요가 더 클 수도 있다.

여기서 문제를 해결해 줄 수 있는 것이 바로 국인주의이다. 국인주의로써 자국산 상품이 소비될 수 있도록 하는 것이다. 국가적인 차원에서 국산품이 사용되는 사회분위기를 조성하는 것이다. 정부에

서 애국심을 강조하고 사회지도층에서부터 국산품 사용을 솔선수범
토록 한다. 외국 상품을 사용하는 사람을 애국심이 없는 사람이나
사회 위화감을 조성하는 사람으로 낙인찍고 비난의 대상이 되게 한
다. 이를 역행하는 일이 있을 때, 필요에 따라서 반사회적인 행동,
반사회적 인물로 몰아 희생양으로서의 제물로 바치기도 한다. 이렇
게 되면 사회적인 분위기가 모두가 애국을 두고 경쟁하고 국산품 사
용을 자랑하는 사회가 된다. 외국 상품을 사용하는 사람에 대해서
부러움은커녕 멸시의 대상이 되고, 심지어 매국노로서 비판의 대상
이 되는 것이다.

이렇게 되면 저개발국의 전시효과와 같은 것은 완전히 제거할
수 있다. 또 이렇게 해서 국민들이 알아서 자국상품을 사용해주면
수입제한 같은 것은 필요가 없다. 국민들 스스로 자국상품을 사용하
겠다는데 외국이나 세계무역기구(WTO)나 누구든 시비할 수도 없다.
이와 같이 국인주의는 개발도상국에서 산업발전 초기에 경쟁력 없
는 자국 상품이 애국하는 자국민의 수요를 바탕으로 계속 생산될 수
있게 함으로써 기술을 축적하고 경쟁력을 만들어갈 수 있는 시간과
기회를 주게 된다. 이렇게 국인주의는 개발도상국에 있어서 경제발
전의 궤도 진입에 성공여부를 결정짓는 중요한 역할을 할 수도 있는
것이다.[209]

한국은 일본의 침략을 받아 외세에 속박당했고, 6.25동란으로
절박한 위기를 겪은 데다 북한과 대치하고 있었기 때문에 국인주의
가 강할 수밖에 없었다. 그런데 경제적 현실에 있어서 산업은 발전
하지 못하여 물품생산이 제대로 되지 못하였고, 생산된 상품은 조잡
하여 품질에서 외국산 상품에 비할 바 못되었다. 그래서 사람들은

---

[209] 조영정, 2016, pp.195-196

미제, 일제라면 사족을 못쓸 만큼 외국 상품을 좋아하였고, 외제 상품을 가진 사람은 부러움의 대상이었다. 이러한 상황에서 정부는 애국심을 강조하고 국산품을 사용토록 사회분위기를 이끌었다. 그래서 애국의 실천이 그 어느 것보다 중요한 사회적 덕목이 된 가운데, 외국의 상품을 사용하는 것은 나라를 사랑하지 않는 것이라는 인식이 사회전반에 확산되어 갔다. 앞에서 언급한 막가파 사건에서 본 그런 분위기가 자리잡게 된 것이다. 그래서 외제차는 다른 사람들의 이목을 생각하며 이를 타고서 즐겁기보다는 오히려 부담스럽기만 하였기 때문에 한국에서는 전시효과가 발생할 수 없었다. 이러한 환경에서 한국의 자동차산업은 국내에서 애국심으로 무장된 수요층을 확보할 수 있었고, 싼 가격으로 해외시장을 공략함으로써 경제성을 달성할 수 있는 생산규모를 유지하면서 발전할 수 있었던 것이다. 한국 자동차산업의 발전은 한국경제의 발전과정과 그 궤를 같이 한다. 자동차산업은 이 시기에 발전된 산업들을 대표하는 하나의 산업으로서, 다른 산업들도 모두 같은 상황에 있었던 것이다.

흔히들 한국을 수출을 통하여 경제발전에 성공한 국가라고들 말한다. 그렇다고 해서 대외적으로 비교우위가 있는 분야만 경쟁력을 키우고 수출과 관련되는 사람들의 노력만으로 경제발전을 이루었다고 생각한다면 이는 오해이다. 그 나라에 가장 많이 팔리는 상품이 외국에 나가서도 경쟁력을 갖는다고 하는 린더(S.B. Linder)의 대표수요이론(representative demand theory)에서도 말해주듯이, 자국내에서 팔리지 않는 상품이 외국에서 잘 팔린다는 것은 있을 수 없다. 외국에서 경쟁력 있는 상품이 되기 위해서는 자국에서 많이 팔아주어야 하는 것이다. 그래야만 규모의 경제에 의하여 단가를 낮추고 더 좋은 제품으로 개선을 하면서 세계무대에서 경쟁력을 갖게 된다. 한국이 수출을 잘할 수 있었던 것은 한국사람들이 국산품을 애용했기 때문이다. 동일한 맥락에서 한국의 경제발전에는 수출을 통한 외화획득 못지않게 국민들의 국산품 애용에 의한 수입대체도 중요한 역할을 했던 것은 말할 필요도 없다.

그리고 한국의 경제발전을 두고, 어느 산업분야나 수출분야가 발전해서라거나, 관료, 수출인력, 기업가, 근로자 등 어느 분야 어느 계층의 사람들의 능력이나 노력에 의해서 경제발전을 이루었다고 해서는 옳지 않다. 한국에서 수출로 외화를 벌기 시작한 것은 가발 수출에서부터였다. 한국 여성들이 머리를 자르고 빠진 머리카락 하나 하나를 모아 가발을 만들었다. 그리고 미국에 건너간 한국 유학생들이 학비를 마련하기 위하여 미국의 슬럼가를 돌면서 "원더풀 위그(wonderful wig)" 외치면서 팔았던 것이다. 오늘날 수출대국 한국의 시작은 이렇게 국민 모두의 피땀이 묻어 있고, 한이 서려있다. 그리고 어느 정도 수출이 시작되었을 때에도 수출판로를 개척하기 위하여 한국의 세일즈맨들은 몸을 던져 일하였다.

- 중략 -

지난 13일에는 반란군 최고 권력자 A를 만났고, 어제 17일에는 국방장관 B을 만났습니다. 아무래도 A의 제의는 여러가지 장애가 많아서 맞추기 힘들 것 같고, B의 제의는 맞출 수 있을 것 같습니다. 하지만 현재 현금이 없는 상태라 xx만불 전액에 대해 금융을 일으키지 않으면 안 됩니다. 어떻게 해서든 금융이 지원되도록 모든 노력을 다 해주실 것을 간곡히 부탁드립니다. 이 편지는 극비입니다. 만약 이 내용이 외부로 나가게 되면 저는 죽습니다.

- 중략 -

위의 내용은 1970년대 말 내전 중에 있던 중남미의 어느 나라에서 비밀리에 들어온 편지내용의 일부이다. 군수물자를 팔기 위해서 내전을 하는 국가에 뛰어 들어가서 교섭을 하던 어느 한국 세일즈맨의 상황을 잘 보여주고 있다. 어떻게든 사업의 기회를 만들어 내기 위하여 정부군과 반란군 모두와 거래를 타진해야 하는 그는 목숨을 걸고 일을 했던 것이다. 오늘날 탱크도 팔고 전투기도 파는 방산 수출대국 한국은 비록 당시는 군복, 군화와 같은 군장비에 불과한 수출이었지만 이렇게 힘들게 해나갔다. 이렇게 세계의 오지나 험난한 지역에서도 세일즈맨들이 열악한 환경에서 죽을 힘을 다해서 일하였고 실제로 풍토병으로 죽거나 사고로 인하여 목숨을 잃은 사람들도 적지 않았다.

한국의 경제발전은 잘사는 나라를 만들겠다는 한국인 모두의 노력으로 이루어진 것이다. 나라를 위하는 마음에서 국민 모두가 한마음이 되어 노력하였다. 삼성그룹 창업주 이병철 회장의 경영이념이 사업보국(事業報國)이었다. 현대 그룹의 창업주 정주영 회장 또한 마찬가지였다. SK의 창업주 최종현 회장의 경영철학은 인재보국, 포항제철 창업자 박태준 회장은 제철보국을 창립이념으로 삼았다. 그외 한국의 내로라하는 기업 중에서 기업이념이나 경영철학으로 "보국"을 넣지 않은 기업은 거의 없었다. 사업보국, 기업보국, 산업보국, 수출보국, 기술보국, 관광보국, 제약보국, 제철보국, 호텔보국 등등, 무슨 경제활동을 하든 보국이 들어간다. 보국(報國)은 국가의 은혜에 보답한다는 것이다. 시대가 바뀌면서 다소 소극적으로 되었기는 하지만, 지금도 그대로 사용되는 말이다.

기업가들만 이렇게 국가를 위해서 일하는 것이 아니었다. 모든 근로자나 직장인 또한 기업가들 이상으로 국가를 위하여 헌신적으로 일하였다. 경제활동과정에서 일하는 사람들을 "산업역군", "산업전사"라고 하였다. 이런 말들은 이때의 상황을 빈영히는 말이라고 할 수 있고, 한국의 경제활동이 얼마나 국가 중심으로 이루어졌는가를 느끼게 해주는 대목이기도 하다. 위에서 본 중남미로 갔던 세일즈맨에서 보듯이 상사의 세일즈맨들은 낯선 외국에 나가 목숨을 걸고 시장을 개척하였고 국내에서 일하는 사람들도 이에 뒤지지 않을세라 밤낮을 가리지 않고 열심히 일하였다. 한국의 산업화 초기에 그 기틀을 놓은 산업은 의류섬유산업이었고, 한국 공산품수출 초기의 주력 수출상품은 의류제품이었다. 구로동이나 청계천 피복공장의 어린 여공들은 저임금에 라면으로 끼니를 때우면서 재봉틀 앞에 빈혈로 쓰러져 가면서 밤낮을 가리지 않고 일하였다. 저임금에 밤낮을 가리지 않고 몸이 아프도록 희생적으로 일해야 했던 한국의 지금 젊은 세대의 공돌이 할아버지, 공순이 할머니들은 가족을 위하는 마음, 나라를 위하는 마음으로 채워져 있었다.

한국의 경제발전을 두고 산업정책이니 수출주도니 이런 것들만으로 설명하려고 해서는 안 된다. 오늘날에 와서 한국경제의 발전이 지지부진한 것은 산업정책이 없어서 안 되는가, 수출주도가 되지 않아서 안 되는가? 그때는 어떻게 그렇게 발전할 수 있었는가? 그때 그렇게 발전했던 것은 그만큼 한국인들이 모두 열심히 했기 때문이다. 사람들이 그렇게 물불을 가리지 않고 덤벼드는데 그 결과가 없을 리 있는가? 지난날 한국의 기적 같은 경제발전은 이런 결과에서 나온 것이다. 국민들의 나라사랑이 한국의 경제발전에 무엇보다 큰 역할을 하였던 것이다.

2. 미국과 중국의 패권경쟁과 국인주의

지금 미국과 중국 간에 경제 패권전쟁이 치열하다. 세계은행 통계발표에 의하면 명목 국내총생산(nominal GDP)에서는 미국이 중국에 여전히 앞서 있지만, 구매력평가 국내총생산(PPP GDP)에서는 중국은 이미 **2013년**에 미국을 넘어섰다.[210] 이에 중국인들은 자국이 세계 최대 경제대국이라고 하고, 조만간 명목 국내총생산에서도 미국을 앞지르게 될 것이라고 선전하고 있는 반면에, 미국인들은 자국이 중국보다 국내총생산에서 앞서 있으며, 중국이 영원히 자국을 따라잡지 못할 것이라고 말하고 있다.

미국은 자본주의 국가이고, 중국은 공산주의 국가다. 자본주의에서는 경쟁 속에 부를 쌓는 것이기 때문에 그렇다고 하더라도 개개인이 평등한 사회건설을 위해 탄생한 공산주의에서는 경제대국이나 패권국가가 목표가 될 수 없다. 그럼에도 불구하고 자본주의 국가, 공산주의 국가 할 것 없이 모두 부국, 강국이 되는 것을 우선적인 목표로 하는 가운데, 미중 양국은 서로를 압도하는 경제대국이 되기 위하여 진력을 다하고 있다. 등소평이 검은 고양이든 흰 고양이든 쥐만 잘 잡으면 된다고 했을 때, 체제에 대한 중요성은 이미 사라졌다. 쥐를 잘 잡는다는 것은 중국이 부유해지고 잘되기만 하면 된다는 것이므로 중국이 우선적으로 추구하는 것은 공산주의도 자본주의도 아닌 국인주의인 것이다. 그리고 시진핑이 집권해서 밝힌 중국이 이루어야 하는 꿈은 공산사회의 완성이 아니라 세계최강국이었다.

사실 오래전부터 중국에서는 겉으로는 공산주의를 표방하여 왔지만 이보다 훨씬 더 강하고 중요한 이념은 국인주의였다. 중국은 국인주의가 강한 나라다. 중국은 오랜 역사를 가진 나라이며, 그 역사동안 중국인은 자국이 세계의 중심이라고 생각하는 가운데 국가에 대한 자부심이 강한 사람들이었다. 그린 그들이 근세에 와서는

---

[210] World Bank, 2019, October 16

서양 오랑캐(洋夷)들의 침략으로 엄청난 치욕과 수모를 당하였다. 이러한 역사와 기억 속에 우월의식과 열등의식이 혼합되어 중국인들의 국인주의는 매우 강하다. 그런데다 공산당 일당독재국가의 국가주의 기조 하에서 중국정부는 국민들에게 하여금 끊임없이 애국심을 고취시키고 있다.

중국은 낙후되고 빈곤하였으나, 최근 수십년 동안 경제가 급속히 발전하여 경제대국이 되었다. 이렇게 경제발전을 할 수 있었던 것은 중국이 세계의 공장이 되어 세계사람들이 필요로 하는 물건을 값싸게 만들어서 제공하였기 때문이고, 그러기 위해서 중국의 노동자들이 값싸게 노동을 제공하였기 때문이다. 세계 어디에서도 가격경쟁력이 있게 싼 가격에 제품을 공급했다는 것은 중국의 근로자가 세계 어느 노동자들보다 더 값싸게 노동을 제공했다는 것을 의미한다. 노동자들은 낮은 임금에 힘든 노동을 해야 했지만 당과 정부가 이끄는 대로 따랐다. 이는 위력적인 공산당 치하에 있는 중국이었기 때문에 이것이 가능했던 측면이 있다. 중국정부는 부국, 강국으로서의 미래 중국의 청사진을 제시하며 노동자 국민들을 달래고 독려하면서 국가적인 계획 하에 경제를 발전시켜 온 것이다. 노동자 국민들이 그렇게 일을 해낸 것은 자발적이든 국가의 설득에 의해서건 간에 자신의 노동에 대한 정당한 대가나 자신의 이익은 뒤로 미루고 국가를 위해서 그렇게 해야 한다는 마음이 있었기 때문이다. 국가에서 부국 강국이라는 뚜렷한 목표를 설정하고 국가를 위하는 일이 자신에게도 좋은 일이라며 끊임없이 일깨워 주고 애국심을 불어넣어 왔기 때문에 국민들 또한 그렇게 생각하는데 큰 혼란이 없었다. 이렇게 중국의 경제발전 뒤에는 국인주의가 있었다.

중국 경제가 발전하고 중국의 위상이 부상하는 동안, 미국의 경제는 약화되고 국가의 위상은 하락하였다. 이 같은 현실과 관련하여 미국의 입장에서 뼈아픈 사실이 있다. 그것은 이러한 상황변화에 미국 사람들의 역할이 컸다는 점이다. 미국 사람들이 자국에서 힘을 빼어 중국에 더해 준 것이다. 지난 수십 년 동안 중국의 손을 잡고 경제대국으로 성장하도록 친절하게 인도해 준 당사자는 바로 미국이었다. 2020년 7월, 미국 국무성장관 폼페이오(Mike Pompeo)는 미국 캘리포니아주에 있는 닉슨 대통령 기념도서관에서 행한 연설에서 미국이 1970년대 초 중국과 외교적 경제적인 관계를 수립하여 중국을 개방으로 이끈 것은 프랑켄슈타인(Frankenstein) 괴물을 만드는 결과가 되었다고 하였다.[211] 1970년대 초 닉슨 대통령과 키신저 국무장관이 대중 유화정책을 취하면서 미중관계를 획기적으로 바꾸었다. 1972년 닉슨 대통령의 중국 방문으로 미국과 중국은 수교하였고, 중국이 세계경제로 편입하는데 미국이 적극 도와주었다.

이후 1990년대에 클린턴 행정부는 중국에 최혜국(Most favored nation)[212] 지위를 부여하였고, 세계무역기구(WTO) 가입을 도왔다. 중국을 세계무역기구에 가입토록 할 때는 적어도 중국의 경제에서 시장원리가 작동되도록 한 이후에나 했어야 했지만, 시장경제체제로의 점진적인 변화를 약속하는 양허만 받았다. 이러한 약속은 이행되지 않았고, 이후 중국정부는 국가의 통제를 더 강화하기까지 하였다. 무역을 통제하는 국가와 자유무역을 하는 국가 간에는 자유무역을 하는 국가가 당해낼 수가 없다. 이 시기부터 미국의 무역적자는 급격히 불어났고, 그 절반이 대중무역에서의 적자였다. 미국은 피폐하

---

[211] Shesgreen, 2020, July 23

[212] 미국에서는 normal trade relation 혹은 permanent normal trade relation이라고 부른다.

고 낙후된 중국을 도와 경제발전의 길로 인도해 주었지만, 오늘날 미국에 돌아온 것은 거인이 된 중국의 위협이었다. 당시 중국은 자본주의 체제로의 변화를 약속하였지만 그 약속은 지켜지지 않았고, 이제 오히려 미국이 중국 공산주의 위협에 몰리게 된 것이다.

중국을 괴물로 만든 데는 미국 정치가들뿐만 아니라 미국 기업가나 자본가들이 있었다. 지난 수십년 간의 중국의 눈부신 경제성장은 미국의 경제적 위상의 추락과 궤를 같이하는데, 이들은 중국의 성장을 돕고 미국을 추락시키는 데 큰 역할을 하였다. 중국은 개방을 하면서 자본주의 세계로부터 투자를 유치하였다. 외국의 투자자들을 위하여 공업단지를 조성하고 많은 혜택과 편의를 제공하였으며, 근로자들의 임금과 요구조건을 억제시켰다. 중국은 값싼 노동력과 거대 인구의 시장잠재력을 갖고 있었다. 자국에서 고임금에다 까다로운 조건을 요구하는 노동자들에 끌려다녀야만 했던 선진국의 기업가와 자본가들에게 있어서 중국은 낙원과 같은 곳이었고, 그래서 이곳에 몰려들었다.

미국의 기업들이 중국에 와서 생산을 하면서 중국의 생산력을 증가시키고 기술을 전수해 주었다. 미국 자본의 중국 진출은 사회주의 이론에 따르면 중국의 노동력과 시장을 탐한 자본가들의 돈에 대한 욕심에 의한 것이었고, 국가권력에 의해서 임금인상 쟁의를 할 수 없는 힘없는 중국 노동자들의 노동력 착취를 위한 진출이었다. 세계를 공평하게 발전시키기 위한 인도적인 동기로 그랬다고 그런 변명조차도 할 수 없는 그들은 세계에서는 반인도주의자들로 비난받고, 자국에서는 매국노라고 욕먹더라도 할 말이 없다.

중국이 급속한 경제발전을 이룩하고 경제대국으로서의 성장을 구가하는 동안, 미국은 그 산업이 황폐화되고 무역수지 적자가 눈덩

이처럼 불어나 미국 경제는 급속히 하락하게 된다. 설상가상으로 중국이 성장한 경제력을 발판으로 군사력을 증강시키며 미국의 패권에 노골적으로 도전하게 되었다. 상황이 이렇게 되자 미국에서 직장을 잃게 된 사람들뿐만 아니라 일반 미국인들에서도 국인주의 정서가 일어나게 되었다.

이러한 정서를 배경으로 2016년 국인주의적 경제정책을 약속한 트럼프(Donald Trump)가 대통령이 되었다. 취임하자마자 트럼프는 미국 국내법에 의거하여 대외무역에 과감한 조치를 내렸다. 미국 산업에 피해를 준다거나, 국가안보상 위협이 된다거나, 불공정한 무역이라거나, 지식재산을 침해한다거나, 긴급구제조치 등 다양한 이유로 수입물품에 대하여 관세를 올리고 수입을 제한하는 광범위한 조치를 시행하였다. 특히 중국으로부터의 수입에 규제가 집중되었으며, 지식재산권침해에 대한 미국 무역법 301조를 적용하여 중국에서의 수입물품에 대하여 500억 달러 상당의 관세를 부과하도록 하는 등 강한 제재를 하였다. 중국이 자유무역으로 바뀔 것으로 기대할 수도 없는 상황에서 미국도 자국경제를 위해서 강한 무역제한조치를 취할 수밖에 없었던 것이다.

하지만 트럼프의 이런 조치는 실효를 거두지 못하였다. 트럼프의 무역조치 이후 미국의 무역수지는 오히려 더 악화되었다. 국내에 산업기반이 변하지 않는 상태에서의 갑작스러운 인위적 수입제한조치는 혼란을 가져올 수밖에 없었고, 세계의 다른 나라들로부터 보복조치를 받게 되면서 미국의 수출에도 손상을 입을 수밖에 없었다. 게다가 오랜 세월에 걸쳐 미국이 구축해온 자유주의적 국제경제질서를 스스로 허무는 결과만 가져왔다. 미국이 주도해 왔던 세계무역질서만 손상되고, 세계경제의 주도국으로서의 위상만 훼손되어 미국은 이중삼중으로 손해를 보게 된 것이다.

이렇게 국민 모두가 하나같이 국가를 위해서 행동하는 중국사람들에 비추어 미국사람들의 행동은 너무도 다른 모습이어서 미국의 국인주의를 생각해 보지 않을 수 없다. 미국도 세계 최강의 국가로서 국민들이 긍지도 있고, 자유의 이념 위에 세운 국가라는 나름대로 강한 국인주의를 갖고 있다.[213] 그런데 미국은 국가 구성원 면에서 국인주의가 약할 수밖에 없는 치명적인 약점을 갖고 있다. 미국의 인종 간 점유율은 2020년 통계에 의하면, 유럽, 중동, 북아프리카를 기원으로 하는 백인이 57.8%, 아프리카를 기원으로 하는 흑인이 12.1%, 히스패닉 라틴계가 18.7%, 아시아계가 5.9%, 원주민 1% 등이다. 그래서 인종적 민족적으로 보면 백인이 다수를 차지하고, 흑인, 히스패닉 라틴계가 큰 몫을 차지하는 가운데, 전 세계 모든 민족을 구성원으로 하고 있다. 이렇게 민족들이 복합적으로 구성되어 있는 상태에서 소수민족이거나, 차별을 받고 있다고 느끼거나, 자신들이 힘에서 약하다고 느끼는 민족들에서는 나라의 주인으로서의 의식을 갖기 어렵다. 그런데다 당장 백인과 흑인 간의 갈등을 비롯하여 인종 간에 많은 갈등이 일어나고 있다. 이런 상태에서는 국인적인 응집력이 강할 수 없는 것이다. 미국에는 중국계 미국인만 해도 500만이 넘는다. 미국 내에 중국을 돕는 스파이들이 많고, 실제 유사시에 얼마나 많은 사람들이 중국 편에 가담하게 될지 알 수 없을 정도로 국적은 미국이지만 마음은 중국에 두고 있는 중국인들도 많다.

이렇게 이질적인 국민들을 두고 공산당이 이끄는 중국에서처럼 국가를 앞세워 강압적으로라도 한데 단합하도록 할 수도 없다.

---

[213] 조영정, 2018, pp. 68-70

중국은 공산당이 이끄는 사회주의 국가이고 집단적인 문화이지만, 미국은 개인주의 자유주의 국가이다. 미국에서는 국가보다 개인을 우선으로 한다. 미국인들도 다른 국가 사람들과 마찬가지로 자국을 사랑하지만 국가에 대한 이해는 개인의 이해 다음이다. 미국의 개인주의는 정치에서부터 국가의 이해는 뒤로 밀려난다. 미국에는 정치인이나 사회 지도층에서 국가의 이익을 거슬러 자신의 이익을 취하는 사람들의 스캔들이 끊이지 않는다. 양대 정당체제 하에서 정치가가 국가를 위해서 일을 하려면 먼저 자기정당의 경쟁자를 이겨야 하고, 또 상대정당의 경쟁자를 이겨야 한다. 우선 자신이 이겨야만 국가에 봉사할 기회도 갖게 되는 것이다. 이러한 상황에서 외국을 비롯한 다양한 이해집단과 이해관계를 갖기 쉽고, 그래서 정치가들이 온전히 자국의 이익을 위해서만 정책을 이끌어 갈 수가 없다. 정치가뿐만 아니라 사업가나 지도층에 있는 사람들도 마찬가지이다. 이렇게 미국 지도층 사람들 중에는 국가의 이해를 뒷전으로 두고 행동을 하는 사람들이 적지 않기 때문에 일루미나티(Illuminati)와 같은 국가를 초월하여 자신들의 목적을 추구하는 비밀결사가 있다는 소문이 공공연히 나돌 정도이다.

여기에다 미국은 국제주의가 강한 나라이다. 국제주의가 강한 것은 먼저 미국을 구성하는 사람들이 세계 각지에서 온 사람들이기 때문이다. 그리고 미국은 세계의 주도국이기 때문에 그 지도층이나 상류층에서 국제주의적인 성향을 갖는 사람들이 많다. 예를 들면, 미국 자본가나 기업가들은 세계를 무대로 일하고, 미국 유명대학의 교수들은 세계 각지에서 온 학생들을 상대로 가르치며, 미국의 유명 예술가들은 세계를 대상으로 활동을 하는 등 미국에서 각 분야 권위자들은 세계를 무대로 활동하고 있다. 그래서 그들은 국제주의자일 수밖에 없고 국가 내에서 그들의 영향력이 크기 때문에 미국은 세계주의적인 방향으로 가게 되는 것이다.

　또한 국가적으로 볼 때에도 미국은 국제주의를 취할 수밖에 없는 나라이다. 미국은 세계의 전략요충지마다 군사기지를 두고 이를 자국 땅처럼 사용하고 있고, 세계적 차원에서 군사전략을 펼치는 가운데, 세계 각국에 안보를 제공하고 무기를 판매하고 있으며, 세계의 크고 작은 일에 외교적으로 개입하고 있다. 경제면에서도 마찬가지다. 세계경제에서 미국의 눈치를 보지 않는 나라는 없다. 미국은 전 세계의 금융을 장악하고 있고, 자본으로 세계경제를 통제하고 있다. 각국의 중앙은행들은 미국연방은행의 금리에 촉각을 곤두세워 그에 맞추어 자국금리를 조정하며, 세계의 모든 금융기관과 기업들은 미국의 금융제재를 두려워한다. 이렇게 미국이 전 세계적으로 힘을 행사할 수 있는 것은 국제주의 하에서나 가능한 일이다. 그리고 이렇게 힘을 행사할 수 있기 때문에 미국의 이익을 지킬 수 있는 것이다. 미국이 자국의 힘을 발휘할 수 있도록 이렇게 토대를 구축해 놓았는데 폐쇄주의로 돌아가서 이런 기득권을 포기한다는 것은 생각할 수 없는 일이다. 결국 미국이 국제주의를 추구하는 것은 국익에 따른 것이라는 점에서 이 또한 국인주의 바탕 위에 있는 것이라고 할 수 있다.

　경제 국인주의는 자국사람들을 중심으로 경제를 운영하려는 사상이다. 이런 국인주의 사상을 기준으로 볼 때 미국인과 중국인은 크나큰 차이가 있다. 2022년 중국 공산당 총서기직에 세 번째 연임을 확정한 시진핑 중국 국가주석은, 2022년 10월 27일, 산시성 옌안 중국 공산당 혁명기념지를 찾아 자력갱생의 정신을 강조하였다. 외국과의 관계를 줄이고 중국인들만의 경제체제와 중국 독자적인 힘에 의한 경제발전을 추구하겠다는 것이다. 이에 대해서 중국의 매체들은 일제히 환영하고 나섰다. 이런 중국에 비추어 미국은 사뭇 대조적이다. 지난 2017년 트럼프가 대통령에 취임하면서 상품수입 장벽을 높이고, 외국인의 미국 유입을 어렵게 하겠다고 하자마자, 미국의 지식인들과 언론들은 양립할 수 없는 정책이라고 일제히 비판하고 나섰다.[214] 수입을 막거나 외국인유입을 막거나 어느 하나를 해야지, 두 가지를 다 막는다면 물품은 어디에서 나오느냐는 것이었다. 즉 외국에서 수입되는 물품들을 국내에서 만들려고 하면 현재 미국 내의 사람들로는 만들 수 없고, 외국인 노동자를 미국 국내에 불러 들여와서 이들을 통해서만 만들 수 있다는 것이었다.

이렇게 미국은 처음부터 국인경제를 이룰 생각이 없다. 이것은 현실이 그렇기 때문이다. 미국에서 마을에 흑인들이 들어오기 시작하면 백인들은 백인들만 사는 다른 마을로 떠난다. 백인기업가들도 흑인을 고용하여 일을 시키기는 하지만 같이 사업할 생각을 가진 사람은 많지 않다. 미국 내 흑인들은 같은 국인으로 시작한 것이 아니라 국인들이 노예로 들여온 사람들이다. 시간이 가면서 이들 흑인도 국인이 되었지만 공동운명체로서의 같은 사람들로 되지 못하고 있다. 백인과 흑인이 정치적 법적으로 완전히 평등하게 된 것이 불과 수십 년 전이었고, 경제적으로는 예전에 농장주는 백인이었듯이 지금도 기업주나 경영자는 대부분 백인이다. 미국의 자본가들은 미우나 고우나 나라 안의 사람들 간의 경제활동으로 부를 창조하기보다는 옛날의 알렉산더나 콜럼버스처럼 나라 바깥으로 돌면서 전 세계를 대상으로 부를 개척하려고 한다.

미국의 어린이들은 매일아침 국기를 보며 국가에 대한 충성을 맹세하며, 미국 어디서나 미국 국기를 만날 수 있도록 해 놓고 있으

---

[214] Salam, 2018, March 3

며, 다양한 상징과 문화적인 징표들로써 미국인들로 하여금 애국심을 갖도록 하고 있다. 그리고 미국은 비록 민족적으로는 다양하지만 민족의 용광로라 하여 하나의 이념으로 단합된 사람들이라고 주지시킨다. 이러한 미국의 국인주의는 한편으로는 국인주의가 강하다고 생각할 수 있지만, 다른 한편으로는 이렇게 추상적인 이념으로 나라의 사람들을 단합시키지 않으면 안 되는 공민 국인주의의 점착성 없는 국인관계를 보이고 있는 것이기도 하다.

미국의 언론과 지식인들이 지적한 대로, 미국 상품을 사고 미국인을 고용하겠다던(Buy American, Hire American)[215] 트럼프의 경제 구상은 실제 제대로 작동되지 않았다. 지금까지 외국에 의존해서 수입 사용해 오던 물품을 국내에서 만들어 사용해 보려고 하니 제대로 되지 않은 것이다. 오랫동안 수입에 의존하여 살아온 탓에 국내에서는 단순한 물건조차도 생산을 위한 설비도 인력도 이미 오래전에 없어졌기 때문이다. 그런데다 국내외로 자유로운 경제활동이 보장되는 사회에서 수입하면 되는데 굳이 국내에서 애써 생산할 이유가 없었던 것이다. 여기서 국내생산이 안되는 가장 중요한 요인은 임금수준이다. 미국사람들은 일인당 국민소득 수준이 높다. 그래서 노동자들의 임금수준도 높다. 2022년 미국 노동자의 월 평균임금은 3721.64 달러이고[216], 같은 시기 중국 노동자의 월 평균임금은 1122.36달러로서[217], 미국 노동자의 임금은 중국 노동자에 비하여 약 3.35배이다. 어떤 재화를 미국에서 생산하기 위해서는 미국 노동자가 중국 노동자에 비해 약 3.35배의 생산성을 가져야 한다. 예를 들어 운동

---

[215] Trump, 2017, January 20

[216] Dimitropoulou, 2022, August 15

[217] List of countries wages, n.d.

화를 생산한다고 했을 때, 중국의 노동자 1인이 하루에 1켤레의 운동화를 만든다고 하면, 미국의 노동자는 하루에 3.35켤레 이상의 운동화를 만들어야 한다. 그런데 미국의 노동자가 중국 노동자보다 3.35배 더 많은 운동화를 만들어낸다는 것은 현실적으로 불가능하다. 오히려 손재주는 중국 노동자들이 더 좋고 미국의 노동자들은 이런 일은 손을 놓은 지 오래되어서 중국 노동자보다 더 적은 숫자의 운동화를 만들어 낼 수밖에 없는 것이 현실이다. 그렇다면 국내에서 만들지 못하고 수입될 수밖에 없다. 무조건 국내에서 만들도록 하기 위해서는 무역을 완전히 막아야 하는데 자유로운 경제활동을 보장하는 나라에서 그러기도 어렵다. 또 중국과의 무역을 단절한다고 해도 중국에서 수입하던 것이 임금 수준이 낮은 다른 국가로의 수입전환이 발생하기 때문에 이런 상품들이 미국에서 생산하게 될 가능성은 거의 없는 것이다.

국가는 부뿐만 아니라 힘도 필요하다. 국가들은 부국이 되고 강국이 되기를 원하지만, 부국이면서 강국이 되기는 쉽지 않다. 이것은 구조적으로 그럴 수밖에 없기 때문이다. 부국이 되면 사람들이 어렵고 힘든 일을 하려고 하지 않는다. 그래서 국내에서 일할 사람이 없어서 국내에서 재화를 만들지 못하면 그만큼 국력이 약화될 수밖에 없다. 미국인들은 편안한 일을 하면서 높은 소득을 누리면서 사는 것에 이미 익숙해져 있다. 그래서 남들이 받는 임금보다 낮은 임금을 받으면서 힘든 일을 하려 하지 않는다. 게다가 제조업은 항상 더럽고, 어렵고, 위험한 직무가 포함되는 것이 일반적인데, 미국인 중에 이런 일을 하려는 사람이 많지 않다. 같은 나라 안에 기업가나 전문직 종사자들은 높은 고소득을 올리는데 근로자들만 적은 임금으로 일해야 한다면 근로의욕이 생기지 않는다.

그래서 그동안 미국은 고부가가치산업만 국내에 두고, 재래 제조업은 중국과 같은 외국으로 보내고 외국에서 보내오는 값싼 상품들을 소비함으로써 풍요를 누려왔다. 자유주의 경제학자들은 이것을 양국 모두에게 이익이 되는 국제분업이라고 하였다. 중국은 노동집약적인 저부가가치의 산업에 특화하고, 미국은 기술집약적인 고부가가치의 산업에 특화하여 교역하게 되니 미국에 이익이 되는 것이라고 하였다. 그러나 이런 생각은 옳지 않았다. 미국 내에서 생산이 줄게 되자 산업전반에서의 경쟁력이 약화되면서 고부가가가치 고기술상품에서도 경쟁력을 잃어가게 되었다. 고기술상품에서 미국은 2000년에 50억 달러의 흑자를 시현하였으나, 2017년에는 1,100억 달러의 적자를 시현하게 된 것이다. 생산을 많이 하다 보면 기술이 발전하면서 연관효과로 기술수준이 높은 분야로도 발전하게 되고, 반대로 산업생산이 줄어들면 기술의 발전이 지체되고 연관효과로 기술수준이 높은 분야도 쇠퇴하게 되는 것이다.

　　미국이 중국에 제조업의 일을 맡겨오면서 미국의 기술은 하락하고 중국의 기술은 높아지게 되었다. 그리고 수입상품에 의존함으로써 국내에서의 생산기반은 허물어지고 제조업은 몰락하였다. 지금 미국은 단순한 생활용품 하나 스스로 만들지 못하는 상황에 있다. 문제는 공업생산력은 국력과 직결된다는 점이다. 이는 국인주의자 리스트가 그토록 염려하던 그런 상황이다. 외국사람들이 고생하며 만들어줘서 이를 편하게 사용하고 호강만 하고 있다면, 이런 사람들의 국가가 힘을 가질 수도 없고, 또 가져서도 안 되는 것이 순리이기도 하다.

　　일뿐만 아니라 국방도 마찬가지다. 전쟁에 나가 싸우는 일은 더욱 어렵고 힘든 일이다. 부국이 되어 편안히 잘살게 되면 사람들은 군인이 되려는 사람이 적어 군 장병들을 확보하기 힘들다. 지금도 미국은 군인들의 적지 않은 부분을 불법이민의 자녀들로 채우고 있다. 그리고 전후 미국은 수많은 전쟁을 치렀지만 미군 단독으로 전쟁을 치른 적은 거의 없고, 대부분 동맹군을 동원하여 함께 전쟁을 치렀다. 미국은 남의 손으로 만든 물건을 사용하고, 남의 힘을 빌려서 국가를 방위하고, 남의 힘을 빌려서 패권국가로의 역할을 하고 있는 것이다. 이렇게 볼 때 미국을 지탱하고 있는 기반은 국인주의가 아니라 국제주의이다.

세계에는 대륙문명국가가 있고, 해양문명국가가 있다. 대륙문명의 국가는 대체적으로 비옥한 큰 대지에 자리잡아 농업을 중심으로 자신들이 생존에 필요한 식량과 물자를 스스로 생산해 나가는 삶의 형태를 갖는다. 반면에 해양문명국가는 해안을 끼고 자리잡아 자신들의 생존에 필요한 식량과 물자를 생산할 농지가 부족하여 무역이나 약탈 등을 통하여 외부로부터 조달해 가는 삶의 형태를 갖는다. 대륙문명국가는 자신들의 생산터전과 생산한 식량을 지키기 위해서 대외적으로 폐쇄적이고 수비적인 자세를 취하는 반면에, 해양문명국가는 외부로부터 식량을 확보하기 위하여 대외적으로 개방적이고 공격적인 자세를 취하게 된다. 중국은 대륙문명국가이고 미국은 해양문명국가이다.

중국은 대륙 중앙에 자리 잡아 오랜 역사를 자기중심적으로 살아온 국가이다. 중국은 폐쇄적인 역사를 살아왔다. 수천 년 전부터 외부의 사람을 이적(夷狄), 금수(禽獸)라고 하거나, 만이융적(蠻夷戎狄)이라고 하여 사람으로 취급하지 않았고, 만리장성을 쌓아 외부와의 단절을 기도하였다. 15세기 초 명의 정화가 남아시아와 아프리카까지 항해하였지만, 이후 스스로 뱃길을 끊고 외부와 교류하려 하지 않았다. 1793년 영국의 조지 매카트니(George Macartney)가 함대를 이끌고 와서 중국황제 건륭제에게 무역금지를 해제해 줄 것을 요청하였을 때 "이 나라는 산물이 풍부하여 없는 것이 없으니 무역 같은 것은 필요 없다"고 거절하였다.[218] 반면에 미국은 큰 대륙을 점하고 있지만 주류세력인 백인들이 그리스인나 바이킹과 같이 지중해 및 북유럽해 주변의 해양문명을 이어온 사람들이다. 그리고 미국은 외부와 연결된 국가이다. 국가의 시작부터 영국과 연결되어 있었고 유럽과 연결되어 있었다. 외부에서 자양분을 흡수하고 외부로부터 힘을 동원하는 국가이다. 완전히 폐쇄적인 상태에서 자력으로 살아가는 것과는 거리가 멀다.

이렇게 미국과 중국의 서로 다른 특성은 국인주의와 관련해서도 그대로 나타나고 있다. 최근 미국과의 대립이 표면화되면서 중국은 자력갱생의 기조로 들어갔지만 미국은 다시금 공급망 재편의 길로 들어갔다. 미국은 국가 내에서 자급자족이 불가능하다는 것을 확인하고, 미국을 중심으로 세계의 공급망을 재편하려고 한다. 중국을 배제하는 미국 중심의 블록을 형성하여 중국에 들어가는 기술을 차단하고 중국을 고립시켜 경제발전을 막는 한편, 미국 중심의 블록 내에서 협력관계를 구축하여 자신들만 경제적으로 발전하는 구도를 만들고자 하는 것이다. 이렇게 되면 중국도 자국을 중심으로 하는 블록을 형성하여 세력규합에 나서게 될 것이고, 지난날 미국과 소련 간의 대립체제가 재연될 수도 있다. 반대로 양국 간의 화해와 타협으로 이전의 무역관계를 회복할 가능성도 없는 것은 아니다. 하지만 세계무역기구를 중심으로 하는 무역체제가 제대로 움직이기 위해서는 중국이 공산주의를 포기하고 경제를 자유화해야 하고, 미국이 일

---

[218] 조영정, 2009, p.92

방주의를 포기해야 한다. 그런데 이렇게 될 가능성이 희박하기 때문에 이전의 국제무역시스템이 회복되리라고 기대하기는 어렵다.

이미 미국과 중국의 경제경쟁은 치열하게 전개되고 있다. 중국은 미국 인구의 4배가 넘기 때문에 경제규모에서 미국을 넘어서는 것이 어려운 일이 아니며, 대국으로서의 이점은 무시하기 어렵다. 반면에 미국은 금융과 기술에서 우위에 있다. 미국은 달러를 세계 기축통화로 해두어 무역적자가 계속되더라도 외부로부터 얼마든지 물자를 조달할 수 있도록 해두고 있고, 자본력과 금융시장에서의 지배력을 갖고 있다. 그리고 미국은 지식과 과학기술의 생산능력에서 앞서 있는데, 여기서 중국이 미국을 추월하기는 매우 어렵게 되어 있다. 서양의 학문적인 전통이 있고, 개방적인 문화, 그리고 세계 언어로서의 영어의 우위 때문에 세계의 인재들이 미국으로 집결하게 되어 있고, 이것이 지식과 기술 창출에서 우위를 계속 유지시켜 줄 수 있는 것이다. 그렇다면 앞으로의 역사에서 지식이 얼마나 큰 역할을 하게 될 것인가가 미중경쟁에 있어서 중요한 한 부분이 될 것이다.

미국과 중국의 대결에 있어서 지금까지와 마찬가지로 앞으로도 국인주의의 역할은 중요하다. 미국은 국제주의 속에서 국인주의를 추구해야 한다는 점을 감안하면 국인주의에서 중국이 유리하다. 그렇다고 해서 중국이 마냥 유리한 것만은 아니다. 중국의 지나친 국인주의는 세계 대다수 사람들로부터 미움을 받을 수밖에 없다. 그리고 중국 내의 티벳이나 신장 지역 등에서 독립문제나 홍콩과 대만과의 통일문제 등과 같이 국인주의와 관련된 문제들이 중국의 미래에 큰 혼돈을 가져다줄 수도 있다. 그래서 지금 미국은 티벳과 신장의 인권상황을 공격하고 있고, 중국은 미국 흑인들의 인권상황을 들추어내며 반격을 가하고 있다. 오늘날 미국에서 일고 있는 국인주의는 지금까지 미국과 중국의 국력변화에 국인주의의 역할이 적지 않았음을 자각한 결과이기도 하다.

두 국가 국민들 모두 자국이 거대 강국이라 생각하면서 이를 든든해하고 자랑스러워한다. 이러한 가운데 양국의 대결에 있어서 국인주의가 무엇보다 중요한 요소가 되고 있다. 그래서 미국은 "미국을 다시 위대하게! (MAGA: Make America Great Again)"를 내세우고 있고, 중국은 "중국몽"을 내세우고 있는 것이다.

3. 현대에 있어서 자급자족의 가치

2023년 8월, 하와이 마우이 섬에 산불로 수백 명의 사상자와 실종자가 발생하는 대형참사가 있었다. 산불이 바닷가 마을로 번지면서 불길이 땅끝까지 휩쓸어 온 마을이 초토화되고 사람들은 삶의 공간을 상실하였다. 화마가 워낙 순식간에 덮쳐서 피하지 못한 많은 사람들이 피할 곳이 없어 바다로 뛰어들어 익사하였다. 화마가 지나간 후 불에 탄 가옥안에서는 사람들의 시체들이 즐비하였고 바다에는 시체들이 떠다니고 있었다.

그런데 그 한켠의 바닷가에서는 외국 관광객들이 와서 물놀이를 즐기고 있었다. 이를 본 주민들은 이것 너무하는 것 아니냐고 절규하였다. 현지 주민들의 발언이 뉴스로 전파되자 세계 사람들의 반응은 여행 간 사람들이 자제해야 한다는 의견도 있었지만 관광으로 먹고 사는 사람들이 무슨 소리냐는 식의 반응도 많았다. 저러면 자기만 손해라는 것이다. 그리고 많은 돈을 들여 거기까지 갔는데 수영도 안 하고 올 수 있느냐는 것이었다. 같은 국가의 사람들이라면 그럴 수 없었을 것이다. 여기서 알 수 있는 것은 역시 아직도 사람들에게 있어서 인류애는 동포애에 한참 미치지 못한다는 것이었다.

그런데 며칠이 지나지 않아서 마우이 지역방송에서는 외국 관광객들이 와줄 것을 호소하고 나섰다. 관광객들이 끊기게 되자 경제적으로 어려움을 겪게 되는 사람들이 많아졌기 때문이다. 재난을 당하여 어려움을 당한 상황에서도 경제적인 이유로 자신들의 슬픔을 공감하는 사람들이 아니라 즐거움을 찾는 사람들을 초대하지 않으면 안 되는 사람들이 딱하다. 사람은 빵만으로 살 수 없다. 생존하는 것도 중요하지만 인간으로서의 존엄성도 중요하다. 이런 면에서 국제화가 더 나은 세계로 가는 방향인가에 대한 회의가 들지 않을 수 없다.

이것은 자신과 다른 사람들에 의지해서 경제적인 기반을 마련해야만 하는 사람들이 겪게 되는 비극이다. 관광산업에 의존하는 국가들은 대개 같은 상황에 직면하게 된다. 그리스도 최근 어려움을 겪고 있다. 그리스는 관광산업 비중이 큰 국가다. 고대 그리스 문명이 있었고, 이러한 고대 문명 유적지들을 보고자 하는 외국인들이 많아 그리스에 관광산업이 발달하였다. 그리스의 주요 산업은 일차산업과 관광산업, 해운업이다. 관광산업에 크게 의존하면서 2차산업은 거의 발전하지 못하였다. 최근 코로나바이러스로 사람들의 국제이동이 어려워지게 되자 관광수입이 크게 줄게 되었고 국제 물동량이 줄어들면서 해운에 의한 수입도 크게 줄게 되었다. 관광으로 벌어들인 외화로 생활용품을 수입해야 하는 그리스로서는 경제적으로 어려워질 수밖에 없다. 여행이나 관광은 여유가 되면 하는 것으로서 해도 되고 안해도 되는 재화이지만 공산품은 살기 위해서 반드시 사용해야만 하는 재화이다.

요즈음 대한민국의 관광업계도 힘든 시간을 보내고 있다. 한때 중국의 관광객들이 붐빌 때는 호황을 누리다가 중국에서 관광객을 보내지 않자 힘들게 된 것이다. 코로나바이러스 사태가 생기면서 중국으로부터 관광객이 끊긴 이후, 이 사태가 종식되면서 한국 관광업계에서는 중국사람들이 몰려올 것을 기대하고 있었다. 그런데 중국에서는 해외관광을 재개하면서 다른 나라에 대해서는 해제하였지만 한국에 대해서는 해제하지 않았다. 이에 한국사람들은 크게 실망하였다. 한국사람들은 사드사태 때 중국에 그렇게 호되게 당해 놓고서도 또다시 중국에 기대하고 있는 것이다.

　관광뿐만 아니라 연예 예술 서비스와 같은 산업도 마찬가지다. 한국과 중국 간에 무역관계가 열리고 문화교류가 일어나면서 앞서 있는 한국의 최신 문화를 중국이 받아들이면서 소위 한류라 하여 한국의 드라마나 음악 등이 폭발적인 인기를 누리기도 하였다. 이후 중국이 한국을 길들이기 하면서 중국에 진출한 한국 문화계를 어렵게 하였다. 2016년 초 쯔위의 대만국기사건이 있었다. 쯔위(周子瑜)는 한국에서 활동하고 있는 대만출신 가수이고 당시 나이는 16세였다. 그녀가 소속된 걸그룹 트와이스는 한국인, 일본인, 대만인으로 구성되어 동아시아 지역에서 상당한 인기를 누리고 있었다. 2015년 11월, 트와이스는 한국의 MBC 예능 프로그램, 마이리틀텔레비전 인터넷 방송에 출연하였는데, 여기서 트와이스 멤버들이 외국인으로서 한국생활의 고충을 이야기하는 내용이 있었고, 시청자들이 이들의 출신지를 알기 쉽게 하기 위하여 각자 자국 국기를 들게 하였다. 여기서 쯔위는 대만기를 들게 되었는데, 이 방송을 본 중국인들이 한국과 쯔위를 공격하고 나섰다. 대만은 중국인데 왜 중국기를 들지 않았냐는 것이다. 중국사람들이 워낙 거세게 나오자 한국의 트와이스 그룹 소속사 JYP 엔터테인먼트 대표는 중국팬들에게 사과하고 어린 쯔위를 내세워 공개사과하게 하였다.[219] 이 사건 외에도 한국 문화계에서는 중국사람들의 힘에 휘둘리는 모습을 보이는 경우가 많았다. 당시 한국에서는 거대인구 중국시장이 황금시장이었기 때문에 옳고 그름을 따지기 전에 돈과 힘의 위력에 눌려 굴복할 수밖에 없었던 것이다.

중국의 거대인구는 엄청난 유혹이자 족쇄다. 중국은 거대 인구와 이에 수반하는 돈을 미끼로 한국 사람들을 자신들 원하는 대로 조종하고 싶어한다. 경제적인 것이 무시할 수 없는 것은 틀림없다. 그러나 이런 이익에 따라다니다 보면 더 큰 것을 잃게 된다. 상대국가가 자국의 혜택을 누리거나 의존되어 있어서 자국이 힘을 행사할 수 있다고 생각될 때 그냥 넘어가지 않는 것이 국제관계이다.

최근 중국이 한국에 관광객을 보내지 않는 이유도 이런 것이다. 한국에 새로 들어선 정권이 친중정권이 아니라는 것이다. 이전의 친중정권일 때는 중국은 한국에 많은 중국인을 보냈고, 그래서 한국에서는 그 수요에 맞추어 많은 사람과 자원을 여기에 투입해 놓았다. 그런데 중국이 관광객을 보내지 않으니 한국의 많은 사람들이 곤경에 처하게 되었다. 중국은 한국사람들이 중국 관광객을 기다리는 줄 알고 보란듯이 해제하지 않은 것이다. 한국사람들에게 곤경에서 벗어나고 싶으면 친중정권으로 바꾸라는 압력인 것이다. 국가는 힘을 쓰도 될만한 상대국이면 어김없이 힘을 쓴다. 러시아는 2004년 우크라이나 대통령으로 당선된 유시첸코(Viktor Yushchenko)가 나토와 유럽연합에 가입하려고 하자, 우크라이나에 공급하는 에너지가격을 4배로 올리고 가스공급을 중단하였다. 이후 2010년 선거에서 친러시아 성향의 야누코비치(Viktor Yanukovych)가 대통령에 당선되자

---

[219] 조영정, 2020, pp. 94-95

에너지 가격을 크게 낮춰주었다. 러시아는 이렇게 우크라이나를 흔들어대다가, 2014년 우크라이나 내에 있는 친러세력을 결집시켜 크림반도를 빼앗아가고, 2022년에는 무력침공으로 우크라이나 동부지역을 점령하여 러시아에 병합하였다.

다른 나라로부터 얻을 수 있는 이익에 의존하게 되면 사람들은 그 나라와 우호적이 된다. 외국에 의존하고 우호적이 되면 그만큼 그에게 있어서 자국의 의미는 줄어들고 국가적 주체성이 박약해질 수밖에 없다. 이런 식으로 야생동물은 그 야성을 잃고 가축이 되고, 이런 식으로 해서 사람들은 그 국인주의를 잃어 나라를 상실하게 되는 것이다.

또한 관광산업과 같이 편하고 쉽게 돈버는 일자리가 많아지게 되면 힘든 일에는 사람 구하기 어렵게 된다. 쉬운 일의 일자리가 많으면 어려운 일의 일자리는 노는 사람도 회피하게 되고, 고급여 일자리가 많으면 저급여 일자리는 노는 사람도 회피하게 된다. 이렇게 되면 나라 전반으로 생산을 향한 근로정신이 약화된다. 그래서 힘들게 일해서 생산해야 되는 공업생산품은 수입에 의존하게 되고, 이렇게 되면 그 나라의 기술력이 떨어지게 되고 공업은 발전이 어렵게 된다. 그런데 관광재는 필수재가 아니지만 공산품은 필수재이다. 친구이다가도 어느 순간 적으로 돌변하는 것이 외국이다. 이렇게 유동적인 국제관계에서 관광산업과 같이 외국에 의존하는 산업의 비중이 크면 어려운 상황을 맞기 쉽다. 그리고 국제관계에는 부(富)가 전부가 아니며 힘도 중요하다. 공업생산은 그 나라의 국방력과 직결된다. 자주국방이 되기 위해서는 공업이 있어야 하는 것이다.

지금 유럽국가들이 염려하고 있는 것도 이런 부분이다. 유럽에 많은 관광객이 몰리면서 경제에 도움은 되었지만, 한편으로는 유럽의 다른 산업의 발전을 저해하고 사회를 혼란스럽게 한 측면이 있다. 그래서 최근에 와서는 유럽에서는 관광 오는 것을 반기지 않는 분위기가 일고 있다. 덴마크에서는 관광정책으로 외국사람들이 둘러보고 가는 관광에서 홈스테이와 같은 현지 사람들과 접촉하는 관광으로의 변화를 추구하고 있다. 홈스테이를 권장하는 것은 덴마크 국민들의 정체성확립을 위한 것이다. 사람은 외국사람들과 접촉하게 될 때 자국에 대한 정체성이 강화되고 애국심이 커지기 때문이다. 돈 몇푼 벌고 국가에 이롭지 않는 결과를 가져오는 지금까지의 관광산업에서 벗어나고자 하는 것이다. 관광산업과 같은 산업은 산업다변화의 일환으로 그쳐야지, 주력산업으로 할 만한 산업이 아니다. 관광대국이 된다고 해도 다른 나라의 눈치만 보는 힘없는 나라가 될 뿐이다. 여기의 사람들은 그랜드캐년에서 기념품 앞에 놓고 팬플룻을 불고 있는 인디언이나 다를 바 없다.

이와 같이 개방경제 하의 국제분업은 불확실성과 불안정성을 증가시킨다. 안정적이어야 할 경제가 안정적이지 않은 국제관계 위에 놓이고, 따뜻하게 정감있어야 할 일상이 국제사회의 냉엄한 현실과 직면해야 하기 때문이다. 국가경제가 외부에 의존하게 되면 스스로 통제할 수 없는 어려운 상황들이 많아지게 된다. 여기서 대외거래를 하는 상품의 성격에 따라 국가의 입지도 달라진다. 국가가 관광산업과 같이 소비해도 되고 소비하지 않아도 되는 선택적 소비상품의 공급에 의존하고 있다면 그 국가는 그만큼 취약해진다. 반면에 자신들이 공급하는 상품이 외국사람들에게 있어서 필수적 소비상품이라면 문제가 적다. 더구나 독점적 위치에 있거나 우월적인 위치에 있으면 오히려 이를 통하여 힘을 행사하게 된다. 유럽에 에너지를 공급하고 있는 러시아는 여기에 해당한다.

2022년 한 해 내내 유럽국가들은 다가오는 겨울에 대한 걱정으로 보내야만 했다. 러시아가 에너지를 제대로 공급해 주지 않으면 이번 겨울을 연료부족으로 난방을 할 수 없는 상황이 올 수도 있기 때문이었다. 그래서 러시아가 올 겨울에 가스공급을 어떻게 할지 모르는 상황에서 각국 정부는 저장고에 가스를 채우느라 정신이 없었다. 이와 함께 산업체에서는 석탄사용을 늘리고, 가계에서는 이전에 사용하던 난로를 다시 꺼내고 장작을 준비하였다. 겨울 채비로 국가들이 가스비축에 미리 나서, 2022년 8월에 유럽국가들의 가스비축률이 평균 80%를 상회하였다. 이는 2021년 같은 시기의 가스비축률이 66%을 크게 상회하는 수치였다. [220]

유럽이 러시아의 에너지를 사용하게 된 것은 소련이 몰락하고 동서이념대립이 해소되면서부터 시작되었지만, 이런 관계가 심화된 것은 러시아와 독일을 직통으로 연결하는 노르드스트림(Nord Stream)을 건설하면서 부터이다. 노르드스트림1은 1997년에 건설하기 시작하여 2011년부터 공급하게 되었고, 이후 공급량을 늘리기 위하여 같은 형태의 두번째 가스관 노르드스트림2도 2021년에 완공되었다. [221] 이 가스관공급 사업에 대하여 미국과 동부유럽 국가들의 반대가 적지 않았다. 유럽이 에너지를 러시아에 의존하게 되면 러시아는 에너지공급을 지렛대로 활용할 것이 우려되었기 때문이다. 유럽과 러시아의 역사를 보면 우호적일 때보다 대립적일 때가 더 많았지만, 당시는 러시아와 서방세계와의 관계가 비교적 좋을 때여서 이

---

[220] Meredith, 2022, August 31
[221] 현재 러시아로부터 유럽으로의 가스 파이프 라인은 러시아-발틱해-독일로 이어지는 라인, 러시아-벨라루스-폴란드-독일 라인, 러시아-벨라루스-우크라이나-슬로바키아 라인, 러시아-우크라이나-슬로바키아 라인, 러시아-우크라이나-루마니아 라인, 러시아-흑해-튀르키예 등으로 되어 있다.

사업이 진행된 것이다.

2022년 초 유럽연합 천연가스 수입에서 러시아산 가스의 비중이 45%에 달하였다. 유럽국가들은 에너지 소비에 있어서 러시아에 크게 의존하는 상태로 되었고, 덕분에 러시아는 유럽연합으로부터 가스대금으로 매일 약 9억 달러에 이르는 외화를 벌어 왔었다.[222] 하지만 2022년 2월, 러시아가 우크라이나를 침공하자 유럽연합은 우크라이나를 지원하면서 러시아와 대치할 수밖에 없게 되었다. 서방국가들은 러시아에 대하여 경제제재조치를 취하게 되었다. 많은 국가들이 러시아로부터 금수입을 금지하고 러시아산 원유와 가스의 수입을 중단하겠다고 선언하였다. 미국은 러시아에 대한 최혜국대우(most favoured nation treatment) 지위를 박탈하고 570여 개 품목에 대하여 추가관세를 부과하였다. 러시아산 원유수입을 완전히 금지하게 되면 세계 원유가격이 폭등할 것이기에 그렇게는 못하고, 2022년 12월, 선진 7개국(G7)은 러시아산 원유에 대하여 배럴당 60달러 이하로만 거래하도록 가격상한을 설정하였다.

이런 서방국가의 경제공세에 대하여 러시아는 가스공급으로 대항하였다. 3월 23일, 푸틴 대통령은 유럽에 공급되는 가스대금을 러시아 루블로 받도록 하였다. 이에 대하여 3월 28일, 독일의 하베크(Robert Habeck) 경제장관이 G7 국가들은 푸틴의 요구를 거부하였다고 발표하자, 다음날인 3월 29일, 러시아는 육상으로 유럽국가들에 공급되는 야말-유럽 천연가스 파이프라인(Yamal–Europe natural gas pipeline)을 잠가버렸다. 이후 러시아의 유럽에 대한 가스공급이 크게 줄어든 상태에서 러시아는 가스관의 유지보수를 핑계로 가스공급의 중단과 재개를 반복해 왔다. 우크라이나 침공사태 이후 러시

---

[222] 2022 Russia–European Union gas dispute, n.d.

아로부터의 가스공급량은 80% 정도 감축되었다. 그리고 러시아에서 유럽으로 가는 노르드스트림1 (Nord Stream 1)가스관을 통한 공급이 간헐적으로 중단되었고, 이때마다 러시아는 설비수리를 위한 것이었다고 해명하였지만, 유럽사람들은 러시아가 유럽을 길들이기 위해서 고의적으로 그렇게 하는 것이 아니냐는 의구심을 감추지 않았다.[223] 일찍이 제기되어왔던 우려가 현실로 된 것이다. 러시아는 우크라이나를 지원하는 유럽국가들을 제어하기 위한 수단으로서 가스를 이용하고 있는 것이다.

러시아로부터의 가스 수입에 문제가 생기자, 유럽국가들은 페루, 카타르, 이집트, 이스라엘 등 세계의 다른 가스공급국들로부터 수입선을 찾게 되었다. 그리고 어쩔 수 없이 석탄과 같은 다른 화석연료를 다시 사용하지 않을 수 없게 되었다. 탄소배출 화석연료를 다시 사용함에 따라 온실가스배출을 획기적으로 줄이겠다는 유럽연합의 계획은 좌절되었다.

서방국가들은 이런 사태를 가져다준 러시아에 분노하면서 경제 제재로 응징하고자 하였다. 러시아는 1998년에 외환위기를 맞았고, 2014년과 2015년에도 경제위기를 맞았다. 그래서 서방 전문가들은 러시아의 경제를 취약한 것으로 보고, 러시아가 곧 채무불이행사태를 맞게 될 것이며, 러시아 경제는 와해될 것이라고 장담하였다. 하지만 예측과 달리 러시아 경제는 건재하였다. 여러 국가들이 러시아산 원유수입을 중단했지만 러시아는 큰 타격을 받지 않았다. 유럽 대신에 중국과 인도를 비롯한 많은 나라들이 원유를 수입하고 있었기 때문이다.[224] 폭락하게 될 것이라던 루블화는 가스대금으로 루블

[223] Meredith, 2022, August 18

[224] Menon, 2022, December 6

화 사용이 늘면서 오히려 그 가치가 상승하였다.

우크라이나 전쟁이 장기화되면서 러시아는 많은 전쟁비용을 치르지 않으면 안 되었고, 서방의 경제제재로 경제적으로 크게 어려워질 수도 있었다. 그런데도 지금까지 이런 어려움을 겪지 않은 것은 이는 전적으로 러시아가 보유하고 있는 에너지자원 덕분이다. 러시아의 푸틴(Vladimir Putin) 대통령은 러시아의 에너지를 활용하는 방안에 대하여 나름대로 계획을 갖고 있었던 것이다. 푸틴은 1975년부터 국가보안위원회(KGB)에서 근무하기 시작하여 소련에서 러시아로 넘어가는 체제변화기에 국가의 요직을 거친 국인주의자다. 세계를 주도했던 소련이 해체되고 자본주의로의 체제전환을 하면서 러시아는 극심한 경제사회적 혼란을 겪고 삼류국가로 전락하였다. 많은 다른 러시아 사람들과 마찬가지로 푸틴은 옛 소련에 대한 향수를 갖고 있었고, 러시아를 다시금 강국으로 만들어야겠다는 생각을 갖고 있었다.

그동안 러시아의 에너지산업은 민영기업 형태로 몇몇 사업가가 과점하여 방만하게 운영되고 있었는데, 푸틴이 집권하자 국영 에너지기업인 가즈프롬(Gazprom)과 로즈네프트(Rosneft)를 통해서 흡수통합하였다. 이 과정에서 기득권을 가진 사업가들이 저항했지만 이들을 가차없이 숙청해서 정리하였다. 그리고 에너지를 유럽과의 관계에 최대한 활용하였다. 유럽은 에너지자원을 절대적으로 필요로 하는 지역이다. 더구나 지구온난화에 의하여 유럽에 기상재해가 속출하자 조속히 탄소배출량을 줄이기 위하여 석탄과 같은 재래 에너지원을 더 이상 사용할 수 없는 절박한 상황에 있었다. 이러한 상황에서 유럽국가들은 러시아산 가스가 단순한 상품이 아니라 정치적으로 이용당할 수도 있는 정치상품인 줄 알면서도 러시아에 기대게 된 것이다. 이후 러시아는 유럽에 영향력을 행사할 수 있게 되었을 뿐만 아니라 에너지 수출에 의한 수입(收入)으로 경제가 더 견실해졌다. 그리고 중국, 인도, 튀르키예, 한국 등의 국가로 에너지 공급을 다변화하여 유럽으로의 에너지공급이 줄더라도 타격을 크게 받지 않게 하였다.

우크라이나 침공 이후 러시아가 치르게 된 서방국가들과의 경제전쟁에서 예상 외로 선전한 것은 서방국가들의 경제공세에도 견딜만한 자급자족 능력이 있었기 때문이다. 그중에서도 경제공세와 상관없이 힘을 행사하고 재원을 마련할 수 있게 해준 에너지 천연자원의 힘이 컸다. 만약에 러시아에 에너지 자원이 없었다면 서방국가들의 의도대로 러시아는 경제적으로 지탱하기 어려웠을 것이며, 그 이전에 우크라이나를 침공할 계획조차 세우기 어려웠을 것이다.

이런 일들은 국제분업으로 국가 간에 의존하는 경제거래구도가 어떤 것인가를 보여준다. 국제경제거래에서 발생하는 비대칭적인 역학관계는 사람으로서의 존엄성을 손상시키고, 사람들의 삶을 불안정하게 하며, 평화를 앗아가기도 하는 것이다. 오늘날에 있어서 어느 국가도 자급자족하는 나라는 없다. 그럼에도 여전히 자급자족은 가치를 갖고 있다. 자급자족을 하지 않는 것은 자급자족이 불가능하기 때문에 못하는 것이지 그럴 생각이 없어서가 아니다. 그래서 국가들은 될 수만 있으면 무엇이든 국내에서 생산하려고 한다. 국내에서 생산하려고 애쓰는 것은 그만한 가치가 있기 때문이다. 국제관계는 가변적이다. 외국이라는 존재는 오늘의 친구가 내일에는 원수일 수 있고, 친구로 있다고 할지라도 믿을 만한 친구가 못된다. 이러한 외국을 상대로 경제적으로 의존하는 것은 피할 수만 있다면 피해야 하는 일인 것이다. 그래서 오늘날 미국도 자국기업, 외국기업 할 것 없이 국내로 불러들이고 있고, 중국도 가급적 외국에 의존하지 않으려고 자력갱생을 강조하고 있는 것이다.

제 7 장

경제 국인주의의 공과

1. 경제 국인주의의 긍정적 측면
2. 경제 국인주의의 부정적 측면

국인주의의 모습은 보는 시각에 따라 달라진다. 자국의 입장에서는 좋은 것이지만, 외국의 입장이나 세계의 입장에서 보면 좋은 것이 될 수 없다. 또한 국가의 입장에서는 좋은 것이지만 개인의 입장에서는 좋은 것일 수도 있고 그렇지 않을 수도 있다. 세계화와 국제주의가 하나의 삶의 환경이 되어 가고 있는 오늘날의 현실에서 국인주의는 이와 대비되는 하나의 삶의 방식으로 보게 되는 측면이 많다. 이러한 점을 염두에 두고 경제 국인주의의 긍정적인 측면과 부정적인 측면을 살펴보기로 하자.

1. 경제 국인주의의 긍정적 측면

첫째, 국인경제가 갖는 장점이다. 사람은 같이 있고 싶은 사람과 같이 있을 때 행복하다. 그래서 같이 일하고 싶은 사람과 함께 일하는 것이 직장에서의 행복이다. 국인이란 같이 나라를 이루고 싶은 사람들의 집단이다. 국인경제(national economy)란 이런 사람들 간에 서로 분업하면서 협력하는 가운데 이루어지는 경제체제이다. 경제적 국인주의란 이러한 국인경제를 이상으로 하는 이념이다. 국인은 서로 간에 애착을 느끼는 사람들이며, 이렇게 애착을 느끼는 사람들끼리 서로 돕고 함께 나누어 일하는 것은 사람들의 삶을 행복하게 하는 일이다. 그래서 이런 환경에서의 경제활동은 보람되고 그 생활은 안전하다.

그러나 국경을 넘어 이루어지는 경제활동은 국인경제와 그 분위기가 사뭇 다르다. 세계적인 단위에서 분업을 하는 것은 그 정서적인 측면에서부터 국인경제와 다르다. 애착을 느끼는 사람들 간에 협력하면서 함께 잘 살아가자는 분업이 아니라 이익을 두고 경쟁하는 냉엄한 국제관계 속의 분업인 것이다. 이는 오랜 역사 동안 국가를 달리하는 사람들 간에는 대부분의 시간을 친구로서보다는 원수로서 지내왔기 때문이다.

둘째, 국가 내 분업은 안정적이다. 세계적인 차원에서의 분업은 안정적이지도 않고 안전하지도 않다. 그럼에도 불구하고 국경을 넘어 분업을 하는 것은 그 분업의 이익이 크기 때문이다. 국가마다 자연환경이 다르고 생산요소가격이 달라 분업의 이익이 크게 발생한다. 이렇게 볼 때, 세계적인 단위에서 분업을 하는 것은 경제적으로 더 많은 이익을 가지려는 욕심에 의해서 국인경제의 정감있고 안전하고 안정적인 삶을 외면하는 것이다. 예를 들자면 외국에서 만들어진 식품은 그 만드는 과정을 누구도 본 사람이 없기에 막연한 불안감이 있기 마련이다. 세계는 동화처럼 그렇게 국가 간에 화목하고 평화로운 것만은 아니다. 적대국과 같은 나쁜 감정을 가진 국가에서 수입해 온 식품을 먹을 때 그 식품 그대로의 효용이 제대로 나오지 않는다.

세계적인 차원에서 분업을 하게 되면 분업의 이익은 크나 안정성은 줄어든다. 예를 들어 한국의 어떤 사람이 대 바구니를 만들어 팔아 살아가고 있었는데, 어느날 베트남산 대 바구니가 한국에서의 생산원가에 반의 반도 안 되는 가격으로 수입판매되면서 이 사업을 접고 플라스틱 바구니를 만들어 팔게 되었다. 하지만 몇 년 가지 않아 이번에는 중국에서 만든 플라스틱 바구니가 한국에서의 생산원가의 반도 안 되는 가격으로 수입되어 들어오면서 또다시 이 사업을 접을 수밖에 없었다. 이 경우를 살펴보면 첫째, 외국에서 들어오는 상품은 국내 제품과 가격차이가 매우 커서 도저히 어떻게 경쟁해 볼 수 없다는 점이다. 둘째, 외국에서는 언제 어떤 나라가 경제발전을 하고, 어떻게 산업이 발전되어 가고 있는지 알기 어렵기 때문에 언제 어떤 상품이 갑자기 들어오게 될지 모른다는 것이다. 그래서 국제분업에서의 사업환경은 항상 불안한 상태일 수밖에 없다. 국내생산이 경쟁력을 잃은 상태에서도 그 사업을 계속하려면 경쟁력 있는 외국에 공장을 옮겨서 사업을 할 수밖에 없게 되고, 이렇게 해서 사업이 국제적으로 걸쳐진 가운데 사람들의 살아가는 모습이 어수선하게 되는 것이다. 그렇다면 경제적인 이익이 다소 적다고 할지라도 국인경제는 안정성 속에서 사람들이 더 행복하게 살아갈 수 있는 방법이 되는 것이다.

셋째, 국가 내 분업은 구조조정 문제가 작다. 국제 분업의 상황이 되면 경쟁력을 갖는 사업은 전 세계를 대상으로 공급을 하게 되니 큰 이익을 누릴 수 있지만, 경쟁력을 갖지 못하는 사업은 문닫게 된다. 그래서 국가 내에서 빈부의 격차는 커지게 된다. 전 세계 어느 곳에서라도 경제발전을 하거나 생산력에서 변화가 있을 때에는 세계의 다른 곳에 영향을 주게 되어 사람들의 경제활동과 삶은 매우 불안정하게 된다.

생산력 차이에 따른 생산자 변화가 국내 차원에서 일어날 때와 국제 차원에서 일어날 때를 비교해 보면, 이 둘은 경제 사회적인 측면에서 큰 차이가 있다. 먼저 같은 국가 내에서 어떤 제품을 갑이라는 사람이 생산하다가 더 효율적으로 생산하는 을이라는 사람이 나타나서, 을만 생산하고 갑은 더이상 생산을 할 수 없게 되었다고 하자. 이때 갑은 생산이 증가하게 된 을의 회사에 가서 취직을 하거나, 국가적으로도 수입이 증가한 을에게 더 많은 세금을 거두어 수입을 잃은 갑에게 실업수당을 줄 수도 있다. 하지만 국가가 다른 경우에는 다르다. 더 효율적으로 생산하는 외국의 B가 나타남에 따라 더이상 생산을 할 수 없게 된 자국의 A는 B의 회사에 가서 취직을 할 수도 없고, 국가적으로도 국가가 다른 A와 B 간에 소득변화를 완화해 주는 일은 없다. 오히려 경제가 더 나빠진 A의 국가가 A에게 해 줄 수 있는 것은 적어지고, 경제가 더 좋아진 B의 국가는 B에게 해 줄 수 있는 것이 많아지게 되는 것이다. 이렇게 국내적인 차원에서보다 세계적인 차원에서의 분업은 경쟁력 변화에 따른 고통이 더 크게 발생하게 되는 것이다.

넷째, 국인주의는 국가 내 사람들을 화목하게 한다. 국제주의는 국가 내 사람들의 이해를 갈라놓기 때문에 국가 내의 반목과 갈등을 양산한다. 국가 간의 분업에서는 자신과 협력하여 일할 사람은 외국에 있기 때문에 자국 내에 있는 사람은 자신과 이해관계가 상반되는 사람으로 될 가능성이 크다. 미국은 이러한 현실을 잘 보여주고 있다. 미국의 국제주의적인 이해를 가진 자본가, 기업가들이 하는 일이 국가 내 같이 살아가는 노동자, 직장인들을 해롭게 하는 결과를 가져다주었다. 현재 사람들이 살아가는 삶의 구조는 국가단위로 살아가게 되어 있다. 이웃으로 살아가야 하는 사람 간에 분열하고 대립하게 되는 것은 바람직하지 않다. 이러한 상황은 사회를 황폐화시키고, 국력을 약화시킨다.

다섯째, 국인주의는 국제주의에서보다 국가 힘의 논리에 덜 영향을 받는다. 오늘날 국제주의는 국가를 탈피한 진정한 세계주의가 아니라 국가의 이해 속에서 선택된 것이고, 따라서 자국의 이익을 추구하는 국인주의로부터 자유로운 것이 아니다. 국제주의를 취하는 것이 대부분 자국에 유리하기 때문에 그렇게 하는 것이다. 예를 들자면 미국의 경우 국제주의 속에서 세계에서 패권국가로서의 지위를 활용하여 자국의 이익을 취하고자 한다. 이 국제주의 뒤에는 미국의 이익이라는 국인주의가 있는 것이다. 국제주의를 이끌어가는 주체는 강국이다. 강국은 국제주의를 통해서 자국의 힘을 사용할 수 있는 장을 만들어 내려 하는 것이다.

여섯째, 국인주의에서의 삶이 더 안전하다. 오늘날의 국인주의는 세계화에 따른 고통을 겪으면서 생겨난 반동적인 성격이 강하다. 세계화로 인하여 경제적인 측면뿐만 아니라 사람들의 삶 전반에서 안전을 위협받게 되었다. 사람들의 이동이 많아지게 됨에 따라 국가마다 인종적 민족적 갈등이 매우 빈번히 일어나고 있다. 이를 두고 단순히 테러 사상자 수로만 생각할 것이 아니라 이로 인해서 사람들의 삶이 얼마나 힘들게 되었나를 생각하지 않으면 안 된다.

코비드-19(COVID-19)와 같은 사태도 세계화로 인한 것이다. 2019년 12월 중국 우한에서 발생한 코비드-19는 2023년 1월 현재, 세계 코비드-19 감염 인구는 약 6억 6천만 명에 이르고, 사망자는 약 6백 70만 명에 이르고 있다. 세계화 이후 코비드-19 이전에도 2003년 사스(severe acute respiratory syndrome), 2015년 메르스(Middle East respiratory syndrome) 등이 있었다. 질병의 확산 외에도 마약, 테러, 범죄, 환경오염, 등 수많은 문제가 세계화로 인하여 일어나고 있다. 그리고 앞으로 또 어떤 위험이 기다리고 있는지 모른다.

일곱째, 국인주의는 현재의 상황에서 현명한 삶의 방식이 될 수 있다. 세계에는 국제주의적인 생각을 가진 사람들도 있고 국인주의적인 생각을 가진 사람들도 있다. 국제주의적인 생각을 가진 사람들은 어차피 과학기술의 발전으로 세계는 하나로 가게 되고, 사람들은 모두 섞여 살 수밖에 없는 운명이라고 생각한다. 그리고 능력있는 사람들은 개방된 세계의 넓은 무대에서 더 큰 성취와 더 많은 이익을 도모하려 한다. 특히 자본가나 기업가들은 더 많은 이윤을 창출하기 위해서 해외로 진출하게 된다. 그래서 오늘날의 다국적기업 경영자들은 정복자에 비유되기도 한다. 이들의 행위는 권력에서의 정복자와 마찬가지로 개인의 과도한 욕망에 근거한 경우도 많다. 그리고 이들의 행위가 잘 살아가고 있던 다른 많은 사람들에게 고통을 주고 국가 간의 갈등으로 이끌 수도 있다. 사람들이 행복하기 위해서는 균형있는 삶의 자세가 필요하고, 그러기 위해서는 과도한 물질적 욕망과 성취욕은 억제될 필요가 있다. 대다수의 사람들에게 있어서는 반드시 세계를 무대로 살아야 하는 것이 아니다. 세계의 사람들이 모두 함께 살아가는데 안전하게 살아갈 수 있는 장치도 없는 상태에서 국가단위로 살아가는 삶의 방식이 더 현명할 수 있다. 설사 먼 미래 언젠가는 세계의 모든 사람들이 한데 어울려 살아가는 시대가 온다고 할지라도, 지금은 사람들에게 있어서 고통만 주는 세계화보다는 국인주의가 더 현명한 선택이 될 수 있는 것이다.

2. 경제 국인주의의 부정적 측면

첫째, 국인주의는 지국 이익을 이기적으로 추구함으로써 국가 간에 갈등과 마찰을 가져오게 한다. 대부분의 전쟁은 그 바탕에 국인주의가 있다. 사람들에게 있어서 전쟁만큼 큰 재앙은 없다. 그럼에도 불구하고 시간이 흘러도 이 전쟁의 위협은 사라지지 않고 있고, 약화되는 조짐조차 보이지 않고 있다. 그렇다면 어떻게든 전쟁의 근원이 될 수 있는 국인주의를 줄이고 약화시키는 것이 중요하다. 경제영역은 오늘날 국인주의가 가장 많이 표출되는 분야이고, 여기서의 국인주의가 다른 분야로 쉽게 확산될 수 있다는 점에서 국인주의가 갖는 부정적인 측면은 경제에서도 중대한 의미를 갖는다.

둘째, 국인주의는 개인의 자유를 제약한다. 원래 자유민주주의에 있어서 경제적 자유는 국경을 넘는 경제활동까지도 포함한다. 국제경제에서 자유로운 활동에 제약을 가하는 것은 경제적 이익을 포기하는 것일 뿐만 아니라 자유를 제한한다는 측면에서도 좋지 않다. 시장경제의 장점은 개개인의 자발성을 기초로 한다는 것이다. 인간에게 있어서 자유와 자율은 중요하다.

셋째, 경제발전이 저해될 수 있다. 사람은 무엇이든 자율적으로 할 때 재미와 보람을 느끼고 생산성도 올라간다. 또 거래하는 가운데 자연적으로 시장을 형성하는 것과 같이 사람들은 필요한 사람들과 자발적으로 협력하고 단합한다. 시장에서의 거래는 많은 부분이 상대방과의 협력과정이다. 자본주의의 역동성은 자유로운 경제활동과 경쟁에서 나온다. 국인주의로 국가가 이를 제한하게 되면 이러한 역동성이 약화되어 창의와 기술혁신이 잘 일어나지 않고 경제발전이 지체된다.

넷째, 경제 국인주의에 의하여 무역이 축소되면 분업의 이익이 줄어든다. 오늘날처럼 많은 국가들이 서로 왕래하고 협력할 수 있는 상황에서 개방경제의 장점은 매우 많다. 그 중에서도 가장 중요한 것은 무역을 통하여 국제분업을 할 수 있고, 이 분업의 이익이 매우 크다는 점이다. 분업의 이익면에서 보면 국가 간에 환경이나 요소부

존도가 다르기 때문에 국제분업의 이익이 국내분업에서보다 훨씬 더 크다.

다섯째, 경제 국인주의에 의하여 무역과 국제교류를 축소하게 되면 지식과 기술의 발전이 저해된다. 개방경제 하에서는 무역이나 국가 간의 교류를 통하여 세계의 다양한 지식과 기술을 습득할 수 있다. 어느 나라가 아무리 큰 나라이고 선진국이라고 할지라도 그 나라 혼자서 무한의 지식과 기술을 개발해 낼 수는 없는 것이다. 개 방경제는 물자와 함께 지식도 원활하게 흐르게 한다는 측면에서 개 별국가뿐만 아니라 세계 전체에도 좋은 것이다. 실제 전후에 국인주 의가 강했던 개발도상국들은 선진국으로부터의 경제의존에서 벗어 나기 위해서 수입대체개발전략을 취하였다. 그런데 이러한 수입대체 개발전략은 거의 다 실패하였다. 전후 자유무역과 자유로운 경제교 류 추세에 힘입어 세계에 경제발전이 크게 확산되고 빈곤은 크게 줄 어들었다. 일부 극빈국들에서는 여전히 빈곤에 허덕이고 있지만, 그 래도 세계 곳곳에 문명과 과학의 혜택이 스며들면서 사람들의 삶이 더 나아진 것은 틀림없다.

여섯째, 경제 국인주의는 경쟁을 억제하여 경제발전을 저해한다. 외국의 상품들이 국내에 들어올 수 없게 되면 경쟁 없는 환경에서 국내 생산자는 안주하게 된다. 이렇게 되면 국내에서의 생산은 제품 발전과 기술혁신을 위한 자극이 줄어들어 산업발전이 지체된다. 그 리고 국내의 업자들만 있는 상황에서는 이들 간에 카르텔을 형성하 거나 단합할 수도 있다. 이렇게 되면 소비자는 더 높은 가격을 부담 하게 되고, 산업발전이 저해되어 국가적으로도 손해가 된다.

일곱째, 경제 국인주의는 국가주의를 강화시킬 수 있다. 경제에 서의 국인주의는 국가개입주의가 될 수밖에 없고 더 나아가 국가주의를 불러올 위험을 높인다. 국인주의와 국가주의는 밀접한 관계에 있다. 국인주의는 국가주의가 자리잡을 환경을 만들고, 국가주의는 국민들의 국인주의를 끌어낸다. 국인들을 위한 국인주의가 국인들을 국가정부 속박 하에 들어가게 함으로써 스스로 불행을 불러들이는 결과를 가져올 수 있는 것이다.

여덟째, 경제 국인주의는 정경유착을 가져올 수 있다. 국가가 개입하여 국가가 경제를 이끌어 가게 되면 정경유착자본주의(crony capitalism)가 될 가능성이 커진다. 정경유착자본주의는 경제의 효율성을 저하시키고, 사회의 공정성을 해치며, 국가를 부패하게 한다.

아홉째, 경제 국인주의는 비효율성을 가져온다. 일부 합리적 선택론자들은 국가의 전문적인 관료가 경제를 이끌어 가는 것이 더 바람직하다고 주장하기도 한다. 사회의 부패하고 분파적인 힘으로부터 격리되어 합리적이고 전문적인 원칙에 따라 국가 내의 모든 사람을 위하는 의사결정을 할 수 있다는 것이다. 하지만 경제의 문제를 경제활동을 하는 당사자가 아니라 관료들이 결정하게 되면 더 좋은 결과가 나오기 어렵다. 사람들은 자신의 문제일 때 그만큼 노력한다. 자신의 재산이라면 연구하고 고민하여 최선의 결과가 나오도록 하기 위하여 모든 노력을 다한다. 하지만 그 일의 결과에 따라 자신에게 크게 달라질 것이 없는 정부의 관리는 그만한 노력을 할 만한 인센티브가 없다. 여러 가지 일을 해야 하는 정부관리가 개별사안에 대하여 최적의 판단을 하는 데 필요한 모든 정보를 갖는다는 것은 불가능하며, 어떤 사안에 대한 지식과 정보는 그 일을 직접하는 사람이 가장 많이 갖는다. 그래서 정부관리의 판단이 자신의 문제로서 깊이 고민하는 당사자들의 판단보다 더 나을 수가 없는 것이다.

열 번째, 국인주의는 세계 환경의 측면에서 부정적인 역할을 할 가능성이 있다. 자국 상품의 경쟁력을 높이는 데에 진력하다 보면 세계 전체의 환경에 대한 배려가 후순위로 밀려나게 된다. 실제로 세계 환경보호를 위한 협력이 잘되지 않는 것은 대부분 자국경제를 우선으로 생각하는 국인주의 때문이었다.

열한 번째, 경제 국인주의는 현실성 없는 대중인기영합주의적으로 될 위험이 있다. 세계는 이미 크게 상호의존되어 있어서 대외거래를 줄이려고 하더라도 이것이 쉽지 않게 되어 있다. 국제 상호의존이 오랜 기간에 걸쳐 형성되어 온 것이기 때문에 이것을 되돌리는 것이 단번에 될 수 없는 일이다. 그럼에도 불구하고 현실적으로 어렵거나, 하더라도 시간을 두고 할 수밖에 없는 일을 당장이라도 할 수 있는 것처럼 이러한 분위기로 몰아가는 것은 대중주의(populism)에 기반한 국인주의이다. 국제분업의 이익과 지식 및 기술 발전 측면에서 개방이 절대적으로 필요할 뿐만 아니라, 자원의 측면에서도 자국 내에서의 자원은 한정되어 있기 때문에 폐쇄적으로 살아간다는 것은 불가능하다. 그럼에도 불구하고 사람들이 일부 정치인들의 말만 믿고 부화뇌동하게 되면 혼란만 더 가중될 뿐이다.

열두 번째, 경제 국인주의가 세계화의 대안이 되기는 어렵다. 많은 모순과 혼란의 불안정성을 야기하는 세계화에 반대하여 국인주의가 좋게 보이고 힘을 발휘하기도 하지만 세계화의 치유방법이 되거나 대안으로서 역할을 하기는 어렵다. 국인주의 또한 세계화와 마찬가지로 문제도 많고 불안정한 측면이 많다. 현재의 상황에서 국인주의가 강화됨으로써 세계 각국이 폐쇄적이고 보호무역주의적인 경제체제로 들어가게 되면 그동안 힘들게 구축한 국제협력체제가 와해될 수 있다. 그렇게 되면 국가 간에 마찰은 더 늘어나고, 이로 인해서 세계가 불안하게 될 수 있다.

제 8 장

결 론

경제 내셔널리즘은 생각보다 우리 가까이에 있고, 생각보다 큰 역할을 하고 있다. 그럼에도 우리가 이를 의식하지 못하는 것은 내셔널리즘이 오랫동안 우리와 함께해오면서 일상의 자연스러운 한 부분으로 되어 있기 때문이다.

　그래서 먼저 사례들을 수집하고 이를 정리하여 오늘날 일어나고 있는 경제 국인주의의 모습을 분야별로 살펴보았다. 사례들을 보면 경제 국인주의는 자급자족주의, 보호무역주의, 중상주의 등으로 생각하는 일반적인 관념의 범위를 넘어서 훨씬 더 넓은 영역에 걸쳐 다양한 모습으로 펼쳐져 있음을 알 수 있다. 이렇게 경제 내셔널리즘은 분야에 상관없이 그 힘이 작용하지 않는 곳이 없고, 드러나지 않는 가운데 중요한 역할을 하고 있다.

　내셔널리즘은 국가로 분할되어 살고 있는 오늘의 세계에서 누구나 갖고 있는 자국을 향하는 마음이다. 한글로써 내셔널리즘에 대한 논의를 하기 위해서는 이에 대한 용어부터 정리할 필요가 있다. 우리는 내셔널리즘을 민족주의라고 번역하는데, 이는 잘못된 번역으로서 이 말로는 내셔널리즘을 논의하기 어렵다. 민족주의라는 말은 내셔널리즘의 의미가 제대로 전달되지 않을 뿐 아니라 어떤 경우에는 그 의미를 반대로 전달하는 일까지 일어나기 때문이다.

　민족주의란 민족을 앞세우는 이념이다. 민족이란 같은 혈육의 사람들이나 같은 문화를 공유하는 사람들 집단을 말한다. 이는 사회적인 용어로서 여기에는 정치적 내용이 없고 국가와는 관련이 없다. 반면에 네이션은 국가를 구성하거나 구성하고자 하는 사람들 집단이다. 이는 정치적인 용어로서 여기에서는 정치에 대한 것이며 국가와 직결된다. 그래서 민족주의란 민족끼리 단합하는 가운데 자민족의 이익을 우선시하는 이념이다. 예를 들자면 우리에게 있어서 민족이란 남한의 한민족, 북한의 한민족, 그리고 세계 각지에 있는 한민족이다. 그리고 우리에게 있어서 민족주의란 남한에 있는 한민족, 북한에 있는 한민족, 그리고 세계각지에 있는 한민족을 합하여 이 한민족 모두의 이익을 내세우는 것을 말하는 것이다. 반면에 내셔널리즘은 네이션을 앞세우는 이념이며, 네이션은 정치적 공동체로서의 그 나라사람이다. 그래서 내셔널리즘은 정치적 공동체로서의 자기 나라사람의 이익을 우선시하는 사상이다.

우리가 경제 내셔널리즘을 논의하자고 했을 때 각국 단위로 자국사람들이 자국의 경제이익을 추구하는 일들을 논의하려고 하는 것이지, 같은 민족을 단위로 하여 자기 민족의 경제적 이익을 앞세우기 위해서 일어나는 일들을 논의하고자 하는 것이 아니다. 민족을 단위로 그 경제적 이익을 챙기는 문제는 실제로 잘 일어나지도 않거니와, 일어난다고 해도 논의의 대상이 될만큼 중요한 일이 아니다.

민족주의라는 말에 문제가 있음을 알고 일부 분야에서나 학자들 중에는 국민주의라는 용어를 사용하기도 한다. 그런데 이 또한 적절하다고 할 수 없다. 그 이유는 많으나 기본적으로 내셔널리즘에서의 네이션(nation)은 한국인, 미국인, 중국인처럼 그 나라 사람을 의미하는 것으로서, 국민을 의미하는 시티즌(citizen)과는 다르기 때문이다.

그래서 먼저 내셔널리즘을 적절하게 표현할 용어부터 검토하였다. 그 결과 네이션에 대한 우리말로서 가장 합당한 용어가 "국인(國人)" 혹은 "나라사람"이었다. 국인이라 함은 한국인, 미국인, 중국인 등과 같이 나라사람을 말하는 것이다. 그리고 이 국인을 바탕으로 하여 내셔널리즘은 자연스럽게 "국인주의(國人主義)" 혹은 "나라사람주의"가 된다.

그리고 경제 내셔널리즘을 정의하였다. 지금까지 일반적으로 경제 내셔널리즘을 자급자족주의, 보호무역주의, 중상주의 등과 같은 개념으로 사용해오고 있는 가운데 그 정의가 명확하지 않은 상태에 있다. 사람들이 자급자족주의, 보호무역주의, 중상주의 등을 경제 내셔널리즘이라고 한 것은 그때마다 편의상 그렇게 불렀을 뿐이지 경제 국인주의의 개념에 맞추어진 정확한 용어라고 할 수 없다. 이런 용어는 내셔널리즘 본래의 의미 및 내용과 차이가 있다. 이러한 것들 외에도 경제 국인주의라고 할 수 있는 영역은 많으며, 심지어 자유무역주의에서도 경제 국인주의라고 할 수 있는 부분이 있다. 보다 근본적으로는 경제 국인주의는 자급자족주의, 중상주의, 보호무역주의 등과 동일한 차원에 있지 않다. 자급자족주의, 중상주의, 보호무역주의 등은 대외관계적인 측면에 대한 것이지만, 경제국인주의는 대외관계측면을 포함하여 경제전체를 대상으로 하는 것으로서 그 범위가 훨씬 넓다.

경제 국인주의는 국가를 이루는 사람들이 자국이 경제적인 풍요를 누려야하고, 자국사람들 간의 분업과 협력으로 국가경제를 이루어 나가는 것을 이상으로 여기는 이념이다. 사람들은 자국이 경제적으로 발전하고 부강하기를 원한다. 이러한 의식이 강화되면 나라 밖의 사람들에 대해서는 호의나 배려를 줄 수 있는 여유를 갖기 어렵다. 오히려 경제적인 이익을 두고 타국이 이익을 갖는 것은 자국의 손해로 이어진다고 생각하는 가운데 배타적인 의식으로 자국의 이익만을 추구하게 된다. 또 경제 국인주의는 하나의 집단주의 의식이고, 이것이 위하는 대상이 국인공동체로서의 자국인이다. 그래서 개개인의 자율에 맡겨두어서는 안 되고 자국인 전체의 이익을 위하여 국가의 통제와 관리가 필요하다고 생각한다.

이렇게 볼 때 경제 내셔널리즘은 "자국사람들 간의 분업과 협력으로 경제가 운용되는 가운데 자국이 경제적 이익을 확보하고 경제적으로 발전하고 풍요롭기를 바라면서 경제과 관련된 모든 것을 자국 중심으로 생각하는 이념이다."라고 정의할 수 있다.

인류가 생존경쟁에서 다른 경쟁자들을 물리치고 지구를 지배할 수 있었던 것은 군집동물로서 협동하면서 살았기 때문이다. 그리고 그 집단의 범위는 시간이 가면서 점차 확대되어 왔다. 가족집단에서 씨족집단, 부족집단, 그리고 국가집단으로 발전되어 왔다. 이렇게 수천 년 전에 국가가 시작되어 오늘날의 사람들은 국가들로 분할된 세계에서 자신의 국가를 중심으로 살아가고 있다. 그동안 세계를 하나의 국가로 만들려 했던 영웅이나 정복자가 적지 않았고, 전 세계의 사람들을 하나의 집단으로 이끌려는 정신적 지도자가 적지 않았지만, 그런 세상은 실현되지 못했다. 이는 그만큼 국가라는 것이 인류 발전단계에 있어서 현시대의 사람들에게 적절한 집단이라는 것을 말해주는 것이다.

국가는 그 시작부터 서로 간의 투쟁이었다. 국가는 다른 국가를 지배할 수만 있다면 병합했지만 지리적 물리적으로 불가능하거나 세력 면에서 지배하기 어려웠기 때문에 국가로 나뉘어져 있었다. 그래서 모든 국가는 다른 국가를 극도로 경계해야 하는 상태에서 경제는 국가 내에서 자급자족하는 것이 일반적이었다. 그러다가 국가관계가 발전하면서 국가 간에 우호관계가 수립되기도 하고 협력관계도 생겨나면서 무역도 발전하게 되었다. 하지만 이러한 가운데서도 국가 간에 서로 경쟁하고 다투는 관계가 완전히 사라지지는 않았다. 국가 간에 우호관계, 협력관계를 유지하고 무역을 하고 경제교류를 하는 것은 개별 국가에 이익이 되기 때문이다.

오늘날에는 국가 간의 관계가 크게 발전하였고, 무역뿐만 아니라 경제 전 범위에 걸쳐서 교류가 일어나고 있다. 전후에 자유무역을 위한 무역규범화로 개방적인 국제경제환경 속에 각국은 자국의 이익을 확보하기 위하여 치열한 경쟁을 하게 되었다. 이러한 상황에서 선진국은 경제가 침체하고 생산과 고용은 줄고 빈부의 격차가 심해지는 등 여러가지로 좋지 않은 결과를 가져왔다. 반면에 일부 개발도상국들은 경제적으로 크게 발전할 수 있었다. 선진국의 자본과 기술 유입으로 높은 경제성장을 이루면서 신흥공업국들이 등장하게 되었다. 경제발전이 미미한 일부 극빈 개발도상국도 없지는 않지만 전반적으로 개발도상국들이 선진들 보다 높은 경제성장을 시현하면서 경제적인 측면에서 선진국과 개발도상국간의 격차가 줄어들게 되었다. 세계화로 인하여 불확실성도 커짐에 따라 국가가 발전할 수도 있고 어려움에 처할 수도 있는 동태적인 상황에서 국가들은 자국의 이해에 더욱 민감해지지 않을 수 없게 되었다.

최근에 일게 된 선진국들에서의 국인주의는 이러한 경제적인 환경변화에 따라 생겨난 것이다. 전후 자유화의 진행과정에서 무역의 자유화만 진행되었을 때에는 개발도상국들에서 경제 국인주의가 강했다. 개발도상국에서는 선진국 상품의 국내 유입으로 인하여 자국 경제가 어려움에 처했기 때문이었다. 그러나 국제 자본이동자유화와 국제 노동이동자유화가 진행되자 선진국들에서 국인주의가 일어났다. 선진국에서 해외투자와 기업의 해외생산이 증가함에 따라 국내에서는 생산이 감소하고 실업이 증가하게 되었다. 그리고 개발도상국의 노동력이 선진국에 유입되면서 선진국에서는 자국 노동자들이 크게 어려움을 당하게 되었을 뿐만 아니라, 경제 사회적으로 주택, 교통, 교육, 보건 등 많은 영역에서 문제가 발생하면서 현지인과 외국인과의 마찰이 증가하게 된 것이다.

이러한 상황에서 2016년에 있었던 미국 제45대 대통령선거에서 미국 공화당 대통령 후보였던 트럼프(Donald Trump)는 미국인들의 국인주의를 대변하고 나섬으로써 미국뿐만 아니라 세계에 있어서도 새로운 변화를 몰고 왔다. 트럼프의 국인주의가 세계에 큰 영향을 준 것은 틀림없으나, 사실 국인주의는 트럼프 이전에 이미 일고 있었으며, 미국뿐만 아니라 세계 전반에 확산되어 있었다. 영국에서는 2016년 6월, 국민투표를 통해 유럽연합(EU)의 탈퇴를 결정하였다. 이는 영국이 독자적인 주권을 회복함으로써 유럽대륙을 통하여 들어오는 이민유입을 막고, 유럽연합의 경제적으로 취약한 국가들과 함께 얽히는 상황에서 벗어나기를 원했기 때문이다. 프랑스에서는 국인집회(Rassemblement National), 독일에서는 AfD(Alternative für Deutschland)와 같은 극우 정당의 세력이 크게 확대되었고, 유럽 전역에 인종과 민족 간 갈등에 기초한 테러나 범죄가 크게 증가하면서 국인주의가 강하게 일어났다. 그리고 이탈리아의 살비니(Salvini), 일본의 아베신조(安倍晋三), 인도의 모디(Modi), 튀르키예의 에르도안(Erdogan), 폴란드의 안제이 두다(Andrzej Duda), 헝가리의 빅토르 오르반(Viktor Orban), 브라질의 볼소나로(Bolsonaro) 등 세계 전역에서 국인주의적인 성향의 정치인들이 대거 집권하고, 국인주의적인 정치세력이 힘을 얻게 되었다.

그렇다면 경제 국인주의가 존재하는 이유는 무엇인가? 경제 국인주의는 경제 영역에서의 국인주의이므로 본질적으로 국인주의가 존재하는 이유를 기초로 설명될 수 있다. 사람들이 국인주의를 갖는 이유는 사람의 본성과 이성의 두 영역에서 찾을 수 있다. 즉 자기집단에 대하여 애착을 갖는 인간의 원초적인 본성, 그리고 자국이 잘되는 것이 자신에게도 좋은 것으로 판단하는 이성이다. 먼저 본성 측면을 보면, 사람은 자기집단에 대하여 애착을 갖는 본성을 갖고 있는데, 사람들에 있어서 자기 국가에 대하여 애착을 갖는 것은 국가가 그 어느 집단보다 자신에게 큰 영향을 주는 집단이기 때문이다. 그리고 경제는 국가에서 중요한 한 영역이기 때문에 자국이 잘되기를 원하는 본성은 자국 경제에 있어서도 그대로 적용되는 것이다. 다음으로 이성 측면을 보면, 사람들은 국가가 잘되는 것이 자신에게도 유리하다는 것을 이성적으로 판단하기 때문에 자국이 잘되기를 바라는 것이다. 경제적인 측면에서도 자국의 경제가 좋아지면 자신의 삶이 좋아지고, 자국의 경제가 나빠지면 자신의 삶도 나빠질 가능성이 높기 때문에 누구나 자국의 경제가 잘되기를 바라는 것이다.

국가는 개인의 삶에 큰 영향을 미치는데 경제의 영역에 있어서도 마찬가지다. 개인의 경제생활이 국가경제와 밀접한 관련을 갖는 것은 사람들이 국가단위로 살아가는 가운데 국인경제를 이루고 있기 때문이다. 특히 오늘날에 있어서 개인이 갖는 국가와의 이해관계는 매우 클 뿐만 아니라, 이러한 이해관계는 점점 더 증대해가고 있다. 이것은 국가와 사회에 대한 가치관의 변화와 밀접한 관련이 있다. 국인국가가 생긴 이후인 19세기에 사회주의 사상이 생기기 시작하여, 이 사상이 점차 그 영향력을 증대해 왔다. 그리고 오늘날에는 복지국가 관념이 일반화되어 국가가 나서서 사람들을 먹이고, 입히고, 재워야 한다는 생각을 하게 되었고, 이러한 가운데 사람들은 점점 더 국가에 의존하는 방향으로 가고 있다. 이에 따라 사회전반에 걸쳐 국가의 개입이 크게 증가하였고, 경제영역에서의 국가의 개입은 자연스러운 것이 되었으며, 국가주의 또한 증대되어 가고 있다. 이런 변화는 경제 국인주의에도 영향을 주고 더 강화되는 방향으로 힘을 실어주고 있다. 사회계급을 중심으로 국제주의를 표방하는 맑시즘과 달리, 오늘날의 사회주의 추세는 국가 중심의 사회공동체를 앞세우는 것이기 때문에 여기에는 자연히 국인주의도 함께 할 수밖에 없는 것이다.

또한 오늘날 경제활동에서 외국과의 접촉이 많은 상황도 국인주의가 강화되는 하나의 요인이 된다. 언뜻 생각하면 세계화가 되면 국인주의가 약화될 것으로 생각하기 쉽지만, 오히려 그 반대이다. 개방된 상황에서는 국가경제가 더 큰 불확실성과 불안정성에 직면하게 되어 국가적인 차원에서 대응이 필요하다. 그리고 국제경제의 치열한 경쟁상황에서 더 많은 이익을 확보하기 위하여 국가정부가 나서게 된다. 이렇게 국가정부가 개입하여 자국 경제를 위한 조치들을 하게 될 때, 필요에 따라서 국민들에게 국인주의 감정을 환기시킴으로써 국가가 달성하고자 하는 목표를 더 잘 달성할 수 있는 것이다.

세계화는 국가 간에 협력을 증대하고 국가를 달리하는 사람들이 우호적으로 되어가는 것을 내세우지만 현실적으로는 그 반대인 측면이 적지 않다. 세계화는 국가를 달리하는 주체 간에 이해관계가 커지게 한다. 경제활동이라는 것이 이타적인 봉사활동이 아니라 자신의 이익을 위해서 행하는 것이니만큼 세계화된 상태에서는 경제적 이익을 두고 국가 간에 경쟁이 증대하게 되는 것이나. 그리고 세계화는 이국인들 간의 접촉을 증가시켜 갈등을 증대시킨다. 사람에게는 다른 인종 및 민족에 대해서 경계하고 배척하는 본능이 있다는 것은 여러 과학적인 실험을 통하여 입증된 사실이다. 사람은 자신과 다른 사람들과 함께 있을 때 자신의 정체성은 더 강화된다. 지난 수십년 간 세계화가 진행되는 과정에서 전쟁, 분규, 테러, 살상 등 각종의 비극적인 사건들이 있었다. 이들은 국인주의가 그 원인이었기도 하고, 그 결과로서 국인주의가 강화되기도 하였다. 여기에 경제의 개방으로 인한 국가경제의 부조화적 변동과 세계화의 모순은 국인주의를 자극하는 역할을 하였다.

다음으로 경제 국인주의가 국가에 어떤 역할을 하는지 검토해 보았다. 그린펠드(Liah Greenfeld)는 근대화기에 서구 국가들이 근대경제로 발전하는 데 있어서 국인주의가 큰 역할을 하였다고 주장하였다. 그리고 서구 국가들뿐만 아니라 세계의 다른 많은 국가들에 있어서도 안정된 경제체제를 갖추고 경제발전을 이룩하는 데 국인주의가 역할을 해온 것은 일반적으로 알려진 사실이다. 그래서 본 연구에서는 오늘날에도 경제 국인주의가 국가에 기여하고 있는지를 국가의 경제 성장과 발전 측면에서 검토해 보았다.

전후에 다른 나라들에 비하여 특출나게 경제적 발전을 이룩하여 세계의 관심 대상이 된 국가들로서, 독일, 일본, 동아시아국가들, 노르딕국가를 대상으로 이들 국가에서의 국인주의를 살펴보고, 국인주의와 경제발전의 관계를 분석해 보았다.

제2차 세계대전 패전국인 독일과 일본은 전쟁으로 산업시설은 초토화되고 세계 앞에 전범국으로서 어려운 입장에 있었지만 전승국 이상으로 빠른 경제회복과 큰 발전을 이루었다. 이들 국가 사람들은 국가적 위기의식과 패전국민으로서의 열등의식 속에서 비록 전쟁에서는 졌지만 경제적인 부흥으로 국력을 회복하겠다는 국인주의를 갖고 있었다. 이렇게 드러나지 않는 가운데 내면으로 타오르는 강한 국인주의는 경제부흥에 대한 의지로 결집될 수 있었고, 그 결과로 라인강의 기적(The Miracle on the Rhine), 일본 제일(Japan as No. 1)이라고 말할 정도로 경제발전을 이룩할 수 있었던 것이다.

그리고 지난 수십 년간 한국, 일본, 중국, 대만, 싱가포르 등 동아시아국가들은 세계의 다른 국가들보다 월등히 빠르게 경제성장을 이루어왔다. 이에 대한 이유로서 학자들은 산업정책(industrial policy), 발전국가(developmental state) 등의 모형으로 설명하기도 하고, 교육열, 우수한 관료, 근면성, 유교문화, 일본의 영향 등 다양한 요인들을 거론해 왔다. 하지만 이러한 요인들 못지 않게 중요한 역할을 한 것이 국인주의였다. 동아시아국가들은 이들 국가 특유의 역사적, 정치적, 사회적, 문화적 요인들로 인하여 국인주의가 매우 강하고, 이 강한 국인주의로 인하여 국가가 이끄는 대로 국민들이 성실 근면하게 일하였고, 이러한 결과로 경제발전을 이룰 수 있었던 것이다.

또한 노르딕국가들은 경제가 발전하여 소득수준이 높고, 높은 수준의 사회보장으로 복지국가로 널리 알려져 있을 뿐만 아니라, 세계에서 가장 높은 수준의 인간개발을 이루고 있는 나라들이다. 노르딕국가들은 국가 내 모든 국민이 함께 일하고 함께 잘사는 방식으로 살아왔는데, 이렇게 할 수 있는 것은 국민 상호간에 신뢰와 형제애를 바탕으로 하여 모두가 단합하여 좋은 사회를 이루겠다는 마음으로서의 국인주의가 강했기 때문이었다.

위의 국가들을 볼 때 국가마다 국인주의의 성격에서는 차이가 있지만, 모두 국인주의가 강했고, 강한 국인주의가 경제의 발전에 이바지했다는 점에서 동일했다. 국가가 크게 발전하기 위해서는 국민들의 힘을 결집할 필요가 있는데, 여기서 국인주의가 중요한 역할을 한 것이다. 특히 경제에서 국가의 개입이 증가함에 따라 국가가 주도하는 일이 많아졌는데, 국민들이 애국심으로 국가전체를 위하는 일에 적극 호응하게 되면 좋은 성과를 내는 것은 당연하다.

다음으로 국가 경제에 있어서 국인주의의 힘은 어떤 것인지 사례를 통하여 살펴보았다. 먼저 한국의 경제발전에서의 국인주의의 힘, 다음으로 미국과 중국의 경쟁상황과 관련하여 국인주의의 역할, 마지막으로 현대에서의 자급자족의 의미를 보았다.

흔히들 한국경제의 발전을 말할 때 수출로 성공하였다고 하여 수출주도개발전략과 같은 어떤 정책과 전략에 의하여 이루어진 것으로 설명한다. 그런데 이런 것으로만 설명하는 것은 잘못된 것이다. 성공의 보다 큰 요인은 국산품 사용과 같은 국민전체의 노력이었다. 한국의 경제발전과정은 수출주도뿐만 아니라 수입대체도 함께 이루어졌다. 국민들이 국내에서 생산 가능한 물품은 거의 모두 외국상품을 사용하지 않고 철저히 국산품을 사용하였다. 그리고 수출에서 성공할 수 있었던 것도 수출되는 상품을 국내에서 많이 사주었기 때문이다. 고도성장기 한국사람들은 가난으로부터 벗어나 잘사는 나라를 만들겠다는 목표가 있었고, 이러한 목표 하에 온 국민이 근면하고 성실하게 일하였다. 근로자나 기업가나 모두가 일에 빠져, 세계 다른 나라 사람들이 일하지 않을 때에 한국인들은 몸바쳐 열심히 일하였다. 국민들이 개인의 안위만 생각했다면 이러한 사회적인 분위기가 일어날 수 없었고 경제발전도 이룰 수 없었을 것이다. 이렇게 한국의 경제발전에는 국민 모두가 단합하여 함께 열심히 일하고자 하는 열의가 있었기 때문이고, 여기에 큰 역할을 한 것이 국인주의였던 것이다.

그리고 미국과 중국의 패권경쟁을 두고 오늘에 이르기까지의 과정을 국인주의 측면에서 살펴보았다. 최근 중국의 도전을 받은 미국은 적극적으로 중국을 견제하고 있다. 트럼프 대통령시절의 대중 강경기조는 대통령이 바이든으로 바뀐 이후에도 변하지 않았다. 자국뿐만 아니라 외국의 기업들에 대해서도 주요 사업에서 중국과의 단절을 강요하면서 중국을 고립시키려는 정책을 시행하고 있다. 그런데, 2023년 6월, 미국의 빌 게이츠(Bill Gates)는 중국을 방문하여 시진핑 주석과 우의를 다지고 중국의 백신연구기관에 5,000만 달러를 기부하였다. 비슷한 시기 애플 최고경영자 팀 쿡(Tim Cook), 테슬라 최고경영자 일론 머스크(Elon Musk)를 비롯하여 여러 미국의 대기업과 금융기관 총수들이 중국을 방문하여 중국 현지 고위층들과 우의를 다졌다. 이와 같이 미국의 대기업들은 국가정부의 시책과는 전혀 상관없이 자신들의 이해에 따라서 행동하고 있다. 이렇게 미국의 대기업들은 자신만의 별도의 왕국을 갖고 있는 양 행동한다. 미국의 대기업들이 중국정부에 협조하고 저자세를 취하는 것은 널리 알려진 사실이다. 홍콩에 민주화 운동이 한창이던 2019년 10월 10일, 애플은 휴대폰 지도앱 홍콩맵라이브를 앱스토어에서 삭제하였다. 홍콩시위대가 진압하는 경찰들의 움직임을 파악하기 위하여 이 지도를 사용하였는데, 이를 중국당국이 싫어하자 바로 이 지도를 없애버린 것이다. 이와 같은 중국정부 비위 맞추기는 애플뿐만 아니라 다른 미국 대기업들도 마찬가지였다. 그들은 중국이라는 거대시장에서 누릴 수 있는 이익을 쫓다보니 윤리의식이나 조국 같은 것은 멀어져 버렸다. 이러한 미국의 기업가들과 비교하여 중국의 기업가들은 어떤가? 2018년 12월, 화웨이 부회장 멍완저우는 캐나다에서 체포되었는데, 중국을 위하여 대이란 제재위반, 기술스파이행위 등을 하였기 때문이다. 그 외에도 중국인들이 세계 각지에서 자국을 위하여 기술절도를 비롯한 갖가지 불법행위를 하다가 발각되는 일이 심심찮게 일어나고 있다. 이렇게 중국사람들은 자국을 위해 자기희생도 마다하지 않는데 반해, 미국사람들은 자기 이익을 돌보느라 자국은 뒷전이다. 이러니 중국은 강해지고 미국은 약해질 수밖에 없는 것이다.

원래 중국은 경제사회적으로 낙후되어 있었으나 지난 수십년동안 중국의 경제력은 급속히 증대되어온 반면, 미국의 경제력은 약화되면서 경쟁관계로 되었다. 이 기간 동안 중국이 급격하게 성장한 데에는 미국의 투자자나 기업가들의 기여가 적지 않았다. 미국의 투자자나 기업들이 중국에 투자하여 생산함으로써 중국에는 고용이 증가하고 기술은 향상되면서 경제력이 급속하게 향상되었다. 반면에 이들이 생산기지를 중국으로 옮김에 따라 미국에는 생산은 감소하고 고용은 줄었으며 산업이 공동화되었다. 이러한 미국 투자자와 기업가의 행동은 자신들의 이익을 생각하였을 뿐 자국의 이익은 생각하지 않은 데서 나온 것이다. 애국심 없는 병사들의 군대가 전쟁에서 이기기는 어렵다. 마찬가지로 오늘날의 경제전쟁에서 애국심 없는 국민들의 국가가 경제적으로 번성하기는 어려울 수밖에 없는 것이다.

개방경제 하에 국경을 넘어서 이루어지는 분업은 국가 내에서 이루어지는 분업만큼 안정적이지 않다. 국가 내의 사람들 간에는 운명 공동체라는 의식 하에 서로에 대한 연민이나 감싸주는 마음이 있지만 국가를 달리하는 사람들 간에는 이런 마음이 없다. 오히려 미워하고 시기하고 경쟁하는 마음이 있다. 국제분업체제에서는 안정적이어야 할 경제관계가 안정적이지 않은 국제관계 위에 놓이고, 따뜻하고 정감 있어야 할 일상이 국제사회의 냉엄함과 함께 하게 된다.

또한 국제 분업거래에서는 우월적 위치에 있는 국가는 항상 이를 빌미로 상대국에 이익을 갈취하거나, 정치적으로 이용하거나, 힘을 행사하려고 한다. 이런 측면에서 국제분업보다는 국내분업으로서의 국가 내 자급자족이 더 이상적이다. 국가가 자급자족을 하지 않는 것은 물리적 혹은 경제적인 이유로 자급자족을 할 수 없어서 않는 것이다. 이렇게 볼 때 가능하면 국제분업을 줄이고 국가 내의 사람들끼리 서로 협력하면서 살아가는 국인경제는 오늘날에 있어서도 여전히 큰 가치를 갖고 있다.

국인주의는 자국의 입장에서 보면 좋은 것이지만, 상대국의 입장에서나 세계적인 차원에서 보면 좋지 못한 것이 된다. 그리고 모든 것이 그렇듯이 경제 국인주의에서도 긍정적인 측면과 부정적인 측면이 있다. 기본적으로 국인주의는 국가를 존재하게 하는 근거이고, 존속하게 하는 힘이다. 이러한 국인주의이기 때문에 경제 국인주의도 국가에 있어서 더 없이 중요한 역할을 하게 된다. 경제 국인주의가 갖는 긍정적인 측면은 기본적으로 국인경제의 장점과 연관되어 있다. 오늘날 사람들은 국가집단으로 나뉘어서 국가를 중심으로 살아가고 있는데, 국인경제도 이러한 삶의 구조에 맞추어 국가 내 사람들 간에 상호분업하는 경제체제를 이루는 것이다. 그래서 국인경제체제는 사람들을 안정되고, 안전하고, 행복하게 하는데 좋은 체제이다. 반면에 경제 국인주의는 국제적 분업에서 가져올 수 있는 이익을 포기하게 되며, 국제적 경쟁체제에 비하여 산업의 발전이 지체되기도 하고, 시장 독과점과 같은 폐해가 발생할 수도 있다. 그리고 국가의 개입으로 인하여 정경유착, 부정, 부패, 비효율이 발생하기 쉽게 된다.

이렇게 위의 여러 경우에서 보듯이 경제 국인주의가 분명히 국가에 큰 역할을 하고 있음에도 불구하고 이런 부분이 잘 드러나지 않는다. 그 이유는 무엇인가? 국인주의는 그 특성상 내세울 만한 것이 아니기 때문이다. 국인주의는 국가 간에 차별과 경쟁을 부추기는 심리이며, 더 나아가 평화로운 세계로 가는데 걸림돌이 되는 좋지 못한 측면이 있다. 국인주의는 세계적인 차원에서 보면 해로운 것이며, 상대국의 입장에서 보면 나쁜 것이다. 하지만 자국의 입장에서 보면 유익한 점이 많다. 그래서 국가들은 상대국의 국인주의에 대해서는 드러내어 비난하지만, 자국의 국인주의에 대해서는 조용히 그 효익을 향유한다. 상대국에서 하면 국인주의이고, 자국에서 하면 애국심인 것이다. 국인주의가 이런 성격의 것이기 때문에 경제에 있어서도 국가들은 자국경제의 성장 발전이 국인주의를 통해서 이루어졌다고 설명되는 것을 원치 않는다. 게다가 학문세계에는 국제주의가 지배하기 때문에 국인주의의 긍정적인 면이 있더라도 학자들이 이를 밝혀내는데 나서고 싶어 하지 않는다. 국인주의에 대한 연구가 많지 않은 것도 이 분야의 연구가 갖는 모호한 성격 탓도 있지만, 이 같은 가치적인 측면에서 이를 다루는 것에 대한 부담이 있기 때문이다. 하지만 이런 부차적인 요인들로 인하여 경제 국인주의에 대한 연구가 충분히 이루어지지 않는 것은 바람직하지 않다. 외면하고 싶은 진실이라 해서 외면해서는 안 되고 과학적인 냉정함 속에서 더 많은 연구가 이루어져야 한다.

본 연구에 있어서 오해해서는 안 될 점이 있다. 먼저 본 연구에서 국인주의의 기여나 역할을 찾아내고 평가하는 데 있어서 국인주의가 경제발전에 역할을 하였다고 하더라도 경제발전이 전적으로 국인주의의 덕분이라는 것은 아니고, 국인주의가 기여한 부분이 있다는 것으로 이해할 필요가 있다. 다음으로 국인주의가 국가 경제발전이나 국력강화에 기여하는 측면이 있었다고 하더라도, 이것으로 국인주의가 좋은 것을 의미하는 것은 아니다. 국가들이 국인주의를 동원하거나 활용해서 그 결과를 이루었다는 것이지 그 이상의 의미는 아니다. 특히 국인주의 속에서 많은 사람들이 국가를 위하는 삶을 살았고, 여기서 개인적으로 힘든 시간을 보내지 않으면 안 되었을 그런 부분은 본 연구의 범위밖에 두고 있는 것이다. 실제로 한국의 경우만 보더라도 지난 수십 년간 일인당 국내총생산은 백배 이상 성장했다고 하지만, 개개인의 삶은 그만큼 나아지지 않았으며 여전히 고단한 상태에 있다.

오늘날 세계 경제상황은 빠르게 변화하고 있다. 세계경제에서 국가들의 상대적인 위상이 서방 선진국들은 내려가고 있고, 개발도상국들은 올라가고 있다. 지난 수세기 동안 서방 선진국들이 월등한 힘으로 세계를 이끌어왔다. 킨들버거(Charles Kindleberger)는 패권국이 주도할 때 세계경제는 안정될 수 있다고 하였다. 그동안의 세계를 보면 경제력, 군사력 면에서 월등한 힘을 가진 미국이 세계를 주도함에 따라 세계 대부분의 국가들이 따를 수밖에 없었고, 국인주의로 자국의 이익을 추구하는 모습을 드러낼 틈이 없었다. 그런데 점차 비서구지역에서도 경제발전을 이룩하면서 서구 선진국들만으로 세계를 이끌어가기 힘들게 되어가고 있다. 신흥개발도상국(NIC's)이나 브릭스(BRICS)와 같은 국가들이 새로운 경제강국으로 등장하고 있으며, 게다가 패권에 도전하는 중국이 등장함에 따라 미국의 주도도 흔들리고 있다. 이러한 세계 경제력의 지형변화와 함께 국제경제환경에도 변화가 일어나고 있다. 이미 중국의 도전에 직면하여 미국이 국인주의를 표방하면서 경제 국인주의가 세계적인 추세로 되었다. 다른 나라도 아니고 미국에 경제 국인주의가 일어난 것은 적잖은 의미를 갖는다. 그간 미국은 세계 각지에 일어나는 국인주의를 억제시키고 세계차원에서의 협력으로 개방된 경제관계를 이끌어왔다. 이렇게 국인주의를 억제시켜야 할 미국이 스스로 국인주의를 들고 나왔다는 것은 오늘의 국제경제가 그만큼 국인주의로 갈 수밖에 없는 상황으로 되었다는 것을 의미한다. 미국은 지금까지와 같은 방식으로서는 국력을 유지할 수 없다고 생각하기 때문에 앞으로 더욱 더 세계보다는 자국의 이익에 집중하게 될 것이다.

앞으로 시간이 갈수록 선진국들의 주도권은 약화될 수밖에 없고, 이에 따라 지금까지의 선진국 중심의 세계경제질서에 변화가 올 수밖에 없다. 경제대국으로서 중국의 등장은 이미 미국과 중국 간에 투키디데스 함정(Thucydides Trap)[225]의 어두운 그림자를 드리우고 있고, 미국과 중국뿐만 아니라 다른 국가들도 전례없는 변동성과 불확실성에 직면하고 있다. 국가 간의 힘의 변동으로 새로운 강자들이 권력을 가지려 하고 기존의 강자들이 권력을 놓지 않으려고 할 것이다. 이러한 경제적 이익을 다투고 권력을 재편하는 과정에서 국가들은 자국의 이해에 민감해질 수밖에 없고, 이런 상황에서 경제 국인주의는 더욱 강화될 수밖에 없다.

이미 그간의 국인주의 발호로 세계경제환경이 크게 변하였다. 자유무역이 크게 후퇴하였고, 오랫동안 내려오던 국제무역 기본원칙들이 손상되고, 세계무역기구는 무력화되었다. 그런데다 이렇게 훼손된 자유무역기조가 단시일 내에 복구될 것으로 기대하기도 어렵다. 이 모든 요인들을 고려하면, 앞으로의 세계는 경제 국인주의가 더욱 더 힘을 발휘하게 될 것이다. 이러한 경제 국인주의를 두고 더 많은 연구로 지식을 축적함으로써 앞으로의 변화에 슬기롭게 대처해 나아가야 할 것이다.　　　　　　　　　　　　　　　　　　－끝－

---

[225] 기존 패권국에 도전하는 새로운 강국이 등장하게 될 때 전쟁을 피할 수 없는 상황으로 됨을 말한다.

참고문헌

I. 동양문헌

'조선족 윤동주·김연아? ... 김치 이어 역사 왜곡 나선 中 바이두. (2021.2.16). 아시아경제. https://www.asiae.co.kr/article/2021021611194874233

"한국 순수혈통주의 인종차별 소지 있다" 유엔 보고서 지적. (2007.8.13). 경향신문.

ブランド別新車販売台数概況. (n.d.). 일본자동차판매협회연합회. http://www.jada.or.jp/data/month/m-r-hanbai/m-r-brand01/ (2023.1.28)

강동국. (2006). 근대 한국의 국민·인종·민족 개념. 한국동양정치사상사, 5(1), 5-35.

岡本雅享. (2008). 日本における民族の創造. アジア太平洋レビュ, 第5号.

강상중. (2004). 내셔널리즘(임성모 역). 서울: 도서출판 이산.

국민. (미상). 다음 한국어사전. http://dic.daum.net/search. do?q=% EA% B5%AD%EB%AF%BC (2015.12.15)

금리 인상 갈 길 멀었다… 파월 8분 연설에 날아간 100조원. (2022. 9. 4). *Economy chosun*. https://economychosun.com/

김혜승. (1997). 한국 민족주의. 서울: 비봉출판사.

도를 넘은 중국의 롯데 보복…중장비로 롯데소주 박살내고 잇단 영업정지. (2017. 3. 6). 세계일보. https://www.segye.com/newsView/20170306002780?OutUrl=daum

민족. (미상). 다음 한국어사전. http://dic.daum.net/search.do?q=%EB%AF%BC%EC%A1%B1(2015.12.15)

민족과 국민의 구별. (1908.7.30). 대한매일신보.

민족자결주의. (미상). 학습용어사전. https://100.daum.net/encyclopedia/view/24XXXXX70379(2021.1.12)

민족주의. (미상). 다음 한국어사전. http://dic.daum.net/search.do?q=% EB%AF% BC%EC%A1%B1%EC%A3%BC%EC%9D%98 (2015.12.15)

민족주의. (미상). 표준국어대사전. http://stdweb2.korean.go.kr/search/List_dic. jsp(2015. 12. 15)

박양신. (2008). 근대일본에서의 '국민', '민족'개념의 형성과 전개: nation 개념수용

사. 동양사학연구, *104*, 235-265.

박찬승. (2011). 민족, 민족주의. 서울: 소화.

사드. (미상). Daum 백과. https://100.daum.net/encyclopedia/view/47XXXXXX XXX4 (2023. 7.15)

신세대들의 민족주의. (2005.8.15). 조선일보.

신용하. (1994). 한국민족주의의 형성과 전개. 서울: 서울대학교출판부.

신철희. (2013). 민(demos) 개념의 이중성과 민주주의(demokratia)의 기원. 한국정치연구, *22*(2), 203-225.

아리스토텔레스. (2017). 정치학, 제2판(천병희 옮김). 파주: 도서출판 숲.

오사와 마사치. (2010). 내셔널리즘론의 명저 50(김영작, 이이범 역). 서울: 일조각.

오타 타카코. (2003). 한국 내셔널리즘에 대한 고찰. 한일민족문제연구, *5*, 3-35.

유종하. (1999). "민족주의 이론연구: 근대주의적 민족주의 비판을 중심으로". 명지대학교 석사학위논문.

이상우. (1996). 국제관계이론. 서울: 박영사.

이선민. (2008). 민족주의, 이제는 버려야 하나. 서울: 삼성경제연구소.

장문석. (2011). 민족주의. 서울: 책세상.

장하준. (2006). 국가의 역할. 서울: 부키.

정경환. (2009). 민족주의 연구. 부산: 도서출판 이경.

정약용. (1981). 목민심서(이정섭 역). 민족문화추진회.

제국주의와 민족주의. (1909.5.28). 대한매일신보.

조민. (1994). 한국 민족주의 연구. 서울: 민족통일연구원.

조선왕조실록, 성종실록, 성종 1년, 7월 8일.

조선왕조실록, 태조실록, 태조 1년, 11월 29일.

조영정. (2009). 국제통상론, 제2판. 서울: 법문사.

조영정. (2016). 국인주의 이론. 서울: 박영사.

조영정. (2016). 무역정책. 서울: 박영사.

조영정. (2018). 미국의 내셔널리즘. 서울: 사회사상연구원.

조영정. (2019). 일본의 내셔널리즘. 서울: 사회사상연구원.

조영정. (2020). 중국의 내셔널리즘. 서울: 사회사상연구원.

조영정. (2021 a). 민족주의와 내셔널리즘. 서울: 사회사상연구원.

조영정. (2021 b). 내셔널리즘 이론. 서울: 사회사상연구원.

조영정. (2022). 스포츠 내셔널리즘. 서울: 사회사상연구원.

족. (미상). 다음 한국어사전. https://dic.daum.net/search.d o?q=%EC%A1%B1& dic=kor&search_first=Y (2021.2.25)

중국 사드 보복, 적극 대응 않으면 '동네북' 된다. (2017.3.22). 세계일보. https://www.segye.com/newsView/20170321004096?OutUrl=daum

차기벽. (1984). 민족주의. 서울: 종로서적.

차기벽. (1991). 민족주의원론. 서울: 한길사.

최형식. (2007). 중국의 현대화와 민족주의. 시대와 철학, *18*(4), 105-137.

칼 마르크스. (1989). 마르크스-레닌주의 민족이론: 민족해방이론의 주체적 정립을 위하여 (나라사랑 편집부 편역). 서울: 나라사랑.

坪井睦子. (2015). "nation"の 翻譯. 通訳翻訳研究 15号.

한국 中투자 으름장 놓고…美, 대만 7조 반도체공장 가로챘다. (2022. 9. 7). 중앙일 보. https://www.joongang.co.kr/article/25100334

한국인 출입금지 · 불법체류단속…中 사드보복 확산. (2017.3.20). 부산일보. https://www.busan.com/view/busan/ view.php?code=20170320000325

한국자동차산업협회. (미상). 자동차등록통계. https://www.kama. or. Kr/Main-Controller (2023.2.14)

II. 서양문헌

2022 Russia–European Union gas dispute. (2022, May 3). In *Wikipedia*. Retrieved March 11, 2023, from https://en.wikipedia.org/wiki/2022_Russia%E2%8 0%93European_Union _gas_dispute

2023 Index of Economic Freedom. (n.d.). *The Heritage Foundation*. https://www. heritage.org/index/ranking

Abdelal, R. (2005). Nationalism and international political economy in Eurasia. In E. Helleiner, & A. Pickel (Eds.), *economic nationalism in a globalizing world* (pp.21-

43). Ithaca and London: Cornell University Press.

Acton, J. E. E. D. (1862/2001) Nationality. In V. P. Pecora (Ed.), *Nations an Identities* (pp.142-148). Oxford: Blackwell Publishers.

Alexander, R. D. (1977). Natural selection and the analysis of human sociality. *Changing Scenes in the Natural Sciences, 12*, 283-337.

Alexander, R. D. (1979). *Darwinism and human affairs*. Seattle: University of Washington Press.

Alexander, R. D. (1987). *The biology of moral systems*. New York: Aldine.

Anderson, B. (2006). *Imagined communities: Reflections on the origin and spread of nationalism* (2nd ed.). London: Verso.

Andreasson, S. (2015). Varieties of resource nationalism in sub-Saharan Africa's energy and minerals markets. *The Extractive Industries and Society, 2*(2), 310-319.

Aristotle. (1912). *Politics-A treatise on government* (W. Ellis, Trans.). London and Toronto: J. M. Dent & Son.

Armstrong, J. (1976). Mobilized and proletarian diasporas. *American Political Science Review, 70*, 393-408.

Armstrong, J. (1982). *Nations before nationalism*. Chapel Hill, NC: University of North Carolina Press.

Armstrong, J. (1992). The autonomy of ethnic identity: historic cleavages and nationality relations in the USSR. In A. Motyl (Ed.), *Thinking theoretically about soviet nationalities* (pp. 23-44). New York: Columbia University Press.

Armstrong, J. (1995). Towards a theory of nationalism: consensus and dissensus. In S. Periwal (Ed.), *Notions of nationalism* (pp. 34-43). Budapest: Central European University Press.

Armstrong, J. (1997). Religious nationalism and collective violence. *Nations and Nationalism, 3*(4), 597-606.

Armstrong, J. (2001). Myth and symbolism theory of nationalism. In A. S. Leoussi (Ed.), *Encyclopeadia of nationalism* (pp. 197-202). New Brunswick and London: Transaction Publishers.

Arnason, J. P. (1990). Nationalism, globalization and modernity. In M. Featherstone (Eds.), *Global Culture* (pp. 207-250). London: SAGE Publications.

Avineri, S. (1991). Marxism and nationalism. *Journal of Contemporary History, 26*(3/4), 637-57.

Baker, K. M. (1990). *Inventing the French Revolution: Essays on French political culture in the Eighteenth Century*. Cambridge: Cambridge University Press.

Balakrishnan, G. (Ed.). (1996). *Mapping the nation*. London: Verso.

Balibar, E., & Wallerstein, I. (1991). *Race, nation, class: Ambiguous Identities*. London: Verso.

Barnard, F. M. (1959). The Hebrews and Herder's political creed. *Modern Language Review, 54*(4), 533-546.

Barnard, F. M. (1983). National culture and political legitimacy: Herder and Rousseau. *Journal of the History of Ideas, 44*(2), 231-53.

Barnard, F. M. (1984). Patriotism and citizenship in Rousseau: A dual theory of public willing? *The Review of Politics, 46*(2), 244-65.

Barnard, F. M. (2003). *Herder on nationality, humanity, and history*. Montreal and Kingston: McGill-Queen's University Press.

Barreto, A. A. (2009). *Nationalism and its logical foundations*. New York: Palgrave Macmillan.

Bauer, O. (1996). The nation. In S. Woolf (Ed.), *Nationalism in Europe*, 1815 to the present (pp.61-84). London and New York: Routledge. (Original Work Published 1906)

Beiner, R. (Ed.). (1999). *Theorizing nationalism*. New York: State University of New York Press.

Bernstein, W. J. (2008). *A splendid exchange: How trade shaped the world*. New York: Grove Press.

Bhaduri, A. (2000, July). *Nationalism and economic policy in the era of globalization*. UNU World Institute for Development Economics Research (UNU/WIDER Working Paper No.188, p.5). https://www.wider.unu.edu/sites/default/files/wp2000-188.pdf

Bhutada, G. (2022, August 8). Visualizing 10 years of global EV sales by country. *Visualcapitalist.com*. https://www.visualcapitalist.com/ visualizing-10-years-ofglobal-ev-sales-by-country/

Billig, M. (1995). *Banal nationalism*. London: SAGE Publications Ltd.

Bird, M. (2015, Mar 17). Germany wants to kick Greece out of the eurozone. *Insider*.

Bloom, A. (1991). *The Republic of Plato*. Basic Book.

Booth, K. (1979). *Strategy and ethnocentrism*. Holmes & Meier Publishers, Inc.

Brass, P. R. (1985). *Ethnic groups and the state*. London: Croom Helm.

Brass, P. R. (1991). *Ethnicity and nationalism: Theory and comparison*. New Delhi and Newbury Park: SAGE.

Brass, P. R. (1994). Elite competition and nation-formation. In J. Hutchinson, & A. D. Smith (Eds.), *Nationalism* (pp. 83-84). Oxford: Oxford University Press.

Brass, P. R. (1996). *Riots and pogroms*. London and New York: Macmillan and New York University Press.

Bremmer, I., & Johnston, R. (2009). The rise and fall of resource nationalism. *Survival, 51*(2), 149-158. https://doi.org/10.1080/0039 6330902860884

Breuilly, J. (1985). Reflections on nationalism. *Philosophy of the Social Sciences, 15*, 65-75.

Breuilly, J. (1993a). *Nationalism and the State* (2nd ed.). Manchester: Manchester University Press.

Breuilly, J. (1993b). Nationalism and the state. In R. Michener (Ed.), *Nationality, patriotism and nationalism in liberal democratic societies* (pp. 19-48). Minnesota: Professors World Peace Academy.

Breuilly, J. (1996). Approaches to nationalism. In G. Balakrishnan (Ed.), *Mapping the nation*. London: Verso.

Breuilly, J. (2001). The state and nationalism. In M. Guibernau & J. Hutchinson (Eds.), *Understanding nationalism* (pp. 32-52). Cambridge: Polity.

Breuilly, J. (2005). Dating the nation: How old is an old nation? In A. Ichijo & G. Uzelac (Eds.), *When is the nation?* (pp. 15-39). London and New York: Routledge.

Breuilly, J. (2006). Introduction. In E. Gellner, *Nations and nationalism* (2nd ed., pp. xiii-liii). Oxford: Blackwell.

Brewer, M. B. (1999). The psychology of prejudice: Ingroup love or outgroup hate? *Journal of Social Issues, 55*, 429-444.

Brown, D. (1999). Are there good and bad nationalisms? *Nations and Nationalism*, *5*(2), 281-302.

Brown, D. (2000). *Contemporary nationalism: Civic, Ethnocultural and Multicultural Politics*. New York: Routledge.

Brubaker, R. (1992). *Citizenship and nationhood in France and Germany*. Cambridge, MA: Harvard University Press.

Brubaker, R. (1996). *Nationalism reframed: Nationhood and the national question in the new Europe*. Cambridge: Cambridge University Press.

Brubaker, R. (1998). Myths and misconceptions in the study of nationalism. In J. A. Hall (Ed.), *The state of the nation: Ernest Gellner and the theory of nationalism* (pp. 272-306). Cambridge: Cambridge University Press.

Brubaker, R., & Cooper, F. (2000). Beyond "identity." *Theory and Society*, *29*, 1-47.

Burke, C. (1975). *Aggression in man*. Syracuse, New York: Lyle Stuart.

Burr, V. (1995). *An introduction to social constructionism*. London and New York: Routledge.

Bushey, C. (2022, February 4). US states lavish subsidies on carmakers for edge in EV race. *Financial Times*. https://www.ft.com/content/8179bd8a-4d96-43a9-a8f9-074f9a275bd8

Buss, M. D. (2008). *Evolutionary psychology* (3rd ed.). Boston: Pearson Education Inc.

Calhoun, C. (1993). Nationalism and ethnicity. *Annual Review of Sociology*, *19*, 211-39.

Calhoun, C. (1997). *Nationalism*. Buckingham: Open University Press.

Calhoun, C. (2003a). Nationalism and cosmopolitanism. In U. Özkırımlı (Ed.), *Nationalism and its futures* (pp. 93-126). Basingstoke & New York: Palgrave Macmillan.

Calhoun, C. (2003b). "Belonging" in the cosmopolitan imaginary. *Ethnicities*, *3*(4), 531-53.

Calhoun, C. (2008). Cosmopolitanism and nationalism. *Nations and Nationalism*, *14*(3), 427-448.

Cameron, D. R. (1978, December). The expansion of the public economy: a comparative analysis. *American Political Science Review, 72*(4), no. 4, 1243-61.

Carlton, H. J. (1941). *A generation of materialism,* 1871~1900. New York: Harper & Row.

Carr, E. H. (1945). *Nationalism and after.* London: Macmillan & Co. & Ltd.

Center for Constitutional Rights. (n.d.). *Criticisms of transnational corporations.*

Chatterjee, P. (1993). *The nation and its fragments: Colonial and postcolonial histories.* Princeton: Princeton University Press.

Chatterjee, P. (1996). Whose imagined community? In G. Balakrishnan (Ed.), *Mapping the nation* (pp. 214-225). London: Verso.

Chatterjee, P. (1998). Beyond the nation? Or within? *Social Text, 56,* 57-69.

Chua, A. (2018). *Political tribes: Group instinct and the fate of nations.* UK: Bloomsbury.

Cialdini, R. B. (1993). *Influence: The psychology of persuasion.* New York: Quill Willi Morrow.

Citizenship. (n.d.). In *Encyclopedia britanica.* Retrieved January 3, 2017, from https://www.britannica.com/topic/citizenship

Citizenship. (n.d.). In *Wikipedia.* Retrieved December 17, 2015, from https://en.wikipedia.org/?title=Citizenship

Cocks, J. (2005). Fetishized nationalism? In T. Nairn & P. James (Eds.), *Global matrix: Nationalism, globalism and state-terrorism* (pp. 73-88). London and Ann Arbor: Pluto Press.

Connor, W. (1990). When is a nation? *Ethnic and Racial Studies, 13*(1), 92-103.

Connor, W. (1994). *Ethnonationalism: The quest for understanding.* Princeton: Princeton University Press.

Connor, W. (2005). The dawning of nations. In A. Ichijo & G. Uzelac (Eds.), *When is the nation?* (pp. 40-46). London and New York: Routledge.

Conversi, D. (Ed.). (2002). *Ethnonationalism in the contemporary world: Walker Connor and the study of nationalism.* London and New York: Routledge.

Corbet, S., & Charlton, A. (2020, May 26). France deploys $8.8 billion to rescue ailing car industry. *PBS.* https://www.pbs.org/newshour/ economy/france-deploys-8-8-billion-to-rescue-ailing-car-industry

Countryeconomy.com. (n.d.). South Korea GDP. *countryeconomy.com.* https:// country economy.com/gdp/south-korea? year=1955

Course, H. (2019, May 10). The history of the Peloponnesian war study guide. In *Course Hero.* Retrieved May 9, 2023, from https://www.coursehero.com/lit/The-History-of-the-Peloponnesian-War/

Cummings, W. (2018, October 24). 'I am a nationalist': Trump's embrace of controversial label sparks uproar. *USA Today.* https://wwwusa-today.com/story/ news/politics/ 2018/10/24/trump-says-hes-nationalist-what-means-why-its-con-troversial/174852 1002/

Dahbour, O., & Ishay, M. R. (Eds.). (1999). *The Nationalism reader.* New York: Humanity Books.

Davis, H. (1965). Nations, colonies and social classes: The position of Marx and Engels. *Science & Society, 29*(1), 26-43.

Dawkins, R. (1976). *The selfish gene.* New York: Oxford University Press.

Dawkins, R. (1986). *The blind watchmaker.* London: Longmans.

Delanty, G., & Kumar, K. (2006). Introduction. In G. Delanty & K. Kumar (Eds.), *The SAGE handbook of nations and nationalism.* London: SAGE.

Delanty, G., & Kumar, K. (Eds.). (2006). *The SAGE handbook of nations and nationalism.* London: SAGE.

Delanty, G., & O'Mahony, P. (2002). *Nationalism and social theory: Modernity and the Recalcitrance of the Nation.* London: SAGE Publication.

Delfs, A., & Rauwald, C. (2020, November 18). Germany lays out $5.9 billion plan to foster auto-sector restart. *Bloomberg.* https://www.bloomberg.com/news/ articles/2020-11-17/germany-s-embattled-auto-industry-looks-to-merkel-for-a-restart? leadSource= uverify%20wall

Deriglazova, L. (2021, December 9). The Soviet Union's demise as seen by today's Russians. *Wilson Center.* Retrieved December 21, 2022, from https://www.wilsoncenter. org/blog-post/soviet-unions-demise-seen-todays-russians

Deutsch, K. (1942). International affairs: The trend of European nationalism-the language aspect. *American Political Science Review, 36*(3), 533-541.

Deutsch, K. (1956). *An interdisciplinary bibliography on nationalism, 1935~53*. Cambridge, MA: MIT Press.

Deutsch, K. (1966). *Nationalism and social communication: An inquiry into the foundations of nationality* (2nd ed.). Cambridge: MIT Press. (Original work published 1953)

Dimitropoulou, A. (2022, August 15). These are the countries with the highest average salaries, 2022. *CEOWORLD Magazine*. Retrieved July 24, 2023, from https://ceo world .biz/2022/08/15/these-are-the-countries-with-the-highest-average-sal-aries-20 2 2 /

Druckman, D. (1994). Nationalism, patriotism, and group loyalty: A social psychological perspective. *Mershon International Studies Review, 38*(1), 45-46.

Eatwell, R. & Goodwin, M. (2018). *National populism: The revolt against Liberal democracy*. UK: Penguin Random House.

Edelman, R. (2022). *Edelman trust barometer 2022*.

Edensor, T. (2002). *National identity, popular culture and everyday life*. New York: Berg.

Edwards, J. (1985). *Language, society, and identity*. Oxford: Blackwell.

Eley, G., & Suny, R. G. (1996a). Introduction: From the moment of social history to the work of cultural representation. In G. Eley & R. G. Suny (Eds.), *Becoming national: A reader* (pp. 3-38). Oxford: Oxford University Press.

Eley, G., & Suny, R. G. (Eds.). (1996b). *Becoming national: A reader*. London: Oxford University Press.

Eller, J. D., & Coughlan, R. M. (1993). The poverty of primordialism: The demystification of ethnic attachments. *Ethnic and Racial Studies, 16*(2), 183-201.

European commission. (n.d.). *The common agricultural policy at a glance*. https://agriculture.ec.europa.eu/common-agricultural-policy/cap-overview/cap-glance_en

Evera, S. V. (1994). Hypotheses on nationalism and war. *International Security, 18*(4), 5-39.

Factbox: U.S. states woo automakers with $17 billion in subsidies since 1976. (2017,

August 5). *Reuters.* https://www.reuters.com/article/us-toyota-mazda-jobs-factbox-idUSK BN1AK2BI

Fichte, J. G. (1922). *Addresses to the German Nation.* Chicago: Open Court. (Original Work Published 1808)

Fichte, J. G. (2012). *The closed commercial state* (A. C. Adler, Trans.). Albany: State University of New York Press. (Original Work Published 1800)

Fichte, Johann Gottlieb. (n.d.). In *Wikipedia.* https://en. wikipedia. org/wiki/Johann_Gottlieb_Fichte.

Fishman, J. (1972). *Language and nationalism: Two integrative essays.* Rowley, MA: Newbury House.

Gagnon, V. P. (1994-1995). Ethnic nationalism and international conflict. *International Security, 19*(3), 130-166.

Gat, A. & Yakobson, A. (2013). *Nations: The Long History and Deep Roots of Political Ethnicity and Nationalism.* New York: Cambridge University Press.

Geary, P. J. (2002). *The myth of nations: The medieval origins of Europe.* Princeton: Princeton University Press.

Geertz, C. (1993). *The interpretation of cultures: selected essays* (2nd ed.). London: Fontana.

Geertz, C. (Ed.). (1963). *Old societies and new states.* New York: Free Press.

Gellner, E. (1964). *Thought and change.* London: Weidenfeld & Nicolson.

Gellner, E. (1987). *Culture, identity and politics.* Cambridge: Cambridge University Press.

Gellner, E. (1994). *Encounters with nationalism.* Oxford: Blackwell.

Gellner, E. (1996a). The Coming of nationalism and its interpretation: The myths of nation and class. In G. Balakrishnan (Ed.), *Mapping the nation* (pp. 98-145). London: Verso.

Gellner, E. (1996b). Reply: Do Nations have navels? *Nations and Nationalism, 2*(3), 366-71.

Gellner, E. (1997). *Nationalism.* London: Weidenfeld & Nicolson.

Gellner, E. (2006). *Nations and nationalism* (2nd ed.). Oxford: Blackwell.

Gellner, E., & Smith, A. D. (1996). The nation: real or imagined?: The Warwick debates on nationalism. *Nations and Nationalism, 2*(3), 357-370.

Gerard, H. B. (1979). Funktion und entwicklung von vorurteilen In A. Heigl-Evers (Ed.), *Die psychologie des 20. jahrhunderts, 8.* Zurich: Kindler.

Giddens, A. (1971). *Capitalism and modern social theory.* Cambridge: Cambridge University Press.

Giddens, A. (1985). *The nation-state and violence.* Cambridge: Polity Press.

Giddens, A. (1987). *Social theory and modern sociology.* Stanford: Stanford University Press.

Giddens, A. (1991). *The consequences of modernity.* Cambridge: Polity Press.

Gilpin, R. (1987). *The political Economy of International Relations.* Princeton: Princeton University.

Gilpin, R. (2001). *Global political economy.* Princeton: Princeton University Press.

Girardet, R. (1965). Autour de l'idéologie nationaliste: perspectives de recherches. *Revue française de science politique, 15*(3), 423-445.

Graham, J., Belton, K., & Xia, S. (2021). How China beat the US in electric vehicle manufacturing. *Issues in Science and Technology: Arizona State University.37*(2).

Greenfeld, L. (1992). *Nationalism: Five roads to modernity.* Cambridge, MA: Harvard University Press.

Greenfeld, L. (1993). Transcending the nation's worth. *Daedalus, 122*(3), 47-62.

Greenfeld, L. (2003). *The spirit of capitalism: Nationalism and economic growth.* Cambridge, MA: Harvard University Press.

Greenfeld, L. (2005). Nationalism and the mind. *Nations and Nationalism, 11*(3), 325-41.

Greenfeld, L. (2006). Modernity and nationalism. In G. Delanty & K. Kumar (Eds.), *The SAGE handbook of nations and nationalism* (pp. 157-168). London: SAGE.

Grosby, S. (1994). The verdict of history: the inexpungeable tie of primordiality-a response to Eller and Coughlan. *Ethnic and Racial Studies, 17*(1), 164-71.

Grosby, S. (1995). Territoriality: the transcendental, primordial feature of modern societies. *Nations and Nationalism, 1*(2), 143-62.

Grosby, S. (2001). Primordiality. In A. S. Leoussi (Ed.), *Encyclopedia of nationalism* (pp. 252-255). New Brunswick: Transaction Publishers.

Grosby, S. (2005a). *Nationalism: A very short introduction*. Oxford: Oxford University Press.

Grosby, S. (2005b). The primordial, kinship and nationality. In A. Ichijo and G. Uzelac (Eds.), *When is the nation?* (pp. 56-78). New York: Routledge.

Guibernau, M. (1996). *Nationalisms: The nation-state and nationalism in the twentieth century*. Cambridge: Polity Press.

Guibernau, M., & Hutchinson, J. (Eds.). (2001). *Understanding nationalism*. Cambridge: Polity.

Hall, D. (2005). Japanese spirit, western economics: The continuing salience of economic nationalism in Japan. In E. Helleiner & A. Pickel (Eds.), *Economic nationalism in a globalizing world*. Ithaca: Cornell University Press.

Hall, E. (1992). *Inventing the barbarian: Greek self-definition through tragedy*. Oxford: Clarendon Press.

Hall, J. A. (1998). Introduction. In J. A. Hall (Ed.), *The state of the nation: Ernest Gellner and the theory of nationalism* (pp. 1-20). Cambridge: Cambridge University Press.

Hall, J. A. (2006). Structural approaches to nations and nationalism. In G. Delanty and K. Kumar (Eds.), *The SAGE handbook of nations and nationalism* (pp. 33-43). London: SAGE.

Hamilton, W. D. (1964). The genetical evolution of social behaviour. *Journal of Theoretical Biology, 7*(1), 1-16.

Hastings, A. (1997). *The construction of nationhood: Ethnicity, religion and nationalism*. Cambridge: Cambridge University Press.

Hayes, C. J. H. (1931). *The historical evolution of modern nationalism*. New York: Richard R. Smith.

Hayes, C. J. H. (1955). *The historical evolution of modern nationalism* (5th ed.). London and New York: Macmillan.

Hayes, C. J. H. (1972). *Essays on nationalism*. New York: John Willy. (Original Work Published 1926)

Hearn, J. (2006). *Rethinking nationalism: A Critical Introduction*. New York:

Palgrave Macmillan.

Hechter, M. (1975). *Internal colonialism: The Celtic fringe in British national development, 1536~1966*. London: Routledge & Kegan Paul.

Hechter, M. (1985). Internal colonialism, revisited. In E. A. Tiryakian & R. Rogowski (Eds.), *New nationalisms of the developed West* (pp. 17-26). Boston: Allen & Unwin.

Hechter, M. (1988). Rational choice theory and the study of race and ethnic e relations. In J. Rex & D. Mason (Eds.), *Theories of race and ethnic relations* (pp. 264-279). Cambridge: Cambridge University Press.

Hechter, M. (1995). Explaining nationalist violence. *Nations and Nationalism, 1*(1), 53-68.

Hechter, M. (2000a). Nationalism and rationality. *Studies in Comparative International Development, 35*(1), 3-19.

Hechter, M. (2000b). *Containing nationalism*. Oxford: Oxford University Press.

Heilperin, M. A. (1960). *Studies in economic nationalism*. Publications de l'Institut universitaire de hautes etudes internationales. Geneve: Librairie E. Droz.

Helleiner, E. (2002). Economic nationalism as a challenge to economic liberalism? Lessons from the 19th century. *International Studies Quarterly, 46*(3).

Helleiner, E. (2005). Conclusion: The meaning and contemporary significance of economic nationalism. In E. Helleiner, & A. Pickel (Eds.), *In economic nationalism in a globalizing world* (pp. 220-234). Ithaca and London: Cornell University Press.

Herodotus. (n.d.). *The Histories, 8*(144), section 2.

Heywood, A. (2012). *Political ideologies* (5th ed.). New York: Palgrave Macmillan.

Hobsbawm, E. J. (1990). *Nations and nationalism since 1780: Programme, myth, reality*. Cambridge: Cambridge University Press.

Hobsbawm, E. J. (1994). *The age of extremes: The short twentieth century, 1914~1991*. London: Michael Joseph.

Hobsbawm, E. J. (1996). Ethnicity and nationalism in Europe today. In G. Balakrishnan (Ed.), *Mapping the nation* (pp. 255-266). London: Verso.

Hobsbawm, E. J. (2005). Comment on Steven Grosby: The primordial, kinship and nationality. In A. Ichijo & G. Uzelac (Eds.), *When is the nation?* (pp. 79-84). London: Routledge.

Hobsbawm, E. J. (2021). *On nationalism*. London: Little, Brown.

Horowitz, D. L. (1985). *Ethnic groups in conflict*. Berkeley: University of California Press.

Horowitz, D. L. (2002). The Primordialists. In D. Conversi (Ed.), *Ethnonationalism in the contemporary world: Walker Connor and the study of nationalism* (pp. 72-82). London: Routledge.

How many mobile phones are sold each year? (n.d.). *sellcell*. https://www.sellcell.com/how-many-mobile-phones-are-sold-each-year/

Hroch, M. (1985). *Social preconditions of national revival in Europe: A comparative analysis of the social composition of patriotic groups among the smaller European nations*. Cambridge: Cambridge University Press.

Hroch, M. (1996). Nationalism and national movements: Comparing the past and the present of Central and Eastern Europe. *Nations and Nationalism, 2*(1), 35-44.

Hroch, M. (2006). Modernization and communication as factors of nation formation. In G. Delanty & K. Kumar (Eds.), *The SAGE handbook of nations and nationalism* (pp. 21-32). London: SAGE.

Huang, Y. (2014). Perceptions of the barbarian in early Greece and China. *CHS Research Bulletin 2*(1). Retrieved from http://www.chs-fellows.org/2014/03/14/perceptions-of-the-barbarian-in-early-greece-and-china

Hutchinson, J. (1987). *The Dynamics of cultural nationalism*. London: Unwin Hyman.

Hutchinson, J. (1994). *Modern nationalism*. London: Fontana.

Hutchinson, J. (2001). Nations and culture. In M. Guibernau, & J. Hutchinson (Eds.), *Understanding nationalism* (pp. 74-96). Cambridge: Polity.

Hutchinson, J., & Smith, A. D. (Eds.). (1994). *Nationalism*. Oxford: Oxford University Press.

Ibrahim, I. A. (2021, June 1). Overview of export restrictions on COVID-19 vaccines and their components. *American society of International law, 25*(10).

Ichijo, A., & Uzelac, G. (Eds.). (2005). *When is the nation?: Towards an understanding of theories of nationalism.* London: Routledge.

Ignatieff, M. (1994). *Blood and belonging: Journeys into the new nationalism.* New York: Farrar, Straus & Giroux.

International Council of Mining & Metal. (2020, December). Role of mining in national economies: Mining contribution index (MCI) 5th Edition. *ICMM.* Retrieved June 15, 2023, from https://www.icmm.com/website/publications/pdfs/social-performance/2020/research_mci-5.pdf

International monetary fund. (2022). *World Economic Outlook.*

Irwin, C. J. (1987). A study in the evolution of ethnocentrism. In V. Reynolds, V. S. E. Falger & I. Vine (Eds.), *The sociobiology of ethnocentrism: Evolutionary dimensions of xenophobia, discrimination, racism and nationalism* (pp. 131-156). London: Croom Helm.

Isaacs, H. (1975). *Idols of the tribe: Group identity and political change.* New York: Harper & Row.

Ishay, R. M. (2004). *The history of human rights: From ancient times to the globalization Era.* University of California Press.

Jaffrelot, C. (2003). *For a theory of nationalism.* Centre d'ctudes et de recherche internationales, Science Po.

Jalata, A. (2001). Ethno-nationalism and the global 'modernising' project. *Nations and Nationalism, 7*(3), 385-405.

James, P. (2006). Theorizing nation formation in the context of imperialism and globalism. In G. Delanty & K. Kumar (Eds.), *The SAGE handbook of nations and nationalism* (pp. 369-81). London: SAGE.

Jones, A., & Wiggins, J. (2005, July 21). French pledge to defend Danone. *Financial Times.* https://www.ft.com/content/d767f5e6-f93c-11d9-81f3-00000e2511c8

Jones, S. (2008). 민족주의와 고고학 (이준정 & 한건수 역). 서울: 사회평론.

Jones, E. (2018, November 13). Government regulation: How much is enough?. *Investor's Business Daily.*

Judis, J. B. (2018). *The nationalist revival: Trade, immigration, and the revolt against globalization.* New York: Columbia Global Reports.

Julie Blackley. (2022, June 30). Which states buy the most american cars?. *iSeeCars*. Retrieved March 30, 2023, from https://www.iseecars. com/states-with-most-american-cars-study?utm_source=nexstar&utm_ me dium=syndication&utm_ campaign=most-american-states

Kaldor, M. (2004). Nationalism and globalisation. *Nations and Nationalism, 10*(1/2), 161-177.

Kamusella, T. (2017). *Civic and ethnic nationalism: A dichotomy*. Minority Policies in Central and Eastern Europe in Comparative Perspective. 15-33.

Kant, I. (1983). *Perpetual peace and other essays on politics, history, and morals* (T. Humphrey, Trans.). Cambridge: Hackett Publishing Company.

Kedourie, E. (1961). *Nationalism* (Rev. ed.). Hutchinson & Co. LTD.

Kedourie, E. (Ed.). (1971). *Nationalism in Asia and Africa*. London: Weidenfeld and Nicolson.

Kellas, J. G. (1991). *The politics of Nationalism and ethnicity*. London: Macmillan.

Kelly, W., & Brownel, S. (2011). The olympics in east Asia: nationalism, regionalism, and globalism on the center stage of world sports. *Council on East Asian Studies, Yale University.*

Keynes, J. M. (1926, July). The end of laissez-faire. *Hogarth Press.*

Keynes, J. M. (1933). National self-sufficiency. *The Yale Review, 22*(4).

Kim, M. (2014, March 4). The everyday psychology of nationalism. *The Atlantic*. https://www.theatlantic.com/world/

King, A. (2006). Nationalism and sport. In G. Delanty & K. Kumar (Eds.), *The SAGE handbook of nations and nationalism* (p.249-259). London: SAGE Publications.

Kitching, G. (1985). Nationalism: The instrumental passion. *Capital & Class, 9*(1), 98-116.

Kohli, A. (2004). *State-directed development: Political power and industrialization in the global periphery*. Cambridge: Cambridge University Press.

Kohn, H. (1950). Romanticism and the rise of German nationalism. *The Review of Politics, 12*(4), 443-72.

Kohn, H. (1955). *Nationalism, its meaning and history*. New York: Van Nostrand.

Kohn, H. (1961). *Prophets and peoples*. New York: Collier.

Kohn, H. (1982). *Nationalism: Its meaning and history* (Rev. ed.). Malabar: Robert E. Krieger Publishing Company.

Kohn, H. (1994). Western and eastern nationalism. In J. Hutchinson & A. D. Smith (Eds.), *Nationalism* (pp.162-165). Oxford: Oxford University Press.

Kohn, H. (2005). *The idea of nationalism: A study in its origins and background* (60th anniversary ed., with an introduction by C. Calhoun). New Brunswick: Transaction Publishers. (Original work published 1944)

Kumar, K. (2006). Nationalism and the historians. In G. Delanty & K. Kumar (Eds.), *The SAGE handbook of nations and nationalism* (pp. 7-20). London: SAGE.

Kurelic, Z. (2006). What can we learn from Lord Acton's criticism of Mill's concept of nationality? *Politička Misao, 43*(5), 19–27.

Kuzio, T. (2002). The myth of the civic state: A critical survey of Hans Kohn's framework for understanding nationalism. *Ethnic and Racial Studies, 25*(1), 20–39.

Laitin, D. D. (2007). *Nations, states, and violence*. Oxford: Oxford University Press.

Langman, L. (2006). The social psychology of nationalism: To die for the sake of strangers. In G. Delanty & K. Kumar (Eds.), *The SAGE handbook of nations and nationalism* (pp. 66-83). London: SAGE.

Lawrence, P. (2004). *Nationalism: History and theory*. London and New York: Routledge.

Lenin, V.I. (2001). The right of nations to self-determination. In V. P. Pecora (Ed.), *Nations and identities* (pp.220-228). Malden: Blackwell Publishers Inc. (Original Work Published 1914)

Lerner, D. (2000). The passing of traditional society. In J. T. Roberts & A. Hite (Eds.), *From modernization to globalization: Perspectives on development and social change* (pp. 119-133). Oxford: Blackwell.

Levi-Faur, D. (1995). The European union and the economic nationalism-from antithesis to synthesis. *European Community Studies Association, 4th Biennial International Conference.*

Lieven, A. (2005). *America right or wrong: An anatomy of American nationalism*. Oxford: Oxford University Press.

List of countries by government spending as percentage of GDP. (n.d.). In *Wikipedia*. Retrieved March 9, 2023, from https://en.wikipedia.org/wiki/List_of_countries_by_government_spending_as_percentage_of_GDP#Historical_Development

List of countries by wages. (n.d.). *take-profit.org*. Retrieved March 24, 2023, from https://take-profit.org/en/statistics/wages/

List, F. (1841). *Das nationale system der politischen Ökonomie*. Basic Books.

Llobera, J. R. (1999). *Recent theories of nationalism*. Barcelona: Institut de Ciencies Politiques i Socials.

Lockett, J. (2019, November 12). Top sneer: King of Swaziland 'shows middle finger' to impoverished workers by blowing £13m on 19 rolls-royces and BMWs for 14 wives. *The Sun*. https://www.thesun. co.uk/news/10333552/king-of-swaziland-rolls-royces-wives/

Lowry, R. (2019). *The case for nationalism: How it made us powerful, united, and free*. New York: HarperCollins.

Luxemburg, R. (1909). *The national question-the right of nations to self-determination*. Retrieved July 16, 2021, from https://www. marxists.org/archive/luxemburg/1909/national-question/ch01.htm

Mann, M. (1986). *The sources of social power (Vol. I)*. Cambridge: Cambridge University Press.

Mann, M. (1993). *The sources of social power (Vol. II): The rise of classes and nation-states, 1760~1914*. Cambridge: Cambridge University Press.

Mann, M. (1995). A political theory of nationalism and its excesses. In S. Periwal (Ed.), *Notions of nationalism* (pp. 44-64). Budapest: Central European University Press.

Maor, Z. (2017). Hans Kohn: The idea of secularized nationalism. *Nation and Nationalism, 23*(4), 1-21.

Mazzini, G. (1995). The duties of man. In O. Dahbour & M. R. Ishay (Ed.), *The Nationalism reader* (pp.87-97). NY: Humanity Books. (Original Work Published 1860)

Mazzini, G. (2001). To the Italians. In V. P. Pecora (Ed.), *Nation and identities* (pp.156-

157). Oxford: Blackwell Publishers. (Original Work Published 1871)

Mccarthy. J. (n.d.). What percentage of U.S. workers are union members? *Gallop.* https://news.gallup.com/poll/265958/percentage-workers-union-members. aspx#: -:text=An%20analysis%20of%20Gallup's% 2020 21,of%20all%20priva te%20 sector%20employees.

McCrone, D. (1998). *The sociology of nationalism.* London: Routledge.

McCrone, D., & Kiely R. (2000). Nationalism and citizenship. *Sociology, 34*(1), 19-34.

McKay, J. (1982). An exploratory synthesis of primordial and mobilizationist approaches to ethnic phenomena. *Ethnic and Racial Studies, 5*(4), 395-420.

McKim, R., & McMahan, J. (Eds.). (1997). *The morality of nationalism.* Oxford: Oxford University Press.

Meinecke, F. (1957). *Machiavellism, the doctrine of raison d'etat and its place in modern history* (D. Scott Trans.), London: Routledge.

Menon, S. (2022, December 6). Ukraine crisis: Who is buying russian oil and gas?. *BBC News.* https://www.bbc.com/news/world-asia-india-60783874

Meredith, S. (2022, August 18). Germany has worked hard to shore up winter gas supplies-and it's ahead of schedule. *CNBC.*

Meredith, S. (2022, August 22). European gas prices surge as Russian pipeline maintenance fuels fears of a total shutdown. *CNBC.*

Meredith, S. (2022, August 31). Russia halts gas flows to Europe via Nord Stream 1 for maintenance works. *CNBC.*

Mexican expropriation of foreign oil, 1938. (n.d.). *Office of the Historian.* Retrieved May 21, 2023, from https://history.state.gov/milestones /1937-1945/mexican-oil

Mexican oil expropriation. (n.d.). In *Wikipedia.* Retrieved March 16, 2023, from https://en.wikipedia.org/wiki/Mexican_oil_expropriation#cite_ note-2

Meyer, P. (1987). Ethnocentrism in human social behaviour; Some biosociological considerations. In: Reynolds, Falger & Vine (Eds.), *The sociobiology of ethnocentrism: Evolutionary dimensions of xenophobia, discrimination, racism and nationalism* (pp. 81-93). London: Croom Helm.

Mill, J. S. (2001). Considerations on representative government. In V. P. Pecora (Ed.), *Nation and identities*(pp.142-148). Oxford: Blackwell Publishers. (Original Work

Published 1861)

Mill, J. S. (2004). Principles of political economy with some of their applications to social philosophy. Cambridge: Hackett Publishing Company, Inc. (Original work published 1848).

Miller, D. (1993). In defence of nationality. *Journal of Applied Philosophy, 10*(1), 3-16.

Minogue, K. (1996). Ernest Gellner and the dangers of theorising nationalism. In J. A. Hall & I. Jarvie (Eds.), *The social philosophy of Ernest Gellner* (pp. 113-28). Amsterdam: Rodopi.

Mitrany, D. (1937). Authority and the Individual. *International Affairs, 17*(4), 83-84.

Mobile vendor market share Republic of Korea. (n.d.). *Statcounter global stats.* https://www.bankmycell.com/blog/us-smartphone-market-share#section-

Moore, M. (2001). *The ethics of nationalism.* Oxford: Oxford University Press.

Mosse, G. (1995). Racism and nationalism. *Nations and Nationalism, 1*(2), 163-73.

Motyl, A. J. (Ed.). (2001). *Encyclopedia of nationalism (Vols. 1-2).* San Diego: Academic Press.

Muller, J. (2007). *Constitutional patriotism.* Princeton: Princeton University Press.

Myers, D. G. (2008). 심리학 개론 (신현정 & 김비아 역, 제8판). 서울: 시그마프레스.

Nairn, T. (1977). *The break-up of britain: Crisis and neo-nationalism.* London: Verso.

Nairn, T., & James, P. (2005). *Global matrix: nationalism, globalism and state terrorism.* London: Pluto Press.

Nation [Def. 1]. (n. d.2). In *Dictionary. Com: Unabridged.* Random House, Inc. Retrieved December 16, 2015, from http://dictionary.reference. com/browse/ nation

Nation. (n. d.1). In *Merriam-Webster online.* Retrieved December 16, 2015, from http://www.merriam-webster.com/dictionary/nation

Nation. (n. d.3). In *Etymology dictionary online.* Retrieved December 16, 2015, from http://www.etymonline.com/index

Nationalism. (n. d.). In *Dictionary. Com: Unabridged.* Retrieved December 20, 2015, from http://dictionary.reference.com/browse/ nationalism

Nelson, L. C. (2000). *Measured excess*. New York: Columbia University Press.

New registrations. (n.d.). *VDA*. Retrieved June 4, 2023, from https://www.vda.de /en/news/facts-and-figures/annual-figures/new-registrations

Newman, J. I., & Giardina, M. D. (2011). *Sport, spectacle, and Nascar naion: Consumption and the cultural politics of neoliberalism*. New York: Palgrave Macmillan.

Norbu, D. (1992). *Culture and the politics of third world nationalism*. London: Routledge.

Nordic model. (n.d.). In *Wikipedia*. Retrieved April 20, 2023, from https://en. wikipedia.org/wiki/Nordic_model

O'Leary, B. (2001). Instrumentalist theories of nationalism. In A. S. Leoussi (Ed.), *Encyclopedia of nationalism* (pp. 148-153). New Brunswick: Transaction Publishers.

OECD.stat. (n.d.). *Average annual wages*. Retrieved July 12, 2023, from https://stats.oecd.org/index.aspx?DataSetCode=AV_AN_WAGE

OECD.stat. (n.d.). *Government at a Glance - 2021 edition: Public employment*.

Orridge, A. (1981). Uneven development and nationalism: I. *Political Studies, 29*(1), 1-15.

Özkırımlı, U. (2005). *Contemporary debates on nationalism: A critical engagement*. New York: Palgrave Macmillan.

Ozkirimli, U. (2010). *Theories of nationalism* (2nd ed.). New York: Palgrave Macmillan.

Ozkrimli, U., & Grosby, S. (2007). Nationalism theory debate: The antiquity of nations? *Nations and Nationalism, 13*(3), 523-537.

Patten, A. (2010). The most natural state: Herder and nationalism, *History of Politica Thought, 31*(4), 657-689.

Pearson, R. (2014). *The longman companion to European nationalism 1789~1920*. New York: Routledge.

Pickel, A. (2005). Introducion: False oppositions-recontextualizing economic nationalism in a globalizing world. In E. Helleiner & A. Pickel (Eds.), *Economic nationalism in a globalizing world* (1-17). Ithaca and London: Cornell University Press.

Poggi, G. (1978). *The development of the modern state*. London: Hutchinson.

Poo, M. (2005). *Enemies of civilization*. State University of New York Press.

Puri, J. (2004). *Encountering nationalism*. New York: Blackwell Publishng.

Recchia, S., & Urbinati, N. (Eds.). (2009). *A cosmopolitanism of nations: Giuseppe Mazzini's writings on democracy, nation building, and international relations* (Recchia, S. Trans.). Princeton: Princeton University Press.

Reicher, S., & Hopkins, N. (2001). *Self and nation: Categorization, contestation and mobilization*. London: SAGE Publications.

Reidenbach, C. (1918). *A critical analysis of patriotism as an ethical concept*. Ph. D. Dissertation of Yale University. San Bernadino: Leopold Classic Library.

Renan, E. (1990). What is a nation? In H. Bhabha (Ed.), *Nation and narration* (pp. 8-22). London: Routledge. (Original work published 1882)

Renner, K. (1899). *Staat und nation*.

Reynolds, V. (1980). Sociobiology and the idea of primordial discrimination. *Ethnic and Racial Studies, 3*(3), 303-15.

Reynolds, V., Falger, V. S. E., & Vine, I. (Eds.). (1987). *The sociobiology of ethnocentrism: evolutionary dimensions of xenophobia, discrimination, racism and nationalism*. London: Croom Helm.

Rocker, R. (2015). *Nationalism and culture* (R. Chase Trans.) [Kindle Paperwhite version]. Retrieved from Amazon.com.

Rogers, H. K. (1992). *Before the revisionist controversy*. London: Routledge.

Rosenberg, S. (2014, February 6). Putin's hopes to burnish Russia's image with Sochi 2014. *BBC News*. https://www.bbc.com/news/world-europe-26062757

Roshwald, A. (2006). *The endurance of nationalism: Ancient roots and modern dilemmas*. Cambridge: Cambridge University Press.

Royal Institute of International Affairs. (1939). *Nationalism: A report by a study group of members of the Royal Institute of International Affairs*. London: Oxford Univ. Press.

Rushton, J. P. (2005). Ethnic nationalism, evolutionary psychology and genetic similarity theory. *Nations and Nationalism, 11*(4), 489-507.

Saideman, S., & Ayres, W. (2015). *For kin or country*. New York: Columbia

University press.

Salam, R. (2018, March 2). Trump can't have it both ways-the president will have to choose between restricting trade and limiting low-skill immigration. *The Atlantic.* https://www.theatlantic.com/politics/archive/2018/03/trumps-economic-national-ism/554732/

Schoenbaum, T. J., & Chow, D. C. K. (2019). The perils of economic nationalism and a proposed pathway to trade harmony. *Stanford Law & Policy Review, 30*(1), 115-195.

Searle-White, J. (2001). *Psychology of nationalism.* New York: Palgrave Publishers.

Segal, D. A., & Handler, R. (2006). Cultural approaches to nationalism. In G. Delanty & K. Kumar (Eds.), *The SAGE handbook of nations and nationalism* (pp. 57-65). London: SAGE.

Sekularac, I., & Deutsch, A. (2013, January 30). Dutch court says shell responsible for nigeria spills. *Reuters.* https://www.reuters. com/article/cbusiness-us-shell-nigeria-lawsuit-idCABRE90S16X20130130

Semmel, B. (1993). *The liberal ideal and the demons of empire: Theories of imperialism from Adam Smith to Lenin.* Baltimore: Johns Hopkins University Press.

Seton-Watson, H. (1965). *Nationalism, old and new.* Sydney: Sydney University Press.

Seton-Watson, H. (1977). *Nations and states: An enquiry into the origins of nations and the politics of nationalism.* London: Methuen & Co. Ltd.

Shah, A. (2021, September 15). India approves $3.5 bln scheme to boost clean fuel vehicles. *Reuters.* https://www.reuters.com/world/ india/india-approves-35-billion-incentive-scheme-auto-sector-drones-2021-09-15/

Shahzad, F. (2012). Forging the nation as an imagined community. *Nations and Nationalism, 18*(1), 21-38.

Shesgreen, D. (2020, July 23). Mike pompeo likens China threat to 'frankenstein,' says engagement hasn't worked. *USA TODAY.* https://www.usatoday.com/story/news/world/2020/07/23/pompeo-likens-china-threat-frankenstein-says-enga gement-failed/5497036002/

Shils, E. (1957). Primordial, personal, sacred and civil ties. *British Journal of*

Sociology, 8(2), 130-45.

Shils, E. (1960). The intellectuals in the political development of the new states. *World Politics, 12*(3), 329-368.

Shils, E. (1995). Nation, nationality, nationalism and civil society. *Nations and Nationalism, 1*(1), 93-118.

Shin, G. (2006). *Ethnic nationalism in Korea: genealogy, politics, and legacy.* Stanford: Stanford University Press.

Shin, G., Freda, J., & Yi, G. (1999). The politics of ethnic nationalism in divided Korea. *Nations and Nationalism, 5*(4), 465-484.

Smith, A. D. (1983). *Theories of nationalism* (2nd ed.). London: Duckworth.

Smith, A. D. (1991). *National identity.* London: Penguin.

Smith, A. D. (1995). *Nations and nationalism in a global era.* Cambridge: Polity Press.

Smith, A. D. (1998). *Nationalism and modernism: A critical survey of recent theories of nations and nationalism.* London and New York: Routledge.

Smith, A. D. (1999). *Myths and memories of the nation.* Oxford: Oxford University Press.

Smith, A. D. (2000). *The nation in history: Historiographical debates about ethnicity and nationalism.* Oxford: Blackwell Publishers Ltd.

Smith, A. D. (2001a). *Nationalism: Theory, ideology, history.* Cambridge: Polity.

Smith, A. D. (2001b). Perennialism and modernism. In A. S. Leoussi (Ed.), *Encyclopedia of nationalism* (pp. 242-244). London: Transaction Publishers.

Smith, A. D. (2001c). Ethno-symbolism. In A. S. Leoussi (Ed.), *Encyclopedia of nationalism* (pp. 84-87). London: Transaction Publishers.

Smith, A. D. (2002). When is a nation? *Geopolitics, 7*(2), 5-32.

Smith, A. D. (2004). History and national destiny: Responses and clarifications. *Nations and Nationalism, 10*(1/2), 200.

Smith, A. D. (2005). The genealogy of nations: An ethno-symbolic approach. In A. Ichijo & G. Uzelac (Eds.), *When is the nation?* (pp. 94-112). London: Routledge.

Smith, A. D. (2008). *The cultural foundations of nations.* Malden MA: Blackwell Publishing.

Smith, A. D. (2009). *Ethno-symbolism and nationalism*. London: Routledge.

Smith, A. D. (2010). *Nationalism* (2nd ed.). Cambridge UK: Polity Press.

Snyder, J. (1991). *Myths of empire: Domestic politics and international ambition*. Ithaca: Cornell University Press.

Snyder, T. (2017). *Nationalism, marxism, and modern Central Europe: A biography of Kazimierz Kelles-Krauz, 1872~1905*. United Kingdom: Oxford University Press.

Spencer, H. (1960). *The man versus the state*. Caldwell, Idaho: The Caxton Printers, Ltd. (Original work published 1884)

Spencer, P., & Wollman, H. (2002). *Nationalism: A critical introduction*. London: SAGE.

Spencer, P., & Wollman, H. (2005). *Nations and nationalism: A reader*. Edinburgh: Edinburgh University Press.

Stalin, J. (2015). *Marxism and the national question*. CreateSpace Independent Publishing Platform. (Original work published 1913)

Stone, J. (Ed.). (1979). Introduction: Internal colonialism in comparative perspective. *Ethnic and Racial Studies, 2*(3), pp. 255-259.

Stone, J., Dennis, R. M., Rizova, P., & Hou, X. (Eds.). (2020). *The Wiley Blackwell companion to race, ethnicity, and nationalism*. NJ: John Wiley & Sons.

Suny, R. G. (2001). History. In A. J. Motyl (Ed.), *Encyclopedia of nationalism, vol. 1* (pp. 335-358). San Diego: Academic Press.

Suter, K. (2003). *Global order and global disorder: Globalization and the nation-state*. London: Praeger.

Tamir, Y. (1993). *Liberal nationalism*. Princeton: Princeton University Press.

Tamir, Y. (2020). *Why nationalism*. NJ: Princeton University Press.

Taussig, F. W. (1914, August). Abraham lincoln on the tariff: A myth. *The Quarterly Journal of Economics, 28*(4), 814-820.

Taylor, M. (2017, May 24). Newspaper uncovers $172 billion in government assistance to the German auto industry. *Carsales*. Retrieved March 2, 2023, from https://www.carsales.com.au/

Thayer, B. A. (2004). *Darwin and international relations*. Lexington, KY: The University Press of Kentucky.

The french automotive industry, Analysis & statistics 2019. (2019). *CCFA*. Retrieved March 3, 2023, from https://ccfa.fr/wp-content/uploads/2019/09/ccfa-2019-en-web-v2.pdf

The french automotive industry, Analysis & statistics 2020. (2020). *CCFA*. Retrieved March 3, 2023, from https://ccfa.fr/wp-content/ uploads/2021/02/analysis-and-statistics-2020.pdf

The Heritage Foundation. (n.d.). *2023 Index of Economic Freedom*. https://www. heritage.org/index/ranking

Thompson, A., & Fevre, R. (2001). The national question: sociological reflections on nation and nationalism. *Nations and Nationalism, 7*(3), 297-315.

Thucydides. (1963). *The peloponnesian war, The melian dialogue* (R. Crawley, Trans.; 5th ed., Vol.7). Basic Books. (Original work published 1963)

Trump, D. (2017, January 20). President Trump's inaugural address. *Politico.* https://www.politico.com/story/2017/01/full-text-donald-trump-inauguration-speech-transcript-233907

Turley, S. R. (2018). *The new nationalism: How the populist right is defeating globalism and awakening a new political order.* CA: CreateSpace Independent Publishing Platform.

Turner, H. (1975). *Reappraisals of Fascism.* New York: New Viewpoints.

U. S. Const. *Amendment XIV to the United States constitution, section 1.*

U. S. Const. *The preamble to the United States constitution.*

U. S. Const. *United States code, supplement 3, title 8, section 1408 nationals but not citizens of the United States at birth.*

U.S. Bureau of Economic Analysis. (n.d.). *International Trade in Goods and Services.*

U.S. Bureau of Labor Statistics. (January 24, 2023). *Union membership rate fell by 0.2 percentage point to 10.1 percent in 2022.*

U.S. Government. (n.d.). *Nationalism: The media, state, and public in the Senkaku/Diaoyu dispute.* Progressive management Publication.

U.S. Treasury FiscalData. (n.d.). *U.S. deficit by year.* Retrieved July 16, 2023, from https://fiscaldata.treasury.gov/americas-finance-guide/national-deficit/

United States presidential election, 2000. (n.d.). In *Wikipedia.* Retrieved October 4,

2021, from https://en.wikipedia.org/wiki/United_States_presidential_election_2000

US personal savings rate. (n.d.). *ycharts.com*. Retrieved July 16, 2023, from https://ycharts.com/indicators/us_personal_savings_rate

US smartphone market share. (n.d.). *bankcell*. https://www.bankmycell.com/blog/us-smartphone-market-share#section-2

van den Berghe, P. (1978). Race and ethnicity: A sociobiological perspective. *Ethnic and Racial Studies, 1*(4), 401-11.

van den Berghe, P. (1979). *The Ethnic phenomenon*. New York: Elsevier.

van den Berghe, P. (1994). A socio-biological perspective. In J. Hutchinson & A. D. Smith (Eds.), *Nationalism* (pp. 96-103). Oxford, Oxford University Press.

van den Berghe, P. (1995). Does race matter? *Nations and Nationalism, 1*(3), 357-68.

van den Berghe, P. (2001a). Kin selection. In A. S. Leoussi (Ed.), *Encyclopedia of nationalism* (pp. 167-168). London: Transaction Publishers.

van den Berghe, P. (2001b). Sociobiological theory of nationalism. In A. S. Leoussi (Ed.), *Encyclopedia of nationalism* (pp. 273-279). London: Transaction Publishers.

van den Berghe, P. (2005). Ethnies and nations: Genealogy indeed. In A. Ichijo & G. Uzelac (Eds.), *When is the nation?* (pp. 113-118). London: Routledge.

Viner, J. (1948). Power versus plenty as objectives of foreign policy in the seventeenth and eighteenth centuries. *World Politics, 1*(1), 1-29.

Viroli, M. (1995). *For love of country: An essay on patriotism and nationalism*. Oxford: Clarendon Press.

Wallerstein, I. (1987). The construction of peoplehood: Racism, nationalism, ethnicity. *Sociological Forum, 2*(2), 373-388.

Waltz, K. N. (2001). *Man, the state, and war: A Theoretical Analysis*. New York: Columbia University Press.

Wanat, Z., & Wax, E. (2020, May 17). Coronavirus reheats Europe's food nationalism. *Politico* https://www.politico.com/news/2020/05/17/coronavirus-reheats-europes-food-nationalism-262251

Warlow, T., Pitts, S., & Kamery, R. (2007). Mid-18th century economic changes: The rise of Adam Smith and the decline of the mercantilists and physiocrats. *Journal of Economics and Economic Education Research, 8*(3), 67-82

Weber, E. (1976). *Peasants into Frenchmen: The modernization of rural France 1870~1914.* Stanford: Stanford University Press

Woodward, D. (2009, December). IMF voting reform: Need, opportunity and options. *United Nations Conference on Trade and Development, G-24 Discussion Paper Series, 2.*

World Bank. (1993). *The east asian miracle: Economic growth and public policy.* Washington, D.C: The World Bank.

World Bank. (2019, October 16). Tracking GDP in PPP terms shows rapid rise of China and India. *World Bank Blogs.* https://blogs. worldbank.org/opendata/tracking-gdp-ppp-terms-shows-rapid-rise-china-and-india

World Bank. (2022, September 29). *In China.* Retrieved July 6, 2023, from https://www.worldbank.org/en/country/china/overvie

World Bank. (n.d). *DataBank.* Retrieved July 6, 2023, from https://databank. worldbank.org/reports.aspx?source=2&series=NY.GDP.MKTP.CD&country=

World Bank. (n.d.). *World Bank national accounts data, GDP per capita-Korea, Rep.*

Xenophobic sentiments. (2016, November 10). *Yuri Levada Analytical Center.* Retrieved October 12, 2022, from https://www.levada. ru/en/2016/11/10/xeno phobic-sentiments/print/

Xu, G. (2012). Chinese anti-western nationalism, 2000~2010. *Asian and African Studies, 16*(2).

Yahuda, M. (2000). The changing faces of Chinese nationalism: The dimensions of statehood. In M. Leifer (Ed.), *Asian nationalism* (pp. 21-37). New York: Routledge.

Young, M., Zuelow, E., & Sturm, A. (Eds.). (2007). *Nationalism in a global era.* New York: Routledge.

색인

경제 내셔널리즘
: 경제 국인주의

인쇄: 2023년 11월 25일
발행: 2023년 11월 25일

지은이: 조영정
펴낸이: 조영정

펴낸 곳: 사회사상연구원
서울시 서초구 사평대로 154
출판등록: 제2018-000060호(2018. 3. 14)
전화: 070-4300-7997
팩스: 02-6020-9779
홈페이지: www.sir.re.kr
E-mail: zjoyz@naver.com

ISBN 979-11-963520-6-6 93300
copyright©조영정
Printed in Korea

정가 20,000원